Softwaretests mit JUnit

Johannes Link studierte medizinische Informatik an der Universität Heidelberg und war anschließend drei Jahre in der akademischen und industriellen Informatikforschung tätig.

Seit 1999 ist er bei der andrena objects ag als Softwareentwickler, Projektleiter und Coach aktiv. Seine Interessen und Arbeitsschwerpunkte sind die testgetriebene Entwicklung, evolutionäres Softwaredesign und die praktische Umsetzung agiler Entwicklungsmethoden.

Johannes Link

Unter Mitarbeit von
Frank Adler, Achim Bangert, Ekard Burger, Peter Fröhlich, Ilja Preuß

Softwaretests mit JUnit

Techniken der testgetriebenen Entwicklung

2., überarbeitete und erweiterte Auflage

Johannes Link
johannes.link@andrena.de

Lektorat: Christa Preisendanz
Copy-Editing: Ursula Zimpfer, Herrenberg
Herstellung: Birgit Bäuerlein
Umschlaggestaltung: Helmut Kraus, Düsseldorf
Druck und Bindung: Koninklijke Wöhrmann B.V., Zutphen, Niederlande

Bibliografische Information Der Deutschen Bibliothek
Die Deutsche Bibliothek verzeichnet diese Publikation in der Deutschen Nationalbibliografie;
detaillierte bibliografische Daten sind im Internet über <http://dnb.ddb.de> abrufbar.

ISBN 3-89864-325-5

2. überarbeitete und erweiterte Auflage
Copyright © 2005 dpunkt.verlag GmbH
Ringstraße 19
69115 Heidelberg

Die 1. Auflage erschien im Januar 2002 unter dem Titel:
Unit Tests mit Java – Der Test-First-Ansatz

Die vorliegende Publikation ist urheberrechtlich geschützt. Alle Rechte vorbehalten. Die
Verwendung der Texte und Abbildungen, auch auszugsweise, ist ohne die schriftliche
Zustimmung des Verlags urheberrechtswidrig und daher strafbar. Dies gilt insbesondere für
die Vervielfältigung, Übersetzung oder die Verwendung in elektronischen Systemen.
Es wird darauf hingewiesen, dass die im Buch verwendeten Soft- und Hardware-Bezeich-
nungen sowie Markennamen und Produktbezeichnungen der jeweiligen Firmen im
Allgemeinen warenzeichen-, marken- oder patentrechtlichem Schutz unterliegen.
Alle Angaben und Programme in diesem Buch wurden mit größter Sorgfalt kontrolliert.
Weder Autor noch Verlag können jedoch für Schäden haftbar gemacht werden, die in
Zusammenhang mit der Verwendung dieses Buches stehen.
5 4 3 2 1 0

Geleitwort
zur zweiten Auflage

Erinnern Sie sich an Ihre erste Programmiererfahrung? Ich meine nicht die Einzelheiten des Computers oder der Programmiersprache. Ich meine, wie haben Sie sich gefühlt?

Ich erinnere mich noch, wie ich ein paar Befehle aus dem Programmierhandbuch eintippte und darauf brannte, das Programm laufen zu sehen. Es war atemberaubend zu beobachten, wie der Code Leben annahm. Innerhalb weniger Stunden wuchs das Buchbeispiel zu einem, wie ich fand, beeindruckenden Programm. Ich hatte hier und dort Erweiterungen vorgenommen. Nach jeder Änderung startete ich das Programm, um zu sehen, was es tat. Am Abend führte ich alles meinen Eltern vor. Ein Blick in meine Augen ließ keinen Zweifel darüber offen, wie stolz ich wohl war.

Wie sich die Dinge verändert haben. Programmieren ist immer noch mein Ein und Alles. Dabei fällt mir hin und wieder jedoch auf, dass der ursprüngliche Spaß, weshalb wir alle einmal Programmierer geworden sind, auf der Strecke geblieben ist. Geht Ihnen das auch so? In diesen Momenten muss ich stets an meine erste Erfahrung denken. Warum kann Programmieren nicht immer so sein?

Zu einem dieser Momente stolperte ich über die in diesem Buch beschriebenen Techniken. Automatisierte Tests und fortlaufendes Refactoring, beides zusammen genommen, brachten mich dem Beginn meiner Programmierkarriere wieder ein Stückchen näher. Seitdem konnte ich mich meistens so verhalten, als wäre das Einzige, was ich tun müsste, ein paar Zeilen Code zu schreiben. Lassen Sie sich jedoch nicht täuschen. Diese Techniken funktionieren nicht nur für kleine Programme. Je größer der Umfang, desto wertvoller werden diese Techniken.

Ich war begeistert, als mich Johannes nach einem Geleitwort fragte. Dafür gibt es zwei Gründe:

Dieses Buch enthält das gebündelte Wissen, das sich eine Menge von Extreme-Programming-Pionieren gewünscht hätten, als sie vor nunmehr sieben Jahren mit testgetriebener Entwicklung losstiefelten. Wenn Sie diesem Weg folgen, werden Sie unweigerlich in Testprobleme laufen. Obwohl Sie zuerst Ihre Tests schreiben, werden Sie manchmal zum Stehen kommen, weil Sie nicht erkennen, wie Sie Ihren Code testen können. Das ist ganz natürlich. Tatsächlich ist dieser Punkt die perfekte Gelegenheit, einen Schritt zurückzutreten und einen Moment zu reflektieren ... oder dieses Buch in die Hand zu nehmen und nachzulesen, was uns denn Johannes dazu rät.

Ich wollte einmal ein Buch schreiben, ganz ähnlich diesem. Als ich aber Johannes' erste Buchkapitel zum Review las, konnte ich sehen, dass dieses Buch nicht nur erstklassig geschrieben war, sondern auch eine Reihe von Werkzeugen behandelte, die es erlauben, auch die dunkelsten Ecken mit Tests auszuleuchten, Code, der häufig einfach schwer testbar ist. Ich wünschte, ich hätte dieses Buch geschrieben. Deshalb ist der Beitrag eines Geleitwortes eine große Ehre.

Eine Gefahr besteht jedoch beim Lesen dieses Buches. Sie könnten den Eindruck bekommen, dass es nur um Techniken und Werkzeuge geht, während es in Wirklichkeit um Sie selbst geht.

Testinfizierte Programmierer erzählen gern davon, wie sich ihre Beziehung zum Code durch die Tests verändert hat. Es gibt uns ein unglaubliches Gefühl von Vertrauen, wenn Hunderte von Tests auf Knopfdruck durchlaufen und unsere Software auf Herz und Nieren prüfen. Irgendwann werden auch Sie sich ganz sicher dabei ertappen, wie Sie Ihre Tests mehrere Male hintereinander ausführen, nur für den zusätzlichen Kick, dass alles prima läuft.

Frank Westphal
Extreme Programmer und Coach

Geleitwort
zur ersten Auflage

Als professioneller Softwareentwickler möchte ich Software so schnell wie möglich, so gut wie möglich und mit so wenig Stress wie möglich entwickeln. Automatisierte Unit Tests können helfen, nahe an dieses Ziel heranzukommen. Sie sind eine relativ kleine Investition, mit der das Vertrauen in den produzierten Code erst einmal aufgebaut und später beibehalten werden kann. Habe ich keine automatisierten Tests, bleiben mir nur manuelle Tests. Diese sind aber nicht automatisch wiederholbar und als Konsequenz nimmt der Stress zu, insbesondere, wenn die manuellen Tests unter Zeitdruck durchgeführt werden müssen, was natürlich meistens der Fall ist. Mit automatisierten Tests kann auf Knopfdruck jederzeit bestimmt werden, ob die letzte Änderung die Fitness der Software beeinträchtigt. Dies kann man heute, morgen oder irgendwann in der Zukunft tun, unabhängig davon, ob eine Deadline vor der Tür steht.

Das vorliegende Buch von Johannes Link und Peter Fröhlich ist eine sehr gute praktische Einführung in die Entwicklung mit automatisierten Unit Tests und dem Test-First-Vorgehen. Als Automatisierungsframework wird im Buch JUnit verwendet. Dieses kleine Framework vereinfacht zwar die Erstellung und Verwaltung von Tests, für die erfolgreiche Entwicklung mit Unit Tests braucht es aber mehr. Ein Entwickler muss mit verschiedenen Techniken vertraut sein, insbesondere, wenn Unit Tests im Kontext von Datenbanken oder verteilten Applikationen mit Applikationsservern erstellt werden müssen. Das Buch beleuchtet auch diese Problembereiche und ist deshalb ein sehr wertvoller Beitrag zum Thema automatisierte Unit Tests.

JUnit selber wurde auch mit automatisierten Unit Tests und Test-First, wie in diesem Buch beschrieben, entwickelt. Die Techniken wurden dabei oft unter erschwerten Bedingungen angewendet, wie im Kampf gegen den Jetlag oder bei Stromknappheit in Alphütten. Die Techniken haben sich trotzdem bewährt... Ich hoffe, dass Sie dank diesem Buch in der Zukunft die klassische Unit-Test-Kontrollfrage »Wo sind die Unit Tests?« immer öfter positiv beantworten werden können.

Erich Gamma
Mitautor von JUnit
Technischer Direktor, Object Technology International

Vorwort
zur zweiten Auflage

Drei Jahre sind vergangen; gute Jahre für die testgetriebene Entwicklung. Der englischsprachige Büchermarkt hat fast ein halbes Dutzend Titel zum Thema hervorgebracht, und auch in der praktizierten Softwareentwicklung hat sich das Vorgehen weiter verbreitet. Auch in meiner eigenen Arbeit habe ich den Test-First-Ansatz konsequent eingesetzt. Grund genug, die Erfahrungen der vergangenen Jahre in eine aktualisierte, überarbeitete und erweiterte Auflage einfließen zu lassen.

Verbreitung führt unweigerlich zu Spezialisierung, und ich durfte erkennen, dass ich alleine nicht mehr alle relevanten Themengebiete abdecken kann – sowohl in zeitlicher als auch in fachlicher Hinsicht. Die Aufnahme von Achim, Ekard, Frank und Ilja ins Autorenboot zu Peter und mir war Erleichterung und Herausforderung zugleich, denn schließlich hatte ich weiterhin den Anspruch, koordinierender Autor eines sprachlich und inhaltlich zusammenhängenden Buches zu sein und nicht etwa Herausgeber einer losen Artikelsammlung. Ich glaube fest, dass es uns gelungen ist, ein »geschlossenes« Werk abzuliefern im Sinne von erwünschter *High Cohesion* innerhalb der einzelnen Kapitel und losem, aber dennoch wünschenswertem *Low Coupling* dazwischen.

Die Titeländerung von »Unit Tests mit Java« zu »Softwaretests mit JUnit« spiegelt vor allem die Wahrnehmung im Markt und in der Leserschaft wider, aber auch die Tatsache, dass JUnit das mit Abstand am weitesten verbreitete Java-Testframework ist; heute noch mehr als vor drei Jahren. Vergrößert hat sich die Fülle der Themen – z.B. durch das neue EJB-Kapitel – sowie an zahlreichen Stellen der Tiefgang. Die neuen Autoren haben ihre eigene Sicht der Dinge eingebracht, was häufig zu klareren Aussagen führte, als ich sie selbst hätte treffen können.

Zu kurz kommen in diesem Buch immer noch die Themen Akzeptanz- und Systemtests. Obwohl ich in den vergangenen Jahren zunehmend mehr Gewicht auf diese Testarten gelegt habe, ist für sie JUnit nicht das geeignete Werkzeug und damit dieses Buch nicht die geeignete Plattform. Doch auch hier wächst langsam die verfügbare Erfahrung und Literatur.

Was wäre das Buch ohne ... ?

Danke an die hinzugekommenen Reviewer – die der englischen Ausgabe und die der neuen Auflage: Frank Cohen, Eitan Farchi, Markus Gebhard, Ulrich Gessner, Helmut Neukirchen, Erik Meade, Steve Metsker, Sandra Sieroux, Uwe Vigenschow, Timothy Wall, Rainer Wiesenfarth, Eberhard Wolff und an alle Leser, die uns auf Fehler und Verbesserungsmöglichkeiten aufmerksam gemacht haben.

Bedanken möchte ich mich bei meinen Koautoren sowie den zahlreichen Menschen, die mir bei Softwareprojekten, Vorträgen, Schulungen und Konferenzen immer wieder neue Anregungen geben konnten. Eine ganz besondere Rolle nimmt dabei Frank Westphal ein, der die sokratische Kunst der Verunsicherung durch Nachfragen beherrscht. Dank auch an das Team von dpunkt, dem es immer wieder gelingt, mir als Autor eine gewisse »Heimat« zu geben.

Das größte Dankeschön gilt nichtsdestotrotz meiner Familie – Bettina und Jannek – für all das, was in einem derartigen Werk nie explizit auftaucht, aber ohne das dieses Buch kein Herz, keine Seele und keine Basis hätte.

Heidelberg, Dezember 2004 *Johannes Link*

Vorwort
zur ersten Auflage

> *»Das ist mal wieder typisch: Die Frauen kriegen Kinder und die Männer basteln an ihrer Karriere!«*
>
> *Bettina, Mutter von Jannek*

Falls Sie jemals von einem Verlagslektor gefragt werden, welches Buch Sie denn gerne einmal lesen möchten, dann seien Sie vorsichtig, sonst schreiben Sie das Buch am Ende selbst. So ist es zumindest mir ergangen, wenn auch die Idee ein ganzes Jahr im Stillen reifen musste, bis sie zu konkreten Taten führte.

Zudem muss ich gestehen, dass nur die wenigsten der in diesem Buch beschriebenen Theorien, Techniken und Ideen originär von mir stammen. Der weitaus größte Teil ist aus Büchern, Artikeln, News-Gruppen sowie unzähligen persönlichen und internetbasierten Diskussionen hervorgegangen. Der kleine Rest ist das Ergebnis zahlreicher fehlgeschlagener und einiger geglückter Experimente.

Dennoch bin ich ein wenig stolz auf das Resultat: Parallel zum echten Baby, das heute als »Jannek« durch die Welt krabbelt, entstand so ein weiteres Baby, auch in etwa neun Monaten – vermutlich als Ausgleich für die einseitige Regelung der Natur.

Dankeschön

Zunächst einen Dank an meinen Koautor Peter, der trotz meines Übereifers und unserer sprachlichen Meinungsverschiedenheiten die Flinte nicht ins Korn geworfen hat. Mein Dank auch an alle Ideengeber und Vorabkritiker, die über Monate mit immer neuen Kapiteln geplagt wurden; in alphabetischer Reihenfolge: Frank Adler, Achim Bangert, Markus Barchfeld, Ekard Burger, Herbert Ehrlich, Tammo Freese, Dierk König, Andreas Leidig, Rainer Neumann, Christian Popp, Ilja Preuß, Stefan Rook, Michael Ruppert, Roland Sand, Martin Schneider, Thomas Singer, Andreas Schoolmann, Robert Wenner, Frank Westphal.

Danken möchte ich auch dem Team des dpunkt.verlags für seine Unterstützung bei Technik, Organisation und Motivation: Christa Preisendanz, Birgit Dinter, René Schönfeldt und Julia Neumann. Ein weiterer Dank geht an alle Mitarbeiter – und Chefs – der andrena objects ag, die das fachliche und menschliche Umfeld für das Gedeihen dieses Buches geschaffen haben.

Und schließlich ein großes Dankeschön an Bettina, die mich bei der Entbindung dieses Babys wie eine Hebamme unterstützte.

Heidelberg, November 2001 *Johannes Link, Vater von Jannek*

Inhaltsverzeichnis

Teil I	Basistechniken	1
1	**Einleitung**	**3**
1.1	Kleine Begriffslehre	5
1.2	Testen in XP	6
1.3	»Testgetriebene Entwicklung« – kleine Definition	11
1.4	Nur Java – oder auch anderen Kaffee?	14
1.5	Was das Buch sein möchte – und was nicht	14
1.6	Aufbau des Buches	15
1.7	Konventionen	15
1.8	Website zum Buch	16
2	**Testautomatisierung mit JUnit**	**17**
2.1	Was wollen wir automatisieren?	18
2.2	Anforderungen an ein Automatisierungsframework	19
2.3	JUnit	21
2.4	Zusammenfassung	32
3	**Grundschritte der testgetriebenen Softwareentwicklung**	**33**
3.1	Testen Classic	33
3.2	Step by Step	37
3.3	Abhängigkeiten	47
3.4	Testorganisation und Testausführung	56
3.5	Zusammenfassung	62
4	**Testideen und Heuristiken**	**63**
4.1	Überarbeitung einzelner Tests	64
4.2	Schwarze und weiße Kisten	67
4.3	Granularität der Testfälle	68
4.4	Grenzwerte	70

4.5	Äquivalenzklassen	71
4.6	Fehlerfälle und Exceptions	72
4.7	Objektinteraktionen	79
4.8	Design by Contract	81
4.9	Weitere Ideen zur Testfallfindung	84
4.10	Refactoring von Code und Tests	85
4.11	Zusammenfassung	87

5 JUnits Innenleben — 89

5.1	Die Statik	89
5.2	Lebenszyklus einer Testsuite	91
5.3	Projektspezifische Erweiterungen	94
5.4	Die Konkurrenz	94
5.5	Zusammenfassung	95

6 Isoliertes Testen mit Dummy- und Mock-Objekten — 97

6.1	Kleine Attrappe	97
6.2	Begriffswirrwarr	100
6.3	Große Attrappe	100
6.4	Wir bauen an	106
6.5	Endoskopisches Testen	108
6.6	Mock-Objekte vom Fließband	111
6.7	Testen von Grenzwerten und Exceptions	115
6.8	Wie kommt der Test zum Mock?	118
6.9	Böse Singletons	121
6.10	Leicht- und schwergewichtige Mocks	124
6.11	Dateiattrappen	128
6.12	Noch mehr typische Mock-Objekte	132
6.13	Fremde Komponenten	132
6.14	Pro und Contra	135
6.15	Zusammenfassung	139

7 Vererbung und Polymorphismus — 141

7.1	Vererbung	141
7.2	Polymorphismus	151
7.3	Zusammenfassung	155

8 Wie viel ist genug? — 157

8.1	Die XP-Regel	158
8.2	Klare Antworten auf klare Fragen	159
8.3	Testabdeckung	163
8.4	Zusammenfassung	166

| Teil II | **Weiterführende Themen** | **167** |

9	**Persistente Objekte**	**169**
9.1	Schichtenarchitektur	171
9.2	Abstrakte Persistenzschnittstelle	173
9.3	Persistente Attrappe	176
9.4	Gestaltung einer Datenbankschnittstelle	179
9.5	Testen der »richtigen« Persistenz	188
9.6	Teststrategien und evolutionäres Datenbankdesign	194
9.7	Interaktion von Persistenzschicht und Client	200
9.8	Zusammenfassung	202

10	**Nebenläufige Programme**	**203**
10.1	Probleme bei der Verwendung von Threads	204
10.2	Testen asynchroner Dienste	206
10.3	Testen der Synchronisation	214
10.4	Zusammenfassung	222

11	**Verteilte Anwendungen**	**225**
11.1	Verteilungsmechanismen in Java	226
11.2	Sockets	227
11.3	RMI	234
11.4	Zusammenfassung	242

12	**Enterprise JavaBeans**	**243**
12.1	Kurze Einführung in EJBs	243
12.2	EJBs und testgetriebene Entwicklung	244
12.3	Trennung von Technologie und Geschäftslogik	246
12.4	Metadaten testen mit XMLUnit	250
12.5	Tests »im Container«	252
12.6	Tests »ohne Container«	255
12.7	Wie teste ich die verschiedenen EJB-Typen?	258
12.8	Ausblick auf EJB 3.0	261
12.9	Zusammenfassung	262

13	**Web-Applikationen**	**265**
13.1	Testen mit Container-Attrappe	266
13.2	Mocken der Servlet-API	270
13.3	Trennung von Servlet-API und Servlet-Logik	272
13.4	Testen von (X)HTML	276
13.5	Funktionale Tests	282
13.6	Testen auf dem Server	284
13.7	Zusammenfassung	287

14 Grafische Benutzeroberflächen — 289
- 14.1 GUI-Logik ... 290
- 14.2 GUI-Oberfläche ... 297
- 14.3 Benutzeraktionen simulieren ... 308
- 14.4 Zusammenfassung ... 313

15 Die Rolle von Unit Tests im Softwareprozess — 315
- 15.1 Aktivitäten im definierten Softwareprozess ... 316
- 15.2 Prozesstypen und Teststrategien ... 323
- 15.3 Kommerziell eingesetzte Prozessmodelle ... 329
- 15.4 Unit Tests in der Teststrategie eines Projektes ... 336
- 15.5 Passen automatisierte Unit Tests in meinen Prozess? ... 341

16 Chancen und offene Enden — 343
- 16.1 Unit Testing bei existierender Software ... 344
- 16.2 Einführung von Unit Tests ins Entwicklungsteam ... 347
- 16.3 Was fehlt? ... 350

Teil III Anhang — 353

A JUnit-Erweiterungen — 355
- A.1 Mock-Objekte ... 355
- A.2 Web-Entwicklung ... 356
- A.3 J2EE ... 357
- A.4 GUIs ... 358
- A.5 Sonstiges ... 358

B Unit Tests mit anderen Programmiersprachen — 361
- B.1 Smalltalk ... 361
- B.2 C++ ... 365
- B.3 .NET ... 369
- B.4 Der Rest ... 379

C Glossar — 381

D Literatur- und Quellenverzeichnis — 391
- D.1 Literaturverzeichnis ... 391
- D.2 URLs ... 400
- D.3 Weiterführende Lesehinweise ... 405

Stichwortverzeichnis — 409

Teil I

Basistechniken

1 Einleitung

Die Zeiten, in denen Softwareentwicklung ohne systematisches Testen »professionell« genannt werden durfte, sind vorbei. Dass Testen wichtig ist, wissen mittlerweile alle Softwareentwickler, und dennoch drücken sich viele immer noch davor[1].

Die Gründe für das stiefmütterliche Interesse, das Programmierer der Qualität ihrer eigenen Produkte entgegenbringen, sind vielfältig. Zum einen spielt die Ausbildung eine wichtige Rolle: Dem akademisch erzogenen Informatiker ist die Tatsache, dass Software getestet werden muss, meist nur als theoretischer Punkt im Rahmen seiner 2-semestrigen Softwaretechnik-Vorlesung untergekommen. Die Autodidakten unter den Programmierern haben in den Lehr- und Programmierbüchern meist nichts weiter gefunden als den Hinweis, dass die Programme »natürlich« auch gründlich getestet werden müssen. Nur wie und warum steht dort nie – von ein paar rühmlichen Ausnahmen wie [Gassmann00] und [Larman00] abgesehen.

So baut sich der Entwickler mit der Zeit seinen eigenen Vorrat an Vorurteilen und Gründen auf, der ihn bei seiner Abneigung gegen das Testen bekräftigt. Eine kleine Auswahl:

»Ich habe keine Zeit zum Testen«

Dieser häufig vorgebrachte Satz geht davon aus, dass Testen Zcit kostet. Glaubt man das, so gerät man in einen Teufelskreis: Je größer der Zeitdruck, desto weniger Tests. Je weniger Tests, desto unstabiler der Code. Je unstabiler der Code, desto mehr Fehlermeldungen kommen

---

1. Nach der Erfahrung der Autoren stimmt dies für weite Teile der »normalen« Geschäftssoftwareentwicklung, während in anderen Bereichen, wie etwa der Telekommunikation, intensive automatisierte Entwicklertests schon lange unverzichtbar sind.

vom Kunden. Je mehr Fehlermeldungen, desto mehr Debugging-Zeit wird benötigt. Je mehr Debugging-Zeit, desto größer der Zeitdruck ...

Glaubt man jedoch, dass Tests den Code stabilisieren, dann wird aus dem Teufelskreis eine sich öffnende Spirale: Je stabiler der Code, desto weniger Debugging-Zeit wird benötigt. Je weniger Debugging-Zeit, desto mehr Zeit bleibt für Entwicklung (und Tests). Davon handelt dieses Buch.

»Testen von Software ist langweilig und stupide«

Die gängige Literatur zum Thema Softwaretesten (z.B. [Binder99] und [McGregor01]) ist eher trocken und theoretisch, was den praktisch veranlagten Programmierer verschreckt. Genauer betrachtet ist jedoch das Entdecken und damit das Vermeiden von Softwarefehlern eine ebenso anspruchsvolle und kreative Tätigkeit wie das Programmieren selbst. Mehr noch, frühzeitiges Testen kann den Programmiervorgang sogar steuern und befriedigender machen, da man mehr Vertrauen in das Ergebnis seiner Arbeit gewinnt. Davon handelt dieses Buch.

»Mein Code ist praktisch fehlerfrei, auf jeden Fall gut genug«

Gerne glauben wir Entwickler an unsere eigene intellektuelle Brillanz. Schließlich haben wir alle Bücher zum Thema gelesen, sind in alle Fallen schon mal getappt, kennen sämtliche veröffentlichte Entwurfsmuster und die Details der 363 Klassen unseres eigenen Frameworks auswendig. Und dennoch, bei einer kleinen Änderung in Klasse 276 kommen uns plötzlich Zweifel, welche Auswirkungen diese neue Codezeile auf andere Teile des Systems haben könnte. Wäre es jetzt nicht schön, anhand einer Menge bewährter und automatisierter Tests überprüfen zu können, ob wir mit der Verbesserung am einen Ende nicht versehentlich eine Funktion am anderen Ende stören? Davon handelt dieses Buch.

»Die Testabteilung testet. Die können das eh viel besser.«

Zudem sitzen in der Testabteilung genau die Art von pedantischen und übergenauen Beamten, die man für einen Buchhalterjob wie das ständige Ausführen immer gleicher Testskripts benötigt. Schade nur, dass es in der Testtheorie ein paar massive Hinweise und Belege dafür gibt, dass die Testabteilung eben **nicht** unseren Job erledigen kann. Diese Erkenntnis führte zur Aufstellung des *Antidecomposition-Axioms*[2].

Antidecomposition-Axiom

---

2. Die drei Testaxiome [Weyuker88] werden in Kapitel 7 näher beleuchtet.

Dieses Axiom besagt, dass das Testen eines zusammengesetzten Systems nicht ausreicht, um die Fehler seiner Komponenten aufzudecken. Der Programmierer ist daher selbst dafür verantwortlich, dass seine Komponenten auch in isolierter Umgebung getestet werden. Darüber hinaus können frühzeitig erkannte Fehler weitaus schneller und kostengünstiger behoben werden. Auch davon handelt dieses Buch.

1.1 Kleine Begriffslehre

Wir sind uns also nun (hoffentlich) einig, dass *Entwicklertests* für eine qualitativ hochwertige Software unverzichtbar sind. Doch auch Entwickler testen unterschiedliche Dinge auf unterschiedliche Arten. So konzentrieren sich *Performanz-* und *Lasttests* auf die Erfüllung bestimmter nicht funktionaler Anforderungen wie geforderte Antwortzeiten und erwartete Nutzerzahlen. Die zentrale Testaufgabe der Programmierer sind jedoch die so genannten *Unit Tests*, auf deutsch *Modultests*. Dieser Begriff stammt aus der vorobjektorientierten Ära und beschreibt, dass sich die einzelnen Tests nicht auf das Gesamtsystem, sondern auf einzelne *Units* (Einheiten) des Systems konzentrieren. Heutzutage wird häufig auch von *Komponententest* gesprochen.

Unterschiedliche Testarten

Modultests

Komponententests

Seinerzeit war eine solche »Einheit« leicht als Prozedur oder Funktion zu erkennen. Bei objektorientierten Systemen kann diese »zu testende Einheit« unterschiedliche Gestalten annehmen. Die Spanne reicht von der einzelnen Methode über Klasse und Subsystem hin zum ganzen System. Meist (aber nicht immer) handelt es sich bei dieser Einheit um die »natürliche« Abstraktionseinheit objektorientierter Systeme: die Klasse bzw. um ihre instanzierte Form: das Objekt. Um das etwas holprige deutsche Wortkonstrukt »zu testende Einheit« zu vermeiden, tauchen in diesem Buch ab und an zwei Abkürzungen der angloamerikanischen Fachliteratur auf: *CUT* (Class under Test) und *OUT* (Object under Test). Der Unterschied zwischen beiden besteht in der Perspektive: Befinde ich mich mitten im Test, dann interessiert mich das Objekt an sich; spreche ich von mehreren Tests, dann ist die Klasse mein Bezugspunkt.

Was ist eine Unit?

Class under Test (CUT)

Object under Test (OUT)

Entwickler müssen sich auch mit *Integrationstests* herumschlagen. Dies sind Tests, die sich auf das Zusammenspiel mehrerer bereits einzeln getesteter Komponenten konzentrieren; [McGregor01] nennt sie daher auch *Interaktionstests*. Da in objektorientierten Systemen jedoch auch jede Integration durch ein oder mehrere Objekte repräsentiert wird, ist eine scharfe Trennung zwischen Komponententests und Integrationstests häufig nicht möglich. Wo eine Unterscheidung sinnvoll ist, wird im Laufe des Buches darauf eingegangen. In der Regel

Integrationstests

Interaktionstests

sollten wir jedoch nicht allzu viele Gedanken daran verschwenden; wichtig ist das Ergebnis unserer Testbemühungen und nicht etwa die einwandfreie terminologische Klassifikation.

Statisch oder dynamisch?   Unit Tests sind das zentrale Thema dieses Buches; für eine qualitativ hochwertige und vom Kunden akzeptierte Software benötigt man jedoch noch mehr. So unterscheidet man *statische* und *dynamische* Tests. Statische Tests können ohne tatsächliche Ausführung des Programms durchgeführt werden und umfassen sowohl die Verwendung automatischer Code-Analyse-Werkzeuge als auch Programminspektionen und Reviews [Gilb93]. Dynamische Tests fordern die Ausführung des Programmcodes und finden sich als Komponententests, *funktionale Tests*, *Akzeptanztests*, *Regressionstests* und in anderen Varianten wieder. Häufig werden diese von einem dedizierten Testteam oder sogar dem Kunden selbst spezifiziert und ausgeführt. Für den Großteil des Buches konzentrieren wir uns auf Entwicklertests, bis schließlich Kapitel 15 unsere Unit Tests in den Gesamtkomplex *Softwareprozess* und *Qualitätssicherung* einordnet. Wer vor Spannung platzt, darf schon mal vorblättern.

Testabdeckung   Für viele Tester und testende Softwareentwickler ist ein wesentliches Problem: »Wann sind meine Tests ausreichend? Wann habe ich genug getestet?« In der klassischen Testtheorie konzentriert sich diese Frage meist auf die Bestimmung der *Testabdeckung*: Wie viel des Codes und wie viele der Anforderungen werden von den Tests abgedeckt. In diesem Sinne wird eine Testsuite dann als adäquat betrachtet, wenn sie alles abdeckt; noch mehr Tests wären schließlich Verschwendung. Um dem Begriff der »vollständigen Testabdeckung« eine konkrete Bedeutung zu geben, sind zahlreiche Metriken definiert worden, die in Kapitel 8.3 näher betrachtet werden.

1.2 Testen in XP

Trotz der Betonung ihrer Wichtigkeit in der Testliteratur spielten Unit Tests bislang für die meisten Entwickler eine mehr als untergeordnete Rolle. Dies änderte sich, als *Extreme Programming* (XP) die Durchführung von Komponententests zu einer zentralen Tätigkeit im XP-Entwicklungszyklus beförderte.

Komponententests in XP

XP (siehe [Beck00a] und [Jeffries00]) ist ein *agiler* Softwareprozess[3], der dem Kunden die volle Macht über Richtung und Richtungswechsel eines Projektes zurückgibt. Ins Zentrum der Entwicklungstätig-

---

3. *Agil* hat vor einiger Zeit das Wort *leicht* (light-weighted) in Bezug auf Softwareprozesse verdrängt (vgl. [URL:AgileAlliance] und Kapitel 15.2).

keit rückt dabei das eigentliche Kodieren. Mit dieser provokanten Schwerpunktverlagerung vergrault XP die Verfechter detaillierter und ausgefeilter Analyse- und Designmethodiken und findet dafür bei vielen Softwareentwicklern positive Resonanz, die sich häufig durch unangemessene und zu bürokratische Vorgehensmodelle gegängelt fühlen.

Wer sich für Extreme Programming im Allgemeinen und dessen Beziehung zu schwergewichtigeren Vorgehensmodellen interessiert, kommt um das Studium der einschlägigen Literatur bzw. der ausführlichen Web-Präsenz nicht herum (siehe Anhang E.3: *Weiterführende Lesehinweise*). An dieser Stelle soll lediglich auf einige zentrale Punkte eingegangen werden, die für das Testen, wie es in diesem Buch beschrieben wird, wichtig sind.

Kommunikation, Einfachheit, Feedback und Mut

Dies sind zentrale Werte von XP und spiegeln sich daher in jedem Stückchen Programmcode wider: Code in XP soll so geschrieben werden, dass er alle Dinge kommuniziert, die er enthält. Dies verlangt besondere Sorgfalt bei der Benennung von Klassen und Methoden. Auch können kurze Methoden mit aussagekräftigen Namen lange Programmkommentare in den meisten Fällen ersetzen und sind weniger anfällig dafür, bei späteren Programmänderungen inkonsistent zu werden.

Zusätzlich soll das Programm nur so komplex sein, wie es die *im Augenblick nötige Funktionalität* verlangt. Insbesondere bedeutet dies einen Verzicht auf das Berücksichtigen vermuteter zukünftiger Funktionalität. XP geht nämlich davon aus, dass bei Einhaltung aller zentralen Praktiken spätere Änderungen billiger sind als das vorherige »Eindesignen« denkbarer Anforderungen, insbesondere weil sich in jedem Projekt ein Großteil der Vermutungen später als falsch herausstellt.

Für das schnelle *Feedback*, ob unser Code auch das tut, was er tun soll, dienen automatisierte Tests auf mehreren Ebenen (siehe unten). *Mut* wird vom Team immer dann verlangt, wenn Änderungen am System nötig sind. Umfangreiche Tests sorgen dafür, dass nur Mut und nicht etwa Waghalsigkeit erforderlich ist.

Pair Programming

XP fordert, dass jedes Stück Code, das in Produktion gehen soll, von zwei Entwicklern an einem Computer gemeinsam erstellt wird. Idealerweise ist dabei ein Programmierer mit seinen Gedanken sehr dicht an den Zeilen, die er gerade tippt, während der andere den größeren Zusammenhang im Auge hat. Die Rollen wechseln dabei ständig. *Pair Programming* (dt. »Programmierung in Paaren«) ist eine Art ständiger Review und sorgt für weniger Fehler, mehr Konsistenz mit den Kodierrichtlinien und der Verbreitung von Wissen über das ganze Team. Die Tests stellen sicher, dass das Paar nicht den Fokus verliert.

Programmierung in Paaren

Dem Gefühl vieler Manager, dass mit dieser Vorgehensweise Ressourcen vergeudet werden, widersprechen Studien zur Produktivität von Pair Programming (siehe [Cockburn00a]). Diese zeigen, dass ein geringfügig verkleinerter Ausstoß an Codemenge durch besseres Design und eine deutlich geringere Fehlerrate mehr als ausgeglichen wird.

Inkrementelle und iterative Entwicklung

Die Softwareentwicklung in XP findet nicht *en bloc* statt, sondern in möglichst kleinen Schritten. Das Gesamtsystem wird in *Iterationen* von 1 bis 3 Wochen Länge erstellt. Ziel jeder Iteration ist die Implementierung einer vom Kunden ausgewählten Menge kleiner »Funktionalitätshappen« (*User Stories*). Das Entwicklungsteam zerlegt diese User Stories in *Tasks*; das sind Teilaufgaben, die von einem Entwicklerpaar innerhalb weniger Tage erledigt werden können. Aber auch diese Teilaufgaben werden nicht am Stück, sondern wiederum in kleinen Schritten implementiert. Zu einem solchen Mikroschritt gehört nicht nur der Implementierungscode, sondern auch der Test, der beweist, dass die Implementierung auch das tut, was sie soll. Ohne diesen Test gilt auch die Implementierung als nicht vorhanden.

Refactoring

Refactoring (dt. etwa »neu herstellen«) beschreibt das ständige Verbessern der internen Struktur von existierendem und funktionierendem Programmcode. Ziel dieser Verbesserungen ist das einfachste (und damit best verständliche) Design. Für »einfachst« gibt es folgende Kriterien – die Reihenfolge ist wichtig:

Das einfachste Design

1. Alle Unit Tests laufen.
2. Der Code kommuniziert alle seine Designkonzepte.
3. Der Code enthält keine Redundanz (= duplizierten Code).

4. Der Code enthält, unter Berücksichtigung der obigen Regeln, die geringst mögliche Anzahl an Klassen und Methoden.

XP verlangt ständiges Refactoring, insbesondere nach dem erfolgreichen Abschluss eines Tasks. Häufiges Refactoring ist ohne automatisierte Unit Tests kaum möglich, da sonst die Gefahr zu groß wird, mit dem Umbau am einen Ende funktionstüchtige Komponenten am anderen Ende zu beeinflussen. Diese Angst vor ungewollten Nebenwirkungen ist ein wesentlicher Grund dafür, dass viele Entwickler vor dem »Aufräumen« scheinbar funktionierender Komponenten zurückschrecken. Auf die Dauer entstehen dadurch die unwartbaren Systeme, die wir Entwickler alle kennen und vor deren Erweiterung und Anpassung uns graut.

Martin Fowler beschreibt in [Fowler99] ausführlich die häufigsten Refactoring-Maßnahmen, wie man ihre Notwendigkeit entdeckt[4], wie man sie Schritt für Schritt ausführt und wie Unit Tests das Refactoring erleichtern. Die meisten Java-Entwicklungsumgebungen (z.B. Eclipse und IntelliJ) bieten heutzutage Unterstützung für zahlreiche automatische Refactorings, die damit gesichert und ohne Nebeneffekte vorgenommen werden können. Für komplexere Umstrukturierungen ist die Korrektheit jedoch prinzipiell nicht beweisbar.

Testarten in XP

Extreme Programming proklamiert zwei Arten von Softwaretests: *Akzeptanztests* (*Acceptance Tests*) und Unit Tests. Während prinzipiell für beide Arten die gleichen Techniken und Tools zum Einsatz kommen können, unterscheiden sich deren Zweck und Verantwortlichkeiten:

- **Unit Tests** sichern das Vertrauen des Entwicklers in seine eigene Software und die seiner Kollegen. Sie werden gleichzeitig mit dem Entwicklungscode erstellt und bei Bedarf verändert und ergänzt. Unit Tests müssen **immer** zu 100% erfolgreich laufen. »Immer« bedeutet: Bei der Integration von neuem Code ins System werden alle bislang erstellten Tests ausgeführt. Schlägt auch nur ein einziger Test fehl, muss zunächst dieser Fehler behoben werden, bevor man mit der Integration fortfährt. Dies ist in XP von besonderer Bedeutung, da die *fortlaufende Integration* (engl. Continuous Integration) die Eingliederung aller bearbeiteter Codestellen ins

Unit Tests in XP

---

4. Beziehungsweise wie man sie »erreicht«. Ein Anzeichen für verbesserungswürdigen Code nennt man nämlich auch »Code Smell«.

Gesamtsystem mehrmals täglich verlangt (siehe auch Kapitel 15.2, Seite 328 f.).

Akzeptanztests in XP

■ **Akzeptanztests** dienen dem Kunden und dem Management als Maß für den Fortschritt des Gesamtprojekts. Sie werden vom Kunden spezifiziert – schließlich ist er derjenige, der dem Ergebnis der Testausführung glauben muss. Akzeptanztests spezifizieren typischerweise Funktionalität des Gesamtsystems aus Sicht der Anwender. Wichtig ist, dass vor Beginn einer Iteration der Großteil aller Testfälle für diesen Durchlauf spezifiziert wird. Der prozentuale Anteil erfolgreicher Tests wird zumindest einmal pro Tag ermittelt und steht allen interessierten Parteien zur Verfügung.

Die Umsetzung der Spezifikation in automatisiert ausführbare Testfälle übernehmen meist die Entwickler. An diesem Punkt ist aber auch der Einsatz eines dedizierten Testteams denkbar, das den Kunden bei der Spezifikation berät und die Durchführung der Tests übernimmt (vgl. [Crispin01]). Manchmal ist es möglich, Akzeptanztests auf die gleiche Weise zu automatisieren wie Unit Tests; ab und an können kommerzielle Testwerkzeuge ein sinnvolles Anwendungsfeld finden. Immer populärer wird gegenwärtig das von Ward Cunningham entwickelte *Framework for Integrated Tests* (FIT) [URL:Fit], das die Entwicklung einer projektspezifischen Testsprache und deren Anbindung an das zu testende System erleichtert.

Testautomatisierung

Sowohl für Unit Tests als auch Akzeptanztests besteht die Forderung zur völligen Automatisierung. Die größere Anfangsinvestition verglichen mit manuellen Tests amortisiert sich bereits nach wenigen Ausführungen. Da wir, um häufiges Feedback zu erhalten, Unit Tests unzählige Male pro Tag ausführen wollen, ist ihre nicht automatisierte Verwendung in der Praxis der testgetriebenen Entwicklung undenkbar. Bei der Automatisierung mancher Arten von Akzeptanztests, z.B. der Benutzerschnittstelle, trifft man jedoch auf zahlreiche Schwierigkeiten. Bevor man jedoch resigniert auf sporadische manuelle Tests zurückfällt, sollte man sich überlegen, dass diese nicht nur auf Dauer teurer ist, sondern sich bei ihrer Abarbeitung und Verifikation auch leicht Fehler einschleichen.

Tatsächlich haben aber auch manuelle Tests durchaus einen Sinn und können einem Projekt zusätzlichen Nutzen bringen, wie James Bach in [Bach99] erläutert.

Evolutionäres Design

Für die in diesem Buch vorgestellte Art des Unit-Testens und der Softwareentwicklung ist eine Sache wesentlich: Es fehlt eine große, vorab durchgeführte, detaillierte Designphase – auch *BDUF* (Big Design Up-Front) genannt. Der detaillierte Softwareentwurf, insbesondere die Festlegung der Interfaces einzelner Klassen und ihre Beziehungen zu anderen Klassen, geschieht während des Kodierens bzw. der Testerstellung. Dieser evolutionäre Designansatz steht im Widerspruch zum Großteil der in der Literatur beschriebenen Entwurfs- und Testverfahren. Dort werden »up-front« ausgearbeitete Modelle und Spezifikationen aller Komponenten benötigt, um aus ihnen die Testfälle abzuleiten.

XPs bewusster Verzicht auf eine dedizierte Design- und Architekturphase ist vermutlich der größte Angriffspunkt seiner Kritiker. Mittlerweile gibt es jedoch eine beachtliche Menge an Erfahrungen, die belegen, dass evolutionäres Design funktionieren kann (siehe bspw. [Little01]). Martin Fowler führt in [Fowler00] starke Argumente dafür ins Feld, dass ein durchgehender Fokus auf Designverbesserungen größere Bedeutung hat als ein sorgfältig erstellter Anfangsentwurf. Auch bedeutet evolutionäres Design keineswegs, dass Entwurfsmuster überflüssig werden, wie Joshua Kerievsky in »Refactoring to Patterns« [Kerievsky04] eindrucksvoll zeigt.

Funktioniert testgetriebene Entwicklung nur mit XP?

In XP existieren bestimmte Praktiken, die Entwicklertests erleichtern (Pair Programming, inkrementelle Entwicklung), absichern (Akzeptanztests) und auf ihnen aufbauen (Refactoring). XP ist dennoch keine Voraussetzung für Unit Testing, doch es lohnt sich für jeden Entwickler und Projektleiter, darüber nachzudenken, ob nicht der eine oder andere Aspekt von XP die Testanstrengungen und damit die Qualität der Software verbessern könnte. Insbesondere die Kombination aus Unit Tests, Refactoring und fortlaufender Integration bietet sich als Kern der testgetriebenen Softwareentwicklung an und ist in jedes iterative Vorgehensmodell integrierbar.

Testgetriebene Entwicklung außerhalb von XP

1.3 »Testgetriebene Entwicklung« – kleine Definition

Ein wesentlicher Aspekt dieses Buches ist die Vorstellung der *testgetriebenen Softwareentwicklung* (engl. Test-Driven Development). Dieses häufig auch »Test-First-Programmierung« genannte Vorgehen bei der Kodierung von Softwaresystemen ist aus XPs Streben nach vollständigen automatisierten Unit Tests hervorgegangen. Trotz ihres Namens ist testgetriebene Entwicklung jedoch wesentlich mehr als bloße qualitätssichernde Tätigkeit; sie steuert das Softwaredesign in Richtung Testbarkeit und Einfachheit.

Kent Beck [Beck02] beschreibt testgetriebene Programmierung als das konsequente Umsetzen zweier einfacher Regeln:

- Schreibe nur dann neuen Code, wenn ein automatisierter Test fehlschlägt.
- Eliminiere Duplikation.

In der Praxis wird daraus der testgetriebene Programmierzyklus:

1. Schreibe einen Test, der zunächst fehlschlagen sollte. Schreibe gerade so viel Code, dass der Test kompiliert.
2. Schreibe gerade so viel Code, dass alle Tests – inklusive des neuen Tests – laufen.
3. Eliminiere Duplikation und andere üble Codegerüche.

Die Einzelschritte lassen sich unter dem Slogan »Test! Code! Refactor!« zusammenfassen. Die Programmierung findet in einer Abfolge solcher Zyklen statt, die jeweils nicht länger als 5 Minuten dauern. Wichtig ist, dass zum Zeitpunkt der Integration von Produktionscode ins Gesamtsystem alle Unit Tests erfolgreich laufen. Typischerweise findet diese Integration häufig statt (mehrmals täglich), um größere Integrationsprobleme zu vermeiden.

Frank Westphal veranschaulicht in [Westphal05] mittels einer Metapher, wie man sich das Vorwärtskommen bei der testgetriebenen Entwicklung vorzustellen hat:

Softwareentwicklung ist wie Klettern

»Softwareentwicklung ohne Tests ist wie Klettern ohne Seil und Haken. [...] Stellen Sie sich einen Kletterer vor, der jeden seiner Schritte durch einen Haken absichert. Mit jedem gesetzten Sicherheitshaken reduziert er ganz bewusst sein Risiko, wie tief er bei einem Fehltritt fallen kann. [...] Der bis zum Haken erkletterte Weg gehört ihm in jedem Fall, selbst wenn ihm ein Fehler unterläuft.«

Dieses Voranschreiten in kleinen Schritten mag dem einen oder anderen Programmierer als unmachbar erscheinen (»Wie soll ich in fünf Minuten etwas Sinnvolles programmieren?«) und ihrer persönlichen Erfahrung widersprechen. Ziel des Buches ist es zu vermitteln, wie testgetriebene Entwicklung in der Praxis vor sich geht und dass es tatsächlich funktionieren kann. Einige Vorteile seien vorweg genannt:

- Jedes einzelne Stück Code ist getestet. Dadurch werden Änderungen, die vorhandene Funktionalität zerstören, sofort entdeckt. Dies spielt insbesondere zum Zeitpunkt der Softwareintegration eine maßgebliche Rolle.
- Die Tests dokumentieren den Code, da sie im Idealfall sowohl die normale Verwendung als auch die erwartete Reaktion in Fehlerfällen zeigen.
- Die Kürze der Mikro-Iterationen führt zu einem äußerst schnellen Feedback. Wir sind daher in der Lage, ein großes und komplexes Problem in kleinen, abgesicherten Schritten zu lösen. Zudem kann man in fünf Minuten nur wenig programmieren und somit auch nur wenig falsch machen.
- Das Design eines Programms wird maßgeblich von den Tests bestimmt (siehe auch »*Evolutionäres Design*« auf Seite 11). Dies führt fast immer zu einem einfacheren Entwurf, als wenn es am Reißbrett entworfen worden wäre, da für komplexe Strukturen nur selten einfache Tests geschrieben werden können.
- Das nachträgliche Erstellen von Tests wird vermieden. Testfälle nach der Entwicklung zu schreiben, ist manchmal äußerst schwierig; insbesondere tappen wir Entwickler leicht in eine psychologische Falle: Warum sollten wir noch Tests erstellen für Code, der bereits funktioniert?

Vorteile der testgetriebenen Entwicklung

Wir möchten jedoch keineswegs den Eindruck vermitteln, testgetriebene Softwareentwicklung sei ein Allheilmittel; sie steckt voller Detailprobleme und muss erlernt werden. Ziel des Buches ist es daher auch, Schwierigkeiten bei der Umsetzung aufzuzeigen und Hinweise zu geben, wann ein Abweichen von den Regeln akzeptabel, sinnvoll oder gar notwendig ist.

Viele erfahrene Softwareentwickler, die in ihrer bisherigen Laufbahn vor allem *Design-First-Programmierung* betrieben haben und damit auch erfolgreich waren, bringen der Idee des sich schrittweise entfaltenden Entwurfs eine gesunde Skepsis entgegen. Ihnen sei empfohlen, ihre Zweifel vorübergehend zu vergessen, mit dem Ansatz für eine (nicht zu kurze) Weile zu experimentieren und erst danach ein Urteil zu fällen. Ein Phänomen lässt sich nämlich nur im Selbstversuch erfahren: Im Gegensatz zum nachträglichen Testen macht das Erstellen der Testfälle vor dem Anwendungscode tatsächlich Spaß!

Natürliche Skepsis

1.4 Nur Java – oder auch anderen Kaffee?

Andere Programmiersprachen

Bislang war in diesem Kapitel kaum von Java die Rede. Entwickler, die andere objektorientierte Programmiersprachen verwenden und denen dieses Werk trotz des »JUnit« im Buchtitel in die Hände gefallen ist, stellen sich bestimmt die Frage, ob sich für sie das Weiterlesen lohnt. Unsere Antwort lautet »ja« unter folgenden Voraussetzungen:

- Sie können Java-Code lesen oder sind willens, sich die Grundbegriffe der Syntax und der Standardbibliotheken vorher oder bei Bedarf anzueignen.
- Sie sind in der Lage, von speziellen Java-Konstrukten (z.B. Interface) zu abstrahieren und diese in ihre eigene Entwicklungssprache zu übersetzen.
- Sie stören sich nicht allzu sehr an den etwa 20 Prozent dieses Buches, die wirklich nur für Java-Entwickler interessant und zutreffend sind.

In diesem Buch verwenden wir JUnit als Framework zur Testautomatisierung. JUnit ist die Java-Variante einer Familie von Unit-Testing-Tools, die jedoch auch für die meisten anderen Programmiersprachen verfügbar sind. Am Ende werden die polyglotten Nicht-Java-Entwickler für das Durchhalten belohnt: In Anhang B gibt es Hinweise für Unit Tests mit anderen Programmiersprachen.

1.5 Was das Buch sein möchte – und was nicht

Dieses Buch ist keine Einführung in Java oder Softwareentwicklung im Allgemeinen; Kenntnisse und Erfahrungen in beiden Bereichen werden vorausgesetzt. Es stellt auch keine systematische Einführung in das Testen objektorientierter Systeme dar; die nötige Theorie wird jedoch beleuchtet und es werden vertiefende Lesehinweise gegeben. Auch Extreme Programming wird nur insofern berührt, als es uns Hilfestellungen und Gründe für Unit Tests liefert.

Das Buch ist nur zum Teil eine Bedienungsanleitung für JUnit. Viele Probleme des praktischen Betriebs, wie Installation, Integration in die eigene Entwicklungsumgebung und andere spezielle Fragen, werden nur am Rande behandelt (siehe auch Anhang A). JUnit dient jedoch als Grundlage für die Automatisierung unserer Unit Tests (siehe Kapitel 2).

Was das Buch sein möchte, ist eine praktische Einführung ins Thema Unit Testing für Softwareentwickler. Dabei wird sowohl das grundlegende Vorgehen mittels des Test-First-Ansatzes vorgestellt als auch zahlreiche Spezialgebiete und Problemfälle behandelt. Viele der beschriebenen Techniken sind ebenso für nachträgliche Tests verwendbar, manche ergeben sogar nur dort Sinn. Andere Arten von Tests, meist System- und Akzeptanztests, werden immer dann näher erläutert, wenn keine klare Abgrenzung zu Unit Tests möglich scheint. Im Idealfall soll das Buch den Entwickler beim ersten, zweiten und dritten Schritt anleiten und zum Verfolgen der zahlreichen weiterführenden Verweise motivieren.

1.6 Aufbau des Buches

Im Gegensatz zum großen Rest der Softwareentwicklungsliteratur unserer Tage wird auf ein einzelnes durchgängiges Fallbeispiel verzichtet. Dies liegt zum einen in der persönlichen Vorliebe der Autoren begründet, beim Lesen von Fachbüchern bestimmte Kapitel in wilder Reihenfolge herauszupicken; durchgängige Beispiele erschweren dabei das Nachvollziehen der Details. Zum anderen erlaubt dieser Verzicht die direkte Aufnahme authentischer Codebeispiele aus der Praxis.

Das Buch gliedert sich in zwei Hauptteile und einen Anhang. Der erste Teil – *Basistechniken* – liefert die Grundlagen für den Rest des Buches und erfüllt seinen Zweck als Lehrbuch am besten bei chronologischer Lesefolge. Leser, die bereits mit JUnit arbeiten, können Kapitel 2 – *Testautomatisierung mit JUnit* – überfliegen.

Teil II – *Weiterführende Themen* – enthält voneinander unabhängige Kapitel, die bei Bedarf oder Interesse zu Rate gezogen werden können. Themen sind persistente Objekte, nebenläufige und verteilte Systeme, Enterprise JavaBeans, Web-Applikationen, grafische Benutzerschnittstellen und Unit Testing im Rahmen unterschiedlicher Entwicklungsprozesse.

Als Zugabe gibt es noch einen Anhang mit JUnit-Erweiterungen, Tipps für Unit Tests mit anderen Programmiersprachen, einem Glossar und einem Literaturverzeichnis mit kommentierten Hinweisen auf weiterführendes Lesematerial.

1.7 Konventionen

Im laufenden Text werden neu eingeführte Begriffe *kursiv* geschrieben, Hervorhebungen sind **fett** gedruckt.

Das Buch besteht zu einem nicht unwesentlichen Teil aus Quellcode. Aus dem Text herausgenommene Beispiele sehen in `Letter-Gothic` so aus:

```
/** Quellcode Anfang
 */
public class EinBeispiel {}
```

Geänderter oder hinzugefügter Code wird zusätzlich fett gekennzeichnet. Verweise auf Code im laufenden Text werden auch in `LetterGothic` geschrieben.

JDK-Kompatibilität

Die meisten Codebeispiele sind kompatibel zu JDK 1.2 und höher; Abweichungen werden gekennzeichnet. Die Sprache im Quelltext ist überwiegend Englisch, wodurch gemischtsprachige Namen für Klassen, Methoden und Variablen vermieden werden[5].

Kodierungsrichtlinien

Um die Codebeispiele nicht unnötig aufzublasen, werden folgende Grundsätze verfolgt:

- *Import-Statements* verwenden die »Stern«-Form, sobald mehr als eine Klasse des Packages benötigt wird. Dies taugt auch als Richtlinie für Produktionscode (vgl. [Larman00]).
- Wir sparen uns *Kommentare*, wenn sie nicht für das Verständnis des Beispiels erforderlich sind.
- Auf explizite Angabe der `package`-*Anweisung* wird verzichtet, wenn eine Verwechslung ausgeschlossen werden kann.

Diese Punkte dienen vor allem der Komprimierung der abgedruckten Codebeispiele. Im »echten Leben« ist es die Aufgabe jedes Teams, sich auf Kodierungsrichtlinien zu einigen – und diese dann auch zu befolgen. Wichtiger als der Inhalt der Richtlinien ist deren konsistente Verwendung.

1.8 Website zum Buch

Als Ergänzung zu diesem Buch findet man unter

    http://stmj.developertests.de

weitere Informationen zum Thema. Unter anderem ist dort der Quellcode aller Kapitel, eine Sammlung nützlicher Web-Links und ein ausgewählter Teil des Buches in PDF-Format verfügbar.

---

5. In »echten« Projekten ist Einsprachigkeit des Quellcodes oft nicht durchführbar, da es sowohl Java-Konventionen gibt, die englische Wörter verlangen, als auch Fachbegriffe, die sich nicht ohne Bedeutungsverlust ins Englische übersetzen lassen.

2 Testautomatisierung mit JUnit

Gehen wir zunächst davon aus, dass die in der Einleitung gebrachten Argumente für Unit Tests und für den Test-First-Ansatz zutreffen. Eine wichtige Voraussetzung dieses Ansatzes ist die vollständige Automatisierung des Testvorgangs. Das häufigste Gegenargument sind die vermuteten höheren Anfangskosten im Vergleich zur Durchführung manueller Tests. Was ist dran an dieser Argumentation?

Um die Kosten der Testautomatisierung abzuschätzen, müssen wir die Erstellungskosten eines automatisierten Tests gegen die gesparte Ausführungszeit aufrechnen. Nehmen wir einmal an, dass Entwurf, Kodierung und Dokumentation zehnmal so lange benötigen wie die manuelle Ausführung desselben Tests (vgl. [Kaner93], S. 196 f.), dann bedeutet dies, dass sich Automatisierung spätestens dann rechnet, sobald man den automatisierten Test mehr als zehnmal in unverändertem Zustand ausführt. Eine grobe Abschätzung für unseren Test-First-Ansatz sieht so aus:

Kosten und Nutzen der Testautomatisierung

> Bei einer durchschnittlichen Programmgröße von 500 Klassen und einer Woche veranschlagter Entwicklungszeit pro Klasse, fallen insgesamt 20000 (500×5×8) Stunden Gesamtentwicklungszeit an. Bei einer durchschnittlichen Integrationsfrequenz von 4 Stunden und der Regel, dass bei jeder Integration alle Unit Tests ausgeführt werden müssen (vgl. Kapitel 1.3), ergeben sich 5000 Ausführungen der gesamten Testsuite. Ein Test aus der Mitte der Entwicklungszeit wird also, vorausgesetzt er überlebt die Entwicklung bis zum Ende, ca. 2500-mal ausgeführt; dabei ist nicht mitgerechnet, dass er, solange er im Fokus der Entwicklung ist, sogar alle 5–10 Minuten ausgeführt wird. Die Automatisierung hat sich allemal gelohnt.

Nutzenschätzung bei Test-First-Entwicklung

Natürlich bleiben in dieser Rechnung einige Faktoren unberücksichtigt, z.B. dass viele Tests im Laufe ihres Lebens geändert werden müssen, dass manche Tests gar vollständig verschwinden und dass die Kosten für die anfängliche Erstellung eines bestimmten Tests sehr unterschiedlich sein können[1]. Berücksichtigt wurden auch nicht die zusätzlichen Effekte von Unit Tests in Bezug auf Design und Dokumentation. Man erkennt jedoch, dass – immer unter der Voraussetzung, die Regeln aus Kapitel 1.3 ergeben Sinn – Unit Tests gemäß dem Test-First-Ansatz ohne Automatisierung viel zu teuer (gemessen in Entwicklerzeit) wären. Hinzu kommt, dass der Mensch bei der ständigen Wiederholung immer gleicher Vorgänge – und das ist das Ausführen eines existierenden Tests ja – sehr viele Fehler produziert.

Wir kommen also ohne Automatisierung nicht aus. Die Fragen lauten nun: Was automatisieren wir? Wie automatisieren wir? Wie bewahren wir die Übersicht?

2.1 Was wollen wir automatisieren?

Unterschiedliche Automatisierungsarten

Automatisierung ist nicht gleich Automatisierung, sondern unterscheidet sich je nach Testart, Testebene und Systemart. Wollen wir beispielsweise ein serverbasiertes System auf sein Verhalten unter hoher Last untersuchen, benötigen wir ein Werkzeug, das es uns ermöglicht, von mehreren Clients aus eine bestimmte Anzahl von Aufträgen an den Server zu schicken und anschließend eine Reihe von Parametern abzufragen, wie z.B. Antwortzeiten, Anzahl missglückter Anfragen, Speicherverbrauch und CPU-Auslastung. Zum Testen grafischer Anwendungen hingegen dienen häufig so genannte *Recording Tools*, die das Aufzeichnen und Abspielen der Interaktionen auf Anwenderebene erlauben: Mausbewegungen, Klicks, Tastatureingaben.

In diesem Buch interessieren wir uns hingegen hauptsächlich für die Automatisierung objektorientierter Unit Tests. Ein solcher Test besteht meist darin, dass wir ein oder mehrere Objekte erzeugen, diese in einen bestimmten Anfangszustand bringen, sie mit einer Reihe von Nachrichten füttern und schließlich Veränderungen innerhalb der Objekte oder Auswirkungen auf die Umgebung (z.B. Dateien) überprüfen. Es geht also darum, einen *Test-Treiber* zu erstellen.

---

1. Eine kritische Analyse zur Wirtschaftlichkeit automatisierter Tests findet sich beispielsweise in [Marick00].

Aber auch hier finden wir noch unterschiedliche Ebenen, auf die sich Testfälle beziehen können:

Unterschiedliche Testebenen

- **Testen einzelner Methoden:** Als Randbedingungen spielen dabei vor allem Vor- und Nachbedingungen der Methoden eine Rolle (siehe Kapitel 4.8: *Design by Contract*).
- **Testen des Protokolls einer Klasse:** Typische Verwendungsszenarien von Instanzen geben hier den Ton an (siehe Kapitel 4.3: *Granularität der Testfälle*).
- **Testen der Interaktion** zwischen zwei oder mehreren Objekten (siehe Kapitel 4.7: *Objektinteraktionen*).

Unsere Hoffnung ist, dass wir diese unterschiedlichen Testebenen mit einer einzigen Vorgehensweise und einem einzigen Werkzeug erledigen können. Diesmal trügt die Hoffnung nicht.

2.2 Anforderungen an ein Automatisierungsframework

Während auf dem Markt auch Werkzeuge erhältlich sind, die die Erstellung von Treibern mittels proprietärer Skriptsprachen erlauben, sind solche Tools für den »Entwickler in Testerrolle« weniger geeignet. Zum einen stellt das Lernen einer neuen Sprache eine Barriere dar, zum anderen erfordert die gleichzeitige Verwendung zweier Sprachen ein ständiges »geistiges Umschalten«. Unsere erste Anforderung an eine Automatisierungsumgebung lautet daher:

Die Sprache zur Testspezifikation ist die Programmiersprache selbst

In unserem Fall also Java. Testcode und Anwendungscode können so mit den gleichen Werkzeugen (z.B. Versionsverwaltung) verarbeitet werden. Nachteilig wirkt sich aus, dass die Testspezifikation nur implizit im Code enthalten ist: Weder Eingangsdaten noch Ausgangsdaten werden als solche gekennzeichnet, sondern sind im Programmcode verteilt.

Java als Testspezifikationssprache

Es ist ein häufig gewählter Ansatz für klassenbasierte Test-Treiber, jeder Klasse eine *statische Methode* mitzugeben, die unsere Tests ausführt [Gassmann00]; alternativ kann man die Tests in eine dedizierte *Testerklasse* auslagern. Vor- und Nachteile beider Ansätze zeigt Tabelle 2–1 (vgl. auch [McGregor01], S. 185).

Tab. 2–1
Vor- und Nachteile von Test-Treibern

	Vorteile	Nachteile
Statische Methode in CUT (Class under Test)	Zugriff auf private Teile der Klasse möglich.	Keine Trennung von Anwendungscode und Testcode.
	Leichte Wiederverwendung des Testcodes in Unterklassen.	Mehr Code in der Anwendung.
Eigene Testerklasse	Trennung von Anwendungscode und Testcode.	Eine zusätzliche Klasse ist notwendig.
	Strukturierung des Testcodes unabhängig von Klassenstruktur.	Auf private Teile der Klasse ist kein Zugriff für White-Box-Tests möglich.

Das Hauptargument für uns ist die Trennung von Anwendungscode und Testcode, die vor allem für die Auslieferung der Software eine große Rolle spielt. Unsere zweite Anforderung lautet daher:

Anwendungscode und Testcode müssen getrennt werden können

Was ist ein Testfall? Üblicherweise ist die Granularität, in der man Tests spezifiziert, ausführt und verifiziert, ein *Testfall* (engl. Test Case). Pol et al. definieren einen Testfall folgendermaßen (siehe [Pol00], S. 528): »Eine Beschreibung eines auszuführenden Tests, der auf ein spezifisches Testziel ausgerichtet ist.« Die Beschreibung muss dabei sowohl Zielobjekt, Ein- und Ausgabeparameter als auch Kontext und Nebeneffekte erfassen. Im Fall von ausführbaren Tests spiegeln sich alle Punkte auch im Programmcode wider. Entscheidend ist, dass die Ausführung eines Testfalls keine Auswirkungen auf nachfolgende Testfälle hat. Andernfalls führen Abhängigkeiten zwischen Tests zu nicht lokalen Auswirkungen einzelner Fehler. Anders formuliert: Verlässt man sich auf eine bestimmte Reihenfolge der Testausführung, so führt das Fehlschlagen eines Tests zu falschem Alarm bei einem nachfolgenden Test. Wir fordern daher:

Die Ausführung einzelner Testfälle ist voneinander unabhängig

Was ist eine Testsuite? Der Unabhängigkeit einzelner Testfälle steht entgegen, dass wir ein Organisationsmittel brauchen, um zusammengehörige Tests gemeinsam behandeln zu können. Eine solche Gruppe von Testfällen nennt man *Testsuite*. Eine weitere Anforderung lautet:

Testfälle können beliebig in Testsuiten zusammengefasst werden

Wie teilen wir dem Entwickler das Ergebnis eines Testlaufs mit. Die einfachste Möglichkeit ist die Ausgabe eines Testberichts in eine Datei oder auf die Konsole, welcher für jeden einzelnen Testfall Erfolg oder Misserfolg aufzeichnet.

Dies mag für einen einzelnen Testfall noch akzeptabel sein, doch wenn wir 20, 100 oder 5000 Tests ausführen, möchten wir nicht erst einige Seiten Text nach »erfolgreich« und »fehlgeschlagen« durchsuchen müssen, um herauszufinden, wie viele unserer Testfälle erfolgreich waren und wie viele nicht. Die letzte Anforderung an eine Testautomatisierungsumgebung lautet daher:

Der Erfolg oder Misserfolg der Testausführung muss auf einen Blick erkennbar sein

Dieser Anforderungskatalog dient uns zur Bewertung von Frameworks zur Automatisierung von Unit Tests. Doch kein Tool ist perfekt. Wo das ausgewählte Framework versagt, muss der Tester bzw. der Entwickler selbst für die Einhaltung der Regeln und »Best Practices« sorgen.

2.3 JUnit

Grundlage für die meisten Codebeispiele in diesem Buch ist *JUnit*. Dieses Open-Source-Framework zur Automatisierung von Unit Tests in Java wurde von Kent Beck und Erich Gamma entwickelt und wird mittlerweile als Sourceforge-Projekt weiterentwickelt [URL:JUnit]. Historisch ist JUnit ein Nachkomme eines ähnlichen Frameworks für Smalltalk [Beck94], dessen aktuelle Variante *SUnit* auch in Anhang B.1 näher beschrieben wird. Dass JUnit mittlerweile zum Quasistandard als Java-Unit-Testing-Werkzeug geworden ist, zeigt sich sowohl in vielen einführenden und weiterführenden Artikeln und Büchern (siehe Anhang E.3: *Weiterführende Lesehinweise*) als auch in den für JUnit erhältlichen Erweiterungen (siehe Anhang A: *JUnit-Erweiterungen*) und der Akzeptanz in zahlreichen Open-Source-Projekten[2]. Darüber hinaus erfüllt JUnit den oben aufgestellten Anforderungskatalog weitestgehend. Wie sieht das Erstellen und Ausführen von Testfällen in JUnit nun konkret aus?

Historie und Bedeutung

Installation und Testausführung

Beginnen wir ganz am Anfang – bei der Installation. Die jeweils aktuelle JUnit-Version kann von [URL:JUnit] heruntergeladen werden[3]. Um das Framework in eigenen Projekten verwenden zu können, muss lediglich die Datei junit.jar in den Klassenpfad des verwendeten JDKs eingebunden werden[4]. In seinem Archiv junit3.8.1.zip liefert

---

2. Beispielsweise in Apaches TomCat [URL:Apache].
3. Wir verwenden im Buch JUnit in Version 3.8.1.
4. Für die Einbindung in diverse IDEs gibt es Unterstützung auf [URL:JUnit].

JUnit außer der JAR-Datei auch noch Beispiele (im Verzeichnis
junit/samples/) und Tests für das Framework selbst (im Verzeichnis
junit/tests/). Diese benutzen wir nun, um die unterschiedlichen
Arten der Testausführung einzuüben. JUnit bietet uns drei unterschiedliche `TestRunner`-Klassen an:

- `junit.textui.TestRunner`, der die Ergebnisse der Tests nach `stdout` schreibt
- `junit.awtui.TestRunner`, ein einfaches AWT-basiertes grafisches Werkzeug
- `junit.swingui.TestRunner`, ein komplexeres Swing-basiertes grafisches Tool

Alle drei Klassen verfügen über eine `main()`-Methode und können daher über die Kommandozeile angesprochen werden. Als Parameter benötigen sie den vollständigen Namen einer Testklasse; wie diese aussehen muss, beschreiben wir weiter unten.

Benutzen wir nun die mitgelieferten Beispieltests, um uns die unterschiedlichen `TestRunner` anzusehen. Dazu wechseln wir mittels Kommandozeilen-Befehl zunächst in das Verzeichnis, in das sich JUnit entpackt hat:

```
> cd woauchimmer/junit3.8.1
```

Textueller Test-Runner

Unter der Voraussetzung, dass ein JDK im aktuellen Pfad verfügbar ist, rufen wir zunächst den textuellen `TestRunner` auf:

```
> java -cp junit.jar;. junit.textui.TestRunner
junit.samples.AllTests
```

Und nach wenigen Sekunden ...

```
......................................
......................................
...................
Time: 0,688
OK (119 tests)
```

Das Ergebnis ist recht nüchtern: Jeder Punkt der Ausgabe zeigt uns einen erfolgreich ausgeführten Test; dazu erhalten wir noch die Testausführungszeit, das Gesamtergebnis (`OK`)[5] und die Anzahl der Tests. Fehlgeschlagene Tests hätten sich als `F` oder `E` in der Textausgabe bemerkbar gemacht und das Gesamtergebnis geändert.

---

5. Je nach Betriebssystem- und JRE-Version schlägt die Testmethode `TestCaseClassLoaderTest.testJarClassLoading()` fehl. Dies ist kein Grund zur Besorgnis, die Installation hat trotzdem funktioniert.

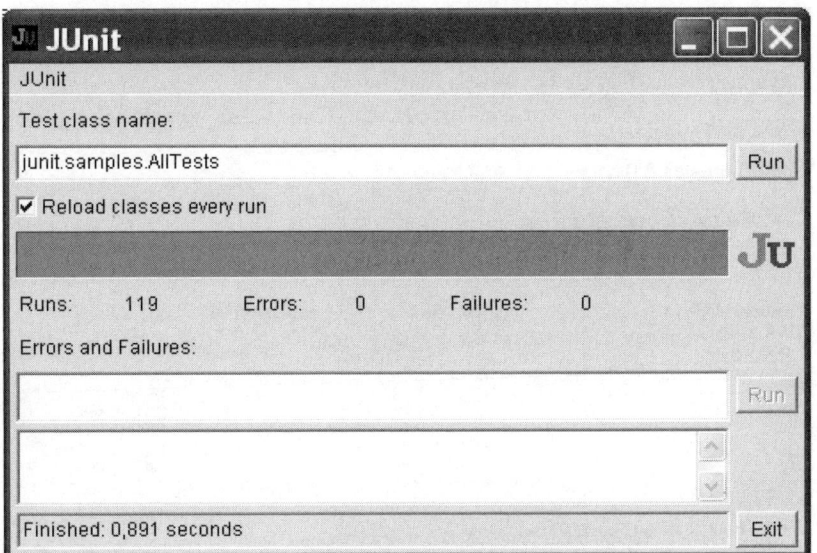

Abb. 2-1
Der AWT-Test-Runner

Mit dem AWT-Werkzeug sieht das schon ein wenig anders aus:

Grafischer Test-Runner

```
> java -cp junit.jar;. junit.awtui.TestRunner
junit.samples.AllTests
```

öffnet ein Fenster und startet die Tests (siehe Abb. 2–1).

Und mit dem Swing-Test-Runner öffnet sich wieder ein anderes Fenster (siehe Abb. 2–2). Nicht zu erkennen ist hier in den Abbildungen, dass bei beiden Test-Runnern der Balken oberhalb der Runs-Errors-Statistik grün leuchtet – ein Zeichen für erfolgreiche Testausführung. Sobald auch nur ein einziger Test schiefläuft, ändert sich die Farbe zu einem nicht weniger strahlenden Rot. Einen »grünen Balken« (engl. green bar) oder einen »roten Balken« (engl. red bar) zu haben, ist übrigens verbreiteter JUnit-Jargon, um auszudrücken, dass die Tests gerade funktionieren oder nicht.

*Roter Balken –
Grüner Balken*

Welchen der Test-Runner man im Produktivbetrieb einsetzt, ist vor allem eine Frage des Geschmacks bzw. der Entwicklungsumgebung, die in manchen Fällen sogar mit ihrem eigenen, voll integrierten JUnit-Test-Runner daher kommt (z.B. Eclipse [URL:Eclipse]). In allen Fällen bleibt ein wichtiges Kriterium unseres Anforderungskatalogs erfüllt: Der Erfolg oder Misserfolg der Testausführung ist auf einen Blick zu erkennen.

Abb. 2–2
Der Swing-Test-Runner

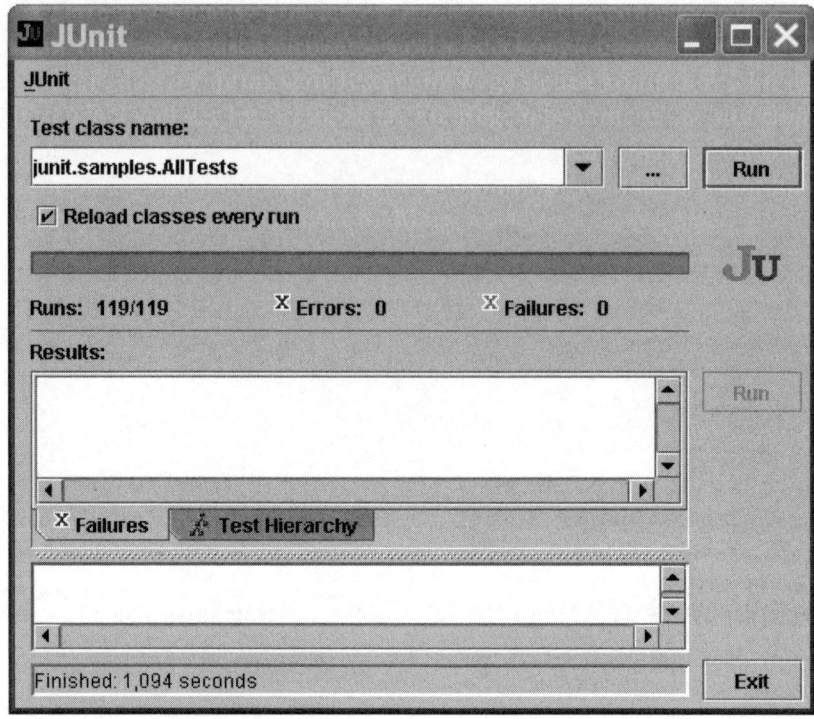

Erstellung von Testklassen

junit.framework.TestCase

JUnit sieht vor, dass Testfälle in eigenen Klassen definiert werden. Diese Klassen werden von `junit.framework.TestCase` oder einer Unterklasse abgeleitet. Mit dieser Trennung von Testklasse und zu testender Klasse erfüllt JUnit einen weiteren Punkt unseres Anforderungskatalogs.

Um die Sache am Anfang nicht zu schwierig zu gestalten, testen wir ein Stück der Java-Bibliothek, nämlich die Klasse `StringBuffer`. Zunächst unsere leere Testklasse:

```
import junit.framework.*;
public class StringBufferTest extends TestCase {
}
```

Der Import von `junit.framework.*` wird uns durch das ganze Buch hindurch verfolgen, da es das zentrale JUnit-Package darstellt[6]. Der Name der Testklasse setzt sich hier aus dem Namen der Zielklasse und

---

6. Seien Sie daher bitte nachsichtig, wenn aus Platzgründen ab und an die Importzeile fehlt.

der Endung Test zusammen. Dies ist reine Konvention, die das automatisierte Erkennen und eventuelle Entfernen von Testklassen erleichtert. Vor Version 3.8 benötigte jede Testklasse einen Konstruktor mit einem String-Parameter; dieser ist nun optional, findet sich jedoch noch in zahlreichen Testfallklassen.

Rufen wir nun den AWT-Test-Runner mit dieser Klasse als Argument auf:

> java junit.awtui.TestRunner StringBufferTest

Offensichtlich passiert nichts Gutes, der Test-Runner sieht rot und produziert eine Fehlermeldung (siehe Abb. 2–3).

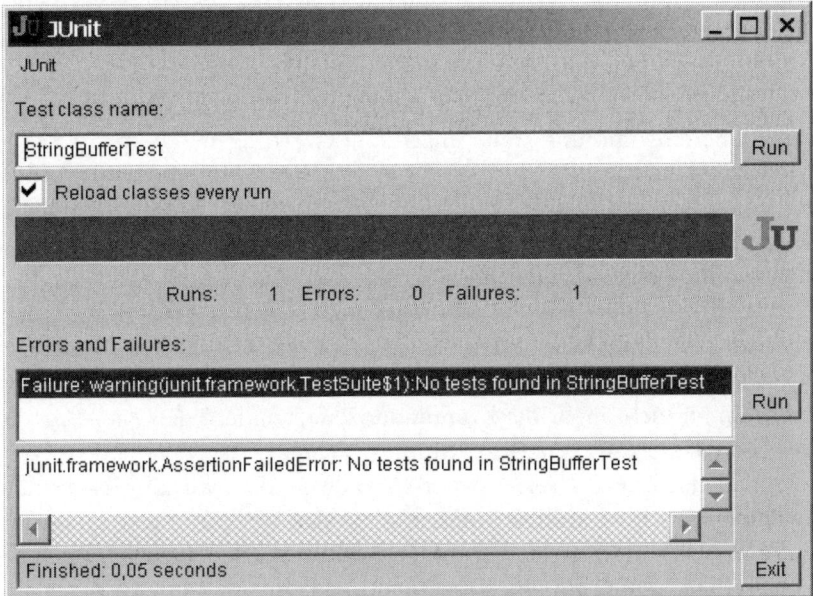

Abb. 2–3
Der Test-Runner mit leerer Testklasse

Überraschend ist höchstens, woher er weiß, dass wir noch keinen Test geschrieben haben. Auch das liegt an einer Konvention, die uns das Leben (und das Testen) in Zukunft erleichtern wird: Wenn wir es nicht anders festlegen, betrachtet JUnit alle *öffentlichen*, *nicht statischen* und *parameterlosen* Methoden, deren Namen mit »test« beginnen, als Testmethoden. Dieser Mechanismus, der mit Javas *Reflection* API arbeitet, erspart uns die Mühe, jeden einzelnen Testfall – und genau das stellt eine Testmethode dar – explizit irgendwo als solchen registrieren zu müssen.

Erstellung eines Testfalls

Fügen wir jetzt den ersten Testfall hinzu, in dem wir die korrekte Initialisierung eines leeren `StringBuffer` überprüfen wollen:

```
public class StringBufferTest...
    public void testEmptyBuffer() {
        StringBuffer buffer = new StringBuffer();
        assertTrue(buffer.toString().equals(""));
        assertTrue(buffer.length() == 0);
    }
```

An diesem einfachen Beispiel sind ein paar grundlegende Vorgehensweisen zu erkennen. So beschreibt der zweite Teil des Namens der Testmethode, was wir testen – also in unserem Beispiel das Verhalten eines leeren Buffers. Der Name – hier also `testEmptyBuffer` – wird von JUnit als `String`-Parameter dem Konstruktor übergeben.

assertTrue()

Auch der Aufbau des Methodenrumpfes ist typisch: Zunächst wird ein Objekt erzeugt, danach werden bestimmte Eigenschaften auf ihre Übereinstimmung mit unseren Erwartungen überprüft. Die Methode `assertTrue()`[7] (dt. »stelle true sicher«) benötigt als Parameter einen `boolean`-Ausdruck, dessen Ergebnis zur Laufzeit überprüft wird. Ergibt sich tatsächlich der Wert `true`, so fährt das Programm fort. Ergibt sich jedoch der Wert zu `false`, so bricht der Testfall an dieser Stelle ab, eine *Failure* (dt. Versagen) wird registriert und der nächste Test – falls vorhanden – wird gestartet.

Was ist eine Failure?

Um geänderte und hinzugefügte Tests auszuführen, bemühen wir von nun an nicht mehr die Kommandozeile, sondern den *Run-Button* des bereits gestarteten Test-Runners. Wichtig ist der Haken vor »Reload classes every run«; dieser sorgt dafür, dass wir alle Tests einer veränderten Klasse starten können, ohne das Werkzeug neu anwerfen zu müssen. Der allererste Test bringt uns nun wieder einen grünen Balken – Grund genug für einen weiteren Versuch:

```
public class StringBufferTest...
    public void testAppendString() {
        StringBuffer buffer = new StringBuffer();
        buffer.append("Ein String");
        assertEquals("Ein String", buffer.toString());
        assertEquals(9, buffer.length());
    }
```

---

7. `assertTrue()` hieß vor Version 3.7 `assert()`. Da *assert* jedoch in JDK 1.4 zu einem reservierten Schlüsselwort aufgestiegen ist, wurde `assert()` in JUnit als *deprecated* markiert.

Hier sehen wir eine Variante des Assert-Befehls – assertEquals(expected, actual) –, die zwei übergebene Objekte auf Gleichheit überprüft. JUnit bietet uns diesen Befehl in Variationen für die meisten primitiven Typen als auch für echte Objekte an. Dabei werden primitive Typen mittels »==« verglichen, während bei Objekten die equals()-Methode verwendet wird. Die Reihenfolge der Parameter – zunächst der erwartete, dann der tatsächliche Wert – ist wichtig, um im Falle eines Fehlschlags die richtige Fehlermeldung zu erhalten.

Leider ergibt das Ausführen der Tests wieder einen roten Balken (siehe Abb. 2–4). Diesmal wird eine so genannte *Failure* angezeigt, d.h.

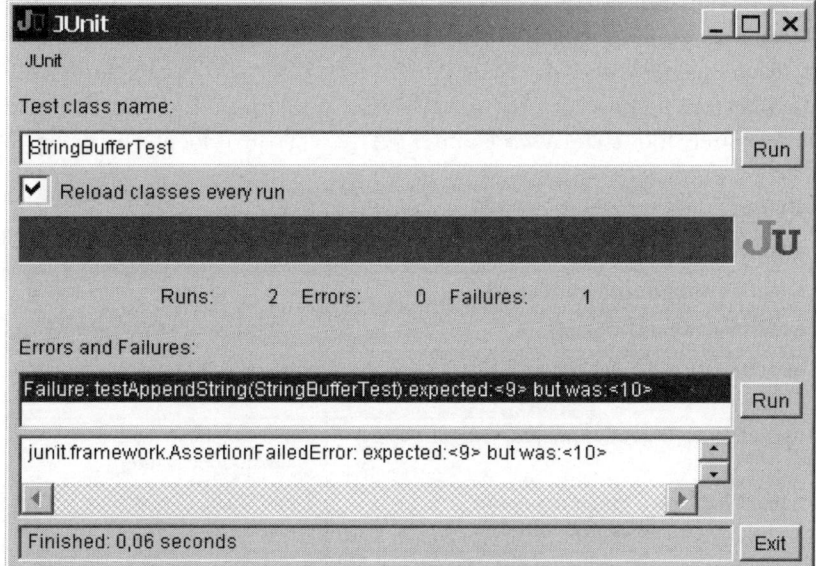

Abb. 2–4
Test-Runner mit Failure

ein fehlgeschlagener Assert-Aufruf. Durch die Verwendung von assertEquals() ist die Fehlermeldung eindeutig: »expected: <9> but was: <10>«. Wir haben uns bei der Testerstellung verzählt und die Korrektur des Tests bringt uns wieder in den grünen Bereich:

```
public class StringBufferTest...
  public void testAppendString() {
    StringBuffer buffer = new StringBuffer();
    buffer.append("Ein String");
    assertEquals("Ein String", buffer.toString());
    assertEquals(10, buffer.length());
  }
```

Außer der Failure kennt JUnit noch den *Error*. Dieser kommt zustande, wenn bei der Ausführung des Tests eine Exception bis in die

Was ist ein Error?

Testmethode gelangt. Die Unterscheidung zwischen »Failure« und »Error« ist ein wichtiges JUnit-Konzept, das Sie sich einprägen sollten. Beispielsweise resultiert der folgende Testfall in einer `NullPointerException` und wird von JUnit als Error registriert:

```
public void testProvokeError() {
    StringBuffer buffer = null;
    buffer.append("Ein String");
}
```

Assert-Funktionen

Wir haben bereits unterschiedliche Varianten von assert-Methoden kennen gelernt. Weitere Abarten dieser zentralen JUnit-Funktionen werden uns noch über den Weg laufen. Eine Übersicht der wichtigsten – die übrigens nicht in der `TestCase`-Klasse, sondern in der `Assert`-Klasse beheimatet sind (siehe auch Kapitel 5.1) – zeigt die folgende Tabelle:

Tab. 2-2
Die wichtigsten assert-Methden

Methode	Beschreibung
assertTrue(boolean condition)	Stelle condition sicher.
assertFalse(boolean condition)	Stelle condition == false sicher.
assertNull(Object object)	Stelle sicher, dass object null ist.
assertNotNull(Object object)	Stelle sicher, dass object nicht null ist.
assertSame(Object expected, Object actual)	Stelle Objektidentität sicher (expected == actual).
assertNotSame(Object expected, Object actual)	Stelle Objektunterschied sicher (expected != actual).
assertEquals(Object expected, Object actual)	Stelle Objektgleichheit sicher (expected.equals(actual)).
assertEquals(<primitive> expected, <primitive> actual)	Stelle Gleichheit der primitiven Typen int, short, long, byte und char sicher.
assertEquals(double expected, double actual, double delta)	Stelle sicher, dass die Differenz zwischen expected und actual <= delta ist.
assertEquals(float expected, float actual, float delta)	Stelle sicher, dass die Differenz zwischen expected und actual <= delta ist.
fail(String message)	Erzeuge eine Failure.

Fixtures

Sehen wir uns die beiden bislang geschriebenen Testfälle an, so fällt eine kleine Codeduplikation auf:

```
public class StringBufferTest...
   public void testEmptyBuffer() {
      StringBuffer buffer = new StringBuffer();
      assertTrue(buffer.toString().equals(""));
      assertTrue(buffer.length() == 0);
   }
   public void testAppendString() {
      StringBuffer buffer = new StringBuffer();
      buffer.append("Ein String");
      assertEquals("Ein String", buffer.toString());
      assertEquals(10, buffer.length());
   }
```

Dupliziert wurde der Code zur Erzeugung unseres Testobjekts. Dies ist typisch für eine Menge von Tests, die sich auf eine konkrete Komponente beziehen. Häufig wird nicht nur ein Objekt, sondern ein ganzes Geflecht von Objekten erzeugt, das für alle Testfälle einer Testklasse den Ausgangszustand darstellt. Diese »Testbasis« nennt man auch *Fixture* (dt. Ausstattung, Inventar).

Was ist eine Testfixture?

JUnit erlaubt es uns, den Code, der zur Erstellung der Fixture benötigt wird, in die Methode setUp() (dt. »baue auf«) auszulagern. Diese Methode wird vor dem eigentlichen Testcode ausgeführt, und zwar – das ist wichtig – vor jedem einzelnen Test. Dadurch wird gewährleistet, dass die Veränderungen, die der eine Testfall auf Objekte der Fixture hat, keine Auswirkungen in einem anderen Testfall zeigen. Der Einbau einer Fixture in unsere Testklasse sieht so aus:

setUp()

```
public class StringBufferTest extends TestCase {
   private StringBuffer buffer;
   protected void setUp() {
      buffer = new StringBuffer();
   }
   public void testEmptyBuffer() {
      StringBuffer buffer = new StringBuffer();
      assertEquals("", buffer.toString());
      assertEquals(0, buffer.length());
   }
   public void testAppendString() {
      StringBuffer buffer = new StringBuffer();
      buffer.append("Ein String");
      assertEquals("Ein String", buffer.toString());
      assertEquals(10, buffer.length());
   }
}
```

Wir sehen, dass sich die lokale Variable buffer zu einer Instanzvariablen gemausert hat, auf die von allen Tests aus zugegriffen werden kann. Zudem haben wir die übrig gebliebenenen assertTrue()-Aufrufe durch das aussagekräftigere assertEquals() ersetzt. Dies erleichtert im Fall einer Failure durch eine genauere Fehlermeldung das Erkennen der Fehlerursache.

tearDown()   Als Pendant zu setUp() bietet JUnit auch die Möglichkeit, nach dem Ausführen eines Tests Ressourcen in einer tearDown()-Methode freizugeben, die im Set-up reserviert wurden, wie z.B. Dateien, Datenbankverbindungen und Ähnliches. Auch dieses »Niederreißen« findet nach der Ausführung jedes einzelnen Tests statt, und zwar unabhängig davon, ob der Test erfolgreich beendet wurde oder nicht.

Erstellung von Testsuiten

Bislang haben wir von einer versteckten Eigenschaft unseres Test-Runners Gebrauch gemacht: Eigentlich benötigt er als Parameter den *suite()* Namen einer Klasse, die als Ergebnis einer statischen Methode suite() eine Instanz von TestCase oder TestSuite zurückgibt – beide Klassen implementieren das Interface Test. Fehlt diese Methode jedoch, dann konstruiert er selbst eine Testsuite aus der Menge aller Testfälle, deren Testmethodennamen mit test beginnen. Möchten wir dieses Defaultverhalten ändern, so implementieren wir diese suite()-Methode:

```
public class StringBufferTest...
    public static Test suite() {
        return new TestSuite("StringBuffer-Tests");
    }
```

Dieses Beispiel ist einfach; so einfach, dass es kaum etwas tut, außer ein Objekt der Klasse TestSuite zu erzeugen. Da diese Suite noch keinen Test enthält, ist auch das Ergebnis des Testlaufs recht unspektakulär: »Runs: 0   Errors: 0   Failures: 0«.

Fügen wir nun unsere beiden Testfälle in die Suite ein:

```
public class StringBufferTest...
    public StringBufferTest(String name) {
        super(name);
    }

    public static Test suite() {
        TestSuite suite = new TestSuite("StringBuffer-Tests");
        suite.addTest(
                new StringBufferTest("testAppendString"));
        suite.addTest(new StringBufferTest("testEmptyBuffer"));
        return suite;
    }
```

Die Methode `addTest(..)` erlaubt das Hinzufügen von Tests zu einer Suite. Ein einzelner Testfall wird über den optionalen Konstruktor der Testfallklasse erzeugt, der als Parameter den Namen der Testmethode verlangt. Auf diese Weise ist es möglich, auch Testfälle zu erzeugen, die sich nicht an die Namenskonvention halten; sinnvoll ist das jedoch nur in den seltensten Fällen. Zudem ist diese Methode nicht typsicher, so dass die Angabe eines nicht existierenden Methodennamens, z.B. wegen eines Schreibfehlers, sich erst zur Laufzeit des Tests als `NoSuchMethodException` bemerkbar macht.

Während wir im obigen Beispiel nur das Defaultverhalten nachgebildet und damit eigentlich überflüssigen Code geschrieben haben, kann die Implementierung der `suite()`-Methode durchaus nützlich sein. So ermöglicht sie beispielsweise die Ausführung einer Untermenge aller Testfälle einer Klasse oder die Komposition »normaler« Testsuiten zu einer übergeordneten Suite. Die Schachtelungstiefe von Suiten ist dabei beliebig, d.h., wir können Einzeltests zu einer Suite zusammenführen und diese dann wieder mit anderen Suiten oder Einzeltest zu einer neuen Suite kombinieren – ad infinitum. `TestCase`- und `TestSuite`-Instanzen bilden auf diese Weise ein *Composite*-Pattern (dt. Kompositum-Muster) [Gamma95].

Ein Beispiel hierfür stellt die Klasse `junit.samples.AllTests` dar, die wir bereits verwendet haben. Deren `suite()`-Methode sieht folgendermaßen aus:

AllTests

```
public class AllTests {
  public static Test suite() {
    TestSuite suite = new TestSuite("All JUnit Tests");
    suite.addTest(VectorTest.suite());
    suite.addTest(new TestSuite(
       junit.samples.money.MoneyTest.class));
    suite.addTest(junit.tests.AllTests.suite());
    return suite;
  }
}
```

Zusätzlich zu dem uns bekannten `TestSuite`-Konstruktor wird hier die Variante mit einem Klassenobjekt (`MoneyTest.class`) als Parameter verwendet. Eine auf diese Art erzeugte Testsuite implementiert das bekannte Defaultverhalten der Test-Runner: Erzeugt wird eine Suite mit allen Testfällen, deren Testmethoden mit test beginnen.

JUnit bietet uns sogar eine Kurzform des gleichen Sachverhalts an:

```
suite.addTestSuite(junit.samples.money.MoneyTest.class);
```

2.4 Zusammenfassung

Im Zentrum dieses Kapitels stand die Begründung der Notwendigkeit und die Realisierung automatisiert ablaufender Unit Tests. Während in Kapitel 2.2 unsere Anforderungen an ein Automatisierungsframework formuliert wurden, zeigte Kapitel 2.3 deren Umsetzung in JUnit:

- **Programmiersprache gleich Testsprache:** JUnit ist ein reines Java-Framework.
- **Trennung von Anwendungs- und Testcode:** Testfälle werden in einer eigenen Klassenhierarchie – mit der Basisklasse `junit.framework.TestCase` – erstellt.
- **Unabhängigkeit der Testfälle voneinander:** JUnit erlaubt es, die Gemeinsamkeiten von Tests in eine `setUp()`-Methode auszulagern, die für jeden Test getrennt ausgeführt wird. Dadurch spielt die Reihenfolge der Tests keine Rolle.
- **Beliebige Zusammenfassung von Tests in Testsuiten:** Das Konzept der Suite ist in der Klasse `junit.framework.TestSuite` verfügbar.
- **Erkennen des Testergebnisses auf einen Blick:** Assert-Methoden dienen zur Überprüfung der Testergebnisse. Die grafischen Test-Runner kodieren Erfolg durch die Farbe Grün und Misserfolg durch Rot.

JUnit ist folglich als Automatisierungswerkzeug für Komponententests gut geeignet. Da es zudem weit verbreitet und kostenlos verfügbar ist, dient es als Grundlage für die meisten Codebeispiele dieses Buches.

In diesem Kapitel wurden fast ausschließlich technische Aspekte der Erstellung und Ausführung von Testfällen mit JUnit erläutert. In Kapitel 5 werden wir noch das Innenleben von JUnit näher betrachten. Dennoch wirft der Einsatz von JUnit immer wieder Detailfragen auf, die hier nicht betrachtet wurden; vielleicht hilft dann ja die Liste der JUnit-FAQs (*Frequently Asked Questions*) [URL:JUnitFAQ] weiter.

Der überwiegende Rest des Buches beschäftigt sich mit dem Erstellen der »richtigen« Testfälle. Richtig in Bezug auf Erstellungszeitpunkt, Menge, Größe, Aufbau, Organisation und Implementierung. Wie meist im Leben wird sich auch hier zeigen, dass keine unumstößlichen Regeln existieren und wir die Suche nach einer optimalen Lösung zugunsten einer ausreichend guten Lösung aufgeben müssen.

3 Grundschritte der testgetriebenen Softwareentwicklung

Erinnern Sie sich noch an die Einleitung? Dort steht, dass der Ansatz, den dieses Buch vermitteln möchte, zu einem wichtigen Teil darauf beruht, **vor** dem eigentlichen Programmcode einen Test für eben diesen Code zu schreiben. Kann das wirklich ernst gemeint gewesen sein? Wie soll ich etwas testen, das ich noch gar nicht kenne?

Veranschaulichen möchten wir dieses Vorgehen anhand einer einfachen Programmieraufgabe. Hier die Aufgabenbeschreibung:

Für die Übersetzung dieses Buches in eine Sprache unserer Wahl soll eine Wörterbuch programmiert werden. Dieses Wörterbuch, in Form der Klasse Dictionary, *wird mit einer Wörterdatei initialisiert und erlaubt die Abfrage der Übersetzung eines deutschen Wortes. Mehrere Übersetzungsalternativen sollen möglich sein.*

Zunächst beschäftigen wir uns mit den Nachteilen des klassischen Vorgehens (Kapitel 3.1), um anschließend dieselbe Aufgabe nochmals auf testgetriebenem Wege zu lösen (Kapitel 3.2 und 3.3). Danach (Kapitel 3.4) werfen wir einen Blick auf sinnnvolle Arten, die immer größer werdende Testmenge zu organisieren und zu strukturieren.

3.1 Testen Classic

Diese obige Anforderungsbeschreibung ist detailliert und kompakt genug, um die Programmierung in einer Iteration durchführen zu können. Fehlende Details, wie das genaue Format der Wörterdatei, definieren wir während der Programmierung. Folgende Schritte gehören (mindestens) zur »klassischen« Iteration: detailliertes Design, Implementierung und anschließend die Tests.

Als Design genügt uns hier ein UML-Klassendiagramm:

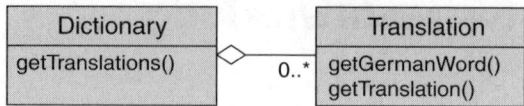

Abb. 3-1
Klassendiagramm des Wörterbuches

Unsere Implementierung der Klasse `Translation` besteht nur aus dem Konstruktor und zwei Getter-Methoden:

```java
/**
 * Repräsentiert eine mögliche Übersetzung eines
 * deutschen Wortes
 */
public class Translation {
  private String germanWord;
  private String translation;
  public Translation(String germanWord,
                     String translation) {
    this.germanWord = germanWord;
    this.translation = translation;
  }
  public String getGermanWord() {
    return germanWord;
  }
  public String getTranslation() {
    return translation;
  }
}
```

Objekte der Klasse `Dictionary` erzeugen während ihrer Initialisierung `Translation`-Objekte und fügen diese einer internen Liste hinzu. Bei der Abfrage der Übersetzung in der Methode `getTranslations()` wird über diese Liste iteriert und der Ausgabestring zusammengebaut:

```java
import java.io.*;
import java.util.List;
import java.util.ArrayList;
import java.util.Iterator;

/**
 * Wörterbuch zur Übersetzung deutscher Wörter in eine
 * andere Sprache.
 * Das Wörterbuch wird mit einer Wörterdatei initialisiert.
 */
public class Dictionary {
  private List entries = new ArrayList();
```

```java
    public Dictionary(String filename) throws IOException {
        initializeFromReader(new BufferedReader(
                        new FileReader(filename)));
    }

    /**
     * Liefert die Übersetzung des deutschen Wortes.
     * Bei mehreren Alternativen werden diese
     * mit Komma aneinander gehängt.
     */
    public String getTranslations(String germanWord) {
        StringBuffer translations = new StringBuffer();
        Iterator i = entries.iterator();
        while (i.hasNext()) {
            Translation each = (Translation) i.next();
            if (each.getGermanWord().equals(germanWord)) {
                if (translations.length() > 0) {
                    translations.append(", ");
                }
                translations.append(each.getTranslation());
            }
        }
        return translations.toString();
    }

    /**
     * Die zu lesende Wörterdatei besteht aus
     * 0 - n Zeilen.
     * Jede Zeile enthält einen Eintrag der Form:
     * '<deutschesWort>=<uebersetzung>'
     */
    private final void initializeFromReader(
                BufferedReader aReader)   throws IOException {
        String line = aReader.readLine();
        while (line != null) {
            int index = line.indexOf('=');
            if (index != -1) {
                String germanWord = line.substring(0, index);
                String translation = line.substring(
                                index + 1, line.length());
                Translation entry =
                    new Translation(germanWord, translation);
                entries.add(entry);
            }
            line = aReader.readLine();
        }
    }
}
```

So weit sieht das alles recht einfach aus, es fehlen »nur noch« die JUnit-Tests. Die Programmierung der einzelnen Testfälle geschieht in etwa nach folgendem Schema:

1. Erzeugen einer Wörterdatei
2. Erzeugen einer Instanz der Klasse Dictionary mit dieser Datei
3. Abfrage bestimmter Übersetzungen und Überprüfen des Ergebnisses

Für den einfachen Fall einer Testdatei mit einem Wort sieht das so aus:

```
public class DictionaryTest extends TestCase {
   public static void testOneWord() throws Exception {
      String filename = "C:\\temp\\dictionary.txt";
      PrintWriter writer =
         new PrintWriter(new FileOutputStream(filename));
      writer.println("Wort=word");
      writer.close();
      Dictionary dictionary = new Dictionary(filename);
      String translation = dictionary.getTranslations("Wort");
      assertEquals("word", translation);
   }
}
```

Sinnvoll wären jetzt mehrere Testfälle mit unterschiedlicher Anzahl von Einträgen in der Datei (0, 1, 2 und viele), mit identischen Einträgen, mit mehreren Übersetzungen für das gleiche Wort, Wortsuche mit groß- bzw. kleingeschriebenen Wortanfängen usw.

Erkennbare Nachteile

Dieses Vorgehen hat jedoch einige Nachteile: Jeder einzelne Testfall muss den Umweg über eine Wörterdatei gehen; das ist nicht nur umständlich, sondern kann zu diffizilen Problemen beim Erstellen und Überschreiben von Dateien führen. Das wäre vermeidbar, wenn Translation-Objekte auch ohne Umweg über eine Datei dem Dictionary-Objekt hinzugefügt werden könnten. Aber extra für den Test die Implementierung ändern und die mühsam errungene Kapselung aufgeben?

Die gleiche Frage stellt sich, wenn wir das Verhalten beim Einlesen fehlerhafter Wörterdateien testen wollen. Tritt der Fehler in der Mitte der Datei auf, so wüssten wir gerne, wie viele Übersetzungen denn bereits eingelesen wurden. Aber für diese Abfrage steht bislang keine Methode zur Verfügung. Auch haben wir uns noch nicht überlegt, wie das Wörterbuch generell bei Fehlern reagieren soll: Ignorieren? Exception werfen? Fehler ausgeben?

Hätten wir zuerst die Tests geschrieben und uns dann der Implementierung zugewandt, wären einige Probleme nicht aufgetreten:

- Über das Fehlerverhalten hätten wir uns vorher Gedanken machen müssen und eventuell fehlende Spezifikationen vorher abklären können.
- Da der Test wie jeder andere »Client« unserer Klasse behandelt wird, wären Methoden, die wir für Testzwecke benötigen, automatisch ins öffentliche Interface (`public` oder `protected`) gelangt.
- Bei näherer Betrachtung stellt sich die Frage, ob unsere Klasse `Translation` wirklich notwendig ist oder ob nicht auch die Verwendung einer `HashMap` genügt hätte.

Treten wir den Beweis an und versuchen, die gleiche Aufgabe jetzt testgetrieben zu lösen.

3.2 Step by Step

Erinnern wir uns zunächst an den testgetriebenen Programmierzyklus aus Kapitel 1.3:

1. Schreibe einen Test, der zunächst fehlschlagen sollte. Schreibe gerade so viel Code, dass der Test kompiliert.
2. Schreibe gerade so viel Code, dass alle Tests – inklusive des neuen Tests – laufen.
3. Eliminiere Duplikation und andere üble Codegerüche.

Diese drei Schritte dienen uns zukünftig als Richtschnur und Wegweiser.

Wie fange ich an?

Starten wir unsere erste testgetriebene Mikro-Iteration mit der Erzeugung einer leeren Testklasse:

```
public class DictionaryTest extends TestCase {
}
```

Da der Name der Wörterbuchklasse schon vorgegeben ist, ergibt sich der Name der Testklasse `DictionaryTest` automatisch. In den vielen Fällen ist die Zuordnung genau einer Testklasse zu einer Applikationsklasse ausreichend – in jedem Fall ist es ein guter Ausgangspunkt. Das Starten des Test-Runners mit `DictionaryTest` als Parameter führt zur erwarteten Failure: »No tests found in DictionaryTest«. Fügen wir nun den ersten Test hinzu:

Leere Testklasse

```
public class DictionaryTest...
    public void testCreation() {
        Dictionary dict = new Dictionary();
    }
```

Erste Designentscheidungen

Zwei Entscheidungen mussten wir dafür treffen: Welche Parameter benötigt der Konstruktor? Wie nennen wir den Test? Da wir im Augenblick noch keinen Anhaltspunkt für einen Parameter besitzen, fällt die vorläufige Entscheidung für einen leeren Konstruktor. Der Name des Testfalls – testCreation – ist typisch für einen ersten Test. Der Versuch, diesen Test auszuführen, scheitert schon im Vorfeld – das Kompilieren schlägt fehl. Zunächst also Applikationscode:

```
public class Dictionary {
}
```

Triviale Einstiegstests

Wie wir sehen, sehen wir nichts: Der Defaultkonstruktor tut seine Arbeit und – oh Wunder! – der Test läuft fehlerfrei. Wir können nun zweifelsfrei beweisen, dass wir in der Lage sind, eine Dictionary-Instanz zu kreieren; sonst jedoch nichts. Genau genommen haben wir uns auch nicht an den testgetriebenen Kodierzyklus gehalten, da schon der erste Test (ohne Änderung der zu testenden Klasse) erfolgreich war. Man könnte aber auch sagen, dass wir Schritt 1 und Schritt 2 zusammengefasst haben, da bereits »das Kompilierbarmachen« unseres Tests zu dessen Erfüllung geführt hat. Dies ist typisch für den ersten Test einer neuen Klasse, der trvialerweise lediglich die Erzeugung der Klasse erzwingen möchte.

Entstehung der Klassenschnittstelle

Der nächste Schritt wird ein wenig anspruchsvoller. Wir wollen gerne sicherstellen, dass ein neu erzeugtes Wörterbuch leer ist, und erweitern den Test:

```
public class DictionaryTest...
    public void testCreation() {
        Dictionary dict = new Dictionary();
        assertTrue(dict.isEmpty());
    }
```

Entwurf des Interface

Mit dieser Erweiterung haben wir eine weitere Entwurfsentscheidung getroffen, nämlich dass das Interface der Dictionary-Klasse die Methode isEmpty() zur Verfügung stellt. Solche Entscheidungen müssen im Laufe einer Test-First-Entwicklung ständig getroffen werden. Die Summe dieser zahlreichen kleinen Weichenstellungen führt am Ende zum Gesamtdesign des Systems, ein Vorgehen, das wir in Kapitel 1.2 als *evolutionäres Design* vorgestellt haben. Durch die Tests stellen wir sicher, dass unser Entwurf auch der Implementierung entspricht; ein Design auf dem Papier hat diese Eigenschaft nicht. Hinzu kommt, dass wir durch die Tests in der Lage sind, unsere Entscheidungen zu revidieren und ein Refactoring durchzuführen.

Doch zurück zum Beispiel und hin zur Implementierung der isEmpty()-Methode:

```
public class Dictionary...
   public boolean isEmpty() {
      return false;
   }
```

Im Beispiel wählen wir zunächst den Rückgabewert, der den Test fehlschlagen lässt – hier also false –, auch wenn es sich um eine kleine Lüge handelt. Dann führen wir den Test aus, um sicherzugehen, dass er fehlschlägt. Dieser Schritt ist wichtig für unser Vertrauen in die Richtigkeit des Tests. Wir verifizieren damit zum einen unsere Vermutung über das, was der Code noch nicht kann, zum anderen, dass wir unsere Vermutung in korrekten Testcode umgesetzt haben.

Test für den Test

Die einfachste Implementierung einer Funktion ist immer die Rückgabe eines konstanten Wertes; und Einfachheit ist ein wichtiges Designziel. Die entsprechende Regel lautet: *Schreibe gerade so viel Produktionscode, wie es der Test verlangt.* Nicht weniger, aber auch nicht mehr. Darum korrigieren wir die Implementierung so, dass der Test erfolgreich durchläuft:

So einfach wie möglich

```
public class Dictionary...
   public boolean isEmpty() {
      return true;
   }
```

Dass die fest verdrahtete Rückgabe von true nicht unsere endgültige Implementierung sein wird, ahnen wir zwar, befolgen jedoch die obige Regel und lassen uns einzig und allein von den Tests lenken. Wir vertrauen darauf, dass ein zukünftiger Test uns schon zwingen wird, die »richtige« Implementierung vorzunehmen. Eine vorzeitige »richtige« Implementierung führt dazu, dass am Ende zu wenig Tests geschrieben werden, da der Entwickler irgendwann die Tests weglassen wird, für die bereits eine Implementierung existiert[1].

Bereits mit dem folgenden Test wollen wir den ersten Schritt in Richtung funktionstaugliches Wörterbuch gehen:

```
public class DictionaryTest...
   public void testAddTranslation() {
      Dictionary dict = new Dictionary();
      dict.addTranslation("Buch", "book");
      assertFalse(dict.isEmpty());
   }
```

---

1. Dies entspricht jedenfalls unserer Erfahrung mit uns selbst und mit den meisten Programmierern, die wir in den letzten Jahren kennen gelernt haben.

Kleine Schritte! Der Test sieht in der Tat etwas schwachbrüstig aus, da er nichts weiter tut, als zu überprüfen, ob ein Dictionary nach dem Hinzufügen einer Übersetzung nicht mehr leer ist. Vermutlich haben Sie einen größeren Schritt erwartet, etwa das Hinzufügen mehrerer Übersetzungen und das Abfragen derselben. Unser Ziel ist es jedoch, in möglichst kleinen Schritten zu arbeiten, um nie einen plötzlichen und unerwarteten Testerfolg bzw. Misserfolg zu erleben. In der Praxis tendieren die meisten Entwickler zu immer größeren Schritten – mit dem Ergebnis häufiger Überraschungen bei der Testausführung.

Den Schritt der »leeren« Implementierung mit fehlschlagendem Test können Sie jetzt (und in Zukunft) ohne Unterstützung ausführen. Daher gleich der Versuch, die Testanforderungen zu erfüllen:

```
public class Dictionary...
   private boolean empty = true;
   public boolean isEmpty() {
      return empty;
   }
   public void addTranslation(String german,
                              String translated) {
      empty = false;
   }
```

Die Implementierung ist einfach und unerwartet, denn schließlich wird das angegebene Wort samt seiner Übersetzung überhaupt nicht verwendet. Dies deutet auf eine große Lücke in unseren Tests hin, die wir zu schließen versuchen:

```
public class DictionaryTest...
   public void testAddTranslation() {
      Dictionary dict = new Dictionary();
      dict.addTranslation("Buch", "book");
      assertFalse(dict.isEmpty());
      String trans = dict.getTranslation("Buch");
      assertEquals("book", trans);
   }
```

Das sieht zum ersten Mal nach einem Test aus, der wirklich etwas Sinnvolles tut, nämlich die Übersetzung für ein Wort ermitteln und überprüfen. Doch wer gehofft hat, dass sich nun endlich der endgültige Implementierungscode zeigt, hat sich verrechnet. Das Hinzufügen der folgenden Methode genügt den Testanforderungen völlig:

```
public class Dictionary...
   public String getTranslation(String german) {
      return "book";
   }
```

Es scheint, als kämen wir um einen weiteren Testfall nicht herum. Dieser soll uns zur Aufgabe der unbefriedigenden Rückgabe von Konstanten zwingen. Wie wäre es hiermit:

```
public class DictionaryTest...
   public void testAddTwoTranslations() {
      Dictionary dict = new Dictionary();
      dict.addTranslation("Buch", "book");
      dict.addTranslation("Auto", "car");
      assertFalse(dict.isEmpty());
      assertEquals("book", dict.getTranslation("Buch"));
      assertEquals("car", dict.getTranslation("Auto"));
   }
```

Und siehe da, nun fällt auch einem böswilligen Entwickler[2] keine *einfache* Implementierung mehr ein, die sich nicht langsam in die erwartete Richtung bewegen würde:

```
import java.util.*;
public class Dictionary {
   private Map translations = new HashMap();
   public void addTranslation(String german,
                              String translated) {
      translations.put(german, translated);
   }
   public String getTranslation(String german) {
      return (String) translations.get(german);
   }
   public boolean isEmpty() {
      return translations.isEmpty();
   }
}
```

Eine Map dient jetzt zur Aufbewahrung der Übersetzungen, dafür ist die Variable empty im Papierkorb gelandet. Die Tests haben auch hier sichergestellt, dass wir beim Umbau nicht etwa die isEmpty()-Methode vergessen. Die Verwendung der Hashmap ist unbestreitbar einfacher als die vorab entworfene Lösung (vgl. Kapitel 3.1). Sollte die Einführung einer Translation-Klasse später notwendig werden, dann sichern uns die vorhandenen Tests die bereits erreichte Funktionalität ab. Auf Spekulationen verzichten wir jedoch.

---

2. Ein Reviewer schlug vor, das ganze als Programmierspiel zu betrachten, bei dem zwei Spieler – der Tester und der Kodierer – sich gegenseitig zu überlisten suchen. Vielleicht muss man als Entwickler eine gespaltene Persönlichkeit besitzen, um erfolgreich alleine programmieren zu können?

Refactoring der Tests

Da jetzt die erste richtige Funktionalität eingebaut ist, empfiehlt sich ein Blick auf die Testklasse, um sie aufzuräumen bzw. ein *Refactoring* durchzuführen. Verschiedene Punkte fallen dabei ins Auge:

- Die Namen testAddTranslation und testAddTwoTranslations spiegeln nicht mehr den gesamten Inhalt der Testfälle wider; besser scheint uns testOneTranslation und testTwoTranslations.
- Die Zeile zur Erzeugung unseres Dictionary-Testobjekts ist mehrfach vorhanden; wir machen daraus besser eine Testfixture.
- Es fehlte ein Test, um die Reaktion auf unbekannte Wörter zu überprüfen; wir haben testTranslationUnknown ergänzt.

Die frisch gestylte Klasse DictionaryTest sieht danach so aus:

```
public class DictionaryTest...
   private Dictionary dict;
   protected void setUp() {
      dict = new Dictionary();
   }
   public void testCreation() {
      Dictionary dict = new Dictionary();
      assertTrue(dict.isEmpty());
   }
   public void testOneTranslation() {
      Dictionary dict = new Dictionary();
      dict.addTranslation("Buch", "book");
      assertFalse(dict.isEmpty());
      String trans = dict.getTranslation("Buch");
      assertEquals("book", dict.getTranslation("Buch"));
   }
   public void testTwoTranslations() {
      Dictionary dict = new Dictionary();
      dict.addTranslation("Buch", "book");
      dict.addTranslation("Auto", "car");
      assertFalse(dict.isEmpty());
      assertEquals("book", dict.getTranslation("Buch"));
      assertEquals("car", dict.getTranslation("Auto"));
   }
   public void testTranslationUnknown() {
      assertNull(dict.getTranslation("Upsaba"));
   }
```

In der ersten Auflage des Buches haben wir an dieser Stelle die Empfehlung gegeben, bei mehr als einem assert-Aufruf in einer Testfallklasse die erweiterte Form der jeweiligen assert-Methode zu benutzen, die als ersten Parameter einen beschreibenden Kommentarstring erhält und diesen im Falle einer Failure in die Fehlermeldung mit einbaut; z.B. so:

assert-Kommentare

```
assertFalse("dict not empty", dict.isEmpty());
```

Unsere Meinung dazu hat sich mittlerweile geändert. Das Bedürfnis zu diesen Kommentaren entspringt häufig daraus, dass eine Testfallmethode zu viele assert-Aufrufe enthält. Anstatt zu versuchen, einen so komplexen Testfall mittels Kommentar-Strings verständlicher zu machen, sollte der Test selbst geteilt werden. Auf diese Problematik der *orthogonalen Testfälle* gehen wir in Kapitel 4.3 näher ein.

... sind ein Smell!

Mehr Funktionalität

Ein Punkt der Spezifikation, den wir noch nicht berücksichtigt haben, sind Übersetzungsalternativen, die – durch Komma verkettet – alle in der Übersetzung auftauchen sollen. Zunächst ein entsprechender Test:

```
public class DictionaryTest...
   public void testTranslationWithTwoEntries() {
      dict.addTranslation("Buch", "book");
      dict.addTranslation("Buch", "volume");
      String trans = dict.getTranslation("Buch");
      assertEquals("book, volume", trans);
   }
```

Und auch hier ist die einfachste Lösung so lange die beste, bis eine neue Anforderung – und damit neue Tests – ein komplexeres Design verlangt:

```
public class Dictionary...
   public void addTranslation(String german,
                              String translated) {
      String before = (String) translations.get(german);
      String now;
      if (before == null) {
         now = translated;
      } else {
         now = before + ", " + translated;
      }
      translations.put(german, now);
   }
```

Schnittstellenänderung

Revidierung einer Designentscheidung

Dem einen oder anderen Leser mag die etwas »ungewöhnliche« Signatur der getTranslation(String german)-Methode schon länger ein Dorn im Auge sein. Bei der Festlegung auf einen einfachen String als Rückgabewert, der im Falle von Mehrfachübersetzungen alle Alternativen enthält, haben wir uns von der vermuteten Verwendung in einem textbasierten Wörternachschlageprogramm leiten lassen. Tatsächlich verhindert diese Entscheidung die einfache Verwendung der Dictionary-Klasse in einem anderen Kontext. Schweren Herzens entschließen wir uns daher zur nahe liegenden Schnittstellenänderung: getTranslation(..) soll eine Menge (java.util.Set) von Übersetzungen zurückliefern und entsprechend auch zu getTranslations (Plural) umbenannt werden.

Eine solche Schnittstellenänderung verlangt natürlich auch eine Änderung aller Tests, die auf dieser Schnittstelle aufbauen. Die Namensänderung vollziehen heutige IDEs problemlos mittels eines eingebauten Refactorings. Aufwändiger wird jedoch das Überprüfen der Rückgabemenge, da dies Codeänderungen in zahlreichen Testmethoden zur Folge hat. Hier die Änderung für den einfachsten Testfall:

```
public class DictionaryTest...
    public void testOneTranslation() {
        dict.addTranslation("Buch", "book");
        assertFalse(dict.isEmpty());
        assertEquals(1, dict.size());
        Set trans = dict.getTranslations("Buch");
        assertEquals(1, trans.size());
        assertTrue(trans.contains("book"));
    }
```

Um diese Umbauten leichter durchführen zu können, extrahieren wir die Verifikation der korrekten Übersetzungen zunächst in einem Zwischenschritt in eine eigene assert-Methode, hier wiederum am obigen Beispiel:

Extraktion einer spezifischen assert-Methode

```
public class DictionaryTest...
    public void testOneTranslation() {
        dict.addTranslation("Buch", "book");
        assertFalse(dict.isEmpty());
        assertEquals(1, dict.size());
        assertTranslations("Buch", new String[] {"book"});
    }
```

```
    private void assertTranslations(String german,
                                    String[] expected) {
        String actual = dict.getTranslations(german);
        assertEquals(expected[0] , actual);
    }
```

Es fällt dabei auf, dass die Signatur der assertTranslations-Methode bereits für mehrere Übersetzungen vorbereitet ist, die Implementierung jedoch die tatsächliche Übersetzung nur gegen die erste erwartete Übersetzung testet. Dies bedeutet, dass wir bei der Verwendung dieser Methode in testTranslationWithTwoEntries und testTranslation-Unknown vorübergehend kleine Unsauberkeiten einbauen:

```
    public class DictionaryTest...
        public void testTranslationWithTwoEntries() {
            dict.addTranslation("Buch", "book");
            dict.addTranslation("Buch", "volume");
            assertEquals("dict size", 1, dict.size());
            //Hack: Zwei Übersetzungen in einem String
            assertTranslations("Buch", new String[] {"book, volume"});
        }
        public void testTranslationUnknown() {
            //Hack: null bei keiner Übersetzung
            assertTranslations("Upsaba", new String[] {null});
        }
```

Verwenden wir nun diese spezifische assert-Methode in allen Fällen, dann können wir die Umstellung auf die gewünschte Schnittstelle durch eine lokale Änderung erzwingen:

```
    public class DictionaryTest...
        private void assertTranslations(String german,
                                        String[] expected) {
            Set actual = dict.getTranslations(german);
            assertTrue(actual.contains(expected[0]));
        }
```

Und auch das ist noch ein Zwischenschritt, wie man an der Anpassung der Dictionary-Klasse sieht:

```
    public class Dictionary...
        public Set getTranslations(String german) {
            Set result = new HashSet();
            result.add(translations.get(german));
            return result;
        }
```

Erst die nächste Änderung im `DictionaryTest` erzwingt die endgültige Lösung:

```
public class DictionaryTest...
   public void testTranslationWithTwoEntries() {
      dict.addTranslation("Buch", "book");
      dict.addTranslation("Buch", "volume");
      assertEquals("dict size", 1, dict.size());
      assertTranslations("Buch",
         new String[] {"book", "volume"});
   }
   public void testTranslationUnknown() {
      assertTranslations("Upsaba", new String[] {});
   }
   private void assertTranslations(String german,
                                   String[] expected) {
      Set actual = dict.getTranslations(german);
      assertEquals(expected.length, actual.size());
      for (int i = 0; i < expected.length; i++) {
         assertTrue(actual.contains(expected[i]));
      }
   }
}
```

Lokalisiere die zu ändernde Schnittstelle!

Die notwendigen Änderungen in der Klasse `Dictionary` sind so gering, dass der Leser dabei sicherlich keiner Hilfe bedarf. Mitnehmen sollte er, dass Schnittstellenänderungen häufig leichter durchzuführen sind, wenn man die Aufrufe dieser Schnittstelle zunächst innerhalb der Tests lokalisiert, d.h. in eine eigene Methode auslagert. Häufig geschieht dies durch eine spezialisierte `assert`-Methode.

Retrospektive

Lassen wir das Vorgehen des praktizierten testgetriebenen Programmierzyklus nochmals Revue passieren:

- **Schritt 1:** Am Anfang jedes Zyklus stand ein Test für noch nicht implementiertes Verhalten. Um diesen Test hinschreiben zu können, mussten wir Entscheidungen über das gewünschte *öffentliche Interface* unserer CUT (Class under Test) machen. Dieses öffentliche Interface diente sowohl zur »Stimulation« des Testobjekts als auch zur Verifikation des korrekten Verhaltens.

  Nach dem erfolgreichen Kompilieren (und den dafür notwendigen Codeänderungen) erfolgte in jedem Zyklus das Ausführen der Testsuite, das (hoffentlich) mit einer Failure im hinzugefügten bzw. modifizierten Testfall endete. Dieser Zwischenschritt testete den Test.

- **Schritt 2:** Erst jetzt haben wir uns Gedanken darüber gemacht, wie das im Testfall spezifizierte Verhalten am einfachsten umzusetzen ist. Die »alten« Testfälle dienten uns dabei als einschränkende Bedingungen; d.h., je mehr Testfälle wir zufrieden stellen mussten, desto komplexer wurde unser Programmdesign.
- **Schritt 3:** Sobald wir einen grünen Balken hatten, räumten wir den Programmcode – und bei Bedarf auch den Testcode – auf. Dabei beseitigten wir alle »Codegerüche« und Unsauberkeiten, die wir entdeckten.

    Bliebe dieser Schritt aus, so landete testgetriebene Programmierung unweigerlich im Chaos. Tatsächlich haben wir bislang noch relativ wenig aufgeräumt, was vor allem daran liegt, dass die Codemenge noch klein und überschaubar ist.

Bei konsequenter Anwendung der drei Schritte wird die Entwicklung des Produktionscodes von den Tests vorangetrieben und gelenkt. Es findet jedoch auch eine umgekehrte Steuerung statt: Bemerken wir, dass trotz grünen Balkens eine Methode noch nicht ausprogrammiert ist, dann ist das ein deutlicher Wink mit dem »Es-fehlen-noch-Tests«-Zaunpfahl.

Test treibt Code – und umgekehrt!

Unsere Tests konzentrieren sich bislang ausschließlich auf das von außen sichtbare Verhalten der CUT[3]. Dies hat mehrere Vorteile:

Öffentliche Schnittstelle

- Die Tests dokumentieren die gewünschte Verwendung der getesteten Klasse. Diese Art der Dokumentation ist – im Gegensatz zu jeder Prosa-Dokumentation – immer konsistent.
- Innere Umstrukturierungen haben keine Auswirkungen auf die Tests. Würden wir beispielsweise den Aufbau der verwendeten Hashmap überprüfen, so wäre eine Umstellung auf eine eigene Klasse für die einzelnen Übersetzungen ungleich aufwändiger.

Unsere Richtlinie lautet daher, auch in Tests nur die öffentliche Schnittstelle zu verwenden. Ob dies ein zu idealistisches Ziel ist, werden wir später noch hinterfragen müssen.

3.3 Abhängigkeiten

Bislang haben wir den Teil unserer Problemspezifikation, der sich mit der Wörterbuchdatei beschäftigt, außen vor gelassen. Da das Dateifor-

---

3. Für Java bedeutet das: Alle Variablen und Methoden, deren Sichtbarkeit `public`, `protected` oder nicht spezifiziert (*Package Scope*) ist.

3 Grundschritte der testgetriebenen Softwareentwicklung

mat nicht näher spezifiziert ist, legen wir eines fest: Jeder Übersetzungseintrag wird durch eine Zeile der Form

<deutsches Wort>=<Übersetzung>

vorgenommen; Mehrfacheinträge sollen erlaubt sein[4]. Der erste Versuch eines Tests sieht so aus:

```
public class DictionaryTest...
    public void testSimpleFile() {
        dict = new Dictionary("C:\\temp\\simple.dic");
        assertFalse(dict.isEmpty());
    }
```

Abhängigkeit von Dateien

Dabei stellen wir jedoch fest, dass wir uns auf diese Weise vom Inhalt einer externen Datei abhängig machen. Alternativ können wir diese Datei zu Beginn des Testfalls löschen und mit unserem gewünschten Inhalt neu anlegen. Doch auch damit bekämen wir eine unerwünschte Abhängigkeit zu einem Dateipfad und plattformabhängigen Besonderheiten. Dies haben wir bereits in Kapitel 3.1 als Problem des nachträglichen Testansatzes indentifiziert und wollen jetzt nicht in die gleiche Falle tappen.

InputStream statt File

Die rettende Idee lautet, anstatt einer Datei einen beliebigen InputStream zuzulassen – die Abbildung auf eine Datei ist danach sehr einfach. Unser Test wird dadurch dateiunabhängig:

```
import java.io.*;

public class DictionaryTest...
    public void testTwoTranslationsFromStream() {
        String dictText = "Buch=book\n" + "Auto=car";
        InputStream in = new StringBufferInputStream(dictText);
        dict = new Dictionary(in);
        assertFalse(dict.isEmpty());
    }
```

Den einfachsten Weg zum grünen Balken überlassen wir an dieser Stelle dem Leser zur Übung[5]. Stattdessen ergänzen wir den Test gleich um weitere assert-Aufrufe:

---

4. Jeder moderne Programmierer würde vermutlich XML wählen. Wir sind jedoch ein wenig altmodisch und wollen hier nicht noch eine Java-API ins Spiel bringen, die zudem unser Design komplizieren würde.
5. Tipp: Die übergebene InputStream-Instanz kann dabei noch völlig ignoriert werden.

```
public class DictionaryTest...
    public void testTwoTranslationsFromStream() {
        String dictText = "Buch=book\n" +"Auto=car";
        InputStream in = new StringBufferInputStream(dictText);
        dict = new Dictionary(in);
        assertFalse(dict.isEmpty());
        assertTranslations("Buch", new String[]{"book"});
        assertTranslations("Auto", new String[]{"car"});
    }
```

Etwas unangenehm stößt auf, dass die Klasse `StringBufferInputStream` seit JDK 1.2 den Status *deprecated* genießt, doch mit dieser kleinen Verstimmung können wir im Augenblick leben. Die Erinnerung an die Verwandtschaft unseres Dateiformats mit dem der Java-Properties-Dateien führt zu einer einfachen Implementierung:

```
import java.util.*;
import java.io.*;
public class Dictionary...
    public Dictionary(InputStream in) throws IOException {
        readTranslations(in);
    }
    private void readTranslations(InputStream in)
            throws IOException {
        Properties props = new Properties();
        props.load(in);
        Iterator i = props.keySet().iterator();
        while (i.hasNext()) {
            String german = (String) i.next();
            String trans = props.getProperty(german);
            addTranslation(german, trans);
        }
    }
}
```

Das Durchreichen der `IOException` fordert von unserer Testmethode, dass auch sie eine `IOException` wirft. Auf diese Weise vertrauen wir JUnit die Exceptionbehandlung an, das im Fall des Falles einen Error registriert.

In Anlehnung an die existierenden Tests entsteht ein weiterer:

```
public class DictionaryTest...
    public void testTranslationsWithTwoEntriesFromStream()
            throws IOException {
        String dictText = "Buch=book\n" + "Buch=volume";
        InputStream in = new StringBufferInputStream(dictText);
        dict = new Dictionary(in);
```

```
            assertTranslations("Buch",
                new String[]{"book", "volume"});
    }
```

Sackgasse der Implementierung

An diesem Punkt wird plötzlich klar, dass die Implementierung mit Hilfe der `Properties`-Klasse in eine Sackgasse geführt hat, da die Methode `load(InputStream)` bei Doppeleinträgen einer gleichnamigen Property den ersten Eintrag überschreibt, während spezifikationsgemäß alle möglichen Übersetzungen eines Wortes aus der Datei gelesen werden sollen. Zudem ist das Verhalten der `Properties`-Klasse auch in anderer Beziehung, z.B. beim Hashzeichen (#), nicht das gewünschte.

Das Single Responsibility Principle

Offensichtlich scheint das Parsen der Wörterbuchdatei eine komplexere Angelegenheit zu werden und wir entschließen uns daher, diese Funktionalität in eine eigene Klasse `DictionaryParser` auszulagern. Diese Entscheidung wird auch von einer grundlegenden Heuristik des objektorientierten Designs unterstützt: das *Single Responsibility Principle* [Martin02]. Diese Regel besagt, dass jede Klasse nur einer einzigen Aufgabe nachgehen sollte, um dadurch unabhängige Änderungen zu ermöglichen und die Kohäsion der Klasse zu erhöhen.

Refactoring vor dem Testfall

Wir sind damit an einer Stelle angelangt, an der wir den aktuellen Test nicht ohne vorherige Umbaumaßnahmen zum Erfolg führen können bzw. wollen. Dies ist der richtige Zeitpunkt, um einen Schritt zurückzugehen: Wir entfernen den *offenen Testfall* vorläufig aus der Testsuite[6] – des grünen Balkens wegen – und führen zunächst das Refactoring durch. Ein Testfall nennt sich dann »offen«, wenn das Verhalten, das er spezifiziert, noch nicht (vollständig) implementiert ist. Im vorliegenden Beispiel möchten wir das Parsen des `InputStreams` in eine Klasse `DictionaryParser` verlagern, deren Interface das Iterieren über alle Übersetzungseinträge eines Streams erlaubt. Und wo wir schon beim Umbauen sind, ersetzen wir `InputStream` durch `Reader`; diese Klasse ist nämlich für das Lesen von Text besser geeignet, da sie sich auch um die korrekte Wandlung zwischen Bytes und Zeichen kümmert.

Extraktion einer Klasse

Zur Förderung der Unit-Test-Selbstständigkeit des Lesers verzichten die Autoren hier auf die detaillierte Beschreibung aller Einzelschritte und beschränken sich auf die Darstellung des Ergebnisses – Testklasse und Implementierung. Zunächst die Tests:

---

6. Beispielsweise indem man dem Namen der Testmethode einen Unterstrich voransetzt.

```
import java.io.*;
public class DictionaryParserTest extends TestCase {
  private DictionaryParser parser;
  private DictionaryParser createParser(String dictText)
      throws IOException {
    Reader reader = new StringReader(dictText);
    return new DictionaryParser(reader);
  }
  private void assertNextTranslation(String german,
                                     String trans)
      throws IOException {
    assertTrue(parser.hasNextTranslation());
    assertEquals(german, parser.nextGermanWord());
    assertEquals(trans, parser.currentTranslation());
  }
  public void testEmptyReader() throws Exception {
    parser = createParser("");
    assertFalse(parser.hasNextTranslation());
  }
  public void testOneLine() throws Exception {
    String dictText = "Buch=book";
    parser = createParser(dictText);
    assertNextTranslation("Buch", "book");
    assertFalse(parser.hasNextTranslation());
  }
  public void testThreeLines() throws Exception {
    String dictText = "Buch=book\n" +
        "Auto=car\n" +
        "Buch=volume";
    parser = createParser(dictText);
    assertNextTranslation("Buch", "book");
    assertNextTranslation("Auto", "car");
    assertNextTranslation("Buch", "volume");
    assertFalse(parser.hasNextTranslation());
  }
}
```

Wie man sieht, wurde auch im Testcode auf die Vermeidung von Codeduplikation geachtet und gemeinsame Funktionalität in private Methoden ausgelagert. Generell gilt, dass auch Testklassen Teil des Systems und daher denselben Grundsätzen von Einfachheit und Lesbarkeit unterworfen sind. Ein paar weitere Dinge haben wir aufgeräumt:

Lesbarkeit von Testcode

- Wir sind die »riechende« Klasse `StringBufferInputStream` los geworden und haben sie durch einen `StringReader` ersetzt.

- Wir haben alle throws-Klauseln so geändert, dass sie nun die generische Exception statt der spezielleren IOException werfen. Dies verringert auf Dauer den Anpassungsaufwand für sich ändernde Exception-Typen.

Und nun zur zugehörigen Implementierung:

```java
import java.io.*;
public class DictionaryParser {
   private BufferedReader reader;
   private String nextLine;
   private String currentTranslation;
   public DictionaryParser(Reader unbufferedReader)
       throws IOException {
      reader = new BufferedReader(unbufferedReader);
      readNextLine();
   }
   public String currentTranslation() {
      return currentTranslation;
   }
   public boolean hasNextTranslation() {
      return nextLine != null;
   }
   public String nextGermanWord() throws IOException {
      int index = nextLine.indexOf('=');
      String german = nextLine.substring(0, index);
      currentTranslation = nextLine.substring(index + 1);
      readNextLine();
      return german;
   }
   private void readNextLine() throws IOException {
      nextLine = reader.readLine();
   }
}
```

Das Interface der Parser-Klasse ist »iteratorartig«. Vermutlich kommt jeder Programmierer zu einem anderen Ergebnis, wie die beste DictionaryParser-Schnittstelle aussehen sollte. Aber auch das ist kein gewichtiges Problem: Die Tests dokumentieren das Interface für andere Entwickler und bei möglichen zukünftigen Änderungen führt man ein Refactoring durch. Nun fehlt nur noch der Einbau des Parsers in das Wörterbuch:

```
public class Dictionary...
  private void readTranslations(Reader reader)
    throws IOException {
    Properties props = new Properties();
    props.load(in);
    Iterator i = props.keySet().iterator();
    DictionaryParser parser = new DictionaryParser(reader);
    while (parser.hasNextTranslation()) {
      String german = parser.nextGermanWord();
      String trans = parser.currentTranslation();
      addTranslation(german, trans);
    }
  }
```

Und schon kann auch der Test testTranslationsWithTwoEntriesFromStream() reaktiviert und zu testTranslationsWithTwoEntriesFromReader() umbenannt werden – und siehe da, er läuft fehlerfrei. Falls erwünscht, könnte jetzt ein weiterer Konstruktor Dictionary(String filename) implementiert werden – wieder eine gute Übung für den ambitionierten Leser ;-)

Rückblick

Was ist rückblickend in diesem Abschnitt passiert? Unser ganz normales Vorgehen – kleine Tests und kleine Implementierungsschritte – hat uns irgendwann gezeigt, dass jetzt besser Funktionalität aus der CUT (Dictionary) in eine andere Klasse (DictionaryParser) ausgelagert werden sollte. Wir konnten daher einen noch nicht abgeschlossenen Test nicht in kurzer Zeit beenden, sondern mussten uns erst dem neuen Objekt bzw. der neuen Klasse zuwenden. Der offene Test ist für diese Zeit auf eine Art »Stack inaktiver Tests« gewandert, von dem er nach Abschluss der Implementierung der neuen Klasse wieder entfernt und »aktiviert« wurde.

Offene Tests

Hat man Angst, solche offenen Testfälle zu vergessen, sollte man sich eine Notiz machen; dies gilt im Übrigen auch für andere Codeauffälligkeiten, deren Behebung man nicht augenblicklich angehen möchte. Später in Kapitel 6 werden wir zusätzlich eine Möglichkeit kennen lernen, wie sich die vorübergehende Deaktivierung noch nicht implementierter Testfälle manchmal durch Dummy-Implementierungen vermeiden lässt.

Dieses Vorgehen ist immer dann erforderlich, wenn während der Implementierung noch nicht existierende untergeordnete Objekte benötigt werden. Theoretisch kann der Baum von Abhängigkeiten beliebig tief, beliebig breit und damit unser »Stack« beliebig unüber-

Objektabhängigkeiten

sichtlich werden. In der Praxis jedoch befinden sich selten mehr als zwei Testfälle im Status »offen, aber deaktiviert«. Merkt man, dass man in eine große Kette von Abhängigkeiten gerät, so liegt das meist daran, dass der oberste Test auf dem Stack einen zu großen Happen neuer Funktionalität enthält. In diesem Fall gehen wir am besten auf den letzten Hundertprozent-Zustand zurück und versuchen, einen kleineren Test zu schreiben.

Top-down und Bottom-up

Interessant ist, dass im Fall eines vorab im Trockendock[7] entworfenen Programms genau entgegengesetzt vorgegangen würde. Während hier *top-down*, d.h. von der allgemeinen Funktionalität ausgehend, entwickelt wurde, ist es bei einem bereits entworfenen System einfacher, *bottom-up* zu entwickeln und zu testen, da hier ein Top-down-Vorgehen die Entwicklung von *Stub*- oder *Dummy*-Objekten nötig macht (siehe Kapitel 6). Abbildung 3–2 zeigt ein einfaches Klassendiagramm, an dem der Unterschied verdeutlicht werden soll[8]:

Abb. 3–2 Top-down/Bottom-up

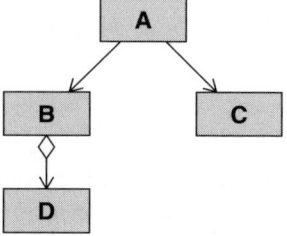

- **Top-down**: Die Programmierung und die Klassentests beginnen bei Klasse A; B und C werden durch Dummies simuliert. Danach werden B und C angegangen, wobei B wieder einen Dummy für Klasse D erfordert. In objektorientierten Systemen bedeutet dies meist, dass man sich von der äußeren (öffentlichen) Schnittstelle eines (Sub-)Systems ins (private) Innere vorarbeitet. Top-down ist daher gleichzeitig auch ein *Outside-in*.
- **Bottom-up**: Man beginnt bei den Klassen ohne Abhängigkeiten und setzt mit diesen die komplexeren abhängigen Objekte zusammen. Die Entwicklungsreihenfolge wäre beispielsweise D – B – C – A.

Sind zwei (oder mehr) Klassen gegenseitig voneinander abhängig, versagt der Bottom-up-Ansatz, d.h., alle Objekte müssen *en bloc* entwickelt werden; auch hier hat die Test-First-Entwicklung einen Vorteil.

---

7. Auch als UML bekannt.
8. Die Richtung der Pfeile bestimmt die Navigierbarkeit und damit die Abhängigkeit.

Sowohl *top-down* als auch *bottom-up* werfen beim Testen Schwierigkeiten auf, sobald die Distanz[9] zwischen zu testender Klasse und den Klassen, die zum Testen benötigt werden, wächst. Je größer der Abstand, desto diffiziler ist das Erzeugen der nötigen Testfixture. Dieses Problem kann durch den Einsatz eines zentralisierten Testobjekterzeugungsmechanismus etwas abgemildert werden[10]; der Aufwand für Erstellung und Anpassung dieser Objektgeflechte wird jedoch mit wachsender Applikation immer größer und die Abhängigkeiten zwischen Testfällen und entfernten Objekten immer undurchschaubarer. Hinzu kommt, dass in den Tests auftretende Fehler nicht mehr unbedingt der CUT zugeordnet werden können, sondern möglicherweise auf das fehlerhafte Verhalten einer benutzten Klasse zurückzuführen sind. Techniken zur Vermeidung dieses Falls werden in Kapitel 6 ausführlich beleuchtet.

Probleme bei der Verwendung komplexer Testfixtures

Es bleibt die Frage nach dem richtigen Zeitpunkt für die Abspaltung einer neuen Klasse während der Entwicklung einer anderen. Sicherlich wäre es uns gelungen, die Funktionalität des `DictionaryParser` noch in der `Dictionary`-Klasse unterzubringen. Dann hätte jedoch vermutlich irgendwann ein Refactoring diese oder eine ähnliche Klasse hervorgebracht – nur zu einem späteren Zeitpunkt. Der Auslagerungszeitpunkt gehorcht einer von zwei Strategien: *Grow then split* oder *split then grow* [Feathers00]. Erst wachsen, dann aufteilen oder erst aufteilen, dann wachsen – so lautet die Frage. Der richtige Weg liegt meist irgendwo in der Mitte: Man muss erst ein bisschen wachsen, um die Notwendigkeit einer neuen Klasse zu erkennen. Mal geschieht es früher, mal später – entscheidend ist ein einfaches Design am Ende.

Wachsen oder spalten?

Ein Phänomen bringt die Abspaltung einer neuen Klasse jedoch meist mit sich: Redundanz in den Testfällen. Fälle, die wir bereits für das übergeordnete Objekt testen, gehören plötzlich in den Aufgabenbereich der neuen Klasse. Es lohnt daher ein Blick auf existierende Tests, um zu überprüfen, ob wir sie weiterhin benötigen. Ziel unserer Unit Tests ist es, die Funktionalität einer einzelnen Unit, also meist einer CUT, zu überprüfen. Verhalten, das diese CUT weiter delegiert, fällt nicht in den Verantwortungsbereich der Tests dieser Klasse.

Redundante Tests

Zu verifizieren bleibt jedoch, dass das Delegieren selbst korrekt abläuft. Im Wörterbuch-Beispiel gilt es, die beiden `test*FromReader`-Testfälle auf Redundanz zu überprüfen. Beide Testziele (Testen zweier Zeilen und Testen eines Doppeleintrags) werden auch in `Dictionary-`

---

9. »Distanz« bezeichnet hier die Anzahl der dazwischen hängenden Objekte.
10. Ein solcher Mechanismus ist z.B. unter dem Begriff »ObjectMother« in [Schuh01] vorgestellt worden.

ParserTest überprüft. Es bietet sich beispielsweise an, die zwei Testfälle durch einen einzelnen zu ersetzen, der dann jedoch ein komplexeres Szenario abdeckt. Dagegen spricht der dokumentierende Charakter der Testfälle für den Anwender der Dictionary-Klasse. Den Königsweg gibt es nicht – redundante Tests sind jedoch in jedem Fall besser als zu wenig Tests.

Abhängigkeit von externen Ressourcen

Im Zuge der vorausgegangenen Implementierung ist noch ein weiterer Fall von Abhängigkeit aufgetreten: Dateien. Die Abhängigkeit von Dateien oder anderen externen Ressourcen erschwert das Testen, da wir uns plötzlich an die Spielregeln anderer halten müssen. Während sich die Programmiersprache und die lokale Umgebung vollständig kontrollieren lassen, haben wir es dort mit proprietären Protokollen, Zugriffsbeschränkungen, Zeitabhängigkeiten und anderen unabsehbaren Umständen zu tun, die den Erfolg eines Tests indeterministisch machen oder zumindest dessen Implementierung erschweren. Im Fall der Wörterbuchdatei bestand der Trick darin, das Interface so zu ändern, dass die Testbarkeit verbessert wurde. Natürlich kann man trotzdem nicht vollständig auf Dateitests verzichten – ein Thema, das in Kapitel 6 nochmals aufgegriffen wird.

Testbarkeit als Entwurfsziel

Intuitiv schrecken viele Entwickler davor zurück, ihren »richtigen« Code zu verändern, »nur« um ihn besser testen zu können. Doch ist ein Zugeständnis des Applikationscodes an den Testcode keineswegs verdammenswert, sondern ein erwünschter Effekt: Programmierung à la Test-First zwingt uns zum Entwurf *testbarer Objekte*. »Testbar« heißt in den allermeisten Fällen auch *einfacher*. »Einfacher« bedeutet *mit weniger Abhängigkeiten*. Und die Reduzierung von Abhängigkeiten – sowohl innerhalb eines Systems als auch nach außen – ist ein zentrales Ziel guten Softwaredesigns.

3.4 Testorganisation und Testausführung

Unser vorangegangenes Minibeispiel hat bislang noch keine größeren Ansprüche an Testorganisation und Testausführung gestellt. Die beiden Testklassen DictionaryTest und DictionaryParserTest können ohne große Verzögerung im selben Test-Runner immer wieder gestartet werden und auch die Ausführungszeit ist vernachlässigbar. Wächst jedoch unser Projekt – und mit ihm die Anzahl der Testklassen –, dann versagt dieser naive Ansatz, und wir benötigen etwas mehr Überlegung zu Testorganisation und Testausführung.

Verteilung der Tests auf Testklassen

Die erste Frage, die sich stellt, ist: In wie vielen Testklassen verteile ich meine Tests? Bislang haben wir alle Tests einer Applikationsklasse in eine eigene Testklasse gepackt. Die Faustregel »eine Testklasse pro Applikationsklasse« eignet sich meist als Einstieg, es gibt jedoch trifftige Gründe, hin und wieder davon abzuweichen:

Wie viele Testklassen?

- Ziel unserer in `setUp()` erzeugten Testfixture (siehe Kapitel 2.3) ist die Bereitstellung einer Objektkonfiguration für alle Tests der Testklasse. Benötigen bestimmte Tests diese Fixture nicht, so werden sie in eine neue Testklasse extrahiert. Im Wörterbuch-Beispiel könnten sich im weiteren Verlauf der Entwicklung zwei Gruppen von Tests für die `Dictionary`-Klasse herausbilden: Die eine benötigt einen `Reader` als Fixture, die andere nicht. Das Ergebnis wären zwei Testklassen für eine Applikationsklasse, z.B. `DictionaryTest` (wie gehabt) und `DictionaryFromReaderTest`.
- Wird die Anzahl der Tests für eine CUT zu groß, so sollten wir nach Gruppen von Tests mit Gemeinsamkeiten suchen und diese in eine neue Testklasse hinauskomplimentieren. Häufig bietet sich dann auch das Refactoring hin zu einer abstrakten Testoberklasse an, in der sich gemeinsamer Code der beiden konkreten Testklassen wiederfindet, wie etwa in Abbildung 3–3 gezeigt. Sehr viele Tests in einer Testklasse können jedoch auch ein Hinweis darauf sein, dass die zugehörige CUT aufgespalten werden sollte.

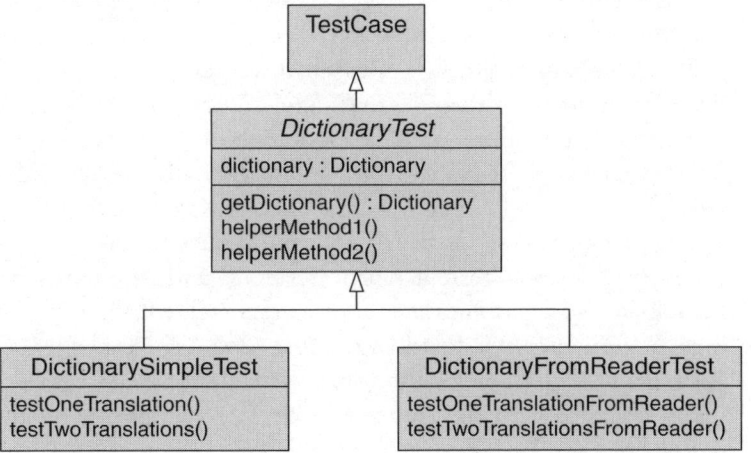

Abb. 3–3
Kleine Testklassenhierarchie

- Erfordert eine triviale Klasse keine Tests (z.B. `DictionaryParserException` in Kapitel 4.6), dann spart man sinnvollerweise auch die Testklasse ein.

- Tests, die sich nicht auf eine einzelne Klasse, sondern auf eine Konfiguration von Klassen oder ein Subsystem beziehen, haben ihre eigene Testklasse verdient.

Wir sollten Testklassen und auch Testklassenhierarchien daher als ein Mittel zur Strukturierung von Testcode und zur Vermeidung von Duplikation in Testcode begreifen. Frank Westphal [Westphal05] fasst das als prägnante Regel zusammen: »Organisieren Sie Testklassen um eine gemeinsame Fixture von Testobjekten, nicht um die getestete Klasse.«

Verteilung der Testklassen auf Packages

Wohin mit den Testklassen?

Eine weitere diskussionswürdige Frage ist, ob Testklassen in das gleiche oder ein separates Java-Package gehören. Das Abwägen von Vor- und Nachteilen beider Lösungen erlaubt kein eindeutiges Urteil:

- **Testklassen im selben Package** erlauben den Zugriff auf Methoden, deren Sichtbarkeit nur *protected* oder *package scope* ist. Dies erhöht bisweilen die Testbarkeit, verleitet aber auch zur Erzeugung instabiler Tests (siehe auch Kapitel 8.2).
  Ein weiterer Vorteil ist die Nähe der Tests zu den getesteten Klassen. So fällt das »zufällige« Übersehen der Testklassen bei Codeänderungen und Verschiebungen schwerer. Und auch bei Umbenennung von Packages und Klassen werden die zugehörigen Testklassen nicht so leicht vergessen.
  Die Trennung von Applikationscode und Testcode dagegen wird – wenn erforderlich – schwieriger, da sie sich auf eine Namenskonvention verlassen muss. Testhilfsklassen können dabei leicht fälschlich als Applikationsklassen angesehen werden.
- **Testklassen in separatem Testpackage** erlauben die leichtere Trennung von Applikations- und Testcode. Ob die Tests in einer Parallelhierarchie (z.B. `tests.myproj.*`) untergebracht werden oder ob jedes Package sein persönliches Testpackage bekommt (z.B. `myproj.pack1.tests`), ist reine Geschmackssache.
- Eine dritte Lösung besteht darin, Testcode und Applikationscode **im selben logischen Package, aber in unterschiedlichen Dateibäumen** zu verwalten. Dadurch liegen Test- und Applikationscode aus Java-Sicht im gleichen Paket, können jedoch leicht für das Deployment separiert werden. Zahlreiche IDEs (z.B. Eclipse) unterstützen heutzutage die Verteilung des Quellcodes auf mehrere Verzeichnisse.

Alle drei Ansätze haben ihre Vor- und Nachteile. Hauptsache ist die teamweite Verwendung eines gemeinsamen Standards.

Gemeinsame Testsuite eines Package

Des Weiteren bringt es Vorteile, sich darauf zu einigen, wie man alle Tests eines Packages bzw. eines Teilsystems oder des ganzen Projektes anspricht. Einen Quasistandard hierfür stellen `AllTests`-Klassen dar. Typischerweise existiert eine solche Klasse für jedes Package, in dem sich Testklassen befinden. In unserem Beispiel sieht sie so aus:

Alle Tests eines Packages

```
import junit.framework.*;
class AllTests {
  public static void main(String[] args) {
     junit.awtui.TestRunner.run(AllTests.class);
  }
  public static Test suite() {
     TestSuite suite =
         new TestSuite("Test suite for kapitel3.*");
     suite.addTestSuite(DictionaryTest.class);
     suite.addTestSuite(DictionaryParserTest.class);
     return suite;
  }
}
```

Während die `suite()`-Methode alle Testklassen des Packages zusammenfasst, bietet uns die `main()`-Implementierung eine bequeme Startmöglichkeit der Testsuite, ohne dass wir uns über Parameter Gedanken machen müssen. Wichtig ist, dass man beim Hinzufügen, Löschen und Umbenennen von Testklassen daran denkt, auch `AllTests` entsprechend anzupassen. Auch hierbei bieten manche Entwicklungsumgebungen mittlerweile (halb-)automatisierte Unterstützung.

Gemeinsame Testsuite eines Projekts

Je nach Systemgröße und Struktur wird noch mindestens eine weitere `AllTests`-Klasse existieren, die alle anderen `AllTests`-Suiten in einer Testsuite zusammenfasst und damit als Fixpunkt jeglicher Testaktivität dient. Diese »Supersuite« sieht etwa so aus:

Alle Tests eines Projekts

```
package myproj.alltests;
import junit.framework.*;
class AllTests {
  public static void main(String[] args) {
     junit.awtui.TestRunner.run(AllTests.class);
  }
  public static Test suite() {
     TestSuite suite =
         new TestSuite("All tests of MyProject");
```

```
            suite.addTest(myproj.pack1.AllTests.suite());
            suite.addTest(myproj.pack2.AllTests.suite());
            suite.addTest(myproj.pack3.sub1.AllTests.suite());
            suite.addTest(myproj.pack3.sub2.AllTests.suite());
            return suite;
        }
    }
```

Die Einführung zusätzlicher Zwischenhierarchien von AllTests-Klassen kann das partielle Testen und die Aktualisierung größerer Projekte vereinfachen. Abbildung 3–4 zeigt eine denkbare Package- und Klassenstruktur für ein erdachtes Projekt. Dort fasst myproj.pack3.alltests.AllTests alle Tests aus den Unterpackages von myproj.pack3 zusammen.

Abb. 3–4
Package-Struktur mit Testklassen

```
/myproj/pack1/
                ClassA.java
                ClassATest.java
                ClassB.java
                ClassBTest.java
                AllTests.java
/myproj/pack2/
                ...
                AllTests.java
/myproj/pack3/subpack1/
                ...
                AllTests.java
/myproj/pack3/subpack2/
                ...
                AllTests.java
/myproj/pack3/alltests/
```

Generierte Testsuiten

Ein Alternativansatz zur manuellen Pflege der Testsuiten besteht darin, alle Testklassen eines Packages oder gar einer ganzen Applikation automatisch zu generierten Testsuiten zusammenfassen zu lassen, z.B. durch Suche aller Unterklassen von junit.framework.TestCase[11]. Dieser Ansatz scheint zunächst einfacher; die Kontrolle über Umfang, Organisation und Verteilung aller Tests geht dabei jedoch leicht verloren. Ein Reviewer der englischen Ausgabe dieses Buches formulierte das so:

---

11. Java-Code zum automatischen Finden aller TestCase-Unterklassen und Erstellung einer TestAll-Suite findet sich in [Schneider00].

»Organizing groups of test suites requires some thought and is not a task well-suited to arbitrary automation. The reasons for grouping test suites (other than package-based grouping) is not likely to be something the compiler can figure out. For a very complicated project, suites might be organized to many different things.«

In kleinen, überschaubaren Projekten bevorzugen die Autoren die automatische Ausführung aller Tests – vorausgesetzt die verwendete IDE bietet hierbei Unterstützung. Sobald jedoch die Testausführung in den Build-Prozess eingebunden wird (siehe *Fortlaufende Integration* auf Seite 328) und mitunter zwischen verschiedenen Testsuiten unterschieden werden muss, wird die manuelle Pflege von Testsuiten unabdinglich.

Testausführung

Die Gelegenheiten zum Ausführen der einen oder anderen Testsuite sind zahlreich (vgl. [Gassmann00]):

- Vor und nach dem Refactoring von Code
- Vor und nach dem Hinzufügen neuer Funktionalität
- Vor und nach der Integration geänderten Codes ins Gesamtsystem
- Immer wenn man seine Stimmung durch einen grünen Balken aufhellen möchte

Wann führt man eine Testsuite aus?

Dabei sollte die Menge der ausgeführten Tests sinnvollerweise so gewählt werden, dass möglichst viele Tests ausgeführt werden, man sich jedoch nicht bei der Arbeit durch unnötige Warterei behindert fühlt. Solange die Suite mit allen Tests des Systems in wenigen Sekunden abläuft, schadet es nichts, auch bei lokalen Änderungen immer die komplette Testmenge anzuwerfen. Die Erfahrung zeigt jedoch, dass in jedem größeren Projekt die Laufzeit aller Unit Tests irgendwann spürbar wird. Man wählt daher die Ausführungsgranularität im Einzelfall kleiner: Teilsystemsuite, Packagesuite, einzelne Testklasse und manchmal gar einen einzelnen Testfall. Typisch ist

- die Ausführung einer einzelnen Testklasse während der Entwicklung der zugehörigen Klasse,
- die Ausführung aller Tests eines Packages vor und nach Refactoring-Maßnahmen, die sich auf dieses Package beschränken.

Welche Testsuite führt man aus?

Spätestens jedoch nach Abschluss eines Tasks sowie vor der Integration geänderter Klassen sind alle Tests des Systems an der Reihe. Hat man das Gefühl, dass die Laufzeiten der Tests die Entwickler an einer regelmäßigen Ausführung hindern, dann muss man versuchen, die Ausführungszeiten zu reduzieren – beispielsweise durch die in Kapitel 6 beschriebenen Techniken zum Testen isolierter Units.

3.5 Zusammenfassung

In diesem Kapitel haben wir an einer kompakten Programmieraufgabe das typische Vorgehen der testgetriebenen Entwicklung und ihrer zahlreichen kleinen Mikro-Iterationen gezeigt. Dabei wurde nicht nur die Entwicklung einer einzelnen Klasse, sondern auch der Weg zur Aufspaltung dieser Klasse in einen Parser sowie das eigentliche Wörterbuch demonstriert.

Das Ergebnis des testgetriebenen Ansatzes sieht deutlich anders aus als die vorab entworfene Lösung aus Kapitel 3.1. Der Test-First-Ansatz ist nicht nur ein Mittel zur Verringerung der Programmfehler, sondern lenkt das Systemdesign hin zu möglichst wenig inneren und äußeren Abhängigkeiten. Die Antwort auf die Frage »Wie soll ich etwas testen, das ich noch gar nicht kenne?« lautet daher: »Ich teste, *weil* ich es noch nicht kenne!« Doch trotz des *Entwurfs durch Testen* ist ein skizziertes Vorabdesign hilfreich für die Ideengenerierung – vorausgesetzt man ist bereit, während der Implementierung der Stimme des Programmcodes und der Tests zu folgen und das vorher Erdachte bei Bedarf über den Haufen zu werfen.

Schließlich haben wir Fragen beleuchtet, die bei der Arbeit mit JUnit in stetig größer werdenden Applikationen auftauchen:

- Wie separiere ich Testklassen von den Anwendungsklassen?
- Wie organisiere ich einzelne Testfälle in Suiten und zusammengesetzte Suiten?
- Wann lasse ich welche (Unter-)Menge aller Testfälle laufen?

4 Testideen und Heuristiken

Bislang haben wir Unit Tests an genau einem Punkt der Softwareentwicklung geschrieben: bei der Verwirklichung einer neuen Anforderung. Es gibt jedoch noch andere Gelegenheiten, Tests zu schreiben, zu ändern oder zu überarbeiten:

- Nach der Fertigstellung einer Aufgabe werden sowohl der Applikationscode auf Möglichkeiten zum Refactoring als auch der Testcode auf Qualität und ausreichende Abdeckung hin überprüft.
- Wenn ein Fehler in späteren Entwicklungsphasen – während der Funktionstests oder nach der Auslieferung – auftritt, dann wird **vor** der Behebung des Defekts ein Unit Test geschrieben – oder ein vorhandener erweitert –, der den Fehlerfall aufdeckt. Dies zeigt, dass die Entwickler die Ursache eines Fehlers wirklich verstanden haben, und verhindert, dass sich der gleiche Defekt später nochmals einschleicht.
- Immer, wenn man Defizite an den Testfällen feststellt, z.B. bei dem Versuch, vorhandenen Code zu verstehen oder zu ändern.
- Bei bzw. nach einem Refactoring von Programmteilen.

Je mehr Erfahrung man beim Testen hat, desto mehr Tests werden nicht erst bei späteren Gelegenheiten gefunden, sondern bereits beim Hinzufügen neuer Features. Die Schwierigkeiten bei der Testfallerstellung resultieren jedoch nicht nur aus Erfahrungsmangel, sondern auch aus grundsätzlichen psychologischen Gründen (vgl. [Weinberg98]): Während das Ziel eines Testers das Finden möglichst vieler Defekte ist, sieht sich der Entwickler der Software gerne bestätigt und übersieht so in seinem eigenen Programm Fehler, die er in fremdem Code auf Anhieb erkennen würde. Fehlkonzeptionen bei der Programmierung führen oft zu den gleichen Fehlern im Test. Wir bemühen uns daher, bei der Durchsicht der Testfälle auf *ausreichende Abdeckung* (siehe auch Kapitel 8) das »Entwickler-Ich« abzulegen und stattdessen die

Der Entwickler als Tester

Rolle des »Tester-Ichs« einzunehmen. Da uns dies nie vollständig gelingen wird, erhöht die Mitarbeit einer zweiten Person die Qualität der Testfälle erheblich[1]. Dies kann entweder im Rahmen von Pair Programming oder in einem nachträglichen Review geschehen.

Im weiteren Verlauf dieses Kapitels werden einige Heuristiken, Ideen und theoretische Aspekte zur Verbesserung der einzelnen Unit Tests und zum Finden neuer Testfälle gegeben. Dabei ist – wie immer – die wichtigste Regel zu berücksichtigen: *Testcode wird als Produktionscode behandelt* und verdient die gleiche Aufmerksamkeit hinsichtlich Lesbarkeit und Klarheit. Aber auch: *Suboptimale Tests sind besser als keine Tests.*

4.1 Überarbeitung einzelner Tests

Betrachtet man den einzelnen Testfall – also eine `testXXX`-Methode –, so verdienen einige Punkte Beachtung:

Namensgebung

- Der **Testname** soll die getestete Funktionalität beschreiben – eventuell auch die besonderen Randbedingungen dieses speziellen Tests. So ist `testAddUser` sicherlich verständlicher als `test1` und `testAddUserWithoutPassword` besser als `testAddUserThrowException`. Entscheidend ist, dass sich der *Leser* des Testcodes leicht orientieren kann, um bei notwendigen Änderungen die entsprechenden Tests zu identifizieren. Insbesondere raten wir von einer Namenskonvention ab, die fortlaufende Nummern irgendeiner Art einführt. Dies erschwert sowohl die Identifizierbarkeit als auch die Wartbarkeit der Testfälle.

- Die **Länge der Testmethode** soll möglichst gering sein. Dies kann man entweder durch die Extraktion von Methodenteilen oder durch Aufspaltung des Tests erreichen, wie in Kapitel 4.3 noch näher beschrieben wird. Je feiner die Granularität des Einzeltests, desto leichter ist es, den Zweck des Tests zu verstehen und bei Bedarf zu ändern.

  Das Testen komplexer Szenarien erfordert häufig viele Einzelschritte. In diesem Fall muss man abwägen, ob das Auslagern von Teilen der Testmethode in private Methoden die Lesbarkeit der Testsequenz verschlechtert.

---

1. Bisweilen wird auch die Forderung erhoben, die Testgruppe organisatorisch von der Entwicklertruppe vollständig zu trennen, um die Auswirkungen des beschriebenen psychologischen Phänomens zu eliminieren.

- Testcode enthält **so wenig Logik wie irgend möglich**. Schleifen, Verzweigungen und Case-Anweisungen sind immer ein Zeichen dafür, dass der Test entweder zu komplex ist oder mehr testet als eine einzige Unit. Ausnahmen von dieser Regel können Hilfsfunktionen bzw. Hilfsklassen – beispielsweise zum Vergleichen strukturierter Objekte – darstellen. Diese benötigen dann konsequenterweise auch ihre eigenen Testfälle.
- Die **erwarteten Ergebnisse** sollten **als vorab bestimmte Konstanten** angegeben und nicht im Test berechnet werden. Dazu ein Vergleich zweier Varianten des gleichen Tests:

    ```
    public void testSaldo1() {
        Konto konto = new Konto();
        konto.ueberweise(10);
        konto.hebeAb(5);
        konto.ueberweise(6);
        assertTrue(11, konto.getSaldo());
    }
    public void testSaldo2() {
        Konto konto = new Konto();
        konto.ueberweise(10);
        konto.hebeAb(5);
        konto.ueberweise(6);
        int saldo = 10 - 5 + 6;
        assertTrue(saldo, konto.getSaldo());
    }
    ```

    Folgt man dem Beispiel aus `testSaldo2()`, so ist im Testcode bald sämtliche Funktionalität der Anwendungsklassen nochmals implementiert. Daher ist es sinnvoll, die erwarteten Ergebnisse vorab zu berechnen. Eine Ausnahme von dieser Regel wird nur dann gemacht, wenn bereits die Eingabedaten variabel sind. In einem solchen Fall dienen so genannte *Testorakel* (siehe Glossar, Seite 389) zur Bestimmung der korrekten Ergebnisdaten, mit denen die tatsächlichen Ergebnisse im Test verglichen werden[2]. Orakel finden jedoch in Entwicklertests nur sehr selten ein sinnvolles Anwendungsfeld.
- **Testdaten und erwartete Ergebnisse** sollten nahe beieinander stehen. Dazu ein Beispiel:

    ```
    public void testVerifyPassword() {
        assertTrue(user.verifyPassword("abcdef"));
        assertFalse( user.verifyPassword("123456"));
    }
    ```

---

2. [Binder99] widmet ein ganzes Kapitel (S. 917 ff.) dem Thema »Oracles«.

Ob dieser Test seine Richtigkeit hat, kann der Leser des Codes nur feststellen, wenn er die Stelle sucht, an der das `User`-Objekt erzeugt wird. Hingegen ist folgender Test leicht zu durchschauen:

```
public void testVerifyPassword() {
    User user = new User("Name", "abcdef");
    assertTrue(user.verifyPassword("abcdef"));
    assertFalse(user.verifyPassword("123456"));
}
```

Möchte man jedoch die Erzeugung des Users zur Vermeidung von Codeduplikation ins Set-up ziehen, so bietet die Verwendung von Konstanten einen Mittelweg:

```
public void testVerifyPassword() {
    assertTrue(user.verifyPassword(CORRECT_PASSWORD));
    assertFalse(user.verifyPassword(WRONG_PASSWORD));
}
```

Generell gilt: Je größer der Abstand zwischen Eingangs- und erwarteten Ausgangsdaten, desto schwieriger wird das Verständnis des Tests. Entschließt man sich beispielsweise, Testdaten in eine Datei auszulagern, so sollten die erwarteten Resultate auch in dieser Datei stehen. Die nächstbeste Lösung wäre eine daneben liegende Datei ähnlichen Namens (z.B. `testData.input` und `testData.expected`).

To catch or not to catch

Exceptions, die bis in die Testmethode gelangen können und einen Testerror darstellen, sollten nicht abgefangen werden[3]. Zu bevorzugen ist daher:

```
public void testVerifyPassword()
        throws WrongPasswordException {
    assertTrue(user.verifyPassword(CORRECT_PASSWORD));
}
```

anstatt:

```
public void testVerifyPassword() {
    try {
        assertTrue(user.verifyPassword(CORRECT_PASSWORD));
    } catch (WrongPasswordException e) {
        fail("Exception occurred: " + e.getMessage());
        e.printStackTrace();
    }
}
```

Der Code wird durch den `try-catch`-Code aufgebläht, und das ohne echten Informationsgewinn – vorausgesetzt die nicht gefan-

---

3. Wie unterschiedlich jedoch die Ansichten sein können, sieht man daran, dass in [Gassmann00] die gegenteilige Regel aufgestellt wird.

gene `Exception` oder ihr `Message`-String sind spezifisch genug. Nützlich ist das Negativbeispiel dennoch, da uns hier ein noch unbekannter JUnit-Befehl über den Weg läuft: »`fail(String text)`« ist in der Klasse `Assert` verwurzelt und löst immer eine Failure aus. Dies ist beispielsweise dann sinnvoll, wenn die Korrektheit eines Testfalls durch den Programmfluss bestimmt wird.

Meist beschränken wir uns bei der Deklaration des Exception-Typs im Testfall auf ein generisches throws Exception:

```
public void testVerifyPassword() throws Exception {
    assertTrue(user.verifyPassword(CORRECT_PASSWORD));
}
```

Die genaue Angabe aller möglichen Exception-Typen interessiert im Testfall nicht; zudem verringert das generische Verfahren den Aufwand für Anpassungen an sich ändernde Exceptions.

Im Laufe eines Projekts wird jedes Team sein eigenes Grundvokabular an Testidiomen und *Guidelines* entwickeln. Dinge, die durch Vereinheitlichung gewinnen, sind z.B. die Verwendung des optionalen String-Parameters bei `assert`-Aufrufen oder die Namensgebung von Variablen der Testfixture. Mit das Wichtigste an Richtlinien ist ihre konsistente Verwendung, selten nur der konkrete Inhalt der einzelnen Regel.

4.2 Schwarze und weiße Kisten

Nachdem wir die Anatomie einzelner Testmethoden unter die Lupe genommen haben, richtet sich nun der Blick auf die Testsuite in ihrer Gesamtheit. Dabei kann uns ein wenig Testtheorie nicht schaden.

In der Literatur (z.B. [Binder99]) ist die Unterscheidung zwischen *Black-Box-Tests* und *White-Box-Tests* weit verbreitet:

White-Box- und Black-Box-Tests

- **Black-Box-Tests** – auch *spezifikationsbasierte* oder *funktionale* Tests genannt – betrachten das Verhalten eines Systems oder einer Unit von außen. Diese Tests können bereits vor der Implementierung erstellt werden. Die Akzeptanztests in XP sind meist reine Black-Box-Tests.
- **White-Box-Tests** werden auch *implementierungsbasierte* oder *strukturelle* Tests genannt. In ihnen wird das Wissen über die aktuelle Implementierung einer Funktion benutzt, um *ergänzende* kritische Testfälle und Ausführungspfade zu bestimmen[4]. Ein typischer

---

4. Die Kenntnis der Implementierung kann auch dazu genutzt werden, um überflüssige Black-Box-Tests zu identifizieren.

White-Box-Test geht von den Verzweigungen im Programmfluss aus und leitet von dort die aktuellen Eingabewerte für den Testfall ab.

Adäquates Testen erfordert eine Kombination aus beiden Ansätzen. Die bislang von uns entwickelten Testfälle waren spezifikationsbasiert, da wir allein das erwünschte Verhalten eines Objekts im Blick hatten. Unit Tests lassen sich jedoch nicht eindeutig einer der beiden Kategorien zuordnen. Obwohl wir auch weiterhin versuchen, uns in den Testfällen auf die Verwendung »äußerer« Eigenschaften eines Objekts zu beschränken, wird die getroffene Auswahl an Tests von unserem Wissen über die Implementierung beeinflusst.

4.3 Granularität der Testfälle

Eine häufig gehörte Empfehlung ist: »Schreibe für jede öffentliche Methode einen Testfall.« Diese Regel hat zwei Haken: Testet man die Methoden eines Objekts nur isoliert, so werden Fehler, die sich durch Zustandsänderungen des Objekts ergeben, nicht entdeckt. Der zweite Haken ergibt sich aus der unterschwelligen Aussage »ein Test pro öffentlicher Methode ist genug«, was häufig zu wenig ist. Unsere modifizierte Regel lautet daher: »Teste jede *typische Verwendung* eines Objekts.« Der Unterschied besteht darin, dass eine typische Verwendung meist aus einer Sequenz von Nachrichten besteht.

Testen der typischen Funktionalität

Beispielsweise ist eine typische Verwendung unseres `Dictionary`-Objekts das Hinzufügen neuer Übersetzungen und die Abfrage vorhandener Übersetzungen. Für diese beiden Szenarien haben wir Testfälle geschrieben; die Methode `isEmpty()` wurde jedoch nur im Rahmen dieser »typischen Verwendungstests« benutzt. Die Regel soll jedoch nicht dazu führen, sämtliche Einzeltests durch einen komplexen und unüberschaubaren Testfall zu ersetzen – im Gegenteil: Die Kunst besteht darin, die kleinsten typischen Verwendungsfälle zu identifizieren und unabhängig voneinander zu testen.

Orthogonale Testfälle

Frank Westphal nennt diese Art der Testfallbildung *orthogonal* [Westphal05]:

> »Orthogonalität ist erreicht, wenn ein Teil des Codes von den Auswirkungen der Änderungen an einem anderen Teil isoliert ist. Unsere Tests sind demnach orthogonal, wenn wir die zu testenden Aspekte des Prüflings in unterschiedlichen, sich nicht überschneidenden Testfällen abdecken.«

Man erkennt orthogonale Testfälle vor allem daran, dass sie sich leicht ändern lassen. Verändert sich *ein funktionaler Aspekt* unserer zu testenden Einheit, so sollte auch lediglich *eine einzige Testmethode* bzw. eine einzige Stelle unserer Testklasse angepasst werden müssen. Dies erreicht man oft dadurch, dass ein Testfall sich auf alles verlässt, was bereits durch andere Testfälle überprüft wurde. Auch die Extraktion duplizierten Testcodes in Helferfunktionen und spezialisierte `assert`-Methoden, wie etwa `assertTranslations(..)` in Kapitel 3.2, spielt bei der »Orthogonalisierung« eine große Rolle.

Stellt man mitunter fest, dass sich die Testfälle nicht orthogonal gestalten lassen, dann ist dies ein untrügliches Zeichen dafür, dass der Applikationscode selbst nicht orthogonal genug ist und weiterer Refactorings bedarf – in der Regel zur Eliminierung von Codeduplikation oder zur Auflösung starker Abhängigkeiten, wie in Kapitel 6 (*Isoliertes Testen mit Dummy- und Mock-Objekten*) ausführlich behandelt.

Was ist typisch?

Die typische Verwendung einer Unit ist offensichtlich nichts, was man bei evolutionärer Entwicklung ein für alle Mal bei Beginn der Programmierung festlegen könnte. Ganz am Anfang existieren lediglich die funktionalen Anforderungen als Startlinie. Am äußeren Rand der Applikation dienen Use Cases, User Stories oder jede andere Art der Anforderungsspezifikation als primäre Quelle zur Ableitung der Testfälle.

Evolution der typischen Funktionalität

Bei internen Komponenten entscheiden wir Entwickler, welche Aufgaben eine bestimmte Unit im Augenblick übernehmen soll. Wird diese Unit schließlich mehr und mehr von anderen Komponenten verwendet, dann stellt sich unsere anfängliche Vermutung häufig als falsch heraus. Diese Einsichten spiegeln sich schließlich in veränderten Testfällen wider. Daher fügen wir zwar manchmal Testfälle hinzu, nachdem wir den Code bereits geschrieben haben, jedoch niemals spekulativ für zukünftige Klienten oder vermutete Aufgaben.

Keine spekulativen Testfälle

Testideen-Checkliste

Mit wachsender Test-First-Erfahrung findet man die **typischen** Verwendungsfälle meist schon **vor** der eigentlichen Implementierung. Sie sind es, die das Design unserer Applikation lenken. Zu ihnen gesellen sich im Laufe der Zeit andere *Testideen*, häufig die untypischeren, aber trotzdem legitimen Verwendungsarten unseres Codes. [Marick00] empfiehlt, diese Ideen zu notieren und als Checkliste für eine spätere Überarbeitung der Tests zu verwenden – und danach wegzuwerfen. Überarbeitung heißt, sich darüber Gedanken zu machen, ob sich die Testidee in einem Test manifestieren sollte oder ob sie vielleicht gar keinen Sinn ergibt, nicht innerhalb der Anforderungen liegt oder das Erstellen des entsprechenden Tests zu teuer wäre. Und schon ist man wieder im obigen Dilemma: Landet jede Idee in einem eigenen Testfall oder sollte man versuchen, möglichst viele Ideen in einen Testfall zu stecken? Vor- und Nachteile der unterschiedlichen Ansätze lesen sich so:

- **Ein Test pro Idee:** Einfache Tests erleichtern das Debugging, sind besser zu lesen, leichter umzubauen und können in der Regel auch schneller erstellt werden. Kurz: Sie entsprechen der Idee orthogonaler Testfälle. Der große Nachteil einfacher Tests ist, dass sie nur das testen, was wir auch beabsichtigt haben.
- **Viele Ideen pro Test:** Komplexe Tests testen mehr als nur die Testideen, die wir bewusst in sie hineingebaut haben; sie finden Fehler durch »pures Glück«. Der Einbau vieler Ideen in einen einzigen Testfall erfordert jedoch mehr Planung und ist daher fehleranfälliger. Zudem widersetzen sich komplexe Testszenarien späteren Modifikationen, da wir uns nur sehr schwer später in sie einarbeiten können.

Kombination orthogonaler und komplexer Testfälle

Ein denkbares Vorgehen besteht darin, zunächst alle für wert befundenen Testideen in kleinen, orthogonalen und sich selbst dokumentierenden Testfällen zu implementieren. Dieses Gerüst kann danach durch wenige komplexere Testfälle ergänzt werden – häufig Szenarien, die den kompletten Lebenszyklus von Objekten umfassen. Schließlich muss man bereit sein, diese umfassenderen Testszenarien bei Änderungen und Refactoring-Maßnahmen wegzuwerfen und neu zu überdenken. Der Versuch, komplexe Tests, die man nicht wirklich versteht, nur ein klein wenig zu modifizieren, produziert meist nach wenigen Versuchen Testfälle von zweifelhafter Qualität und geringem Nutzen.

4.4 Grenzwerte

Teste an den Rändern

Es ist eine wichtige Heuristik für effektives Testen, verstärkt an den *Rändern eines erlaubten Wertebereichs* zu testen, da dort die meisten Fehler auftreten. Eine Rolle spielt dies u.a. bei der Auswahl von Eingabeparametern. Testen wir beispielsweise die Fakultätsfunktion unserer Mathematikbibliothek, so sind als Eingabewerte die Zahlen 0, 1, 2 und `MAXINTEGER` besser geeignet als 5, 12, 69 und 101. Die gleiche Heuristik legt es nahe, einen `String`-Eingabeparameter sowohl mit einem leeren `String` als auch einer sehr langen Zeichenkette zu testen.

Typen von Grenzfällen

Die Grenzfallregel greift jedoch nicht nur für Eingabeparameter. Grenzfälle gibt es auch bei der Größe von Eingabedateien (Länge = 0 bzw. Länge = 500 MB), Anzahl der Aufrufe einer Methode, Größe von

Collection-Objekten und vielen anderen Dingen. Je mehr man darüber nachdenkt, an desto mehr Stellen erkennt man mögliche Probleme in Grenzbereichen. So haben wir den `DictionaryParser` zwar mit einem leeren Reader getestet, nicht jedoch mit einer großen Anzahl von Übersetzungseinträgen, die z.B. zu einem Bufferüberlauf führen könnten. Holen wir das an dieser Stelle nach:

```
public void test10000Lines() throws IOException {
  StringBuffer buffer = new StringBuffer();
  for (int i = 0; i < 10000; i++){
     buffer.append("Wort"+i+"=word"+i+"\n");
  }
  parser = createParser(buffer.toString());
  for (int i = 0; i < 10000; i++){
     assertNextTranslation("Wort"+i, "word"+i);
  }
  assertFalse(parser.hasNextTranslation());
}
```

Auch der Fall von Übersetzungseinträgen mit leeren Strings findet in unseren Tests bislang noch keine Beachtung. Da leere Strings weder ein sinnvolles deutsches Wort noch eine Übersetzung darstellen, verschieben wir dieses Thema nach Kapitel 4.6: *Fehlerfälle und Exceptions*.

Brian Marick bietet unter [URL:TestingCat] einen kleinen Katalog von Testideen an, in dem noch weitere Grenzfälle aufgeführt werden, auf die man beim Testen achten soll.

Das Finden von Grenzfällen ist manchmal recht einfach, z.B. wenn die maximal erlaubte Anzahl von Zeilen in der Spezifikation angegeben ist. Meist jedoch bedarf es unseres Einblicks in die Implementierung, um echte Grenzfälle zu entdecken. Nur wenn wir wissen, dass über einen Index vom Typ `int` auf ein bestimmtes Objekt zugegriffen wird, stellt sich `MAXINTEGER` als Grenzwert dar.

Grenzwerte sind meist implementierungsabhängig

4.5 Äquivalenzklassen

Betrachten wir folgende Sortierfunktion:

```
    private final static int MIN_QUICKSORT = 15;
    public List sort(List unsorted) {
       if (unsorted.size() < MIN_QUICKSORT) {
          return bubbleSort(unsorted);
       } else {
          return quickSort(unsorted);
       }
    }
```

Nur durch die Analyse des Codes stellen wir fest, dass 15 einen Grenzwert für die Anzahl der zu sortierenden Elemente darstellt und daher zwei zusätzliche Testfälle – nämlich mit 14 bzw. 15 Elementen – nötig werden. Die Zahl 15 teilt den Raum aller möglichen Testfälle in zwei *Äquivalenzklassen*. In [Kaner93] werden Äquivalenzklassen folgendermaßen beschrieben:

Definition

»Wenn Sie von zwei Tests das gleiche Ergebnis[5] erwarten, dann halten Sie diese für äquivalent. Eine Gruppe von Tests formt eine Äquivalenzklasse, wenn Sie glauben, dass

- alle das Gleiche testen,
- wenn ein Test einen Fehler findet, die anderen das wahrscheinlich auch tun,
- wenn ein Test keinen Fehler findet, die anderen das wahrscheinlich auch nicht tun.«[6]

Die Gründe dafür, dass wir die Tests als äquivalent betrachten, liegen meist in Implementierungsdetails: Die Testfälle einer Äquivalenzklasse verwenden die gleichen Eingabevariablen, manipulieren die gleichen Ausgabevariablen und der interne Kontrollfluss ist ähnlich. Äquivalenzklassen in den Testfällen resultieren daher oft aus dem Überschreiten von Grenzbedingungen unserer Eingabewerte; es gibt daher gültige und ungültige Äquivalenzklassen, die wir je nach Art der Fehlerbehandlung in individuellen Testfällen überprüfen müssen.

Polymorphie und Äquivalenzklassen

Eine objektorientierte Besonderheit in diesem Zusammenhang ist *Polymorphie*, die dazu führt, dass die Klassenzugehörigkeit eines verwendeten Objekts den Kontrollfluss ändern kann, wie wir in Kapitel 7 noch näher erläutern werden. Die Einbeziehung von null-Objekten ergibt dabei eine zusätzliche Fehleräquivalenzklasse.

Das Nachdenken über Test-Äquivalenzklassen führt häufig zu neuen und zuvor unberücksichtigten Testfällen. Warum dies auch bei testgetriebener Entwicklung relevant sein kann, wird in [Fraikin04] an einem Beispiel beschrieben.

4.6 Fehlerfälle und Exceptions

Einen Aspekt unseres Programms haben wir bislang weder in den Tests noch in der Implementierung explizit berücksichtigt: Fehlerfälle. Generell muss man zwischen zwei unterschiedlichen Kategorien von Fehlerfällen unterscheiden:

---

5. »das Gleiche« meint hier offensichtlich nicht »dasselbe«.
6. [Kaner93] S. 126; Übersetzung durch die Autoren.

- Fehler, die wir vorhersehen und innerhalb der Applikation abfangen möchten. Die korrekte Behandlung solcher Fälle müssen wir in unseren Tests berücksichtigen.
- Fehler, die nicht vorhersehbar sind oder nur unter großem Aufwand behandelt werden könnten. Fehler dieser Kategorie weisen häufig auf Programmierfehler hin und führen meist zum Abbruch der Applikation oder zumindest eines Teils der Applikation. Zu testen bleibt hier lediglich, dass das Beenden der Applikation möglichst kontrolliert erfolgt.

Fehlerkategorien

Diese beiden unterschiedlichen Fehlerarten können in Java durch *Checked Exceptions* (erwartete Fehler) bzw. *Runtime Exceptions* (unerwartete Fehler) repräsentiert sein, müssen es aber nicht. So wird erwartetes Fehlverhalten häufig auch durch explizite Rückgabewerte – z.B. ein Result-Objekt, das die Nachricht isError() versteht – oder eine implizite Kodierung (z.B. -1 oder null) gekennzeichnet. Auf der anderen Seite ist es auch durchaus üblich, Runtime Exceptions der einen Schicht zu Checked Exceptions in einer anderen Schicht zu transformieren – und umgekehrt.

Checked Exceptions und Runtime Exceptions

Eine durchgehend konsistente Behandlung von Fehlern und Ausnahmen ist nicht trivial und erfordert bei komplexen Applikationen häufige Refactoring-Schritte. Eine umfassende Diskussion dieses Themas würde nicht nur den Rahmen dieses Kapitels sprengen, sondern ein eigenes Buch erfordern[7]. Auch der Test-First-Ansatz kann dieses Problem nicht für uns lösen, er zwingt uns jedoch, vor der Implementierung einer wie auch immer gearteten Fehlerbehandlung darüber nachzudenken. Das Ergebnis des Nachdenkens sind wiederum Testfälle mit unterschiedlichen Testzielen:

- Das Auftreten erwarteter Fehler führt zur Rückgabe des richtigen Fehlerobjektes bzw. zum Werfen der richtigen Exception.
- Das Fehlerobjekt bzw. die Exception wird im aufrufenden »Klienten«-Objekt korrekt bearbeitet.

Versuchen wir jetzt, diese Erkenntnis auf das Beispiel zu übertragen: Bislang sind wir davon ausgegangen, dass der Reader, den wir dem DictionaryParser übergeben, ausschließlich syntaktisch korrekte Einträge enthält. Da es sich bei unserer anvisierten Quelle jedoch um von Menschen geschriebene Wörterbuchdateien handelt, ist diese Annahme mehr als naiv. Zählen wir daher zunächst einige mögliche Fehler in der Syntax (<deutsches Wort> = <Uebersetzung>) auf:

---

7. Dieses wichtige Buch muss leider – soweit uns bekannt – noch geschrieben werden. Hätten Sie nicht Lust dazu?

1. Eine Zeile ist leer.
2. Eine Zeile enthält kein »=«.
3. Vor oder nach dem »=« steht ein Leerstring.
4. Das Wort vor oder nach dem »=« hat Leerzeichen an seinen Rändern.

Auch das sind nicht alle denkbaren Fehlerfälle, sondern lediglich einige typische. Unser Ziel ist nicht die Überprüfung aller denkbaren und undenkbaren Abstrusitäten, sondern das Aufspüren der häufigsten Problemfälle. Nun gilt es, sich das gewünschte Verhalten des Parsers zu überlegen. Da die Fälle 1 bis 3 offensichtlich kein sinnvolles Parsen der Zeile erlauben, erwarten wir hier das Werfen einer DictionaryParserException. Folgender Test ergibt sich aus Fehlerfall 1:

Erwartete Exception

```
public class DictionaryParserTest..
  public void testEmptyLine() throws Exception {
    String dictText = "Buch=book\n" +
      "\n" +
      "Auto=car";
    parser = createParser(dictText);
    assertNextTranslation("Buch", "book");
    try {
      parser.nextGermanWord();
      fail("DictionaryParserException expected");
    } catch (DictionaryParserException expected) {}
    assertNextTranslation("Auto", "car");
    assertFalse(parser.hasNextTranslation());
  }
```

Funktionieren nach dem Fehler

An diesem Test sind zwei Dinge unerwartet: Zum einen haben wir die Leerzeile in zwei korrekte Zeilen eingebettet. Gerade bei durchgereichten Exceptions ist es sinnvoll, das richtige »Weiterfunktionieren« unseres OUT zu überprüfen. Häufig wird der Zustand eines Objekts vor dem Eintreten der Fehlerbedingung geändert und im Exception-Handler nicht wieder zurückgesetzt. Daher stellt der Test sicher, dass nach dem Fehler korrekt weitergearbeitet wird[8].

Testmuster zur Exception-Überprüfung

Die andere Auffälligkeit ist das Muster zur Überprüfung einer erwarteten Exception:

```
try {
  parser.nextGermanWord();
  fail("DictionaryParserException expected");
} catch (DictionaryParserException expected) {}
```

---

8. Keith Stobie geht in [Stobie00] auf diese und ähnlich gelagerte Probleme beim Testen von Exceptions ausführlich ein.

Den Autoren scheint diese Art der Überprüfung nicht unbedingt intuitiv, aber leicht zu erkennen, sobald man die Logik dahinter verstanden hat. Alternativ stellt JUnit eine Klasse `ExceptionTestCase` zur Verfügung, deren Verwendung aber bestenfalls als umständlich bezeichnet werden kann, da für jede zu überprüfende Exception eine (anonyme) Unterklasse von `ExceptionTestCase` erstellt werden muss. Zudem ist der gewählte Ansatz leicht erweiterbar, wenn man die erwartete Exception noch näher untersuchen möchte – beispielsweise auf ihre »Message«:

```
try {
    parser.nextGermanWord();
    fail("DictionaryParserException expected");
} catch (DictionaryParserException expected) {
    assertEquals("message", expected.getMessage());
}
```

Um die `testEmptyLine()`-Methode zum fehlerfreien Kompilieren zu bewegen, müssen wir nicht nur die Klasse `DictionaryParserException` erzeugen, sondern diese auch in die throws-Klausel der nextGermanWord()-Methode aufnehmen. Dies hat zur Folge, dass der Großteil aller Methoden in `DictionaryParserTest` erst wieder kompiliert werden kann, wenn wir auch ihnen »throws DictionaryParserException« oder gar ein simples »throws Exception« mit auf den Weg geben.

Die nötige Änderung im Applikationscode sieht so aus:

```
public class DictionaryParser...
    public String nextGermanWord()
            throws IOException, DictionaryParserException {
        if ("".equals(nextLine)) {
            readNextLine();
            throw new DictionaryParserException();
        }
        int index = nextLine.indexOf('=');
        String german = nextLine.substring(0, index);
        currentTranslation = nextLine.substring(index + 1);
        readNextLine();
        return german;
    }
```

Entsprechend können wir jetzt die Testmethoden für Fall 2 und 3 definieren:

```java
public class DictionaryParserTest...
    public void testLineWithoutEquals() throws Exception {
        String dictText = "Buch=book\n" +
            "Auto car\n" +
            "Auto=car";
        parser = createParser(dictText);
        assertNextTranslation("Buch", "book");
        try {
            parser.nextGermanWord();
            fail("DictionaryParserException expected");
        } catch (DictionaryParserException expected) {}
        assertNextTranslation("Auto", "car");
        assertFalse(parser.hasNextTranslation());
    }

    public void testLinesWithEmptyWords() throws Exception {
        String dictText = "Buch=book\n" +
            "Auto=\n" +
            "=car\n" +
            "Auto=car";
        parser = createParser(dictText);
        assertNextTranslation("Buch", "book");
        try {
            parser.nextGermanWord();
            fail("DictionaryParserException expected");
        } catch (DictionaryParserException expected) {}
        try {
            parser.nextGermanWord();
            fail("DictionaryParserException expected");
        } catch (DictionaryParserException expected) {}
        assertNextTranslation("Auto", "car");
        assertFalse(parser.hasNextTranslation());
    }
```

Die Veränderung und das Refactoring der nextGermanWord()-Methode verbleibt wieder einmal – wie gewohnt – dem Leser.

Fall 4 unterscheidet sich von den ersten drei Fällen dadurch, dass Wörter trotz umrahmender Leerzeichen als sinnvoll betrachtet werden. Wir hätten daher gerne, dass Leerzeichen am Anfang oder Ende eines Wortes ignoriert werden:

```
public class DictionaryParserTest...
  public void testSpacesInWords() throws Exception {
    String dictText = "   Buch   =book\n" +
        "Auto=  car   \n" +
        "  Buch=volume  \n" +
        "Modultest=unit test   ";
    parser = createParser(dictText);
    assertNextTranslation("Buch", "book");
    assertNextTranslation("Auto", "car");
    assertNextTranslation("Buch", "volume");
    assertNextTranslation("Modultest", "unit test");
    assertFalse(parser.hasNextTranslation());
  }
```

Auch hier haben wir wieder unterschiedliche Fälle identifiziert, darunter einen, bei dem die Leerzeichen innerhalb eines Wortes erhalten bleiben sollen. Wie viele Fälle man im ersten Versuch berücksichtigt, wie viele man bei der Durchsicht der Tests hinzufügt und wie viele schließlich erst nach einem Problem im Betrieb hinzukommen, ist nicht zuletzt eine Frage der Erfahrung und des Feedbacks. Werden immer wieder Defekte erst in der ausgelieferten Software entdeckt, muss man mehr Zeit in die Testfallerstellung investieren. Verschlingt dagegen die Testfallfindung 80% der Ressourcen, ist eine Überprüfung von Aufwand und Nutzen angesagt.

Umfang der zu testenden Fehlerfälle

Korrektes Exception-Handling

Bislang haben wir in unseren Tests überprüft, ob ein fehlerhafter Reader zu den richtigen Exceptions geführt hat. Der nächste Schritt ist, die korrekte Weiterbehandlung dieser »Ausnahmen« im »Klienten«, der Klasse Dictionary, zu überprüfen:

```
public class DictionaryTest...
  public void testInvalidTranslationsInReader()
        throws Exception {
    String dictText = "Buch=book\n"+
        "\n" +
        "Buch volume\n" +
        "Auto=car";
    Reader reader= new StringReader(dictText);
    dict = new Dictionary(reader);
    assertEquals(2, dict.size());
    assertEquals("book", dict.getTranslation("Buch"));
    assertEquals("car", dict.getTranslation("Auto"));
  }
```

Unser eigentliches Testziel – die Überprüfung der korrekten Behandlung von `DictionaryParserException` – mussten wir über eine Hintertür angehen: Wir haben einen `Reader` so erzeugt, dass er – unserem Insider-Wissen nach – die gewünschten Exceptions wirft; ein typischer White-Box-Test. Auch die korrekte Behandlung – ignorieren der fehlerhaften Einträge – wurde über einen Nebeneffekt getestet und wir haben dafür das Interface der `Dictionary`-Klasse um die `size()`-Methode erweitert. Dieses indirekte Vorgehen ist typisch, wenn ein Test mehrere Objekte umspannt; und es ist fehlerträchtig, weshalb wir in Kapitel 6 auch einen anderen Weg beschreiten werden.

Um zu verhindern, dass in der Implementierung von `size()` die bloße Rückgabe einer Konstanten erfolgt, haben wir eine Zusicherung auf die Größe des `Dictionary`-Objekts auch in alle anderen Tests eingebaut, wie z.B. hier:

```
public class DictionaryTest...
    public void testTwoTranslations() {
        dict.addTranslation("Buch", "book");
        dict.addTranslation("Auto", "car");
        assertFalse(dict.isEmpty());
        assertEquals(2, dict.size());
        ...
    }
```

Schließlich ist auch noch ein Test sinnvoll, der überprüft, dass eine `IOException` aus dem `DictionaryParser` auch im `Dictionary`-Konstruktor bis an die Oberfläche gelangt:

```
public class DictionaryTest...
    public void testIOExceptionFromReader() {
        Reader reader = new StringReader("") {
            public int read(char[] cbuf, int off, int len)
                    throws IOException {
                throw new IOException();
            }
        };
        try {
            dict = new Dictionary(reader);
            fail("Expected IOException");
        } catch (IOException expected) {}
    }
```

Ähnlich wie oben stört dabei, dass die Erzeugung der `IOException` einen Griff in die Java-Trickkiste erfordert, der alles andere als leicht verständlich ist. Bisweilen ist es auf konventionelle Art und Weise sogar unmöglich, die gewünschte Exception zu erzeugen. In Kapitel 6.7 werden wir glücklicherweise eine Technik kennen lernen, die uns in den meisten Fällen um esoterische Testtricks herumkommen lässt.

4.7 Objektinteraktionen

Ein wesentliches Merkmal objektorientierter Programme ist, dass das eigentliche Verhalten des Systems nicht durch einzelne Objekte, sondern durch das Zusammenspiel vieler Instanzen bestimmt wird. Klassische Unit Tests beschränken sich jedoch auf die Überprüfung des isolierten Verhaltens einer Programmeinheit und verschieben den Test des Zusammenspiels der Einheiten in die so genannte *Integrationstests*. Das Augenmerk prozeduraler Integrationstests richtet sich auf die syntaktisch korrekte Verwendung der Schnittstellen und der Verifikation von Nebeneffekten. Diese Aufgaben werden heute von modernen IDEs bzw. der Datenkapselung übernommen. McGregor und Sykes schlagen daher den neuen Begriff *Interaktionstest* vor, um die Verschiebung des Testfokus auf das Zusammenspiel der Objekte deutlich zu machen.

Integrations- und Interaktionstests

In [McGregor01] werden zwei Hauptarten von Interaktionstests unterschieden:

Arten von Interaktionstests

- Testen von *Collection Classes*: Diese »Sammlungsklassen« speichern Referenzen auf andere Objekte – typischerweise als eine 1:n-Beziehung –, ohne jedoch mit diesen zu »kollaborieren«, d.h. deren Dienste zu nutzen. Getestet werden muss daher nur das Hinzufügen bzw. Erzeugen sowie das Entfernen bzw. Löschen der referenzierten Instanzen. Eine kleine (unvollständige) Testsuite für eine imaginäre Collection, die `String`-Objekte aufnimmt, könnte so aussehen:

```
public class MyCollectionTest...
    private MyCollection collection;
    protected void setUp() {
        collection = new MyCollection();
    }
    public void testAddString() {
        assertTrue(collection.isEmpty());
        assertEquals(0, collection.size());
        assertFalse(collection.containsString("string1"));
        collection.addString("string1");
        assertFalse(collection.isEmpty());
        assertEquals(1, collection.size());
        assertTrue(collection.containsString("string1"));
```

```
      collection.addString("string2");
      assertFalse(collection.isEmpty());
      assertEquals(2, collection.size());
      assertTrue(collection.containsString("string2"));
   }
   public void testRemoveString() {
      collection.addString("string1");
      collection.addString("string2");
      collection.addString("string3");
      assertTrue(collection.containsString("string2"));
      collection.removeString("string2");
      assertFalse(collection.containsString("string2"));
      assertEquals(2, collection.size());
      collection.removeString("string3");
      collection.removeString("string1");
      assertTrue(collection.isEmpty());
      assertEquals(0, collection.size());
   }
```

Je nach Art der Collection und erwünschtem Fehlerverhalten müssen noch diverse Testfälle ergänzt werden. Entscheidend ist, dass zum Testen der Collection-Eigenschaften keine Nachrichten an die »gesammelten« Instanzen verschickt werden müssen.

- Testen von *Collaborating Classes*: Klassen werden dann als »kollaborierend« bezeichnet, wenn sie für die Erfüllung ihrer Aufgaben die Dienste anderer Klassen in Anspruch nehmen, so wie beispielsweise Objekte der Klasse `Dictionary` eine Instanz von `DictionaryParser` benutzen. Die Zusammenarbeit von Objekten kann sowohl *uni-* als auch *bidirektional* stattfinden, d.h., zwei Objekte können gegenseitig Nachrichten austauschen.

  Für das Testen von Kollaborationen gibt es kein allgemeines Vorgehen. Einzelne Beispiele haben wir schon gesehen – z.B. alle Testfälle der Klasse `DictionaryTest`, die ein `fromReader` im Namen tragen –, andere werden wir noch kennen lernen. Wichtig ist, dass wir danach streben, wenn möglich den direkten Nachrichtenaustausch zwischen benachbarten Objekten zu testen. Je mehr Mittlerobjekte sich zwischen unseren »Kollaborateuren« befinden, desto schwieriger sind die Tests zu kontrollieren und desto häufiger treffen wir auf das im nächsten Absatz erwähnte Phänomen der verschluckten Fehler. Auch sollten wir uns bei der Kollaboration rein auf das öffentliche Interface des aufgerufenen Objekts beschränken, sonst laufen wir Gefahr, sehr änderungsanfällige Tests zu entwerfen.

Interaktionstests sind zwar keine Unit Tests auf Klassenebene mehr, aber dennoch für das korrekte Verhalten unserer größeren Einheiten unerlässlich. Die Erfahrungen der Testgemeinde mit objektorientierten Systemen widersprechen der Hoffnung, dass das richtige Zusammenspiel unserer Objekte allein durch Akzeptanztests auf Systemebene sichergestellt werden kann. Wird die Distanz zwischen Testinterface und getesteter Klasse zu groß, dann dringen zu viele Fehler in den Komponenten nicht mehr bis an die Oberfläche; sie werden »verschluckt« und können dennoch unter leicht geänderten Umständen auftauchen.

Sind Interaktionstests auch Unit Tests?

Wir kommen daher auch als testende Entwickler nicht um unterschiedliche Arten von Interaktionstests herum. Und in der Tat waren bereits einige unserer Testbemühungen auf das Zusammenspiel zweier Objekte ausgerichtet. Die Tatsache, dass Interaktionstests wichtige Bestandteile einer Testsuite sind, sollte uns jedoch nicht zu dem Versuch verleiten, bestimmte Objekte nur noch indirekt über aufrufende Objekte zu testen. Doch auch das Testen einer Klasse in Isolation genügt nicht, um das Zusammenspiel der Objekte zu überprüfen. Dabei müssen wir immer die Nachteile im Auge behalten, die unitüberschreitende Tests mit sich bringen: Abhängigkeiten in der Entwicklungsreihenfolge sowie ein erhöhter Aufwand bei Änderungen und Refactoring.

4.8 Design by Contract

Design by Contract (abgekürzt DBC, dt. »Entwurf durch Vertrag«) ist eine maßgeblich von Betrand Meyer (siehe [Meyer97]) entwickelte Methode zum Entwurf von objekt- und komponentenorientierten Systemen. Hauptmerkmal ist, dass Klassen ihr Verhalten und Zusammenspiel durch so genannte *Verträge* festlegen. Ein Vertrag besteht dabei im Wesentlichen aus einer *Klasseninvarianten* sowie *Vor-* und *Nachbedingungen* aller Methoden der Klassenschnittstelle.

Während die von Meyer präferierte Sprache *Eiffel* Verträge explizit unterstützt, müssen in Java andere Wege gefunden werden. Unter [URL:JavaDbc] werden drei unterschiedliche Ansätze vorgestellt, wie sich Verträge in Java implementieren lassen: dynamische Proxies, Doclets und aspektorientierte Programmierung (AOP). Kommerzielle DBC-Erweiterungen für Java sind JMSAssert [URL:JMSAssert] und Jcontract [URL:Jcontract]. Der seit JDK 1.4 verfügbare `assert`-Befehl ist wegen der fehlenden Unterstützung von Subtypen und Invarianten für DBC nur eingeschränkt verwendbar, hat dafür jedoch Performance-Vorteile.

DBC-Implementierung in Java

Eine interessante Alternative zur tatsächlichen Anwendung von DBC ist die Verwendung der Vertragsbestandteile für die Konstruktion bzw. Erweiterung unserer Unit Tests:

Verträge als Ideengeber für Unit Tests

- Die **Vorbedingung** einer Methode beschreibt die Grenze des definierten Systemverhaltens. Sie sagt uns, welche Eingabedaten für die CUT sinnvoll sind, und hilft uns dadurch bei der Entscheidung, ob Test X mit Eingabe Y, Z noch geschrieben werden sollte oder nicht. Ein Test auf die Einhaltung der Vorbedingung selbst ist nicht sinnvoll.
- Eine **Nachbedingung** kann direkt in einen zusätzlichen assert-Aufruf umgesetzt werden. Problematisch kann dabei sein, dass nicht alle für die Überprüfung nötigen Interna der CUT von außen sichtbar sind, doch dafür sind Nachbedingungen eigentlich nicht gedacht.
- Die **Klasseninvariante** kann für Unit-Test-Zwecke wie eine zusätzliche Nachbedingung betrachtet und genauso behandelt werden.

Nehmen wir einen Teil des Vertrages von `DictionaryParser` als Beispiel:

- Vorbedingung des Konstruktors: `in != null`
- Vorbedingung von `nextGermanWord()`: `hasNextTranslation() == true`
- Nachbedingung von `nextGermanWord()`: `result != null && currentTranslation != null`

Aus den Vorbedingungen können wir vor allem lernen, welche Tests wir nicht schreiben müssen: keinen Test mit `null` als `in`-Parameter und keinen Test auf `nextGermanWord()`, wenn wir nicht vorher `hasNextTranslation()` überprüft haben. Aus der Nachbedingung könnte beispielsweise folgende Zeilenfolge werden:

```
String nextGerman = parser.nextGermanWord();
assertNotNull(nextGerman);
assertNotNull(parser.currentTranslation());
```

Die beiden assert-Zeilen könnten nun nach jedem Aufruf von `nextGermanWord()` in unsere Testfälle eingefügt werden. Da jedoch beide Bedingungen meist implizit durch nachfolgende Asserts abgedeckt werden, ergibt es hier wenig Sinn. Dies ist insofern nicht untypisch, da DBC-Bedingungen keine verändernden Operationen ausführen dürfen und häufig recht schwach – d.h. unspezifisch – ausfallen.

Defensive Programmierung

Ein Entwurfsparadigma, das man als Gegenpol von DBC betrachten kann, ist die *defensive Programmierung* (engl. Defensive Programming). Diese geht davon aus, dass die Vorbedingungen eines Funktions- oder Methodenaufrufs von der Methode selbst überprüft werden und die Verletzung der Vorbedingung zu einem definierten Fehlerverhalten führt. Fehlertolerante Systeme gehen meist diesen Weg. Die Hauptnachteile liegen in erhöhtem Entwicklungsaufwand, verschlechterter Laufzeit und der potenziellen Verschleierung von Programmierfehlern.

Defensive Programmierung wird in vielen Spezifikationen implizit angenommen: Vom Entwickler wird erwartet, dass er falsche Eingangswerte nicht mit undefiniertem Verhalten, sondern mit einer verständlichen Fehlermeldung beantwortet. Im Gegensatz zu DBC machen in diesem Fall Negativtests[9] für Vorbedingungen nicht nur Sinn, sondern sind für adäquates Testen unerlässlich (siehe Kapitel 4.6: *Fehlerfälle und Exceptions*). In der Regel gilt, dass defensiv entwickelte Klassen mehr isolierte Unit Tests benötigen, während ein vertragsbasierter Entwurf nach Interaktionstests verlangt (vgl. [McGregor01], S. 224).

Wir haben gesehen, dass DBC-Verträge als Ideengeber für unsere Unit Tests dienen können – vorausgesetzt die Verträge wurden formuliert. Methodenzentrierte Testfälle sind meist direkt in Vor- und Nachbedingungen übersetzbar – und umgekehrt. Die große (unbeantwortete) Frage lautet daher: An welcher Stelle unseres Test-First-Entwicklungszyklus ist es sinnvoll, die Verträge *explizit* zu spezifizieren? Möglicherweise spielen DBC-Verträge bei der Test-First-Entwicklung am erfolgreichsten die Rolle der unbewussten Ideengeber, indem der Entwickler häufiger an Vorbedingungen, Nachbedingungen und Invarianten denkt, ohne sie explizit zu formulieren. Die eigentlichen Verträge stellen jedoch die Unit Tests selbst dar[10].

Kompatibilität von DBC und Test-First-Entwicklung

Von Vorteil sind explizite Verträge auf jeden Fall dann, wenn sie bereits existieren, z.B. beim nachträglichen Erstellen von Unit Tests für vorhandene Software (siehe auch Kapitel 16.1), und wenn es darum geht, Schnittstellen für externe Entwicklungsteams zu definieren und zu dokumentieren. Verwendet man dann noch eine entsprechende DBC-Erweiterung, so vermindert sich die Anzahl der zu schreibenden Unit Tests um diejenigen, die den nun anderswo verifizierten Vertrag überprüfen.

---

9. Negativtest: Wie reagiert das Programm, wenn die Bedingung nicht zutrifft?
10. Eine etwas abweichende Sicht auf die Beziehung zwischen DBC und Unit Tests formulieren die Autoren von [Lippert02] im Kapitel über Unit Tests.

4.9 Weitere Ideen zur Testfallfindung

Wer immer noch nicht über ausreichend Stoff für das Finden von Testfällen verfügt, dem sei das Studium der mehr als umfangreichen Testliteratur empfohlen. Lesehinweise dazu gibt es in Anhang E.3: *Weiterführende Lesehinweise*. Hier noch ein paar zusätzliche Tipps und Ideen aus diversen Quellen:

- Legen Sie sich einen *Testkatalog mit typischen Fehlerfällen* an und benutzen Sie ihn als Inspirationsmittel. Ausgangspunkt könnte der Katalog unter [URL:TestingCat] sein.
- Testen Sie *alle unterschiedlichen Ergebniskategorien* (»Distinct Results«) eines Funktionsaufrufs. Die obigen Ausführungen zu Fehlerfällen und Exceptions basieren auf diesem Prinzip.
- Manchmal ist es sinnvoll, nicht nur Testfälle mit exakt vordefinierten Ein- und Ausgabedaten zu verwenden, sondern *Testdaten zufällig zu generieren* und das erwünschte Ergebnis anhand eines Testorakels zu bestimmen. Dies trifft meist dann zu, wenn gewisse Fehler nicht auf deterministische Weise hervorgerufen werden können. Ein typisches Beispiel ist das Erzeugen zufälliger, aber korrekter Eingabestrings für einen Parser, um mögliche Zweideutigkeiten der zugrunde liegenden Grammatik aufzudecken (siehe [Metsker01]).

Da solche Tests jedoch den kausalen Zusammenhang zwischen Failure und vorangegangener Codeänderung aufheben, sollten diese Tests von »normalen« Unit Tests getrennt werden.

Was tun bei Zeitmangel?

Nimmt man als Entwickler auch seine Rolle als Tester ernst, dann besteht das Problem nur in den seltensten Fällen darin, dass man zu wenig testen könnte, sondern darin, wann man aufhört. Kapitel 8 beschäftigt sich eingehend mit dieser Frage. Häufig helfen auch die folgenden Heuristiken weiter, wenn bei drohenden Deadlines Testaufwand und Zeitaufwand gegeneinander abgewogen werden müssen:

- *Teste zumindest die expliziten funktionalen Anforderungen.*
- *Füge einen automatisierten Test hinzu, sobald ein Fehler in die Systemtests oder gar die Produktion durchgedrungen ist.*
- *Teste dort, wo bereits viele Fehler gefunden wurden.* Der Grund: Statistische Untersuchungen zeigen, dass Fehler typischerweise geballt auftreten und nicht gleichmäßig über die ganze Applikation verteilt sind.

4.10 Refactoring von Code und Tests

Refactoring wird in [Fowler99] so beschrieben:

>»Refactoring ist der Prozess, ein Softwaresystem so zu ändern, dass sich das externe Verhalten nicht ändert, jedoch die innere Struktur verbessert wird.«[11]

Auf den ersten Blick lässt diese Definition vermuten, dass sich daher im Laufe des Refactorings auch an den Tests nichts ändert. Dies trifft für all die Tests zu, die das Verhalten der CUR (*Component under Refactoring*) von außen betrachten, also beispielsweise sämtliche Akzeptanztests. Entwicklertests sind hingegen meist eine Mischung aus spezifikationsbasierten und implementierungsabhängigen Tests. Daher können Änderungen im Zuge des Refactorings nicht vermieden werden. Ein paar Grundtypen und ihre Auswirkungen auf Unit Tests lassen sich identifizieren:

- Die **Umbenennung** von Methoden, Klassen oder Packages zwingt zur Umbenennung von Testfällen und Verschiebung von Testklassen.
- Das **Entfernen von Parametern** resultiert in der entsprechenden Anpassung der Testfälle. Manchmal werden Testfälle auch überflüssig, wenn sie sich von einem anderen Testfall nur durch einen jetzt weggefallenen Parameter unterschieden haben.
- Das **Hinzufügen von Parametern** erfordert nicht nur die Korrektur der entsprechenden Methodenaufrufe, sondern häufig auch die Ergänzung der Testfixture um das neue Parameterobjekt.
- Die **Extraktion einer Klasse** führt zur Verschiebung der Tests, die sich auf das Verhalten konzentriert haben, das nun durch die neue Klasse implementiert wird. Zusätzlich werden Interaktionstests zwischen der ursprünglichen und der hinzugekommenen Klasse nötig. Wichtig ist auch, dass man anschließend die neue Klasse nochmals als eigenständige CUT betrachtet, um fehlende Testfälle zu identifizieren.
  Ein Sonderfall der Extraktion einer Klasse ist die **Extraktion einer Unterklasse**. Hierbei entsteht häufig auch eine parallele Hierarchie von Testklassen (siehe Kapitel 7.1).
- Im Gegenzug verlangt die **Einverleibung einer Klasse** die Verschiebung von Tests in umgekehrte Richtung. Einige Tests verlieren dabei ihre Daseinsberechtigung, vor allem diejenigen, die sich mit der Interaktion beider Klassen beschäftigen.

Einfluss von Refactoring auf Unit Tests

---

11. Siehe [Fowler99] S. xvi; Übersetzung durch die Autoren.

- Das **Verschieben einer öffentlichen Methode** in eine andere Klasse hat ähnliche Folgen wie die Extraktion einer Klasse, d.h. Verschiebung der Testfälle, die sich auf diese Methode konzentrieren, bzw. Duplikation, falls die Methode in der alten Klasse erhalten bleibt und den Aufruf an die neue Klasse weiterdelegiert.
- Die **Änderung der Implementierung** einer einzelnen Methode hat keine Auswirkungen auf Black-Box-Tests. Implementierungsabhängige Testfälle müssen jedoch neu überdacht werden. Würde sich beispielsweise die Implementierung der sort()-Methode aus Kapitel 4.4 folgendermaßen ändern:

```
private final static int MIN_QUICKSORT = 10;
public List sort(List unsorted) {
    if (unsorted.size() < MIN_QUICKSORT) {
        return bubbleSort(unsorted);
    } else {
        return quickSort(unsorted);
    }
}
```

dann wären die richtigen Testfälle nicht mehr mit 14 und 15, sondern mit 9 und 10 Elementen bestückt[12].

Vorgehen beim Refactoring

Häufig geht man beim Refactoring so vor, dass man zunächst die Testfälle identifiziert, die auch nach dem Umbau noch gültig sein sollen. Danach führt man den Umbau in möglichst kleinen Schritten durch und überlegt nach jedem Schritt, ob nun nicht der eine oder andere Test überflüssig wurde, verschoben werden sollte oder ergänzt werden müsste; gefolgt natürlich immer vom Start der verbliebenen Tests zur Validierung der eigenen Vermutungen. Hält man einen Refactoring-Task für abgeschlossen, tauscht man nochmals Entwicklerhut gegen Testermütze und überdenkt die vorhandenen Testfälle hinsichtlich Adäquatheit und Redundanz.

Wegwerfen vorhandener Tests

[Marick00] hebt hervor, dass man bei Systemänderungen nicht krampfhaft an allen existierenden Tests festhalten sollte. Je komplexer das getestete Szenario, desto schwieriger ist es, dieses nachträglich an die neuen Gegebenheiten anzupassen. Solche komplizierten Tests müssen daher manchmal aus Kostengründen weggeworfen werden und durch ganz neue ersetzt werden.

---

12. Einige Reviewer schlugen vor, die Konstante MIN_QUICKSORT public zu machen und dann zum Aufbau der Testdaten im Testfall zu verwenden. Dies erspart uns zwar Arbeit bei der Anpassung des Tests, macht jedoch ein Implementierungsdetail sichtbar und erfordert komplexere Testlogik.

Anpassungsaufwand

Der Aufwand, um unsere Testsuite an das sich ständig ändernde Programm anzupassen, ist nicht zu vernachlässigen. Doch handelt es sich dabei nur selten um vergebene Liebesmüh. Ein positiver Effekt ist, dass die Entwickler ständig mit ihren in der Vergangenheit getroffenen Annahmen konfrontiert werden und Gelegenheit zur Verbesserung erhalten; schließlich lernen wir alle ständig hinzu.

Stellt man jedoch fest, dass die Instandhaltung der Testsuiten deutlich mehr Zeit in Anspruch nimmt als die eigentlichen Änderungen am System, so weist das darauf hin, dass wir die falschen Tests schreiben. »Falsch« heißt in diesem Zusammenhang, dass wir Dinge testen, die sich zu häufig ändern, als dass automatisierte Tests von Nutzen wären, z.B. Tests von privaten Methoden und Attributen einer Klasse.

4.11 Zusammenfassung

Ziel des Kapitels war es, dem Leser Anhaltspunkte und theoretische Grundlagen an die Hand zu geben, mit Hilfe derer er seine existierenden Testfälle verbessern und erweitern kann. Dabei sind wir sowohl auf sinnvolle Regeln für das Aussehen einzelner Testmethoden eingegangen wie auch auf zahlreiche Ideen zur Testfallgewinnung. Testfälle sollten sich auf die typische Funktionalität der zu testenden Einheit sowie Grenzwerte und Äquivalenzklassen konzentrieren. Auch Fehlerfälle sind wichtig und das Zusammenspiel der Objekte darf bei der Testfallerstellung nicht vernachlässigt werden. Auch erfordert das Refactoring des Applikationscodes die Anpassung der Testsuite; der Aufwand hierfür kann erheblich sein, aber er lohnt sich.

Modellbasierte Testfallerstellung

Verzichtet haben wir auf den in der Testliteratur umfangreich behandelten Aspekt der algorithmischen und formalen Umsetzung unterschiedlicher Softwaremodelle in Testfälle. Der Grund ist zum einen, dass uns im Zuge der testgetriebenen Entwicklung nur sehr wenige Vorabmodelle zur Verfügung stehen. Zum anderen aber auch, dass die dort propagierten Methoden meist eine riesige Anzahl unterschiedlicher Testfälle erzeugen. Dies hat nicht nur eine abschreckende Wirkung auf den »normalen« Softwareentwickler, sondern verzichtet auch auf das sinnvolle Abwägen zwischen Kosten und Nutzen des Testens.[13]

---

13. »Agiles Testen« [URL:TestingAgile] ist ganz der Frage gewidmet, wie man die richtige Balance zwischen keinem Testen und vollständigem Testen findet.

Effektives und intuitives Testen

Darüber hinaus erzielen formale Testfallerzeugungsmethoden zwar eine theoretisch größere Codeabdeckung, haben jedoch den Nachteil, dass sie intuitivem Testen im Wege stehen können. Effektives Testen lebt von der Intuition; zu strikte Regeln behindern die Intuition. Und dennoch: Wer an die Grenzen der hier beschriebenen Testideen stößt oder einfach nur neugierig ist, dem hilft hoffentlich Anhang E.3: *Weiterführende Lesehinweise*, S. 405.

5   JUnits Innenleben

Als reine Anwender eines Testframeworks sollte uns sein interner Aufbau ganz egal sein. Es sei denn, wir sind selbst Programmierer und interessieren uns daher für die Innereien eines jeden Stückchen Software, das wir in die Finger bekommen. Hinzu kommt, dass Unit Testing eine so individuelle Tätigkeit ist, dass wir manchmal um Ergänzungen und Anpassungen des Frameworks nicht herumkommen. JUnit ist kein völlig fertiges Stück Software, sondern ein offener Kern, den man an unterschiedlichen Stellen erweitern und ergänzen kann. Stellt man gar fest, dass JUnit die eigenen Testbedürfnisse zu stark beschneidet, kann es noch als Beispiel für Vor- und Nachteile bestimmter Designentscheidungen bei der Entwicklung eines eigenen Tools zur Testunterstützung dienen.

5.1   Die Statik

Bislang haben wir die Klassen `TestRunner` (in drei unterschiedlichen Ausprägungen), `TestCase` und `TestSuite` kennen gelernt. Doch JUnit bietet noch einiges mehr. Der innere Aufbau von JUnit ist ein kleines Lehrstück für die Verwendung zahlreicher *Entwurfsmuster* (engl. Design Patterns [Gamma95]). In [Beck99] beschreiben Kent Beck und Erich Gamma die verwendeten Muster und deren Motivation[1]. Der Artikel und das begleitende Studium der JUnit-Sourcen ist für jeden empfehlenswert und ein absolutes Muss für alle, die JUnit verstehen und erweitern möchten, auch wenn sich JUnit seitdem weiterentwickelt hat.

JUnit als »Patterns-Lehrstück«

Ein kleiner Ausschnitt aus dem Innenleben von JUnit ist in Abbildung 5–1 zu sehen. Mit Ausnahme von `TestDecorator` zeigt das Klassendiagramm einen Ausschnitt aus dem Package `junit.framework`. Zunächst fallen die zentralen Klassen des Frameworks auf:

---

1. Dieser Artikel ist auch als `cookstour.htm` in der JUnit beiliegenden Dokumentation enthalten.

Abb. 5–1
JUnit-Klassendiagramm

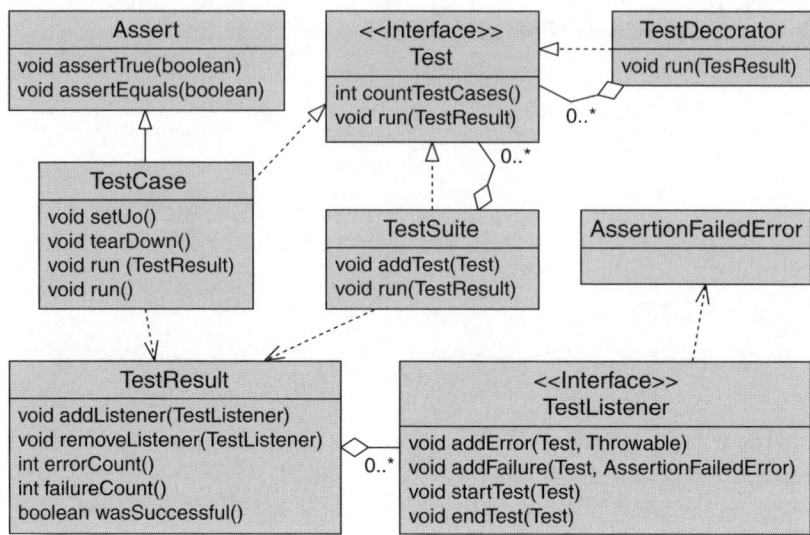

- `TestResult` ist das Sammelbecken aller Ergebnisse eines Testlaufes. Alle Klassen, die das Interface `Test` implementieren – `TestCase`, `TestSuite` und `TestDecorator` – bekommen eine Instanz der Klasse `TestResult` in ihrer `run()`-Methode mitgegeben.
- `AssertionFailedError` ist eine Exception, die beim Scheitern eines assert-Aufrufs geworfen, von `TestCase`-Instanzen gefangen und schließlich einem `TestResult` zur Registrierung übergeben wird.
- `Assert` ist Oberklasse von `TestCase` und beheimatet sämtliche Varianten der assert-Methode, die zudem alle static sind. Auf diese Weise können auch andere Klassen, z.B. Test-Dekoratoren, die Assert-Funktionalität nutzen. Eine Übersicht der wichtigsten Ausprägungen von assert findet sich in Tabelle 2–2 auf Seite 28. Projektspezifische JUnit-Erweiterungen beinhalten meist die eine oder andere neue assert-Methode, um bestimmte `Collection`-Klassen oder andere Datenstrukturen miteinander vergleichen zu können.

Hinzu kommen »Angriffspunkte« für projektspezifische und funktionale Erweiterungen des JUnit-Frameworks:

TestListener

Ein `TestListener` kann bei einem `TestResult` mit `addListener()` registriert werden, um über Start, Ende, Failure und Error eines Tests informiert zu werden. Diese Möglichkeit nutzen beispielsweise alle drei `TestRunner`-Klassen, um über den aktuellen Stand der Testausführung benachrichtigt zu werden.

Da die mitgelieferten drei Test-Runner keinen Zugriff auf das verwendete `TestResult`-Objekt geben, können eigene `TestListener`-Implementierungen nur in Verbindung mit selbstgebauten oder externen Test-Runnern benutzt werden, wie etwa der *JUnit-addons Runner* [URL:JUnitAddons].

TestDecorator

Die Klasse `TestDecorator` dient zahlreichen Erweiterungen des Testframeworks als Oberklasse. Wie schon der Name nahe legt, implementiert sie das *Decorator*-Muster aus [Gamma95], das die Verwendung mehrerer gleichzeitiger Erweiterungen erlaubt. Beispiele für die Verwendung finden sich im Package `junit.extensions`.

Zahlreiche JUnit-Erweiterungen werden als Unterklasse von `TestCase` entwickelt. Verwendet man stattdessen einen `TestDecorator`, dann hat das den Vorteil, dass mehrere Erweiterungen gleichzeitig eingesetzt werden können. Der Nachteil besteht in der komplexeren Anwendung, da eine `Decorator`-Instanz einem Test oder einer Testsuite explizit hinzugefügt werden muss.

Vorteile des `TestDecorator`

Andere Erweiterungsmöglichkeiten

Eine einfache Alternative zur `TestCase`-Unterklasse ist die Bereitstellung einer zusätzlichen Zusicherungsklasse. Eine solche Klasse kann analog zu `junit.framework.Assert` statische assert-Methoden zur Verfügung stellen (z.B. `junitx.framework.StringAssert` aus den JUnit-addons [URL:JUnitAddons]) oder instanzierbar sein, um eine feinere Konfigurierbarkeit der einzelnen Zusicherungen zu ermöglichen (z.B. `xhtmlunit.XHTMLTester` [URL:XhtmlUnit]).

5.2 Lebenszyklus einer Testsuite

Die dynamische Seite eines Programms lässt sich durch das Studium von Klassendiagrammen nur selten erschließen. Betrachten wir folgende `AllTests`-Klasse:

```
public class AllTests {
  public static void main(String[] args) {
    junit.awtui.TestRunner.run(AllTests.class);
  }
  public static Test suite() {
    TestSuite suite =
        new TestSuite("All tests of MyProject");
    suite.addTest(pack1.AllTests.suite());
```

```
            suite.addTestSuite(pack2.ExampleTest);
            return suite;
        }
    }
```

Was geschieht, wenn wir diese Klasse von der Kommandozeile aus aufrufen:

Schritt für Schritt durch die Testausführung

1. Der AWT-Test-Runner wird mit der `AllTests`-Klasse selbst als Argument gestartet.
2. Der Test-Runner ruft die statische `suite()`-Methode der `AllTests`-Klasse auf. Diese wiederum baut sich eine komplexe Testsuite mit Baumstruktur auf, indem sie andere Testsuiten – hier `pack1.AllTests` und `pack2.ExampleTest` – ihrer eigenen hinzufügt. Der Unterschied zwischen `addTest(Test)` und `addTestSuite(Class)` besteht darin, dass `addTestSuite(Class)` die übergebene Klasse – eine Unterklasse von `TestCase` – per Reflection nach ihren Testmethoden fragt und daraus eine Suite zusammenbaut.

   An den Enden dieser Kette stehen die einzelnen Testfälle. Jeder Testfall ist durch eine Instanz der Klasse `TestCase` oder einer Unterklasse repräsentiert. So wird aus

   ```
       public class ExampleTest extends TestCase {
           public void testSample1() {...}
           public void testSample2() {...}
           public void testSample3() {...}
       }
   ```

   eine Instanz von `TestSuite` mit drei Instanzen der Klasse `ExampleTest`, die sich nur durch den Namen der aufgerufenen Testmethode unterscheiden. Dieser wird intern als Name des Testfalls gespeichert und kann mittels `getName()` erfragt werden.
3. Beim Klick auf den *Run-Button* wird zunächst eine `TestResult`-Instanz erzeugt und anschließend die `run(TestResult)`-Methode der obersten Testsuite gestartet. Diese wiederum ruft sequenziell die `run(TestResult)`-Methode aller enthaltenen Tests auf.

   In den »Blättern« dieses Aufrufbaumes – den `TestCase`-Instanzen – bewirkt das `run(TestResult)` zunächst die Ausführung von `setUp()`, dann der Methode `runTest(TestResult)` und danach von `tearDown()`. Wurde `runTest()` nicht explizit überschrieben, so startet es die eigentliche Testmethode, deren Namen es im Konstruktor mitbekommen hat. Abbildung 5-2 zeigt den vereinfachten Ablauf bis zur Ausführung eines Testfalls.[2]

---

2. Die Wirklichkeit ist – wie immer – etwas komplizierter und die Einzelheiten sind am leichtesten dem JUnit-Quellcode selbst zu entnehmen.

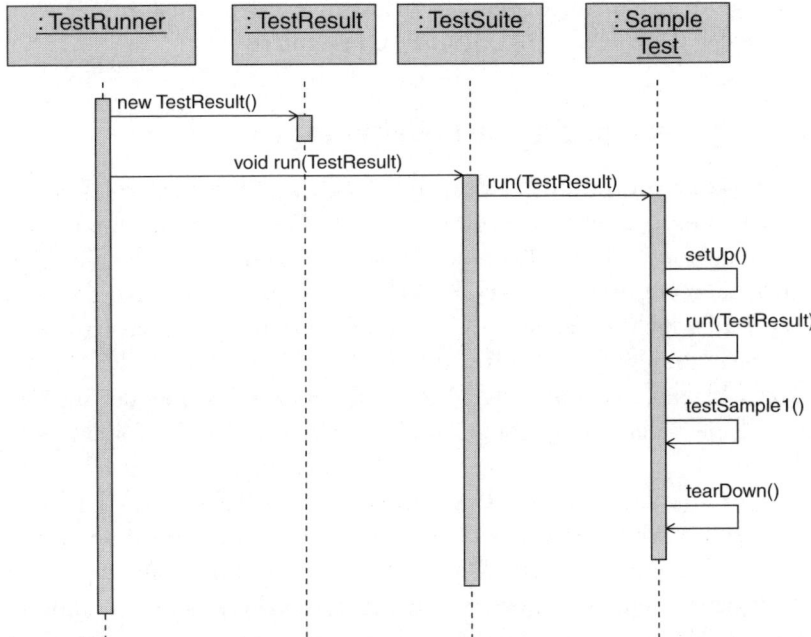

Abb. 5–2

Sequenzdiagramm für den Start eines Testfalls

Was wir aus dieser Vorgehensbeschreibung lernen können, sind zwei Dinge: Zum einen ist es ein Unterschied, ob man die Testfixture – meist identisch mit den Instanzvariablen der Testklasse – im Konstruktor oder der setUp()-Methode aufbaut, da ein Test-Setup erst bei der Ausführung stattfinden sollte. Zum anderen findet die Testausführung sequenziell, aber in einer nicht näher definierten Reihenfolge statt, auf die man sich nicht verlassen kann.

Was beim zweiten Anklicken des Run-Buttons geschieht, hängt vom Status der *Reload-Checkbox* ab. Ist die Reload-Option nicht angewählt, dann wird wieder ein run(TestResult) an die oberste Testsuite geschickt. Bei gewähltem Reload dagegen werden alle Klassen neu geladen, der Testbaum neu erzeugt und schließlich die Suite gestartet. Man muss sich bewusst sein, dass die Instanzen der Testfälle so beschaffen sein müssen, dass sie wiederholt gestartet werden *könnten*.

Wiederholte Testausführung

Das dynamische Nachladen der Klassen dient dazu, Änderungen im Quelltext ohne Neustart des Test-Runners überprüfen zu können. JUnit erreicht dies durch die Verwendung einer eigenen Class-Loader-Klasse (junit.runner.TestCaseClassLoader), welche beim Starten einer Testsuite alle Klassen – bis auf die in der Datei excluded.properties angegebenen Packages – neu in die JVM lädt. Dies kann mit einigen Frameworks und Bibliotheken, z.B. EJBs, zu unerwarteten Exceptions führen; die meisten dieser Probleme können durch entsprechende

Class-Loader-Probleme

Einträge in `excluded.properties` behoben werden. Ausführlich wird dies in der JUnit-FAQ [URL:JUnitFAQ] erläutert.

5.3 Projektspezifische Erweiterungen

»JUnit ist ja ganz praktisch«, sagen Sie, »aber in unserem Projekt müssen wir ständig überprüfen, ob und wie und warum und wann genau. Ja und genau das kann JUnit nicht!« So ist das immer: Kaum gibt man den Leuten ein nettes kleines Werkzeug, beschweren Sie sich darüber, was es alles nicht kann, anstatt sich am Funktionierenden zu erfreuen.

Projektspezifische Anforderungen

Viele Projekte haben Besonderheiten, die auch auf das Testen durchschlagen. Im einfachsten Fall wird eine zusätzliche oder modifizierte Assert-Variante benötigt, um beispielsweise Dateien miteinander zu vergleichen. In schwierigeren Fällen sollen die Testergebnisse in XML protokolliert werden. Und dann gibt es noch das Projekt, das den einen Test mit hundert unterschiedlichen Datensätzen ausführen muss.

Nur zu, erweitern Sie JUnit um eigene Testfunktionalität! Aber überlegen Sie zehn Mal, bevor Sie den JUnit-Quelltext selbst verändern. Jede neue Version erfordert dann wiederum eine Änderung und schon sind wir in einer zeitaufwändigen und meist unnötigen Wartungsspirale[3].

Noch besser, schauen Sie zunächst, welche Erweiterungen es bereits gibt – z.B. in Anhang A: *JUnit-Erweiterungen* –, und greifen Sie nur selbst zur Tastatur, wenn das gewünschte Rad nicht bereits irgendwo fertig verfügbar ist. Ach ja, und vergessen Sie nicht, Ihre Erweiterung irgendwann den anderen JUnit-Nutzern zur Verfügung zu stellen. Einige kleine und auch ein paar größere Erweiterungen werden Sie im weiteren Buchverlauf noch kennen lernen.

Warnung

Der Ausbau des Testframeworks soll jedoch nicht zum Selbstzweck werden, sondern uns das Testen erleichtern oder gar erst ermöglichen. Jegliche Framework-Bastelei darüber hinaus ist für den Projektfortschritt unnötig und damit Feierabendbeschäftigung.

5.4 Die Konkurrenz

JUnit und JDK 1.5

Interessant ist auch die Frage, welche Auswirkungen die Sprachänderungen in JDK 1.5 – bzw. *J2SE 5.0*[4] wie es jetzt heißt – auf JUnit haben werden oder sollten. Zunächst einmal lässt sich JUnit in der vorliegen-

---

3. Auch wenn die Stabilität des Frameworks schon beinahe sprichwörtlich ist; die Version 3.8.1 ist nun seit mehr als zwei Jahren aktuell.
4. Eine Beschreibung der hinzugekommenen Spracheigenschaften findet man unter [URL:J2SE15].

den Version problemlos einsetzen, um Programme, die unter Verwendung der neuen Features (z.B. *Auto Boxing* und *Generics*) geschrieben wurden, zu testen. Aber vielleicht könnte man ja mit Hilfe dieser neuen Spracherweiterungen die Benutzung von JUnit vereinfachen?

Einen Eindruck, welche Änderungen denkbar sind, bietet der JUnit-Konkurrent *TestNG* [URL:TestNG]. TestNG macht regen Gebrauch von Javas neuem Metadatenkonzept, den so genannten *Annotations*. Dies bringt gewisse Vorteile mit sich:

Metadaten statt Konventionen

- Testklassen müssen nicht von einer bestimmten Oberklasse abgeleitet werden.
- Testmethoden und Konfigurationsmethoden (`setUp`, `tearDown`) müssen keiner Namenskonvention genügen.
- Testmethoden können zu beliebigen Gruppen gehören, die zur Laufzeit bestimmen, ob ein Testfall ausgeführt wird oder nicht.

TestNG hat noch weitere Merkmale, wie etwa die Konfiguration von Testfällen mittels XML. Es wird sich zeigen müssen, ob die Vorteile eines deskriptiven Ansatzes mittels Annotations ausreichen, um JUnit in eine ähnliche Richtung zu treiben. JUnits Pendant auf DotNet-Seite, NUnit, geht diesen Weg schon länger (siehe Anhang B.3).

5.5 Zusammenfassung

Dieses Kapitel hat ein wenig Licht in das versteckte Innere von JUnit geworfen. Ziel war nicht, jedes Detail dieses offenen Testframeworks zu beleuchten, sondern dem interessierten Entwickler erste Anhaltspunkte bei der Entscheidung zu geben, wann er einen Blick hinter die `TestCase`-Kulisse wagen und sich den Quelltext des Frameworks zu Gemüte führen sollte.

Studium des Codes

Darüber hinaus ist ein gewisses Grundverständnis über den statischen Aufbau und die Dynamik der beteiligten Objekte wichtig, wenn man die Anwendbarkeit des Frameworks auf bestimmte Testaufgaben und Szenarien beurteilen möchte. So sind projektspezifische Ergänzungen von JUnit häufig notwendig, komplexe Erweiterungen und Umbauten gehören jedoch nur in den wenigsten Fällen zu den Aufgaben eines Projektes bzw. der beteiligten Entwickler und Entwicklerinnen.

6 Isoliertes Testen mit Dummy- und Mock-Objekten

»*Once*«, *said Mock Object at last, with
a deep sigh,* »*I was a real object*«.[1]

In einer durchschnittlich komplizierten Anwendung kommt kaum ein Objekt ohne die Mitwirkung zahlreicher anderer Objekte – der gleichen oder einer anderen Klasse – aus. Wie also testet man dieses Objekt, das von so vielen anderen abhängt? Der pragmatischste und (vermutlich) intuitivste Weg aus diesem Dilemma ist der *Bottom-up-Ansatz*: Man beginnt die Entwicklung und das Testen mit den Klassen, die selbst nur auf systemeigenen Klassen aufbauen. Danach benutzt man diese getesteten Komponenten zum Aufbau abhängiger Klassen (vgl. auch Seite 54 ff.). Martin Fowler bezeichnet diese Art des Testens als *State-Based Tests* [Fowler04b].

State-Based Tests

Meist arbeitet man dabei *bottom-up*, beginnt also ganz unten bei den konkretesten Objekten und arbeitet sich nach oben zu den abstrakteren Systemkomponenten hoch. Dass man bei testgetriebener Entwicklung einfacher *top-down* (bzw. *outside-in*) vorgeht, haben wir bereits in Kapitel 3.3 gesehen. Dort sind wir auch auf Probleme gestoßen, die durch die Abhängigkeit verschiedener Klassen untereinander und zu externen Quellen hervorgerufen wurden. Wie man diese Abhängigkeiten in vielen Fällen vermeiden oder auch nachträglich eliminieren kann, zeigt dieses Kapitel.

6.1 Kleine Attrappe

Eine wichtige Regel des Unit-Testens taucht immer wieder auf: Der einzelne Testfall soll so *isoliert* wie möglich sein, d.h., er soll nur das Objekt testen, das wir gerade unter der Lupe haben, und nicht all die

Isolierte Tests

---

1. Abwandlung eines Ausspruchs von *Mock Turtle* in Lewis Carrols Roman »Alice's Adventures in Wonderland«.

anderen, die es bei seiner Arbeit benötigt, mit denen es zusammenarbeitet und an die es Aufgaben delegiert. Ein Weg, um diesem Ziel der größtmöglichen Unabhängigkeit eines Tests näher zu kommen, sind *Dummy-Objekte*. Das englische Wort *Dummy* bedeutet *Attrappe*, d.h., wir ersetzen einen Teil unserer Objekte durch andere, die nur so tun als ob. Ein einfaches Beispiel veranschaulicht diese Idee:

Wir möchten einen Euro-Rechner programmieren, der für einen gegebenen Betrag und Währung den entsprechenden Betrag in Euro zurückgibt[2]. Zunächst natürlich die Tests:

```
public class EuroCalculatorTest extends TestCase {
  public void testEUR2EUR() {
    double result =
        new EuroCalculator().valueInEuro(1.0, "EUR");
    assertEquals(1.0, result, 0.00001);
  }
  public void testUSD2EUR() {
    double result =
        new EuroCalculator().valueInEuro(1.0, "USD");
    assertEquals(1.1324, result, 0.00001);
  }
}
```

Als fertige Komponente steht uns die Klasse `ExchangeRateProvider` zur Verfügung, die über eine Netzwerkverbindung den Wechselkurs für alle gängigen Währungen bereitstellt:

```
public class ExchangeRateProvider {
  public double getRateFromTo(String fromCurrency,
                              String to) {
    double retrievedRate = ... // Netzzugriff auf Server
    return retrievedRate;
  }
}
```

Probleme   Die Implementierung der `EuroCalculator`-Klasse ist denkbar einfach; dennoch haben unsere Tests ein paar Probleme: Zum einen funktioniert der Testfall `testUSD2EUR()` vermutlich nur für kurze Zeit, nämlich genau so lange, bis sich der Wechselkurs zwischen Dollar und Euro ändert. Zum anderen ist der Zugriff auf den Wechselkursserver eine sehr unsichere Sache, da es sich um einen Netzzugriff handelt. Der Ser-

---

2. Zur Vereinfachung benutzen wir hier den primitiven Typ `double` zur Repräsentation von Geldbeträgen, der wegen seiner Rundungsproblematik im »richtigen« Leben nur selten zum Einsatz kommt. Hier würde man je nach Anforderung mit `BigDecimal` oder mit ganzen Cent-Beträgen arbeiten.

ver kann lange Antwortzeiten haben oder wegen Überlastung für unabsehbare Zeit gar nicht verfügbar sein. Durch diese Abhängigkeit von einem externen Dienst geht unser Test möglicherweise schief, ohne dass unser Programm einen Fehler aufweist.

Eine Möglichkeit, dieses Problem zu lösen, ist die Verwendung eines »falschen« Wechselkursservers, dem wir den erwarteten Wechselkurs gleich mitgeben können:

Erste Attrappe

```
public class DummyProvider extends ExchangeRateProvider {
   private double dummyRate;
   public DummyProvider(double dummyRate) {
      this.dummyRate = dummyRate;
   }
   public double getRateFromTo(String from, String to) {
      return dummyRate;
   }
}
```

Jetzt bleibt nur noch die Frage, wie wir unsere Attrappe dem EuroCalculator unterschmuggeln. Eine Möglichkeit ist, die Signatur der valueInEuro()-Methode um einen Parameter vom Typ ExchangeRateProvider zu erweitern. Bei dieser Gelegenheit wird auch gleich noch die erwartete Genauigkeit in eine Konstante ACCURACY hinausgezogen. Der geänderte Test sieht damit folgendermaßen aus:

```
public class EuroCalculatorTest extends TestCase {
   private final static double ACCURACY = 0.00001;
   public void testEUR2EUR() {
      ExchangeRateProvider provider =
                  new DummyProvider(1.0);
      double result = new EuroCalculator().
                  valueInEuro(2.0, "EUR", provider);
      assertEquals(2.0, result, ACCURACY);
   }
   public void testUSD2EUR() {
      ExchangeRateProvider provider =
                  new DummyProvider(1.1324);
      double result = new EuroCalculator().
                  valueInEuro(1.5, "USD", provider);
      assertEquals(1.6986, result, ACCURACY);
   }
}
```

Und siehe da, unser Test läuft schnell, stabil und ist von den sich ändernden Kursen unabhängig. Uns muss jedoch klar sein, dass wir nun jedoch einzig die Klasse EuroCalculator testen, nicht jedoch den

Währungskursserver. Aber dieser wird (hoffentlich) bereits vom Anbieter der Komponente getestet worden sein. Sind wir selbst dieser Anbieter, dann testen wir auch den Server, aber in einer anderen Testsuite.

6.2 Begriffswirrwarr

Bevor wir uns anspruchsvolleren Fälschungen widmen, zunächst ein Blick auf die verwendeten Begriffe: Im angloamerikanischen Sprachgebrauch existieren zahlreiche Wörter für das, was wir hier Dummy-Objekte nennen, u.a. *Dummy, Stub, Mock, Fake* und *Shunt*. Unsere Verwendungsweise ist die folgende:

Stub   Ein *Stub* (dt. Stummel) ist ein bislang nur rudimentär implementierter Teil der Software, der später durch die richtige Implementierung ersetzt werden soll. Die Aufgabe eines Stub-Objekts ist die eines Platzhalters für geplante, aber noch nicht umgesetzte Funktionalität.

Dummy   Ein *Dummy* (dt. Attrappe, Schaufensterpuppe) dagegen kann die echte Implementierung für Testzwecke ersetzen. Ob das echte oder ein Dummy-Objekt verwendet wird, entscheidet sich durch codeinterne oder externe Konfiguration.

Mock   Ein *Mock* (dt. Nachahmung) unterscheidet sich vom *Dummy* durch zusätzliche Funktionalität: Ein Mock-Objekt erlaubt, falls nötig, die Einstellung der von ihm gewünschten Reaktionen und das Verifizieren des korrekten Verhaltens seines »Klienten«. Mock-Objekte werden ausführlich in Kapitel 6.5 besprochen.

In der Literatur und im Web ist die Verwendung der Begriffe jedoch alles andere als konsistent und man muss damit rechnen, dass jeder Begriff als Synonym eines beliebig anderen benutzt wird – und umgekehrt.

6.3 Große Attrappe

Das obige Euro-Rechner-Beispiel besticht durch seine Einfachheit, da es nichts anderes tut, als eine in der Realität komplexe Funktion durch festverdrahtete Werte zu ersetzen, die genau auf die Tests abgestimmt sind. Betrachten wir nun ein komplexeres Problem:

In den meisten Applikationen benötigen wir eine Möglichkeit, verschiedenste Ereignisse während des Programmablaufs an zentraler Stelle festzuhalten. Um diese *Logging-Funktionalität* überall im Programm auf konsistente Weise durchführen zu können, definieren wir uns ein standardisiertes Interface:

```
public interface Logging {
   public final static int DEFAULT_LOGLEVEL = 2;
   public void log(int logLevel, String message);
   public void log(String message);
}
```

Das Interface erlaubt das Loggen einer Nachricht message unter Angabe einer Log-Stufe logLevel, um etwa zwischen Fehler- und Debug-Meldungen unterscheiden zu können. Zudem soll die Möglichkeit bestehen, auch ohne expliziten Loglevel, d.h. mit einem Standardwert DEFAULT_LOGLEVEL, zu arbeiten.

Eine erste Implementierung von Logging soll die Klasse LogServer sein, die unter Angabe eines Dateinamens erzeugt wird und alle Log-Einträge in diese Datei schreibt. Wie immer beginnen wir mit einem Test:

```
public class LogServerTest extends TestCase {
   public void testSimpleLogging() {
      Logging logServer = new LogServer("log.test");
      logServer.log(0, "Zeile eins");
      logServer.log(1, "Zeile zwei");
      logServer.log("Zeile drei");
      // assertTrue(??) Oops, und jetzt?
   }
}
```

Während uns die ersten vier Zeilen des Tests geradezu aus den Fingern fließen, befinden wir uns jetzt in einem Dilemma: Wie gelangt man an die Innereien der Datei log.test, um zu überprüfen, ob der LogServer seine Arbeit auch wirklich ordentlich verrichtet? Eine Möglichkeit wäre es, unseren Log-Server um eine Funktion getLoggingFile() zu erweitern. Allerdings hätten wir uns dann auf Datei-Logging festgelegt und ein Implementierungsdetail nur für Testzwecke offengelegt. Zudem kann das Öffnen und Lesen einer Datei Schwierigkeiten mit sich bringen, die eine kontrollierte und wiederholbare Testdurchführung erschweren:

Wie testet man Dateizugriffe?

- Wie finde ich einen Pfad, der für Testzwecke les- und schreibbar ist?
- Wie stelle ich sicher, dass die Zugriffsrechte in diesem Pfad stimmen?
- Wie gehe ich sicher, dass die Datei nicht bereits existiert bzw. vor dem Test gelöscht wird?

All dies sind Probleme, die von uns im Produktivbetrieb zwar bedacht werden müssen, für den gegenwärtigen Stand der Entwicklung aber unbedeutend sind bzw. sein sollten.

PrintWriter statt Datei

Unsere Kenntnisse der Java-IO-Klassen helfen hier weiter: Wie wäre es, wenn wir unserem LogServer anstatt einem Dateinamen einfach eine Instanz vom Typ java.io.PrintWriter im Konstruktor übergeben. Dieser bietet die Möglichkeit, unsere Log-Nachricht per println() auszugeben, und ist nicht nur für Dateien, sondern auch für jede Art von OutputStream zu gebrauchen. Unser Test ändert sich damit folgendermaßen:

```
public class LogServerTest...
   public void testSimpleLogging() {
      PrintWriter writer = new PrintWriter(
                           new FileOutputStream("log.test"));
      Logging logServer = new LogServer(writer);
      logServer.log(0, "Zeile eins");
      logServer.log(1, "Zeile zwei");
      logServer.log("Zeile drei");
      // assertTrue(??) Oops, und jetzt?
   }
```

Trotzdem stehen wir weiterhin vor dem Problem, zunächst an die Datei herankommen zu müssen, um die nötigen Überprüfungen durchführen zu können. Das Wissen jedoch, dass unser LogServer nichts weiter tun soll, als mittels der Methode println(..) eine Kombination aus Loglevel und Log-Nachricht auszugeben, führt zu einer weiteren Intuition: Warum nicht, wie im obigen Euro-Rechner-Beispiel, unsere eigene Unterklasse von PrintWriter implementieren, deren Instanzen all das, was ihnen per println() übergeben wird, aufzeichnen und für spätere Überprüfungen zur Verfügung stellen? Diese Überlegung lässt folgende *Dummy-Klasse* entstehen:

```
import java.io.PrintWriter;
import java.util.*;
public class DummyPrintWriter extends PrintWriter {
   private List logs = new ArrayList();
      DummyPrintWriter() {
         super((OutputStream) null);
      }
      public void println(String logString) {
         logs.addElement(logString);
      }
      public String getLogString(int pos) {
         return (String) logs.get(pos);
      }
}
```

Mit Unterstützung dieser `DummyPrintWriter`-Klasse lässt sich unser Test jetzt einfacher und klarer formulieren:

```
public class LogServerTest...
   public void testSimpleLogging(){
      DummyPrintWriter writer = new DummyPrintWriter();
      Logging logServer = new LogServer(writer);
      logServer.log(0, "Erste Zeile");
      logServer.log(1, "Zweite Zeile");
      logServer.log("Dritte Zeile");
      assertEquals("0: Erste Zeile", writer.getLogString(0));
      assertEquals("1: Zweite Zeile",
                   writer.getLogString(1));
      assertEquals("2: Dritte Zeile",
                   writer.getLogString(2));
   }
```

Mangelnde Ästhetik

Geschafft! Oder etwa doch nicht? Sieht man genauer hin, dann weist unser Test noch einige Unschönheiten auf: Um `DummyPrintWriter` als Unterklasse von `PrintWriter` einsatzfähig zu machen, haben wir tricksen müssen: Zum einen führt unser Konstruktor einen *Cast* auf das null-Objekt durch; dies ist unästhetisch, aber nötig, um dem Java-Compiler die statische Bestimmung des richtigen Super-Konstruktors zu erlauben. Zum anderen machen wir die gefährliche Annahme, dass unser Log-Server ausschließlich die Methode `println(..)` der `PrintWriter`-Instanz aufruft. Warum nicht einfach diese implizite Annahme durch die Einführung eines Interface explizit machen? Gesagt – getan ...

```
public interface Logger {
     public void logLine(String logString);
}
```

Natürlich ändert sich damit auch der Konstruktor unseres Log-Servers und folglich auch der Test:

```
public class LogServerTest...
   public void testSimpleLogging() {
      DummyLogger logger  = new DummyLogger();
      Logging logServer = new LogServer(logger);
      logServer.log(0, "Erste Zeile");
      logServer.log(1, "Zweite Zeile");
      logServer.log("Dritte Zeile");
      assertEquals("0: Erste Zeile", logger.getLogString(0));
      assertEquals("1: Zweite Zeile",
                   logger.getLogString(1));
      assertEquals("2: Dritte Zeile",
                   logger.getLogString(2));
   }
```

und unser `DummyPrintWriter` wird zu einem `DummyLogger`:

```java
import java.util.*;
public class DummyLogger implements Logger {
    private List logs = new ArrayList();
    public void logLine(String logString) {
        logs.add(logString);
    }
    public String getLogString(int pos) {
        return (String) logs.get(pos);
    }
}
```

Generelles Prinzip

Wir sind jetzt soweit, dass wir die Idee, die hinter dem Testen mit Attrappen steckt, nochmals allgemein darstellen können (siehe Abb. 6–1): Eine zu testende Klasse (`ClassUnderTest`) benötigt ein »Server-Objekt«, d.h. ein beliebiges anderes Objekt, das einen Dienst (oder Service) bereitstellt. Dieser Dienst wird durch ein Interface gekapselt, so dass er für Testzwecke durch eine entsprechende Attrappe ersetzt werden kann.

Abb. 6–1
Tests mit Attrappen

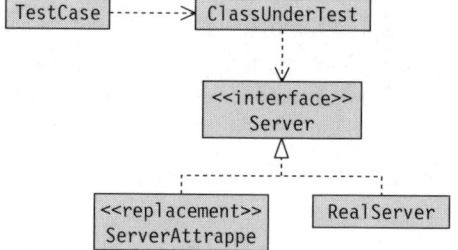

Implementierung des Log-Servers

Im Vergleich zu den Mühen, die uns das »Testbar-Machen« gekostet hat, erscheint die eigentliche Implementierung von `LogServer` trivial:

```java
public class LogServer implements Logging {
    private Logger logger;
    public LogServer(Logger logger) {
        this.logger = logger;
    }
    public void log(int logLevel, String message) {
        String logString = logLevel + ": " + message;
        logger.logLine(logString);
    }
}
```

```
    public void log(String message) {
        this.log(DEFAULT_LOGLEVEL, message);
    }
}
```

War das jetzt wirklich die ganze Mühe wert? Sieht man nicht auf einen Blick, dass die Klasse genau das tut, was sie tun soll? Bevor wir an die Beantwortung dieser Frage gehen, lohnt es sich anzuschauen, was wir alles mit der Einführung unseres »Dummys« erreicht haben und was nicht: Durch die Einführung des Logger-Interfaces haben wir einen Log-Server, dessen Implementierung von systemnahen IO-Klassen unabhängig ist. Dieses Interface erlaubt es uns auch, unterschiedliche Logger zu implementieren, die unser Server ohne Modifikationen verwenden kann.

Lohnt sich die Mühe?

Wir haben damit eine wichtige Heuristik objektorientierten Designs befolgt, nämlich das so genannte *Dependency Inversion Principle* (siehe [Martin96b] und [Meade00]). Dieses *Prinzip der umgekehrten Abhängigkeit* besagt:

Dependency Inversion Principle

- High-Level-Module sollen nicht von Low-Level-Modulen abhängen – der Log-Server nicht vom Datei-Logger. Abhängigkeiten sollen ausschließlich zu *Abstrahierungen* (Interfaces) bestehen.
- Abstrahierungen sollen ihrerseits nicht von Details abhängen, sondern die Details von den Abstrahierungen.

Abbildung 6–2 zeigt dieses einfache Prinzip anhand eines Abhängigkeitsdiagramms der Klasse HighLevelClass von einem abstrakten Interface AbstractServer. Die beiden Implementierungen ConcreteServer1 und ConcreteServer2 hängen wiederum nur von diesem Interface ab.

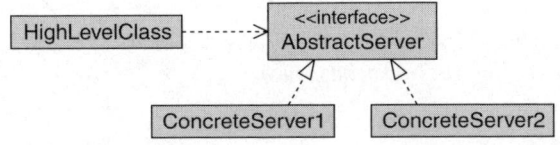

Abb. 6–2
Dependency Inversion Principle

Eine weitere Errungenschaft ist, dass wir *die korrekte Interaktion des Log-Servers mit seinem Logger* auf einfache Art und Weise testen können. Durch Verfolgung des einen Ziels – nämlich unseren Log-Server testbar zu machen – gab es noch ein zweites gratis dazu: ein verändertes Design, und zwar eines, das die Abhängigkeiten verringert und die Erweiterbarkeit vergrößert. Wir haben jedoch (noch) keinen Log-Server, der wirklich in eine Datei schreibt. Doch das ist bei unserem jetzigen Wissensstand ein Klacks! Zunächst der Test:

Designverbesserung

```java
import java.io.*;
public class FileLoggerTest extends TestCase {
   private final String TEMPFILE = "C:\\temp\\test.txt";
   public void testLogLine() throws IOException {
      FileLogger logger = new FileLogger(TEMPFILE);
      logger.logLine("Zeile 1");
      logger.logLine("Zeile 2");
      logger.close();
      BufferedReader reader = new BufferedReader(
         new FileReader(TEMPFILE));
      assertEquals("Zeile 1", reader.readLine());
      assertEquals("Zeile 2", reader.readLine());
      assertNull("Dateiende erreicht", reader.readLine());
      reader.close();
   }
}
```

Der Test besitzt noch eine kleine Unschönheit, nämlich die Abhängigkeit von einem absoluten Dateipfad; aber darauf kommen wir später zurück (siehe Kapitel 6.11). Die Implementierung der Klasse `FileLogger` ist mit Hilfe des Tests jetzt auch kein Hexenwerk mehr:

```java
import java.io.*;
public class FileLogger implements Logger {
   private PrintWriter writer;
   public FileLogger(String filename) throws IOException {
      writer = new PrintWriter(
                        new FileOutputStream(filename));
   }
   public void close() {
      writer.close();
   }
   public void logLine(String logMessage) {
      writer.println(logMessage);
   }
}
```

Ziel teilweise erreicht

Die Abhängigkeit der Tests vom Dateisystem wurde zwar nicht vollständig eliminiert, aber auf einen einzigen reduziert. Nämlich genau jenen, der die Zusammenarbeit mit Dateien verifiziert.

6.4 Wir bauen an

Hat sich die Mühe nun wirklich gelohnt? Betrachten wir ein paar Erweiterungen des kleinen Frameworks und überlegen, welche Auswirkungen diese auf unsere Tests haben könnten:

Erweiterung 1: Wir erweitern unser `Logging`-Interface um eine `log`-Methode mit zusätzlichem Parameter `module`, der angibt, welches Modul der Anwendung gerade loggt.

Zusätzlicher Parameter

Auswirkung: Eine zusätzliche Testmethode und ein wenig Refactoring im `LogServerTest`, etwa so:

```
public class LogServerTest extends TestCase {
    private LogServer logServer;
    private DummyLogger logger;
    protected void setUp() {
        logger = new DummyLogger();
        logServer = new LogServer(logger);
    }
    public void testLoggingWithModule() {
        logServer.log(0, "Erste Zeile", "test");
        assertEquals("test(0): Erste Zeile",
                     logger.getLogString(0));
    }
    public void testSimpleLogging() {
        DummyLogger logger   = new DummyLogger();
        Logging logServer = new LogServer(logger);
        logServer.log(0, "Erste Zeile");
        logServer.log(1, "Zweite Zeile");
        logServer.log("Dritte Zeile");
        assertEquals("(0): Erste Zeile",
                     logger.getLogString(0));
        assertEquals("(1): Zweite Zeile",
                     logger.getLogString(1));
        assertEquals("(2): Dritte Zeile",
                     logger.getLogString(2));
    }
}
```

Die Tests für die eigentlichen Logger bleiben unberührt.

Erweiterung 2: Wir erlauben, dass ein Log-Server mehrere Logger beherbergen kann, an die er alle Log-Nachrichten verteilt.

Mehrere Logger pro Server

Auswirkung: Ein paar Tests hier, um das Hinzufügen und Entfernen der Logger zu testen, und ein paar Tests da, um zu überprüfen, dass auch jeder Logger alle Nachrichten erhält. Selbst diese größere funktionale Erweiterung lässt die Tests für die eigentlichen Logger unberührt.

Ein zusätzlicher Vorteil bei der Separierung von `LogServer` und `Logger` und der Einführung einer Dummy-Implementierung ist, dass wir im Fall einer *Test-Failure* das Problem im Quellcode sehr genau eingrenzen können. Wir wissen nämlich, dass unser Log-Server die

Eingrenzbarkeit von Fehlern

ganze Schuld trägt, und nicht etwa ein Fehler beim Zugriff auf das Dateisystem zum Scheitern des Tests geführt hat.

6.5 Endoskopisches Testen

In der XP-Szene werden Dummy-Objekte meist *Mock-Objekte* genannt. In dem empfehlenswerten Artikel von [Mackinnon00] über *Endo-Testing* – eine Anspielung auf endoskopische Operationstechniken – wird dieser Begriff das erste Mal verwendet. Es geht also um das »Testen von innen« durch die Einschleusung eines Testmediums: das Dummy-Objekt. Der Dummy-Logger hat es schließlich ermöglicht, das korrekte Verhalten des Log-Servers zu überprüfen, ohne dass wir dazu die Innereien des Log-Servers sichtbar machen mussten.

Testen von innen

Mock-Objekte, die den Namen verdienen, gehen noch einen Schritt weiter als die hier bislang betrachteten Dummy-Objekte. Mock-Objekte holen den Großteil des eigentlichen Testcodes zu sich. Bauen wir unseren Dummy-Logger zu einem Mock-Logger um:

```java
import java.util.*;
public class MockLogger implements Logger {
    private List expectedLogs = new ArrayList();
    private List actualLogs = new ArrayList();
    public void addExpectedLine(String logString) {
        expectedLogs.add(logString);
    }
    public void logLine(String logString) {
        actualLogs.add(logString);
    }
    public void verify() {
        if (actualLogs.size() != expectedLogs.size()) {
            Assert.fail("Expected " + expectedLogs.size() +
                " log entries but encountered " +
                actualLogs.size());
        }
        for (int i = 0; i < expectedLogs.size(); i++) {
            String expectedLine =
                (String) expectedLogs.get(i);
            String actualLine =
                (String) actualLogs.get(i);
            Assert.assertEquals(expectedLine, actualLine);
        }
    }
}
```

Typisch für ein Mock-Objekt sind die beiden Methoden addExpectedLine() und verify(). Während die erste dazu dient, das *erwartete Verhalten* unseres »Klienten« (des Log-Servers) zu setzen, führt die zweite das eigentliche Überprüfen des korrekten Verhaltens *am Ende des Tests* durch. Natürlich muss sich nun auch unsere Testklasse anpassen:

```
public class LogServerTest extends TestCase {
    private LogServer logServer;
    private MockLogger logger;
    protected void setUp() {
        logger = new MockLogger();
        logServer = new LogServer(logger);
    }
    public void testLoggingWithModule() {
        logger.addExpectedLine("test(0): Erste Zeile");
        logServer.log(0, "Erste Zeile", "test");
        logger.verify();
    }
    public void testSimpleLogging() {
        logger.addExpectedLine("(0): Erste Zeile");
        logger.addExpectedLine("(1): Zweite Zeile");
        logger.addExpectedLine("(2): Dritte Zeile");
        logServer.log(0, "Erste Zeile");
        logServer.log(1, "Zweite Zeile");
        logServer.log("Dritte Zeile");
        logger.verify();
    }
}
```

Bislang haben wir nur ein wenig Code hin- und hergeschoben. Ein paar Veränderungen unseres Mock-Loggers können daher nicht schaden:

```
import java.util.*;
public class MockLogger implements Logger {
    private List expectedLogs = new ArrayList();
    private List actualLogs = new ArrayList();
    public void addExpectedLine(String logString) {
        expectedLogs.add(logString);
    }
    public void logLine(String logLine) {
        Assert.assertNotNull(logLine);
        if (actualLogs.size() >= expectedLogs.size()) {
            Assert.fail("Too many log entries");
        }
        int index = actualLogs.size();
        String expectedLine =
                (String) expectedLogs.get(index );
```

```
            Assert.assertEquals(expectedLine, logLine);
            actualLogs.addElement(logLine);
        }
        public void verify() {
            if (actualLogs.size() < expectedLogs.size()) {
                Assert.fail("Expected " + expectedLogs.size() +
                        " log entries but encountered " +
                        actualLogs.size());
            }
        }
    }
```

Der Gewinn scheint subtil: Ein Teil des Verifikationscodes wurde aus der `verify()`- in die `logLine()`-Methode verlagert. Dies hat den Vorteil, dass das Feedback eines fehlerhaften Log-Eintrages nun unmittelbar erfolgt und nicht erst am Ende des Tests. Man kann dies gut sehen, wenn man beispielsweise die Zeile

```
    logServer.log(0, "Erste Zeile");
```

zu

```
    logServer.log(0, "Falsche erste Zeile");
```

abändert und mit dem Debugger verfolgt, wann die Exception `TestFailure` geworfen wird. Bei komplexen Testfällen kann diese genauere Lokalisierbarkeit eines Fehlers die Debugging-Zeit spürbar verkürzen. Eine weitere Änderung war die zusätzliche Zeile:

```
    Assert.assertNotNull(logLine);
```

Das Testen dieser wichtigen Vorbedingung mit unserem »alten« `DummyLogger` hätte erfordert, sie für jede einzelne Log-Zeile gesondert einzufügen.

Wie man hier sieht, besteht der Fortschritt, den uns Mock-Objekte gegenüber einfachen Dummy-Objekten bringen, zu einem wichtigen Teil in der Vermeidung von dupliziertem Code. Dieser Vorteil wird umso größer, je mehr Mock-Objekte gebaut werden, da sich der Code, den wir für den Vergleich von erwartetem und wirklich erfolgtem Verhalten benötigen, von Mock-Objekt zu Mock-Objekt sehr ähnelt und daher in eigene Klassen ausgelagert werden kann.

Muster zur Testfallerstellung mit Mock-Objekten

Des Weiteren vergrößern Mock-Objekte die Kommunikationsfähigkeit unseres Codes. Werden sie so verwendet, wie in [Mackinnon00] vorgeschlagen, so ergibt sich ein standardisiertes Verwendungsmuster (*Pattern*), das den eigentlichen Testcode vereinfacht und damit lesbarer macht. Wie bei anderen Patterns auch lässt sich dadurch die Kommunikation zwischen all denen, die das Muster kennen, deutlich verbessern. Unsere leicht adaptierte Fassung des in [Mackinnon00] vorgeschlagenen »Pattern for unit testing« besteht aus folgenden Schritten, die das Aussehen eines einzelnen Unit Tests beschreiben:

1. Erzeuge die nötigen Mock-Objekte.
2. Setze, wenn nötig, den internen Zustand dieser Mock-Objekte.
3. Setze die Erwartungen in den Mock-Objekten.
4. Rufe den zu testenden Code mit den Mock-Objekten als Parameter auf.
5. Überprüfe, wenn angebracht, Zustandsänderungen in den zu testenden Objekten durch direkte Tests.
6. Verifiziere die Konsistenz der Mock-Objekte mittels `verify()`.

In [Mackinnon00] fehlt Punkt 5 ersatzlos, da die Autoren davon ausgehen, dass auch einfache Zustandsänderungen aus Konsistenzgründen am besten über Mock-Objekte getestet werden. Unsere Erfahrung zeigt jedoch, dass das direkte Abfragen bloßer Zustandsänderungen häufig viel einfacher ist, als entsprechende Mock-Objekte zu bauen, die nur an dieser Stelle Verwendung fänden. Auch hier gibt es wieder einmal keine feste Regel; ob die Verwendung von Mock-Objekten eine Verbesserung unseres Codes zur Folge hat oder nicht, muss im Einzelfall entschieden werden.

Mock-Objekte für Zustandstests?

Häufig bietet sich zunächst der direkte Zustandstest als einfachste Möglichkeit an. Werden die inneren Objekte später komplizierter und stellen wir Codeduplikation in unseren Tests fest, so führen wir nach und nach entsprechende Interfaces und zugehörige Mock-Implementierungen ein. Auch beim Testen ist iteratives Vorgehen die Methode der Wahl.

Martin Fowler sieht in der kompromisslosen Anwendung von Mock-Objekten einen eigenen Stil: *Interaction-Based Tests*, die sich völlig auf das Zusammenspiel des zu testenden Objekts mit seinen benachbarten Objekten bzw. Schnittstellen konzentrieren [Fowler04b]. Diese Art der Tests erleichtern das Outside-in-Vorgehen, während *State-Based Tests* eher einen Middle-out-Stil zur Folge haben und damit häufig mehrere Objekte auf einmal testen.

Interaction-Based Tests

6.6 Mock-Objekte vom Fließband

Die Tatsache, dass Mock-Objekte eine Standardtechnik des Test-First-Ansatzes sind, hat einige interessante Software entstehen lassen, die das Erstellen derselben vereinfacht bzw. unnötig macht. Ein Blick auf diese frei verfügbaren Bibliotheken und Tools ist jedem zu empfehlen, der Mock-Objekte nicht nur sporadisch einsetzt.

Mock-Bibliothek

Expectation Classes

In [Mackinnon00] wird eine Mock-Objekte-Bibliothek erwähnt, die mittlerweile auch frei verfügbar ist [URL:MockObjects] und uns eine Menge Implementierungsaufwand abnehmen kann. Das Grundprinzip besteht in der Verwendung so genannter *Expectation Classes*. Diese »Erwartungsklassen« kapseln das erwartete Verhalten, das tatsächliche Verhalten sowie den Abgleich zwischen beiden Aspekten beim `verify()`.

Zur Verdeutlichung dieser Idee implementieren wir die obige Mock-Logger-Klasse mit Hilfe der Bibliothek:

```
import com.mockobjects.*;
public class MockLogger2 extends MockObject implements Logger {
    private ExpectationList logLines =
        new ExpectationList("MockLogger.logLine");
    public void addExpectedLine(String logString) {
        logLines.addExpected(logString);
    }
    public void logLine(String logLine) {
        junit.framework.Assert.assertNotNull(logLine);
        logLines.addActual(logLine);
    }
}
```

Die resultierende Implementierung `MockLogger2` ist im Vergleich zu `MockLogger` deutlich geschrumpft und ist – hat man sich erstmal an die Verwendung der Expectation-Objekte gewöhnt – auch besser lesbar. Leitet man seine eigene Mock-Klasse von `com.mockobjects.MockObject` ab, dann kann man meist auf die Implementierung der `verify()`-Methode verzichten, da alle in Instanzvariablen deklarierten Expectation-Objekte automatisch verifiziert werden.

Außer einer Grundmenge von Expectation-Klassen bietet uns die Bibliothek auch vorgefertigte Mock-Klassen, u.a. für das Testen von Servlets und JDBC-Aufrufen (siehe auch Kapitel 9.5). Im weiteren Verlauf des Buches und dieses Kapitels werden wir die Mock-Objects-Bibliothek noch einige Male zum Einsatz bringen, nämlich immer dann, wenn sie uns Arbeit ersparen kann.

Mock-Generatoren

Der Gedanke, Mock-Klassen anhand der von ihnen zu implementierenden Interfaces generieren zu lassen, liegt nahe. Zwei Ansätze hierzu sind den Autoren bekannt:

- Das Tool *MockMaker* [URL:MockMaker] dient zum Erzeugen von Quellcode für Mock-Objekte, die auf den beschriebenen »Expectation Classes« aufbauen. Das Werkzeug geht von einem Interface aus und generiert Klassen, die sowohl die Spezifikation des erwarteten Verhaltens erlauben als auch die Rückgabe vorbestimmter Funktionswerte.
- Ähnlich wie MockMaker stellt *MockCreator* [URL:MockCreator] eine Umgebung zum automatischen Erzeugen von Mock-Objekten bereit.

Mock-Objekte leicht gemacht

Getrieben vom lästigen Aufwand der Mock-Klassen-Implementierung verfolgt *EasyMock* [URL:EasyMock] eine neue Idee. Anstatt sich für jeden Verwendungszweck selbst Interfaces und Mock-Implementierungen schreiben zu müssen, erlauben diese »einfachen Mocks« das erwartete Verhalten programmatisch zu bestimmen und sich so unter Umständen einiges an Programmieraufwand zu sparen.

Ab JDK 1.3

Betrachten wir auch das an einem Beispiel und implementieren einen Teil der `LogServerTest`-Klasse mit Hilfe von EasyMock (Version 1.1):

```java
import org.easymock.*;
public class LogServerTestUsingEasyMock extends TestCase {
  private LogServer logServer;
  private MockControl loggerControl;
  private Logger logger;
  protected void setUp() {
    loggerControl =
        MockControl.createStrictControl(Logger.class);
    logger = (Logger) loggerControl.getMock();
    logServer = new LogServer(logger);
  }
  public void testSimpleLogging() {
    logger.logLine("(0): Erste Zeile");
    logger.logLine("(1): Zweite Zeile");
    logger.logLine("(2): Dritte Zeile");
    loggerControl.replay();
    logServer.log(0, "Erste Zeile");
    logServer.log(1, "Zweite Zeile");
    logServer.log("Dritte Zeile");
    loggerControl.verify();
  }
}
```

Fernbedienung eines Mock-Objekts

Zunächst benötigen wir ein zusätzliches `MockControl`-Objekt, das uns die Aufgabe abnimmt, eine `Logger`-Instanz zu erzeugen und die abschließende Verifizierung vorzunehmen; dies erhalten wir mittels `MockControl.createStrictControl(Class aClass)`. Dieses Control-Objekt kann man sich als eine Fernbedienung für das eigentliche Mock-Objekt vorstellen.

Der Test findet über eine Art »Record&Replay«-Mechanismus statt: Zunächst wird das gewünschte Verhalten – die drei Zeilen `logger.logLine(..)` – aufgezeichnet. Anschließend wird die Mock-Funktionalität mittels `replay()` aktiviert, der zu testende Code ausgeführt und mit dem abschließenden `verify()`-Aufruf geprüft, ob das aufgezeichnete Verhalten auch tatsächlich stattgefunden hat. Da wir die »strenge« Variante des `MockControl`-Objekts gewählt haben, fließt die Reihenfolge der Aufrufe in die Verifikation mit ein.

Funktionsumfang von EasyMock

Über das Gezeigte hinaus erlaubt *EasyMock* die Spezifikation von Rückgabewerten und zu werfenden Exceptions. Auch kann die Verifikation übergebener Parameter, die per Default mittels `equals()` durchgeführt wird, über eigene `ArgumentsMatcher`-Implementierung beliebig streng oder nachsichtig gehandhabt werden. Ob die Reihenfolge der Methodenaufrufe zwingend ist und ob nicht ausdrücklich spezifizierte Aufrufe erlaubt sind, lässt sich ebenfalls konfigurieren. Zusätzlich existiert seit Version 1.1 die Möglichkeit, nicht nur Attrappen von Interfaces, sondern auch von Klassen dynamisch zu erstellen.

Man erspart sich durch EasyMock die Implementierung einer dedizierten Mock-Klasse, erkauft sich diese Abkürzung jedoch durch schlechter lesbaren Testcode – zumindest solange man sich an diese Art der Mock-Erzeugung noch nicht gewöhnt hat. Im Gegenzug sind EasyMock-Tests stabiler gegenüber Änderungen im Interface einer Klasse, da automatisierte Refactorings auch die »Aufzeichnung« des erwarteten Verhaltens refaktorisieren. EasyMock wird später noch zum praktische Einsatz kommen (z.B. in Kapitel 14.2).

Andere dynamische Mock-Bibliotheken

Die Idee, Mock-Objekte dynamisch – d.h. mit Hilfe von Javas dynamischen Proxies – zu erzeugen, ist nicht allein EasyMock vorbehalten. Ein weiterer Vertreter dieser Gattung ist die *jMock*-Bibliothek [URL:JMock]. JMock stellt eine »Sprache« zur Definition von Erwartungen zur Verfügung. Schauen wir uns das obige Beispiel unter Verwendung von jMock (Version 1.01) an:

```
import org.jmock.*;
public class LogServerTestUsingJMock
      extends MockObjectTestCase {
   private LogServer logServer;
   private Mock loggerMock;
   private Logger logger;
   protected void setUp() {
      loggerMock = new Mock(Logger.class);
      logger = (Logger) loggerMock.proxy();
      logServer = new LogServer(logger);
   }
   public void testSimpleLogging() {
      loggerMock.expects(once()).method("logLine").
         with(eq("(0): Erste Zeile"));
      loggerMock.expects(once()).method("logLine").
         with(eq("(1): Zweite Zeile"));
      loggerMock.expects(once()).method("logLine").
         with(eq("(2): Dritte Zeile"));
      logServer.log(0, "Erste Zeile");
      logServer.log(1, "Zweite Zeile");
      logServer.log("Dritte Zeile");
      loggerMock.verify();
   }
}
```

Das Beispiel ist selbsterklärend und man kann sich leicht vorstellen, dass diese Art, Erwartungen zu spezifizieren, flexibler ist, wenn es darum geht, »weiche« Mock-Objekte zu erzeugen, also solche, bei denen nur Teile des Verhaltens spezifiziert und andere Teile offen bleiben sollen.

Die Autoren schätzen an EasyMock vor allem die Robustheit gegenüber Refactorings und sind meist mit der zur Verfügung stehenden Konfigurierbarkeit der Mock-Objekte zufrieden. Für spezielle Anforderungen bietet jMock jedoch mehr Flexibilität bei der Gestaltung des erwarteten Verhaltens und wird daher im einen oder anderen Projekt in Zukunft das Rennen machen.

EasyMock oder jMock?

6.7 Testen von Grenzwerten und Exceptions

In Kapitel 4.4 haben wir begründet, dass Testfälle sich in besonderem Maße auf die Grenzbereiche von Ein- und Ausgabe konzentrieren sollten. Vorausgesetzt man kennt diese Grenzwerte, kann man diese Tests genau dann recht leicht durchführen, wenn sie der zu testenden Methode als Parameter übergeben werden.

Ein Beispiel: Zum Test bereit steht unsere Klasse `TextFormatter`, die einen von uns übergebenen Text zeilenweise umformatieren soll. Unsere Grenzbedingung ist, dass Zeilen von maximal 32 Zeichen verarbeitet werden; längere Zeilen werden abgeschnitten. Unser grenzwertbasierter Test lautet daher:

```java
public void testLongLines() {
    TextFormatter formatter = new TextFormatter();
    String line32 = "    abcdefg    hijklmn opqrs tuvwxy";
    String line33 = "    abcdefg    hijklmn opqrs tuvwxyz";
    assertEquals("abcdefg hijklmn opqrs tuvwxy",
        formatter.formatLine(line32));
    assertEquals("abcdefg hijklmn opqrs tuvwxy",
        formatter.formatLine(line33));
}
```

So weit, so gut. Nun fällt uns jedoch eine weitere Anforderung an unseren Textformatierer ein: Er soll keine einzelnen Zeilen formatieren, sondern komplette Dateien und das Ergebnis seinerseits in eine Datei schreiben; d.h., unser öffentliches Interface ist nicht mehr zeilenbasiert, sondern dateibasiert. Wir haben also wieder ein ähnliches Problem wie mit unserem Log-Server (siehe Kapitel 6.3), nur dass wir außer der Ausgabedatei auch noch eine Eingabedatei mit entsprechendem Inhalt **vor** dem Test erzeugen müssen. Verwenden wir jedoch ein Pärchen von Mock-Klassen, ein `MockLineReader` und ein `MockLineWriter`, die jeweils das Interface `LineReader` bzw. `LineWriter` implementieren, dann ist der Test gemäß dem vorgestellten Mock-Pattern leicht hinzuschreiben:

```java
public void testLongLines() {
    MockLineReader reader = new MockLineReader();
    String line32 = "    abcdefg    hijklmn opqrs tuvwxy";
    String line33 = "    abcdefg    hijklmn opqrs tuvwxyz";
    reader.addLineToBeRead(line32);
    reader.addLineToBeRead(line33);
    MockLineWriter writer = new MockLineWriter();
    writer.addExpectedLine("abcdefg hijklmn opqrs tuvwxy");
    writer.addExpectedLine("abcdefg hijklmn opqrs tuvwxy");
    TextFormatter formatter = new TextFormatter();
    formatter.format(reader, writer);
    writer.verify();
}
```

Unkontrollierbare Grenzwerte

Während in diesem konstruierten Fall das Erzeugen entsprechender Testdateien noch denkbar wäre, gibt es andere Fälle, in denen Grenzbedingungen kaum anders als durch Dummy- bzw. Mock-Objekte zu erreichen sind. Man denke beispielsweise an den Zugriff auf einen Server, der sich mit seiner Antwort nur x Sekunden Zeit lassen darf, bevor eine `TimeOutException` vom Client geworfen werden soll. Wie bringe ich einen entfernten Server dazu, genau *x-1* bzw. *x+1* Sekunden mit seiner Antwort zu warten, damit ich die korrekte Reaktion meines Clients in diesen Grenzfällen überprüfen kann? Eine `MockServer`-Klasse, bei der ich nicht nur die gewünschte Antwort, sondern auch die Verzögerungszeit konfigurieren kann, macht diesen Test zu einem Kinderspiel.

Ein ähnlich gelagerter Fall wie Grenzwerte sind *Exceptions*. Denken wir an unser Beispiel in Kapitel 6.1, verändern jedoch das Interface unserer `getRateFromTo()`-Methode zu:

Unkontrollierbare Exceptions

```
public double getRateFromTo(String from, String to)
    throws ServerNotAvailableException;
```

Es dürfte einiger Überzeugungskraft bedürfen, unseren Anbieter von Finanzinformationen dazu zu bringen, immer wenn wir testen, den Wechselkursserver für wenige Millisekunden vom Netz zu nehmen. Aber mit einer kleinen Änderung der Klasse `DummyProvider` können wir uns die nötigen Verhandlungen für wichtigere Aufgaben sparen:

```
public class DummyProvider extends ExchangeRateProvider {
    private double dummyRate;
    private boolean serverAvailable = true;
    public DummyProvider(double dummyRate) {
        this.dummyRate = dummyRate;
    }
    public double getRateFromTo(String from, String to)
            throws ServerNotAvailableException {
        if (!serverAvailable) {
            throw new ServerNotAvailableException("Test");
        }
        return dummyRate;
    }
    public void setServerAvailable(boolean isAvailable) {
        serverAvailable = isAvailable;
    }
}
```

Wir hätten gerne, dass unser `EuroCalculator`, falls der Wechselkursserver nicht zur Verfügung steht, einen Wechselkurs von 1.0 benutzt (ob diese Vorgabe sinnvoll ist, soll hier nicht diskutiert werden ;-). Der Test hierfür könnte so aussehen:

```
public class EuroCalculatorTest...
    public void testServerNotAvailable() {
        //Kurs des DummyProvider egal, da er Exception wirft!
        DummyProvider provider = new DummyProvider(1.1324);
        provider.setServerAvailable(false);
        double result = new EuroCalculator().
            valueInEuro(1.5, "USD", provider);
        assertEquals(1.5, result, ACCURACY);
    }
```

Soll jede mögliche Exception getestet werden?

Auf diese Art und Weise ermöglichen uns Mock-Objekte, korrektes Verhalten in Ausnahmesituationen und Grenzfällen zu testen, die wir ohne sie außen vor lassen müssten. Jedoch auch hier gilt wieder: Nur weil es möglich ist, wird nicht jedes Objekt mit allen denkbaren und undenkbaren Exceptions bombardiert. Wollten wir beispielsweise alle Stellen unseres Programms, an denen eine `NullPointerException` auftreten kann, auch dahingehend testen, kämen wir zu nichts anderem mehr. Ein Abwägen zwischen Aufwand und Nutzen ist hier ganz besonders angebracht.

6.8 Wie kommt der Test zum Mock?

In den bisherigen Beispielen hatten wir kein größeres Problem dabei, dem Testobjekt das Dummy- bzw. Mock-Objekt unterzuschieben. Während in unserem Euro-Rechner das Interface der `valueInEuro()`-Methode die Übergabe eines `ExchangeRateProvider` vorsah, konnte man dem Log-Server einen `Logger` im Konstruktor übergeben. Ob man die eine oder andere Möglichkeit wählt, hängt von unterschiedlichen Punkten ab:

- Nehmen wir das Helferobjekt als Parameter in die entsprechenden Methoden auf, wie im `EuroCalculator`, so können wir das OUT mit unterschiedlichen Instanzen des Helfers immer wieder verwenden. Dafür müssen wir uns aber auch bei jedem Methodenaufruf überlegen, woher wir die richtige Helferinstanz nehmen – ohne sie zu stehlen.
- Wird jedoch das Helferobjekt im Konstruktor des Testobjekts übergeben, wie bei unserem Log-Server, so haben wir ein für alle Mal die Überlegung, welche Instanz wir wann benötigen, vom Hals. Dies ist vor allem dann sinnvoll, wenn der Helfer in mehreren Methoden des Objekts benötigt wird und darüber hinaus für die gesamte Lebenszeit des Objekts unverändert bleibt.

Beide Möglichkeiten erlauben uns das einfache Ersetzen eines Helfer- oder Serverobjekts durch Dummy- bzw. Mock-Objekte. Existierende Programme sind jedoch meist geschrieben worden, ohne die Anforderungen an das Testen zu berücksichtigen, d.h., die intern verwendeten Objekte sind fest verdrahtet. Häufig werden bei der Initialisierung eines Objekts die benötigten Helferobjekte erzeugt und in Instanzvariablen festgehalten. Solche Objekte kann man relativ leicht durch das Anbieten zusätzlicher Methoden zum Austausch dieser Helfer testbar machen. Unser Euro-Rechner sähe dann etwa so aus:

Nachträgliche Modifikation

```
public class EuroCalculator {
  private ExchangeRateProvider provider =
    new ExchangeRateProvider();
  public void setProvider(
    ExchangeRateProvider newProvider) {
    provider = newProvider;
  }
  double valueInEuro(double amount, String currency) {...}
}
```

Dementsprechend muss unsere Testklasse in den Testmethoden den richtigen Provider durch einen Dummy-Provider explizit ersetzen:

```
public class EuroCalculatorTest...
  public void testUSD2EUR() {
    ExchangeRateProvider dummyProvider =
        new DummyProvider(1.1324);
    EuroCalculator calculator = new EuroCalculator();
    calculator.setProvider(dummyProvider);
    double result = calculator.valueInEuro(1.5, "USD");
    assertEquals(1.6986, result, ACCURACY);
  }
```

Man sieht, dass der Test länger und schlechter lesbar wird. Zudem besteht die Gefahr, dass man bei komplexeren Testszenarien vergisst, die eine oder andere Komponente durch ihr Mock-Pendant zu ersetzen. Dies kann zu subtilen und schwer ergründbaren Failures oder Errors im Test führen. Vorteilhaft hingegen ist, dass der Applikationscode nichts über das Austauschen des Provider-Objekts wissen muss.

Noch schwieriger gestaltet sich das Testen mittels Attrappen, wenn das Serverobjekt an jeder Stelle seiner Verwendung neu erzeugt wird, um beispielsweise Synchronisationsprobleme zu umgehen. Unsere (vereinfachte) valueInEuro()-Methode sähe dann folgendermaßen aus:

```
public class EuroCalculator...
   public double valueInEuro(double amount, String currency) {
      ExchangeRateProvider provider =
         new ExchangeRateProvider();
      double exchangeRate =
         provider.getRateFromTo(currency, "EUR");
      return amount * exchangeRate;
   }
```

In diesem Fall ist unser Konstruktoraufruf new ExchangeRateProvider() nichts anderes als eine implizite Konstante und spielt daher auch die gleiche unschöne Rolle bei der Wartung und beim Testen der Software: Eine Änderung der Konstanten erfordert die Suche nach allen im Code verteilten Verwendungsstellen – ein erster Schritt auf dem Weg in die »Wartungsfalle«.

Letzte Rettung: Fabrik

Die Entschlossenheit, eine solche Methode vernünftig zu testen, erfordert einen größeren Umbau: Der ExchangeRateProvider muss auf die eine oder andere Weise austauschbar gemacht werden. Wollen wir den Provider dennoch nicht als zusätzlichen Parameter übergeben, bleibt noch ein letzter Trick: Statt der Instanz selbst übergeben wir ein *Factory*-Objekt, das wir dann im Testfalle wiederum durch eine *Mock-Factory* ersetzen können. Dafür wird ein Interface mit zwei Implementierungen benötigt:

```
public interface ProviderFactory {
   public ExchangeRateProvider createProvider();
}

public class RealProviderFactory implements ProviderFactory {
   public ExchangeRateProvider createProvider() {
      return new ExchangeRateProvider();
   }
}

public class MockProviderFactory implements ProviderFactory {
   private double rate;
   public MockProviderFactory(double rate) {
      this.rate = rate;
   }
   public ExchangeRateProvider createProvider() {
      return new DummyProvider(rate);
   }
}
```

In der EuroCalculator-Klasse kann nun das entsprechende Factory-Objekt entweder im Konstruktor übergeben werden oder mittels einer Setter-Methode austauschbar sein. Ein typischer Testfall wäre dann:

```
public class EuroCalculatorTest...
  public void testUSD2EUR() {
    ProviderFactory factory =
      new MockProviderFactory(1.1324);
    EuroCalculator calculator =
      new EuroCalculator(factory);
    double result = calculator.valueInEuro(1.5, "USD");
    assertEquals(1.6986, result, ACCURACY);
  }
```

Die Testbarkeit geht jedoch hier auf Kosten der Einfachheit und Lesbarkeit: Die zusätzliche Umleitung ist schwieriger zu verstehen als ein unmittelbarer Konstruktoraufruf. Im Austausch gewinnen wir jedoch die Unabhängigkeit des EuroCalculator von einer konkreten ExchangeRateProvider-Implementierung.

Nachteile der »Fabriklösung«

Eine Abwandlung des letztgenannten Musters besteht darin, statt der Einführung eines zusätzlichen Factory-Objekts lediglich die Objekterzeugung in eine (nicht private) Fabrikmethode auszulagern. Der Test würde dann nicht mit einer Instanz der eigentlich zu testenden Klasse arbeiten, sondern mit einer eigens für den Test abgeleiteten Unterklasse, in der diese Fabrikmethode überschrieben wird. Solche schmutzigen Tricks sollten wir uns jedoch für die Fälle aufheben, in denen eine saubere Lösung aus zwingenden Gründen nicht möglich ist – also im besten Falle für niemals.

Fabrikmethode

Aspektorientierte Attrappen

Neueren Datums ist die Idee, Mock-Objekte mittels Techniken der aspektorientierten Programmierung (AOP) in die zu testenden Objekte einzuschleusen. In [Lesiecki02] und [Monk02] werden unterschiedliche Ansätze mit AspectJ [URL:AspectJ], dem verbreitetsten AOP-Werkzeug im Java-Bereich, vorgestellt. Der Vorteil dieses Vorgehens ist, dass die Zielobjekte nicht verändert werden müssen; dies kann uns im Falle von Legacy-Anwendungen den Testerhals retten. Der Nachteil besteht darin, dass diese Ansätze zum einen schwer verständlich sind und zum anderen die positiven Auswirkungen auf das Design vermissen lassen.

6.9 Böse Singletons

Einen Sonderfall des Wie-bringe-ich-den-Dummy-ins-Objekt-Problems stellen *Singletons* dar. Die Popularität von *Entwurfsmustern* [Gamma95] unter heutigen Programmierern hat dazu geführt, dass vor allem die einfachen Muster sehr häufig angewandt werden, ohne deren Nachteile zuvor abzuwägen. »Singleton« stellt das einfachste der verbreiteten Muster dar. Es soll sicherstellen, dass nur eine Instanz einer bestimmten Klasse erzeugt wird, welche zudem von allen Objekten im System leicht angesprochen werden kann. Praktisch scheint dieses Vorgehen bei systemweit verwendeten Objekten, wie z.B. Ressourcenverwaltern, Datenbanken, Voreinstellungen, und überhaupt allen global nützlichen Objekten, die der Entwickler gerne allzeit und überall zur freien Verfügung hat.

Singleton = globale Variable

Doch Vorsicht, Singletons sind, ohne Nachdenken angewandt, nichts anderes als die globalen Variablen objektorientierter Systeme – inklusive all ihrer Nachteile, z.B. der Anfälligkeit für Nebeneffekte und dem Aufweichen der Kapselung [Rainsberger01]. Auch trifft man bei der Verwendung von Singletons in Applikationsservern manchmal auf unerwartete Probleme, ausgelöst durch die Verwendung von Threads und von applikationseigenen Class-Loader-Objekten. Doch wir wollen hier keine Grundsatzdiskussion zum Thema »*Singletons are evil*« führen[3], sondern ein testspezifisches Problem untersuchen: Da es von jeder Singleton-Klasse während der Laufzeit eines Programms nur genau eine Instanz gibt und auf diese Instanz nur lesend zugegriffen werden kann, stellt sich die Frage, wie man, wenn nötig, diese Instanz gegen eine Mock-Instanz austauscht.

Folgende Lösung scheint denkbar (unsere Singleton-Klasse abstrahiert diesmal von allen sinnvollen Tätigkeiten):

```
public class Singleton {
    protected static Singleton instance = null;
    public static Singleton getInstance() {
        if (instance == null) {
            instance = new Singleton();
        }
        return instance;
    }
}
```

Damit kann unser Mock-Singleton als Unterklasse eine Initialisierungsmöglichkeit für Testzwecke anbieten:

```
public class MockSingleton extends Singleton {
    public static void initMockSingleton() {
        instance = new MockSingleton();
    }
}
```

---

3. Diese findet sich ausführlich unter [URL:CoSingle] und [URL:WikiSAE].

In unseren Tests müssen wir jetzt dafür sorgen, dass die `initMockSingleton()`-Methode zu Beginn des Tests oder im Setup ausgeführt wird:

```
public class MockSingletonTest extends TestCase {
   public void testInitialization() {
      MockSingleton.initMockSingleton();
      assertTrue(
         Singleton.getInstance() instanceof MockSingleton);
   }
}
```

Dies ist zwar ein gangbarer Weg, wenn wir uns partout nicht von unserem Singleton trennen wollen, er hat aber auch Nachteile:

- Wir müssen stets gewährleisten, dass jeder Test auch wirklich alle benötigten Singletons zu Beginn in den korrekten Testzustand bringt und danach wieder durch das Original ersetzt. Vergisst man dies, beispielsweise für ein neu hinzugekommenes Singleton, so kann dies zu schmerzhaft langen Debugging-Sessions führen.
- Manchmal benötigt jeder Test eine individuell konfigurierte Instanz unseres Mock-Singletons. Dies kann bewirken, dass sich immer mehr Initialisierungscode in der `Singleton`- oder `MockSingleton`-Klasse anhäuft.

Beide Probleme lassen sich dadurch angehen, dass man eine *Setter-Methode* für das Singleton anbietet. Damit ist das Singleton jedoch kein echtes Singleton mehr, sondern zu einer gefährlichen Mutation geworden: einem global zugänglichen Zustandsbehälter, anfällig für Nebeneffekte aller Art.

Singleton-Alternativen

Ein Ausweg aus dieser Singleton-Krise ist möglich, aber nicht kostenfrei. Hinter den meisten Singletons versteckt sich nämlich ein anderes Konzept: Wir benötigen Objekte, die innerhalb eines gewissen Kontextes gleich bleiben und nur einmal vorhanden sind. Dieser Kontext kann unser *System* sein oder unser *User* oder vielleicht auch unsere *Session*. Warum nicht also ein *Systemobjekt* zur Verfügung stellen bzw. ein User- oder ein Session-Objekt, das uns Zugriff auf die Objekte gewährt, die wir andernfalls zu Singletons gemacht hätten. Dieses Systemobjekt können wir dann entweder allen Objekten, die es benötigen, bei ihrer Erzeugung mit auf den Weg geben – oder, weil wir kompromissbereit sind, zu einem Singleton machen. So bleiben wir am Ende nur noch auf einem einzigen Singleton sitzen, das wir dann jedoch genau im Auge behalten können und müssen.

Dependency Injection Pattern

Doch sogar diese Art von Singletons werden überflüssig, wenn man konsequent ein Prinzip anwendet, das Martin Fowler in [Fowler04a] als das *Dependency Injection Pattern* (DIP) beschreibt: Jedem Objekt werden alle Objekte, von denen es abhängig ist, »hineingereicht«. Dies bedeutet, dass entweder der Konstruktor alle anderen Objekte aufnimmt (*constructor injection*) oder explizite Setter-Methoden existieren (*setter injection*). Folgt man diesem Prinzip konsequent, ist nicht nur die Testbarkeit gewährleistet, sondern Abhängigkeiten werden explizit gemacht und damit in der Regel einfacher.

Objekt-Container
Mittlerweile existieren eine Reihe kleiner und mittelgroßer Frameworks, die dem Entwickler die Konfiguration, den Zusammenbau und gegebenenfalls das Caching von Objekten abnehmen, die nach dem DIP konstruiert sind. Zwei solcher *Container* seien hier genannt: *Pico* [URL:PicoContainer] und *Spring* [URL:Spring].

Auch in dieser Diskussion haben wir gesehen, dass der Wunsch nach lokaler Testbarkeit gängige Programmiermuster in Frage stellt und uns manchmal auf Designprobleme hinweist, die wir andernfalls einfach übersehen oder zumindest ignoriert hätten. Erstellt man Software nach dem *Test-First-Ansatz*, so lassen sich die meisten Schwierigkeiten von vorneherein vermeiden. Versucht man jedoch, eine bestehende Anwendung im Nachhinein mit einem dichten Netz von Entwicklertests auszustatten, so gerät man an einen Punkt, an dem die Implementierung dieser Tests eine umfangreiche Restrukturierung des Programms voraussetzt. Wir wagen es schon kaum mehr zu sagen: Auch hier ist ein Abwägen zwischen Kosten und Nutzen angesagt, bevor man sich an monatelangen Umbauarbeiten versucht.

6.10 Leicht- und schwergewichtige Mocks

Bislang haben wir zwei Ansätze gesehen, ein Dummy-Objekt zu bauen:

1. Indem wir es als Unterklasse von der richtigen Implementierung ableiten, wie beispielsweise der `DummyRateProvider`.
2. Indem sowohl die richtige als auch die Mock-Klasse das gleiche Interface implementieren.

Während die erste Variante die einfachere ist, da wir kein eigenes Interface implementieren müssen, birgt sie gewisse Gefahren. So passiert es relativ schnell, dass man bei einer Änderung der Signatur der richtigen Klasse vergisst, die Mock-Klasse anzupassen. Das OUT ruft nun die neue Methode auf und der Test wird eine unerwartete und häufig schwer zu ergründende Failure erzeugen.

Die zweite Variante dagegen erzeugt zusätzlichen Programmieraufwand, da sie zunächst einmal die Extraktion des Interfaces erfordert und auch die Implementierung aller Methoden in der Mock-Klasse bzw. die Konfiguration eines dynamischen Mock-Objekts im Test. Änderungen der Signatur ziehen dementsprechend auch Änderungen an unterschiedlichen Stellen nach sich: dem Interface selbst, der richtigen Implementierung und aller Mock-Klassen. Dennoch bevorzugen wir meist diese Variante, da das Interface zusätzlich eine dokumentierende Funktion ausübt und die zu betrachtende Komplexität spürbar verringert wie bei unserem Übergang vom DummyPrintWriter zum DummyLogger (siehe Kapitel 6.3). Zudem kann der Aufwand zur Synchronisation zwischen Interface und Implementierung durch eine mit Refactoring-Fähigkeiten ausgestattete Entwicklungsumgebung minimiert werden.

Das UML-Diagramm in Abbildung 6–3 soll den Vollausbau unseres kleinen Musters zur Einführung von Mock-Objekten verdeutlichen. Die Idee dahinter ist, dass die Klasse AbstractMock für alle im Interface deklarierten Methoden eine NotImplementedException wirft. Konkrete Mock-Klassen leiten von ihr ab und überschreiben nur die interessanten Methoden. Gemeinsamkeiten der konkreten Mock-Objekte lassen sich zudem nach oben in AbstractMock verschieben, um auch in den Tests Codeduplikation zu vermeiden.

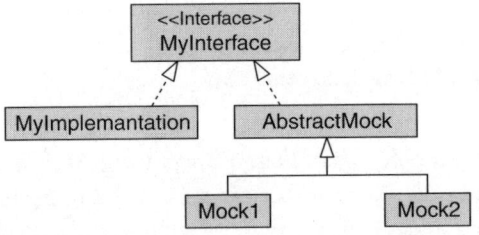

Abb. 6–3
Mock-Objekte-Hierarchie

Schauen wir uns dieses Vorgehen an einem Beispiel an: Unser Logging-Framework soll dahingehend erweitert werden, dass einzelne Logger im laufenden Betrieb ausgetauscht werden können. Dies erfordert zunächst einmal, dass in der Klasse LogServer die Methode

```
public void setLogger(Logger newLogger) {...}
```

eingefügt wird. Darüber hinaus muss unser Logger-Interface um die Methode

```
public void close();
```

erweitert werden, um zu gewährleisten, dass ein zu ersetzender Logger die Möglichkeit erhält, vor seinem Ruhestand die nun nicht mehr benötigten Ressourcen freizugeben. Vor der Implementierung schreiben wir zwei Tests für diese neue Funktionalität:

```
public class LogServerTest...
    public void testSetLogger() {
        MockLogger newLogger = new MockLogger();
        logServer.setLogger(newLogger);
        newLogger.addExpectedLine("(1): Test");
        logServer.log(1, "Test");
        newLogger.verify();
    }
    public void testCloseOnSetLogger() {
        logger.setCloseExpected();
        logServer.setLogger(new MockLogger());
        logger.verify();
    }
```

Wir fordern im zweiten Test, dass einem Logger, bevor er ersetzt wird, eine `close()`-Nachricht geschickt wird. Folgende Erweiterungen sind dafür in der `MockLogger2`-Klasse nötig:

```
public class MockLogger2 extends MockObject...
    private ExpectationCounter closeCalls =
        new ExpectationCounter("MockLogger.close");
    public void close() {
        closeCalls.inc();
    }
    public void setCloseExpected() {
        closeCalls.setExpected(1);
    }
```

Es wurde lediglich eine zusätzliche Expectation-Member-Variable hinzugefügt, die für die Anzahl der `close()`-Aufrufe zuständig ist; diese erfordert jedoch eine zusätzliche Konfigurationsmethode `setCloseExpected()`. Man kann sich vorstellen, wie sich im Zuge aller zukünftigen Erweiterungen der Logger-Funktionalität zahlreiche Expectation-Objekte und dazugehörige Konfigurationsmethoden ansammeln, von denen jedoch in jedem einzelnen Test nur ein oder zwei benötigt werden. Durch die Einführung eines abstrakten Mock-Loggers und diverser Unterklassen (z.B. `TestCloseMockLogger` und ein `TestLinesMockLogger`) ließe sich diese Vermischung umgehen, dafür hätten wir auf Dauer vermutlich mit einer sich stetig vermehrenden Zahl von Mock-Klassen zu kämpfen, von denen die meisten nur ein einziges Mal Verwendung fänden.

Diese übermäßige Vermehrung von Klassen lässt sich durch kleine Tricks vermeiden:

Tricks zur Klassenbegrenzung

1. Wird eine bestimmte Mock-Implementierung nur für einen einzelnen Test gebraucht, so erzeugt man sie als *anonyme Klasse* direkt in der Testmethode.
2. Wird eine bestimmte Mock-Implementierung nur innerhalb einer Testklasse benötigt, dann legt man sie als *innere Klasse* der Testklasse an.
3. Wir verwenden dynamische Mock-Implementierungen, z.B. Easy-Mock.

Trick Nummer 1 ist vor allem geeignet, um Methoden zu simulieren, die im Test feste Werte zurückgeben. Komplexere Validierungsfunktionen sind in anonymen Klassen nur durch leichte bis mittelschwere Verrenkungen zu erreichen, da Java diesen leichtgewichtigen Klassen einige Einschränkungen auferlegt. Unser Euro-Rechner bietet sich als typisches Beispiel für diese Technik an. Seine Tests kämen ohne die Klasse `DummyProvider` aus, dafür wäre jeder einzelne Test etwas schwerfälliger:

Attrappen als anonyme Klassen

```
public class EuroCalculatorTest...
   public void testUSD2EUR() {
      ExchangeRateProvider provider =
         new ExchangeRateProvider() {
         public double getRateFromTo(String from, String to) {
            return 1.1324;
         }
      };
      double result = new EuroCalculator().
         valueInEuro(1.5, "USD", provider);
      assertEquals(1.6986, result, ACCURACY);
   }
```

Trick Nummer 2 ist nichts anderes als die Reduzierung der Sichtbarkeit der Mock-Klasse; die Übertragung dieses Prinzips auf einen `TestLineMockLogger` überlassen wir dem geneigten Leser. Ob man eine Mock-Klasse im konkreten Fall als innere oder »normale« Klasse implementiert, hängt nicht zuletzt von der Unterstützung dieses Java-Features durch die verwendete Entwicklungsumgebung ab.

Zu guter Letzt soll auch die Möglichkeit nicht unerwähnt bleiben, die Testklasse selbst als Mock-Objekt zu nutzen, indem man sie das entsprechende Interface selbst implementieren lässt. Dies ist eine leicht abgewandelte Form des Ansatzes mit der inneren Klasse, jedoch ohne die Möglichkeit, von einer bestehenden abstrakten Klasse zu erben. Dieses Vorgehen wird in [Feathers00] als das »*Self*«-*Shunt*-Testmuster beschrieben.

Evolution eines Mock-Objekts

Und welche dieser zahlreichen Möglichkeiten empfehlen wir für die Praxis? Am besten halten wir uns auch hier an die XP-Regel: »Tue das Einfachste, das möglicherweise funktioniert!«[4] Im EuroCalculator-Beispiel würden wir mit einer anonymen Klasse beginnen und dann beim zweiten Test, der die getRateFromTo()-Methode überschreibt, auf eine innere Klasse umschwenken. Sobald wir diese Klasse außerhalb benötigen oder sobald wir feststellen, dass die erschwerte Handhabbarkeit der inneren Klasse den kleinen Vorteil der reduzierten Sichtbarkeit aufhebt, extrahieren wir die innere Klasse und machen sie zu einem vollwertigen Mitglied unserer Java-Gesellschaft. Bemerken wir jedoch im Laufe der Entwicklung, dass unsere Mock-Objekte lediglich ein festes Aufrufprotokoll verifizieren, bietet sich die Verwendung von EasyMock an, und wir würden alle Attrappen-Klassen mit einem Schlage los. Iteratives Vorgehen und Experimentieren ersetzen auch hier das starre Festhalten an unumstößlichen Regeln.

6.11 Dateiattrappen

In Kapitel 6.3 haben wir einen Test für die FileLogger-Klasse geschrieben. Das Unschöne an diesem Test war, dass wir den Namen einer Testdatei als Konstante angeben mussten. Dies macht uns nicht nur vom verwendeten Dateisystem abhängig, sondern auch von Dingen wie den *Security*-Einstellungen und dem vorhandenen Plattenplatz. Seit JDK 1.2 stellt uns die Klasse java.io.File zwar einen Mechanismus zur Verfügung, um temporäre Dateien unabhängig von einem konstanten Dateipfad zu erzeugen, aber die Abhängigkeit von der Verfügbarkeit des Filesystems und dessen Zugriffsrechten bleibt auch mit dieser Methode bestehen.

Generische Mock-Dateien

Warum nutzen wir nicht unser neues Wissen über Dummy- und Mock-Klassen, um unsere eigene MockFile-Klasse zu programmieren? Leichter gesagt als getan, da uns die Entwickler des JDK ein paar Steine in den Weg zu diesem Ziel gelegt haben: Das größte Hindernis ist die Tatsache, dass die Klasse java.io.File nicht das hält, was der Name verspricht: Sie ist nämlich keineswegs eine Abstraktion all der Dinge, die wir gerne mit Dateien tun würden, sondern lediglich eine vom konkreten Filesystem unabhängige Abstraktion eines Dateinamen und seines Zugriffspfades.

---

4. »We [...] generally do [...] the simplest thing that could possibly work.« [Jeffries00], S. 74.

Die eigentliche Dateifunktionalität ist in den Klassen java.io.FileInputStream und java.io.FileOutputStream verborgen. Lohnt es sich, Mock-Klassen für diese beiden »Ströme« zu erzeugen, indem man die diversen read- und write-Methoden überschreibt?

In den meisten Fällen lohnt es sich nicht, da uns die Funktionalität von Streams, die ihre Daten in Buffer schreiben und aus Buffern holen, schon in Form diverser anderer Stream-Klassen (z.B. ByteArrayInputStream und ByteArrayOutputStream) zur Verfügung steht. Diese können dann für Testzwecke den Platz der File-Streams einnehmen.

Schauen wir uns das am Beispiel unseres FileLogger von oben an (Seite 106 ff.). Zunächst machen wir aus dem FileLogger einen StreamLogger, der zwei Konstruktoren anbietet:

```java
import java.io.*;
public class StreamLogger implements Logger {
  private PrintWriter writer;
  public StreamLogger(OutputStream out) throws IOException {
    writer = new PrintWriter(out);
  }
  public StreamLogger(String filename) throws IOException {
    this(new FileOutputStream(filename));
  }
  public void close() {
    writer.close();
  }
  public void logLine(String logMessage) {
    writer.println(logMessage);
  }
}
```

Nun können wir im Konstruktor einen beliebigen InputStream übergeben. Dies ermöglicht einen vom Dateizugriff unabhängigen Test:

```java
public class StreamLoggerTest...
  public void testLogLine() throws Exception {
    ByteArrayOutputStream out =
      new ByteArrayOutputStream();
    StreamLogger logger = new StreamLogger(out);
    logger.logLine("Zeile 1");
    logger.logLine("Zeile 2");
    logger.close();
    ByteArrayInputStream in =
      new ByteArrayInputStream(out.toByteArray());
    BufferedReader reader =
      new BufferedReader(new InputStreamReader(in));
    assertEquals("Zeile 1", reader.readLine());
```

```
        assertEquals("Zeile 2", reader.readLine());
        assertNull("Dateiende erreicht", reader.readLine());
        reader.close();
    }
```

Das ganze Herumhantieren mit verschiedenen Stream- und Writer-Klassen lässt sich jetzt noch schön in eine wiederverwendbare Mock-Klasse stecken:

```
import java.io.*;
import java.util.*;
public class MockTextOutputStream extends OutputStream {
    private ByteArrayOutputStream outputStream;
    private List expectedLines = new ArrayList();
    private boolean streamClosed = false;
    public MockTextOutputStream() {
        outputStream = new ByteArrayOutputStream();
    }
    public void addExpectedLine(String line) {
        expectedLines.add(line);
    }
    public void close() throws IOException {
        streamClosed = true;
        outputStream.close();
    }
    public void flush() throws IOException {
        outputStream.flush();
    }
    private InputStreamReader getReader() {
        InputStream input =
            new ByteArrayInputStream(outputStream.toByteArray());
        return new InputStreamReader(input);
    }
    public void verify() throws IOException {
        if (!streamClosed) {
            Assert.fail("Stream was not closed");
        }
        BufferedReader reader =
                new BufferedReader(this.getReader());
        Iterator i = expectedLines.iterator();
        while(i.hasNext()) {
            String expectedLine = (String) i.next();
            String actualLine = reader.readLine();
            Assert.assertEquals(expectedLine, actualLine);
        }
        Assert.assertNull("EOF expected", reader.readLine());
    }
```

```
    public void write(byte[] b) throws IOException {
        outputStream.write(b);
    }
    public void write(int b) throws IOException {
        outputStream.write(b);
    }
}
```

Dieser `MockTextOutputStream` kann immer dann verwendet werden, wenn es darum geht, zeilenweise Ausgaben in einen beliebigen OutputStream zu überprüfen. Da uns in diesem Falle die Mock-Objects-Bibliothek nicht viel weiter hilft, haben wir auf ihren Einsatz verzichtet. Unser geänderter Test sieht durch die Verwendung von `MockTextOutputStream` nun so aus:

```
public class StreamLoggerTest...
    public void testLogLine() throws IOException {
        MockTextOutputStream mockStream =
            new MockTextOutputStream();
        mockStream.addExpectedLine("Zeile 1");
        mockStream.addExpectedLine("Zeile 2");
        StreamLogger logger = new StreamLogger(mockStream);
        logger.logLine("Zeile 1");
        logger.logLine("Zeile 2");
        logger.close();
        mockStream.verify();
    }
```

Der eigentliche Testcode ist kürzer geworden. Je mehr Tests dieser Art man besitzt, desto lohnender ist die Investition in den Mock-Stream.

Im vorliegenden Beispiel fällt auf, dass die `testLogLine()`-Methode stark an die letzte Fassung der `testSimpleLogging()`-Methode in `LogServerTest` erinnert (vgl. Kapitel 6.5). Dies liegt daran, dass der `StreamLogger` nichts weiter tut, als die hereinkommenden Log-Zeilen in einen `PrintWriter` zu schieben. Ob diese bloße Delegation überhaupt eines eigenen Tests bedarf, kann durchaus unterschiedlich beurteilt werden, wir plädieren jedoch für die Erstellung des Tests. Denn selbst wenn wir im Augenblick sehen, dass der Code unserer `logLine()`-Methode genau das tut, was er tun soll, kann das nach dem nächsten Refactoring schon völlig anders sein.

Testen einer einfachen Delegation

Angelehnt an `MockTextOutputStream` empfehlen wir an dieser Stelle die Implementierung einer `MockTextInputStream`-Klasse zur Übung. Oder besser doch eine Kaffeepause ...

6.12 Noch mehr typische Mock-Objekte

Weitere Anwendungsgebiete

Die Verwendung von Mock-Objekten bietet sich an zahlreichen Stellen unseres Codes an. Die Mock-Streams des vorangegangenen Unterkapitels sind dabei ebenso typisch wie die Beispiele, die wir u.a. in den Kapiteln 9 und 13 noch kennen lernen werden. Hier noch einige Ideen:

- Das korrekte Versenden von *Events* an entsprechende *Listener-Objekte* lässt sich durch *MockListener* überprüfen. Je nach Komplexität der Event-Instanzen könnte man dabei die erwartete Sequenz an Events durch `String`-Objekte beschreiben, die den `toString()`-Repräsentationen der Events entsprechen.
- Möchte man die genaue *Reihenfolge von empfangenen Nachrichten* verifizieren, dann bietet sich auch hier die Umwandlung der Nachrichten im Mock-Objekt zu Strings an. Unter Umständen erfordert dieses Vorgehen jedoch häufige Anpassungen im Zuge von Methodenumbenennungen.
- Die Überprüfung einer Nachrichten- oder Event-Sequenz über mehrere Clients (und damit Mock-Objekte) hinweg, lässt sich bewerkstelligen, indem man allen betroffenen Mock-Objekten einen *Nachrichtenregistrator* mitgibt. Dieser Registrator spielt die Rolle des eigentlichen Mocks und vergleicht die erwartete mit der tatsächlichen Nachrichtenfolge.

Diese Art von Tests reagiert äußerst empfindlich auf kleine Änderungen der Implementierung unserer CUT und kann daher nur für Fälle empfohlen werden, in denen die exakte Reihenfolge Teil der Spezifikation ist. Dies trifft häufig auf Frameworks zu, in denen abstrakte Framework-Oberklassen die Aufrufreihenfolge abstrakter Methoden garantieren[5].

6.13 Fremde Komponenten

Das Testen mit Dummy-Objekten funktioniert immer dann wunderbar, wenn unsere Hilfs- bzw. Serverobjekte die einfache Erstellung von Attrappen erlauben. Arbeiten wir ausschließlich mit eigenem Code, dann können wir diese Art der Testbarkeit schlimmstenfalls durch größere Refactoring-Maßnahmen herstellen. Haben wir à la *Test-First* gearbeitet, so ergibt sich die Testbarkeit meist von alleine.

Testbarkeit fremder Klassen

Anders sieht dies bei unseren Schnittstellen zur Java-Bibliothek oder eingekauften Komponenten aus. Mit großem Glück sind auch

---

5. Dies entspricht dem *Template-Method*-Entwurfsmuster aus [Gamma95].

hier die externen APIs mittels Interfaces oder abstrakter Klassen gekapselt und können in unseren Tests leicht durch Mock-Objekte ersetzt werden. Ein Beispiel dafür ist die Klasse `java.io.OutputStream`, die wir oben ohne größere Schwierigkeiten durch unseren `MockTextOutputStream` ersetzen konnten. Gerade jedoch bei Bibliotheken von Drittanbietern, und wenn wir mit den Teilen der Java-Bibliothek zu tun haben, die noch aus JDK 1.0 übrig geblieben sind, sieht die Situation oft so aus[6]:

```
import thirdparty.*;
public class MyClient {
   public void doSomething(String arg) {
      TheirRequest request = new TheirRequest(arg);
      TheirResponse response = request.send();
      String answer = response.getAnswer();
      // do something with answer...
   }
}
```

Dabei sind die `Their*`-Klassen die vom Drittanbieter zur Verfügung gestellten Schnittstellen; `MyClient` ist unsere eigene Klasse. Gemäß dem bislang Erlernten planen wir nun folgendes Vorgehen: Wir bauen uns eine Klasse `MockRequest`, die von `TheirRequest` abgeleitet wird, und diese gibt uns dann bei `send()` eine Instanz von `MockResponse`, ihrerseits abgeleitet von `TheirResponse`, zurück, deren Reaktion auf `getAnswer()` wir natürlich wieder vorher festgelegt haben. Gelingt uns das, so haben wir auch diese Fremdschnittstelle mit unserem Attrappenangriff zähmen können. Doch häufig scheitern wir bei diesem Versuch aus einem oder mehreren der folgenden Gründe:

- `TheirRequest` und/oder `TheirResponse` sind *final*, d.h., von ihnen können keine Unterklassen abgeleitet werden.
- Die Klassen selbst sind nicht *final*, dafür aber die Methoden `send()` und/oder `getAnswer()`.
- Die vorhandenen Konstruktoren von `TheirResponse` sind für eine Mock-Unterklasse nicht zu gebrauchen, da sie Parameterobjekte benötigen, deren Erzeugung von außerhalb der Bibliothek nicht möglich ist bzw. wieder neue Parameter erfordert usw.
- Die Bibliotheksklassen tun Dinge, die wir mit unserem Mock-Ansatz gerade vermeiden wollten, z.B. Netzwerkzugriffe.

---

6. Das Beispiel ist sinngemäß der Diskussion in [URL:WikiUTATP] entnommen.

Es hilft nicht weiter, über die Unzulänglichkeiten der unbekannten Entwickler zu jammern. Nein, wir müssen unser Testproblem lösen. Bei vorliegendem Quellcode könnten wir die entsprechenden Klassen so ändern, dass sie sich unseren Testanstrengungen nicht mehr entgegenstellen. Damit hängen wir uns jedoch für zukünftige Versionen der Fremdbibliothek einen Wartungsklotz ans Bein.

Einführung einer Fassade

Gibt es vielleicht einen anderen Weg? Bauen wir doch einfach noch eine Schicht um die Fremdschnittstelle herum: Zunächst definieren wir ein Interface, das die Funktionalität der Fremdbibliothek für unsere speziellen Bedürfnisse definiert. Dieses Vorgehen ist in [Gamma95] auch als *Fassade*-Muster (engl. Facade) beschrieben. Im vorliegenden Fall sieht das so aus:

```
public interface AnswerFactory {
    String getAnswer(String arg);
}
```

Unser eigener Client benutzt von nun an nur noch diese »Fabrik« zum Erzeugen des answer-Objekts:

```
import thirdparty.*;
public class MyClient {
    private AnswerFactory factory;
    public MyClient(AnswerFactory factory) {
        this.factory = factory;
    }
    public void doSomething(String arg) {
        String answer = factory.getAnswer(arg);
        // do something with answer...
    }
}
```

Jetzt fehlen nur doch die beiden Implementierungen von AnswerFactory ...

```
public class MockAnswerFactory implements AnswerFactory {
    private String answer;
    public MockAnswerFactory(String presetAnswer) {
        answer = presetAnswer;
    }
    public String getAnswer(String arg) {
        return answer;
    }
}
```

```
import thirdparty.*;
public class AnswerFactoryImpl implements AnswerFactory {
   public String getAnswer(String arg) {
      TheirRequest request = new TheirRequest(arg);
      TheirResponse response = request.send();
      return response.getAnswer();
   }
}
```

Und schon sind wir da, wo wir hin wollten: Wir besitzen ein Mock-Objekt, mit dessen Hilfe wir unsere `MyClient`-Klasse testen können. Eine kleine Lücke hat das Ganze jedoch bekommen: Die Klasse `AnswerFactoryImpl` bleibt ungetestet. Könnten wir sie testen, hätten wir uns die Mühe von Anfang an nicht machen müssen. Aus diesem Grund sollten die Methoden dieser »Weiterleitungsklasse« so einfach wie möglich bleiben. Benötigen wir außer der reinen Übersetzung von Methodenaufrufen zusätzliche Logik in dieser Klasse, empfiehlt sich eine weitere Aufteilung in *Fassade* und *Delegator*.

Außer der Testbarkeit haben wir übrigens noch etwas Weiteres gewonnen: die Unabhängigkeit unseres Clients von der externen Schnittstelle. Entscheiden wir uns später für die Verwendung einer anderen Bibliothek, müssen wir »nur noch« die Fassadenimplementierung austauschen.

Gewonnene Unabhängigkeit

Es gehört normalerweise nicht zu unseren Aufgaben, die Funktionalität der externen Bibliothek zu testen; dies sollte bereits andernorts geschehen sein. Sinnvoll ist jedoch, eine Hand voll Tests aufzunehmen, die unsere spezielle Verwendung der Bibliothek abdecken, um sicherzugehen, dass wir die Schnittstelle richtig verstanden haben und dass auch eine neue Version der Bibliothek noch wie erwartet funktioniert. Dies ist vor allem dann wichtig, wenn sich die Bibliothek häufig ändert. Aber das ist eine andere Geschichte ...

Tests für externe Bibliotheken

6.14 Pro und Contra

Die Verwendung von Dummy- und Mock-Objekten ist sowohl in der Gemeinde der Softwaretester als auch in der XP-Welt nicht unumstritten. Tragen wir die Argumente beider Seiten nochmal zusammen. Zunächst die Vorteile von Dummy-Objekten:

- Wir können mit einer feineren Granularität und größeren Genauigkeit testen. Dies zeigt sich u.a. darin, dass wir eine *Test-Failure* immer auf einen Fehler im Testobjekt oder den Test selbst zurückführen können und nicht in Schichten des Programms wühlen müssen, die augenblicklich nicht von Interesse sind.

Vorteile von Dummy-Objekten

- Die Attrappe erlaubt es, uns auf das zu testende Objekt zu konzentrieren und den für den Test nötigen Anfangszustand leichter zu erzeugen. Der Aufbau eines komplexen Anfangszustandes mit den richtigen (eventuell persistenten) Objekten kann dagegen ein schwieriges Problem darstellen.
- Testeigene Dummy-Objekte stellen die Wiederholbarkeit unserer Tests sicher. Echte Serverobjekte ändern durch einen Test möglicherweise ihren Zustand und müssten nach dem Test wieder zurückgesetzt werden. Dies ist im besten Fall zusätzlicher Aufwand, unter Umständen sogar völlig unmöglich.
- Die Verwendung echter Serverobjekte im Test stellt eine Art von *Mikrointegrationstest* dar. *Integrationstests* überlappen jedoch stark mit den *Funktionstests* und sind nur in besonderen Fällen Teil der *Entwicklertests*. Die Erfahrung zeigt auch, dass Tests, die Objekte vieler Schichten integrieren, auf Dauer zu langsam für ein schnelles und ständiges *Feedback* werden.
- Dummy-Objekte ermöglichen uns, das Verhalten des Testobjekts an den Rändern erlaubter Wertebereiche zu testen sowie Fehlerfälle und Exceptions sehr dediziert zu simulieren. Die Erzeugung bestimmter Randbedingungen und Fehlerfälle durch mehrere Abstraktions- und Zugriffsschichten hindurch ist äußerst schwierig und in vielen Fällen sogar unmöglich.
- Dummy-Objekte erlauben darüber hinaus ein Outside-in-Vorgehen bei der Softwareentwicklung, wo wir sonst, wegen der Abhängigkeiten der Objekte untereinander und von Schicht zu Schicht, nur bottom-up entwickeln könnten. Dies bedeutet auch, dass wir bei Verwendung von Mock-Objekten nicht mehr die komplette Infrastruktur unseres Systems zu Beginn festlegen müssen, sondern diese iterativ und inkrementell auf- und ausbauen können.
- Testen mit Dummy-Objekten verbessert die Struktur des resultierenden Programms, da es kleine Objekte bevorzugt und für die Einhaltung des *Dependency Inversion Principle* und des *Law of Demeter* (siehe Anhang D: *Glossar*, Seite 386) sorgt.

Zusätzliche Vorteile bieten Mock-Objekte als besondere Attrappen-Spezies:

Vorteile von Mocks

- Herkömmliche Tests sind auf das Überprüfen von Rückgabewerten und nach außen sichtbaren Zustandsänderungen des Testobjekts angewiesen. Mock-Objekte erlauben es uns, zu überprüfen, ob der Zugriff des Testobjekts auf seine Helfer- und Serverobjekte richtig ist. Wir testen sozusagen von innen.

- Mock-Objekte dienen als Behälter, in dem wir sich wiederholende Testfunktionalität sammeln können. Sie erleichtern das *Refactoring* von Testcode und stellen ein Muster dar, das die Kommunikation des Codes verbessert.

Alle genannten Punkte haben entweder mit der Erhöhung der Unabhängigkeit (von Tests und Code) oder der Verbesserung der Kommunikation zu tun. All diesen Vorteilen stehen auch Nachteile gegenüber:

Nachteile

- Dummy-Klassen können Fehler enthalten. Dieses Problem wird jedoch dadurch relativiert, dass die Wahrscheinlichkeit, dass sich Fehler in der Dummy-Klasse und in der Testklasse gegenseitig verstecken, sehr klein ist. Fehler der Dummy-Klasse werden daher meist sofort entdeckt.
- Mock-basiertes Testen findet keine Fehler, die sich aus dem Zusammenspiel mehrerer Komponenten ergeben. Diese Fehlerkategorie decken wir einfacher durch Funktionstests und Integrationstests ab. Werden solche Fehler dennoch zu einem häufigen Problem, sollte man über zusätzliche »lokale« Integrationstests an den kritischen Stellen des Systems nachdenken, die idealerweise aber nur zwei aneinander grenzende Schichten integrieren.
- Änderungen am Interface der echten Implementierung erfordern Änderungen am Dummy-Objekt. Dieser zusätzliche Aufwand macht erfahrungsgemäß jedoch nur einen kleinen Teil des Gesamtaufwands zur Aktualisierung aller Tests aus. Häufig hilft auch die IDE beim Finden der zu ändernden bzw. zu ergänzenden Signaturen.
- Das Testen mit Attrappen muss von den Entwicklern erlernt werden. Mit der Zeit wächst jedoch nicht nur die Erfahrung, sondern auch die Bibliothek an wiederverwendbaren Dummy- und Mock-Objekten.
- »Testen von innen« erfordert, dass man weiß, was in der Klasse geschieht bzw. geschehen soll. Ändert sich die Implementierung, z.B. weil man bessere Wege gefunden hat, mit einem Serverobjekt zu arbeiten, muss häufig auch der Testcode (inklusive Mock-Objekten) geändert werden, obwohl das Testobjekt nach außen ein unverändertes Verhalten zeigt. Mock-Objekte werden daher bevorzugt für das Testen relativ stabiler Implementierungen verwendet.

Robert Binder beurteilt den Aufwand zur Erstellung von *Stubs* als sehr hoch (siehe [Binder99] S. 662 ff.). Vor allem die große Anzahl von Stub-Objekten, die gebraucht werden, um jeden einzelnen Test mit den nötigen Antworten zu versorgen, sieht er als großes Hindernis bei der generellen Nutzung dieser Technik. Unsere Erfahrung stützt diese These nicht; wir kommen meist mit einem einzigen und leicht zu kon-

Kosten der Dummy-Programmierung

figurierenden Mock-Objekt pro Test aus. Diese Diskrepanz in der Erfahrung ergibt sich teils aus den Unterschieden zwischen der Anwendung von *Test-First-* und *Test-After-*Entwicklung, von dem die klassische Testtheorie ausgeht. Zum anderen simulieren herkömmliche Stubs oft das echte Verhalten des Systems, was einen deutlich höheren Implementierungsaufwand erfordert als schlanke Mock-Objekte.

Brian Marick sieht zwei Hauptprobleme bei der Verwendung von »Stubs« (siehe [Marick00] S. 110): (a) Jede falsche Vorstellung (*Misconception*), die wir über das echte Objekt haben, implementieren wir auch im Dummy-Objekt. (b) Fehler, die wir sonst über indirekte Aufrufe im Hilfsobjekt gefunden hätten, bleiben unentdeckt. Grund (b) warnt uns vor der Annahme, dass durch die Mock-Technik Interaktionstests, wie sie in Kapitel 4.7 beschrieben werden, völlig wegfallen können; bestenfalls reduziert sich deren Anzahl.

Heuristiken für den Einsatz von Mocks

Die richtige Abwägung zwischen den zahlreichen Vor- und Nachteilen erfordert Erfahrung und Mut zum Experimentieren. Die Autoren verwenden Dummy- und Mock-Objekte in folgenden Situationen:

- Wir kommen ohne sie nicht aus, wenn die Tests zu langsam laufen, wenn die »richtige« Klasse noch nicht existiert oder wenn bestimmte Grenz- und Fehlerfälle nicht anders testbar sind.
- Sie verbessern die Lesbarkeit und Wartbarkeit unseres Testcodes, z.B. durch Entfernung von Codeduplikation.
- Sie stellen das einfachste Mittel dar, einen Fortschritt zu erzielen. Insbesondere trifft dies zu, wenn es darum geht, benötigte »Hilfsobjekte« und deren Schnittstellen zunächst einmal zu identifizieren; dies ist nichts anderes als *testgetriebenes Schnittstellendesign*.

Wenn wir den Test genauso leicht und genauso lesbar und mit der gleichen oder weniger Redundanz ohne Dummy-Objekte hinschreiben können, dann verzichten wir auf sie. Je mehr wir uns jedoch an sie gewöhnt haben, desto häufiger finden wir gute Gründe für ihre Verwendung, insbesondere wenn wir durch den Einsatz dynamischer Mocks (siehe Kapitel 6.6) kaum zusätzlichen Aufwand haben.

Wir müssen jedoch darauf achten, dass unsere Mock-Objekte nicht zu komplex werden. Anzeichen für zu große Komplexität sind:

- Sie duplizieren Programmlogik aus den »richtigen« Klassen.
- Sie rufen ihrerseits andere Mock- oder Dummy-Objekte auf.
- Wir haben das Bedürfnis, Testfälle für die Mock-Objekte selbst zu schreiben.

In diesen Fällen hilft es, einen Schritt zurückzutreten und uns zu fragen, ob wir die Mocks nicht vereinfachen können, z.B. durch die Aufteilung in mehrere Mock-Klassen, ob wir sie vielleicht gar nicht benötigen, ob es vielleicht auch eine einfache Dummy-Klasse tut oder ob das Mock-Problem nicht eigentlich unsere Aufmerksamkeit auf ein Designproblem lenken möchte.

6.15 Zusammenfassung

Ein *Dummy-Objekt* ist ein Objekt, das ein anderes für die Dauer eines Tests ersetzt. Dabei implementiert es das gleiche Interface wie die »richtigen« Objekte, ersetzt jedoch komplexe Berechnungen durch konstante Rückgaben, wirft auf Befehl Exceptions, führt zusätzliche Parameterüberprüfungen durch oder tut andere Dinge, die man lediglich in den Tests benötigt. *Mock-Objekte* sind besondere Dummy-Objekte, die zusätzlich die Spezifikation des erwarteten Verhaltens und die Überprüfung des tatsächlichen Verhaltens an sich ziehen (siehe Kapitel 6.5).

Hauptargument für die Verwendung von Attrappen sind die gewonnene Unabhängigkeit in den Tests und die damit einhergehenden Designverbesserungen. Insbesondere ermöglichen Attrappen das *isolierte Testen* unserer Units, welche sonst nur im Zusammenhang mit anderen Einheiten testbar wären. Auch Mock-Objekte sollten nicht reflexartig, sondern nur nach Abwägung der positiven und negativen Auswirkungen verwendet werden (siehe Kapitel 6.14). Typische Anwendungsfälle sind die Zugriffe auf Dateien oder andere externe Ressourcen sowie die Anbindung von Fremdkomponenten. Auch in vielen Kapiteln des zweiten Teils dieses Buches werden Dummy-Objekte und Mocks eine wichtige Rolle spielen.

7 Vererbung und Polymorphismus

Java ist bekanntlich eine objektorientierte Sprache. Neben den Konzepten der Objektidentität und Datenkapselung gehören auch *Vererbung* und *Polymorphismus* zu den wesentlichen Eigenschaften des objektorientierten Paradigmas[1]. Die beiden letztgenannten Konzepte haben in diesem Buch bislang – außer in der Implementierung unserer Testfälle – keine größere Rolle gespielt. So nützlich und bequem Vererbung und Polymorphie für das Entwickeln von Software sind, so groß sind auch die Probleme, die sie beim Testen bereiten. Doch alles Klagen ist zwecklos; wir müssen uns mit den positiven und negativen Auswirkungen auseinander setzen.

7.1 Vererbung

Wohlgeformte Vererbungshierarchien

Viele unerfahrene Entwickler betrachten Vererbung zwischen Klassen vor allem als ein praktisches Mittel zur Vereinfachung der Implementierung: Kennen sie eine Klasse, die bereits einen Teil der Fähigkeiten besitzt, die wir uns für eine neue Klasse wünschen, dann erweitern sie diese Klasse – schließlich nennt sich das Schlüsselwort »extends« –, fügen hier eine Methode hinzu, überschreiben dort eine andere und – voilà – fertig ist das neue Wunderwerk.

Vererbung als Reuse-Mechanismus

Nachteilig wirkt sich diese Verwendungsart des Vererbungsmechanismus vor allem dadurch aus, dass wir nicht nur die erwünschten, sondern auch die unerwünschten Eigenschaften der Oberklasse mitgenommen haben. Und da Java – wie die meisten anderen statisch typisierten Sprachen – mit der extends-Beziehung auch eine Untertyp-

---

1. Einige Sprachen, z.B. das prototypbasierte *Self*, kommen jedoch ohne Klassen und klassenbasierte Vererbung aus.

Beziehung verknüpft, sind nun die Pforten für eine nicht beabsichtigte Verwendung der neuen abgeleiteten Klasse geöffnet. Vererbung als Wiederverwendungsmechanismus ist nicht nur sehr verbreitet, sondern einer der Hauptgründe für die Unwartbarkeit größerer objektorientierter Systeme[2].

Ersetzbarkeitsprinzip

Die Probleme dieser Art der Vererbung werden umgangen, wenn man sich beim Aufbau von Vererbungshierarchien an das *Ersetzbarkeitsprinzip* (*Liskov Substitution Principle* [Liskov93], [Martin96a] und [Neumann00]) zur Bildung von Subtypen hält. Dieses besagt, dass ein Objekt eines Untertyps – und damit auch eine Instanz einer Unterklasse – jederzeit das Objekt des Obertyps ersetzen können muss.

Diese Regel erscheint zunächst intuitiv, hat jedoch ihre Tücken, wenn man sich bei der Bildung von Klassenhierarchien gerne von den Spezialisierungsbeziehungen des »realen Lebens« inspirieren lässt. Deutlich wird die Problematik am viel verwendeten Beispiel der Beziehung zwischen Rechteck und Quadrat. Ein Programmierer mit mathematischen Grundkenntnissen weiß, dass ein Quadrat (*square*) ein Rechteck (*rectangle*) mit zwei gleichen Seiten ist, und kommt daher zu folgendem Code:

```
public class Rectangle {
   private int x;
   private int y;
   public Rectangle(int x, int y) {...}
   public int getX() {...}
   public int getY() {...}
}

public class Square extends Rectangle {
   public Square(int x) {
      super(x, x);
   }
}
```

So weit, so gut. Die Schwierigkeiten beginnen, wenn er nun der Klasse Rectangle die Methode `stretchX(int factor)` hinzufügt. Die entscheidende Nachbedingung dieser Methode ist, dass x danach um factor gestreckt wurde, y jedoch unverändert bleibt. Die Unterklasse Square kann diese Eigenschaft nie erfüllen, da ihre Seiten immer gleich lang bleiben müssen. Daher kann eine Instanz von Square nicht mehr an allen Stellen eine Instanz von Rectangle ersetzen – das Substitutionsprinzip ist verletzt.

---

2. Die Situation verschlimmert sich noch, wenn von Mehrfachvererbung Gebrauch gemacht wird.

Im konkreten Beispiel gibt es mehrere Lösungsmöglichkeiten, auf die nicht näher eingegangen werden soll[3]. Was wir daraus lernen können, ist die Tatsache, dass *wohlgeformte Vererbungshierarchien* – d.h., sie genügen dem Ersetzbarkeitsprinzip – nicht den natürlichen Generalisierungs- und Spezialisierungshierarchien entsprechen müssen, sondern von den konkreten Anforderungen unseres Programms bestimmt werden.

Wohlgeformte Hierarchien

Im allgemeinen Fall wird eine wohlgeformte Hierarchie durch zwei Regeln sichergestellt:

Regeln für wohlgeformte Vererbungshierarchien

- Eine Unterklasse kann die **Nachbedingungen** einer öffentlichen Methode unverändert lassen oder **verschärfen**, d.h. zusätzliche Bedingungen einbringen. Dies gilt gleichermaßen für die Klasseninvariante, da wir diese als implizite Nachbedingung aller öffentlichen Methoden betrachten können.
- Eine Unterklasse kann die **Vorbedingungen** einer öffentlichen Methode unverändert lassen oder **aufweichen**, d.h. Bedingungen wegnehmen bzw. erleichtern. Dies scheint zunächst unintuitiv, folgt aber direkt aus dem Substitutionsprinzip.

Diese beiden Regeln entsprechen auch denen von Design by Contract (siehe Kapitel 4.8), das gerade in der Überprüfung von Vererbungshierarchien auf Wohlgeformtheit seine starke Seite zeigt. Meist sind es jedoch die nicht explizit gemachten Bedingungen, die uns Schwierigkeiten bereiten.

Im weiteren Verlauf des Kapitels gehen wir davon aus, dass wir es mit wohlgeformten Hierarchien zu tun haben oder zumindest nach Wohlgeformtheit streben; andernfalls ergäbe die Wiederverwendung von Testfällen kaum Sinn. Im Einzelfall kann das Brechen des Ersetzbarkeitsprinzips durchaus seine Berechtigung haben, vorausgesetzt wir sind uns über die Folgen – z.B. die erschwerte Testbarkeit – im Klaren.

Wiederverwendung von Oberklassentests

Eine angenehme und intuitive Vermutung scheint das Testen von Klassenhierarchien zu einer leichten und unaufwändigen Übung zu machen: Wenn eine Unterklasse den Anforderungen des Ersetzbarkeitsprinzips gehorcht, d.h. ein echter Subtyp der Oberklasse ist, sollten (a) unveränderte Methoden gar nicht mehr getestet werden müssen und (b) überschriebene Methoden mit der Testsuite der Oberklasse adäquat getestet werden können.

---

3. Beispielsweise Umdrehen der `extends`-Beziehung, Extraktion einer gemeinsamen Oberklasse oder Einführung von *Wertesemantik*.

Testaxiome

Leider sind beide Vermutungen falsch. Dies geht aus Weyukers drei Testaxiomen [Weyuker88] hervor, welche die Grenzen der Übertragbarkeit der Testabdeckung für modulare – und damit auch objektorientierte – Systeme beschreiben:[4]

- Das **Antiextensionality-Axiom** besagt, dass eine Testsuite, die eine bestimmte Implementierung einer Spezifikation adäquat testet, nicht notwendigerweise eine andere Implementierung der gleichen Spezifikation adäquat testet.
- Das **Antidecomposition-Axiom** besagt, dass die Testabdeckung, die für ein *Module under Test* gilt, nicht notwendigerweise für die Module erreicht wird, die dieses Modul aufruft.
- Das **Anticomposition-Axiom** besagt, dass Testsuiten, die adäquat sind für die einzelnen Segmente eines Moduls, nicht notwendigerweise für das Modul als Ganzes adäquat sind.

Auswirkungen der Testaxiome

Für unsere Strategie zum Testen von Klassenhierarchien hat das einige Auswirkungen. Zum einen müssen wir auch unveränderte Methoden einer Unterklasse testen, wenn diese direkt oder indirekt überschriebene Methoden aufruft. Zum anderen genügt die Testsuite der Oberklasse oft nicht, um überschriebene Methoden der Unterklasse zu testen. Dies resultiert daher, dass eine andere Implementierung sowohl neue implementierungsbasierte als auch – bei geänderten Vor- oder Nachbedingungen – erweiterte spezifikationsbasierte Tests benötigt. Die gute Nachricht lautet, dass wir zumindest einen Teil der Testsuite der Oberklasse zum Testen der Unterklasse wiederverwenden können.

Versuchen wir einmal, die Theorie an einem Beispiel in die Tat umzusetzen: Es handelt sich um eine denkbar einfache Hierarchie zweier Klassen, wie sie Abbildung 7–1 zeigt. Die Attribute sind dabei nicht etwa öffentlich zugänglich, sondern stehen stellvertretend für entsprechende Getter- und Setter-Methoden. Im Diagramm ist nicht zu erkennen, dass die `PriceOutOfBoundsException` von der Methode `sell(double price)` geworfen werden kann. Diese Methode hat zusätzlich die Bedingung, dass sie nach einem erfolgreichen Versuch nicht mehr aufgerufen werden darf. Auch existiert für `Book.profit()` die Vorbedingung, dass sie erst nach einem erfolgreichen Verkauf aufgerufen werden darf. Für `FixedPriceBook.profit()` besteht diese Vorbedingung jedoch nicht mehr, da die Höhe des (möglichen) Gewinns hier schon vor dem Verkauf feststeht. Betrachten wir zunächst die Testklasse für `Book`:

---

4. Nach [Binder99] S. 505. Man kann darüber streiten, ob der Begriff »Axiom« für diese v.a. empirisch gewonnenen Regeln korrekt ist.

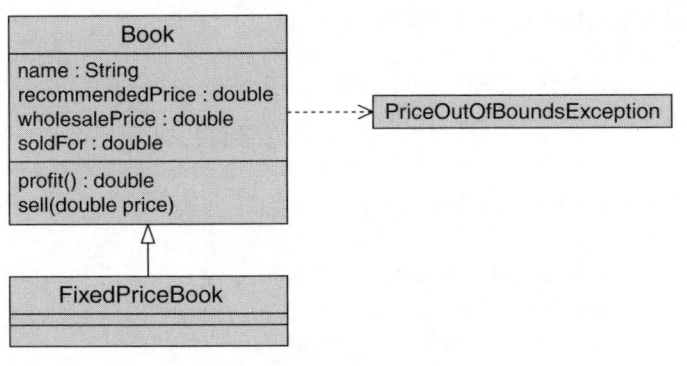

Abb. 7–1
*Einfache
Vererbungshierarchie*

```
public class BookTest extends TestCase {
  private Book book;
  private final String NAME = "Ein Testbuch";
  private final double WHOLESALE = 10.0;
  private final double RECOMMENDED = 12.0;
  protected void setUp() {
      book = new Book(NAME, WHOLESALE, RECOMMENDED);
  }
  public void testCreation() {
      assertEquals(NAME, book.getName());
      assertEquals(WHOLESALE, book.getWholesalePrice(), 0.00);
      assertEquals(RECOMMENDED,
                   book.getRecommendedPrice(), 0.00);
      book = new Book("Ein anderes Buch", 20.0, 23.0);
      assertEquals("Ein anderes Buch", book.getName());
      assertEquals(20.0, book.getWholesalePrice(), 0.00);
      assertEquals(23.0, book.getRecommendedPrice(), 0.00);
  }
  public void testSellAtRecommendedPrice() throws Exception {
      book.sell(RECOMMENDED);
      assertEquals(RECOMMENDED, book.getSoldFor(), 0.00);
      assertEquals(2.0, book.profit(), 0.00);
      book = new Book("Ein anderes Buch", 20.0, 23.0);
      book.sell(23.0);
      assertEquals(23.0, book.getSoldFor(), 0.00);
      assertEquals(3.0, book.profit(), 0.00);
  }
  public void testSellAtWholesalePrice() throws Exception {
      book.sell(WHOLESALE);
      assertEquals(WHOLESALE, book.getSoldFor(), 0.00);
      assertEquals(0.0, book.profit(), 0.001);
  }
```

```
public void testSellBelowWholesalePrice() {
   try {
      book.sell(WHOLESALE - 0.01);
      fail("PriceOutOfBoundsException expected");
   } catch (PriceOutOfBoundsException expected) {}
}
public void testSellAboveRecommendedPrice() {
   try {
      book.sell(RECOMMENDED + 0.01);
      fail("PriceOutOfBoundsException expected");
   } catch (PriceOutOfBoundsException expected) {}
}
}
```

An den beiden letzten Testfällen können wir erkennen, dass die erlaubte Preisspanne nur zwischen Einkaufspreis (engl. Wholesale Price) und empfohlenem Verkaufspreis (engl. Recommended Price) liegen darf.

Parallele Testklassenhierarchie

Da die Unterklasse `FixedPriceBook` das exakt gleiche öffentliche Interface wie `Book` besitzen soll, möchten wir auch die existierende Testsuite der Book-Klasse verwenden. Dabei hilft uns die Anwendung des *Abstract-Test*-Musters[5], dessen Anwendung in einer Testklassenhierarchie mündet, welche die Struktur unserer zu testenden Applikationsklassen nachbildet. Wenn man nun noch die Konstruktoraufrufe in den Tests durch den Aufruf einer überschreibbaren *Factory*-Methode ersetzt und den Zugriff auf unser OUT durch einen Getter und Setter kapselt, dann ist die Wiederverwendung der bereits existierenden Testfälle ein Kinderspiel:

```
public class BookTest extends TestCase {
   ...
   protected Book createBook(String name,
                             double wholesale, double recommended) {
      return new Book(name, wholesale, recommended);
   }
   protected Book getOUT() {
      return book;
   }
   protected void setOUT(Book newBook) {
      book = newBook;
   }
   protected void setUp() {
      setOUT(createBook(NAME, WHOLESALE, RECOMMENDED));
   }
```

---

5. Beschrieben z.B. in [URL:AbstractTest].

```
    public void testCreation() {
        assertEquals(NAME, getOUT().getName());
        assertEquals(WHOLESALE,
                getOUT().getWholesalePrice(), 0.00);
        assertEquals(RECOMMENDED,
                getOUT().getRecommendedPrice(), 0.00);
        setOUT(createBook("Ein anderes Buch", 20.0, 23.0));
        assertEquals("Ein anderes Buch", getOUT().getName());
        ...
    }
    ...
}

public class FixedPriceBookTest extends BookTest {
    ...
    protected Book createBook(String name,
                    double wholesale, double recommended) {
        return new FixedPriceBook(name, wholesale, recommended);
    }
}
```

Und tatsächlich läuft die `FixedPriceBookTest`-Suite fehlerfrei durch – vorausgesetzt man hat in `FixedPriceBook` auch wirklich keine Methode überschrieben. Aber genau das war ja eigentlich Sinn und Zweck der Übung: Ein Festpreisbuch soll (a) nur zum empfohlenen Verkaufspreis verkauft werden und (b) die `profit()`-Methode soll auch ohne vorherigen Verkauf aufgerufen werden dürfen. Wir müssen daher die geerbten Testfälle auf ihre Sinnhaftigkeit überprüfen und zudem neue Testfälle hinzufügen:

Ergänzung und Adaption der vorhandenen Testfälle

1. `testCreation()`, `testSellAtRecommendedPrice()` und `testSellAboveRecommendedPrice()` scheinen weiterhin unserer Spezifikation zu genügen und bleiben unverändert.
2. `testSellAtWholesalePrice()` entspricht nicht mehr unserer verschärften Bedingung und muss daher überschrieben werden:
   ```
   public class FixedPriceBookTest...
       public void testSellAtWholesalePrice() {
           try {
               getOUT().sell(WHOLESALE);
               fail("PriceOutOfBoundsException expected");
           } catch (PriceOutOfBoundsException expected) {}
       }
   ```
3. `testSellBelowWholesalePrice()` ist zwar nicht falsch, bezieht sich jedoch eigentlich auf einen Grenzfall der Oberklasse; er schadet aber auch nicht.

4. Wir benötigen einen zusätzlichen Testfall, um direkt unterhalb des empfohlenen Verkaufspreises zu testen:

   ```
   public void testSellBelowRecommendedPrice()
     try {
       getOUT().sell(RECOMMENDED - 0.01);
       fail("PriceOutOfBoundsException expected");
     } catch (PriceOutOfBoundsException expected) {}
   }
   ```

5. Und schließlich fehlt noch ein Testfall, der das korrekte Funktionieren von `profit()` auch ohne vorherigen Verkauf überprüft:

   ```
   public void testProfitBeforeSale() {
     assertEquals(2.0, getOUT().profit(), 0.00);
   }
   ```

Damit die veränderte Testsuite mit grünem Balken abschließt, müssen in der Klasse `FixedPriceBook` die Methoden `sell()` und `profit()` aus `Book` überschrieben werden. Hätten wir uns dafür entschieden, den einen oder anderen Test aus `BookTest` nicht auch auf Instanzen von `FixedPriceBook` loszulassen, dann wären zwei Möglichkeiten in Frage gekommen: Überschreiben der Testmethode mit einem leeren Rumpf oder die Extraktion aller `Book`-spezifischen Testfälle in eine eigene Testklasse.

Parametrisierung der Factory-Methode

Im allgemeinen Fall kann es passieren, dass die Erzeugung einer Instanz der Unterklasse andere Parameter erfordert als die Instanzierung der Oberklasse. Dann benötigt die OUT-Factory-Methode – hier `createBook(..)` – zusätzliche Parameter, von denen nicht alle auch in allen Testunterklassen verwendet werden.

Kommt in der Unterklasse neue Funktionalität hinzu, wodurch die Testklasse um neue spezifische Tests erweitert wird, dann empfiehlt sich das Anbieten einer `getOUT()`-Variante, die den nötigen Typecast bereits durchführt. Ein Klassendiagramm der parallelen Testhierarchie in allgemeiner Form zeigt Abbildung 7–2.

Entstehen der Tests durch Refactoring

Im obigen Beispiel haben wir die Tests für unsere Klassenhierarchie nachträglich eingebaut. In diesem Fall ist ein Top-down-Vorgehen am einfachsten, da man so Klasse für Klasse überlegen kann, welche Tests der Oberklasse weiterhin sinnvoll sind und welche nicht.

Bei der testgetriebenen Programmierung geschieht jedoch meist etwas anderes. Die Entscheidung, eine Klasse als Unterklasse von einer anderen abzuleiten, trifft man im Zuge eines Refactorings. Dies bedeutet, dass wir bereits eine eigenständige Testsuite für die Unterklasse

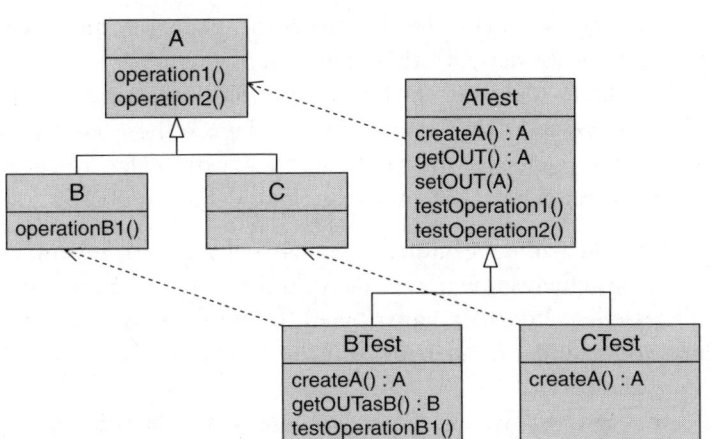

Abb. 7–2
Parallele Testhierarchie

besitzen. Auch hier stoßen wir auf das in Kapitel 4.10 beschriebene typische Phänomen: Zunächst findet ein möglichst kleiner Refactoring-Schritt statt, der sich auf die vorhandenen Testfälle stützt. Erst danach machen wir uns Gedanken über nun notwendige Änderungen und Erweiterungen der Unit Tests.

Im Buch-Beispiel wäre vor Einführung der Klassenhierarchie möglicherweise ein Attribut `isFixedPrice` der Klasse `Book` für die Unterscheidung von normalen Büchern und Festpreisbüchern gestanden. Die Testsuite hätte zwischen Tests unterschieden, bei denen dieses Attribut gesetzt bzw. nicht gesetzt ist. Die Einführung der Unterklasse hätte irgendwann erfordert, dass der Setter für das Attribut verschwindet, und spätestens vor dieser Modifikation hätten wir unsere parallele Testhierarchie aufgebaut. Anschließend wären diejenigen Testfälle, die sich auf Verhaltensunterschiede durch `isFixedPrice` konzentrierten, zerlegt und eventuell in die Testunterklasse verschoben worden.

Das Refactoring der Tests hinkt dem Umbau des Applikationscodes häufig um einen Schritt hinterher. Dies ist entgegengesetzt zur Vorgehensweise beim Hinzufügen von Funktionalität, wo unsere Testfälle den Applikationsklassen immer einen Schritt voraus eilen.

Verzögertes Test-Refactoring

Testen von Interfaces

Interfaces sind Javas Weg, mit dem Problem der Mehrfachvererbung umzugehen. Bekanntermaßen kann jede Klasse eine beliebige Menge von Interfaces implementieren und erbt zusätzlich alle implementierten Interfaces ihrer direkten und indirekten Oberklassen.

Aus Testersicht scheint »`MyClass implements MyInterface`« sehr verwandt mit »`MyClass extends MySuperclass`«. Es gibt jedoch wesentliche Unterschiede:

Beziehung zwischen Superklassen und Interfaces

1. Da ein Interface keine Implementierung kennt, können wir nur spezifikationsbasierte Testfälle ableiten.
2. `MyClass` kann mehr als ein Interface implementieren bzw. zusätzlich noch `MySuperclass` erweitern. Da Java keine Mehrfachvererbung der Implementierung unterstützt, scheitert der Versuch, das obige Muster der parallelen Testhierarchie naiv zu übertragen.

Der erste Punkt bedeutet häufig, dass wir bei testgetriebenem Vorgehen gar keine gemeinsamen Testfälle für unterschiedliche Implementierungen desselben Interface haben, weil die Implementierungen völlig getrennt voneinander entstehen. Manche Schwierigkeit verschwindet eben von alleine.

Doch selbst wenn wir diese gemeinsamen Testfälle haben, ist Punkt 2 nur scheinbar ein Problem. Schließlich hindert uns nichts und niemand daran, die gleiche Applikationsklasse in *mehreren Testklassen* zu testen. Dies ist in der Tat sogar erstrebenswert, wenn wir in den Testklassen jeweils unterschiedliche Aspekte der zu testenden Klasse überprüfen[6].

Testen abstrakter Klassen

Gewöhnlich sind die Wurzel einer Klassenhierarchie und auch einige der in der Mitte liegenden Klassen abstrakt, d.h., es können keine Instanzen von ihnen erzeugt werden. Manche Entwurfsheuristik fordert gar, dass nur die Blätter eines Vererbungsbaumes konkret sein dürfen[7].

Aus Test-Implementierungssicht bereiten uns abstrakte Klassen keine größeren Probleme. Wir müssen nur dafür sorgen, dass die entsprechenden Klassen der parallelen Testhierarchie auch abstrakt sind und nicht als eigenständige Testsuiten aufgenommen werden.

Direktes Testen abstrakter Klassen

McGregor und Sykes [McGregor01] diskutieren, ob das ausschließliche Testen der abstrakten Klassen in konkreten Ableitungen ausreichend ist. Alternativ untersuchen sie die Möglichkeit, eine konkrete Unterklasse ausschließlich für Testzwecke zu erzeugen. Sie kommen jedoch zu dem Ergebnis, dass die Komplexität einer abstrakten Klasse selten groß genug ist, um diesen Aufwand zu rechtfertigen, und empfehlen stattdessen zusätzliche *Inspektionen* des Codes.

Unsere persönliche Erfahrung stützt diese Empfehlung – mit einer Ausnahme: Existiert von unserer abstrakten Klasse *keine* konkrete

---

6. Als Leser der ersten Auflage erinnern Sie sich vielleicht noch an den an dieser Stelle vorgestellten Ansatz zur Einbindung mehrerer abstrakter Tests in eine Testklasse. Vergessen Sie ihn getrost, er hat sich in der Praxis als viel zu kompliziert erwiesen.
7. Eine differenzierte Diskussion des Themas findet sich in [Riel96].

Unterklasse, dann ist eine konkrete Ableitung zwingend notwendig, um *überhaupt* testen zu können. Auf diesen Fall trifft man in der Regel nur bei Framework-Entwicklungen.

7.2 Polymorphismus

Polymorph heißt *vielgestaltig*. Im objektorientierten Sprachgebrauch geht es dabei um die Vielgestaltigkeit von Objektreferenzen. Der für uns interessante *dynamische Polymorphismus* ist die Fähigkeit einer Objektreferenz – z.B. eine Variable oder ein Parameter –, an unterschiedliche Objekte gebunden werden zu können. »Dynamisch« heißt das Ganze genau dann, wenn zur Kompilierungszeit die Klasse des Objekts nicht bestimmt werden kann, sondern erst zur Laufzeit. Festgelegt ist nur ein Typ, dem das Objekt gehorchen muss.

Dynamischer Polymorphismus

Schicken wir eine Nachricht an eine solche Referenz, so können wir nicht vorherbestimmen, welche Methode als Reaktion auf diese Nachricht am Ende ausgeführt wird. Haben wir beispielsweise die Variable myBook vom Typ Book (vgl. Kapitel 7.1), dann kann sich dahinter sowohl eine Instanz der Klasse Book als auch der Klasse FixedPriceBook verbergen.

Wichtig ist dabei die Unterscheidung der Begriffe *Typ* und *Klasse*. Für die korrekte Kompilierung eines Nachrichtenaufrufs – z.B. myBook.sell(10.0) – ist lediglich der Typ des Objekts entscheidend. In Java kann ein Objekt zahlreiche unterschiedliche Typen verkörpern: So definieren sowohl seine Klasse als auch alle seine Oberklassen jeweils einen Typ. Hinzu kommen alle Interfaces, die von seiner Klasse oder einer seiner Oberklassen implementiert werden[8]. Für Instanzen der Klasse FixedPriceBook bedeutet das, dass sie folgende Gestalt annehmen können: Object, Book oder FixedPriceBook. Wird nun eine Nachricht an eine polymorphe Objektreferenz geschickt, so bestimmt die Signatur der Nachricht – dazu gehören Name der Nachricht sowie Anzahl, Typ und Reihenfolge der Parameter –, welche Methode tatsächlich aufgerufen wird.

Unterschied zwischen Typ und Klasse

Aus Sicht des Entwicklers erleichtern polymorphe Serverobjekte das Programmieren, da sie sowohl die Größe und Komplexität des Clientcodes reduzieren als auch den Wartungsaufwand beim Hinzufügen und Entfernen neuer Serverklassen verringern.

Entwicklersicht

---

8. Die Identifikation von Typen ist in den verschiedenen Programmiersprachen sehr unterschiedlich gelöst. In Smalltalk beispielsweise wird der Typ einzig durch die implementierten Methoden festgelegt.

Testersicht

Aus Sicht des Testers stellt Polymorphismus das Gegenstück zur Vererbung dar: Wo wir oben durch Wiederverwendung von Testsuiten der Oberklasse und spezieller Interface-Testklassen sicherstellen wollten, dass alle Implementierungen eines Typs auch der Spezifikation gehorchen, sind wir nun damit beschäftigt, das Zusammenspiel – die *Interaktion* – zwischen den getesteten Serverklassen und ihren Clients zu testen.

Probleme des Polymorphismus

Polymorphe Nachrichten stellen eine Art case-Statement dar und verkomplizieren dadurch den Kontrollfluss des zu testenden Clientcodes – die Komplexität der Logik wird hinter syntaktischer Einfachheit versteckt. Auch kann Servercode ohne Rücksicht auf seine Clients verändert werden, solange er weiterhin formal die Schnittstelle einhält. Die optimistische Vermutung, dass es für adäquates Testen genügt, alle Serverklassen getrennt zu überprüfen sowie das Zusammenspiel unseres Clients mit einem einzigen Server zu verifizieren, trifft daher wiedermal nicht zu. Folgende Dinge können trotzdem schiefgehen:

- Unsere Objektreferenz könnte an ein falsches Serverobjekt gebunden sein.
- Es wird die falsche Methode des Servers aufgerufen. Eine häufige Ursache dafür sind Signaturen, die sich nur durch den Typ ihrer Parameter voneinander unterscheiden.
- Der Clientcode rechnet nicht mit der vollen Bandbreite an Rückgabewerten einer Methode. Dazu gehört auch die korrekte Behandlung aller möglichen Exceptions.
- Bestimmte Serverklassen verstoßen gegen die Regeln des Substitutionsprinzips und bringen dadurch den Clientcode zum Straucheln.
- Die Vor- oder Nachbedingung einer polymorphen Methode wurde geändert, ohne dass der Server dahingehend angepasst wurde.

Betrachten wir die Problematik am altgedienten Buch-Beispiel. Unsere beiden »Server« – Book und FixedPriceBook – wurden adäquat getestet. Nun programmieren wir den ersten Client, einen automatischen Verkäufer Mr. BookSeller, dessen Schnittstelle folgendermaßen aussieht:

```
public class BookSeller {
   public void setBookToSell(Book book);
   public Book getBookToSell();
   public String sellFor(double price);
}
```

Überraschend ist dabei eventuell nur, dass sellFor() einen String zurückgeben soll, der uns den Erfolg bzw. Misserfolg des Verkaufsvorgangs mitteilt. Und flugs haben wir eine noch nicht vollständige, aber doch recht ordentliche Testsuite gebastelt:

```
public class BookSellerTest extends TestCase {
    private static final String OK = "OK";
    private static final String PRICE_TOO_LOW = "Price too low";
    private static final String PRICE_TOO_HIGH =
        "Price too high";
    private BookSeller seller;
    private Book book;
    protected void setUp() {
        seller = new BookSeller();
        book = new Book("Testbuch", 10.0, 12.0);
        seller.setBookToSell(book);
    }
    public void testNormalSell() {
        assertEquals(book, seller.getBookToSell());
        String answer = seller.sellFor(11.0);
        assertEquals(OK, answer);
        assertEquals(11.0, book.getSoldFor(), 0.0);
    }
    public void testSellAboveRecommendedPrice() {
        String answer = seller.sellFor(12.01);
        assertEquals(PRICE_TOO_HIGH, answer);
        assertEquals(0.0, book.getSoldFor(), 0.0);
    }
    public void testSellBelowWholesalePrice() {
        String answer = seller.sellFor(0.99);
        assertEquals(PRICE_TOO_LOW, answer);
        assertEquals(0.0, book.getSoldFor(), 0.0);
    }
}
```

Wir vermissen in dieser Testklasse vor allem noch Fälle zum wiederholten Verkaufsversuch nach Erfolg oder Misserfolg – eine weitere praktische Übung für unsere Leser. Das Problem liegt jedoch an anderer Stelle. Folgender **korrekter** Clientcode zeigt, wo der Fehler steckt:

```
BookSeller seller = new BookSeller();
Book book = new FixedPriceBook("Pygmalion", 10.0, 12.0);
seller.setBookToSell(book);
String answer = seller.sellFor(11.0);
System.out.println(answer);
System.out.println(book.getSoldFor());
```

erzeugt die Ausgabe:

```
OK
0.0
```

Womit wir sehen, dass der Verkauf trotz des »OK« gar nicht durchgeführt wurde. Warum das so ist, sieht man, wenn man sich die Implementierung der sellFor()-Methode anschaut:

```
public class BookSeller...
   public String sellFor(double price) {
      if (price < bookToSell.getWholesalePrice()) {
         return "Price too low";
      }
      if (price > bookToSell.getRecommendedPrice()) {
         return "Price too high";
      }
      try {
         bookToSell.sell(price);
      } catch (PriceOutOfBoundsException impossible) {}
      return "OK";
   }
```

Die Benennung der Exception-Variablen mit impossible zeigt die Fehlannahme des Entwicklers. Ein solcher Irrtum entsteht dann sehr leicht, wenn Spezialisierungen – hier die Festpreisbücher – erst nach der Implementierung der BookSeller-Klasse eingeführt wurden.

Und die Moral von der Geschicht'?
Trau einer einzelnen Klasse nicht!

Richtlinien für das Testen polymorpher Interaktionen

Oder als Richtlinie formuliert: Im Fall von polymorphen Nachrichten sollte man die Interaktionstests so gestalten, dass *alle möglichen Implementierungen* des angesprochenen Typs getestet werden. Da dies unter Umständen sehr hohen Aufwand bedeuten kann, gleich noch eine schwächere Regel hinterher: Berücksichtigen Sie beim Erstellen von Testfällen die Möglichkeit der polymorphen Bindung einer Objektreferenz und überarbeiten Sie bei Änderung am Server auch die Interaktionstests aller Clients.

Im vorliegenden Beispiel sind mindestens zwei zusätzliche Testfälle nötig:

```
public class BookSellerTest...
   public void testNormalSellFPB() {
      Book fpBook = new FixedPriceBook("FPB", 10.0, 12.0);
      seller.setBookToSell(fpBook);
      assertEquals(fpBook, seller.getBookToSell());
      String answer = seller.sellFor(12.0);
      assertEquals(OK, answer);
      assertEquals(12.0, fpBook.getSoldFor(), 0.0);
   }
```

```
public void testSellFPBBelowRecommendedPrice() {
    Book fpBook = new FixedPriceBook("FPB", 10.0, 12.0);
    seller.setBookToSell(fpBook);
    String answer = seller.sellFor(11.99);
    assertEquals(PRICE_TOO_LOW, answer);
    assertEquals(0.0, fpBook.getSoldFor(), 0.0);
}
```

Im allgemeinen Fall kann der Aufwand für adäquates Testen polymorpher Interaktionen sehr viel höher sein. Das ist der Preis, den wir für die Flexibilität und scheinbare Einfachheit unserer vielgestaltigen Objektgeflechte bezahlen. There's no such thing as a free lunch!

7.3 Zusammenfassung

Vererbungshierarchien, Interfaces und Polymorphismus sind verschiedene Ausprägungen der gleichen objektorientierten Idee: Objekte können sich von unterschiedlichen Seiten zeigen, indem sie den einen oder anderen Typ annehmen. Für den Nutzer der Objekte spielt nur der Typ, nicht aber die konkrete Implementierung eine Rolle.

Aus Entwicklersicht ergeben sich aus dieser Idee zahlreiche Vorteile, während der Tester mit den Fallstricken der hinter dem Mantel der Einfachheit verborgenen Komplexität zu kämpfen hat.

Dieses Kapitel hat sowohl die theoretischen Grundlagen für das Verstehen der Probleme gelegt als auch Techniken erläutert, mit denen einige dieser Probleme angegangen werden können. Die wichtigste dieser Techniken ist das Abstract-Test-Muster zur Wiederverwendung von Tests einer Oberklasse für eine abgeleitete Klasse.

8 Wie viel ist genug?

Die vorangegangenen Kapitel haben sich überwiegend damit beschäftigt aufzuzeigen, was man wie warum testen soll. Würden wir alle unsere Testideen in automatisierte Testfälle umsetzen, dann wäre das Verhältnis von Testaufwand zu restlichem Implementierungsaufwand mindestens 10 zu 1, wenn nicht gar höher. Eine wichtige Frage lautet daher: Wann haben wir ausreichend getestet?

Seien wir ehrlich; nur die wenigsten unter uns sind der Testsucht anheim gefallen. Die meisten Entwicklungsteams leiden eher unter dem gegenteiligen Phänomen: Es existieren zu wenig Tests, als dass wir immer guten Gewissens ausliefern oder restrukturieren könnten. Die andere wichtige Frage lautet daher: Wann haben wir zu wenig getestet?

Es gibt zahlreiche Faktoren, die bei der Bestimmung des optimalen Testaufwands eine Rolle spielen. Die wichtigsten davon sind:

Einflussfaktoren der Testoptimierung

- Unit Tests sind *nicht nur eine qualitätssichernde Technik,* sondern lenken vor allem die Entwicklung unseres evolutionären Designs.
- Test-First-Entwicklung benötigt zumindest so viele Tests, dass alle Entwickler *ausreichend Vertrauen in ihre eigene Arbeit* haben. Wird ein Entwickler zum Unterschreiten seines persönlichen Qualitätsstandards gezwungen – etwa durch Zeitdruck –, dann lässt seine Identifikation mit dem Ergebnis der Arbeit und damit auch seine Motivation und Produktivität stark nach.
- Die richtige Menge an automatisierten Tests hat *positive Auswirkungen auf die Entwicklungsgeschwindigkeit,* sobald die Projektlaufzeit eine bestimmte Länge überschreitet. Strittig ist, ob diese Laufzeitgrenze eher bei wenigen Stunden, Tagen, Wochen oder Monaten liegt.
- *Vollständiges Testen* mit der erklärten Absicht, die Korrektheit eines Programms zu verifizieren, *ist für alle nicht trivialen Programme unmöglich.* Ziel unserer Testbemühungen kann daher nur das Finden möglichst vieler Defekte mit überschaubarem Aufwand sein.

- Für jedes System existiert ein *akzeptables Fehlerniveau*. Wie hoch dieses Niveau ist, hängt von der Art des Systems ab: Die Software zur Steuerung einer radiologischen Bestrahlungseinheit darf sicherlich nicht so viele Fehler enthalten wie eine Web-Applikation für Sockenabonnements[1]. Die Identifikation und Quantifizierung dieses akzeptablen Fehlerniveaus ist Aufgabe des Kunden.
- Der *Aufwand* zur Erreichung eines bestimmten Fehlerniveaus *wächst exponentiell zum Nutzen*. Wir können daher mit relativ geringem Testaufwand ein mittleres Fehlerniveau erreichen, doch schon für halb so viele Bugs im Programm müssen wir ungleich mehr Aufwand betreiben.
- Nicht alle Fehler sind gleich wichtig – manche sind kosmetisch, andere verhängnisvoll. Testen sollte sich, wenn möglich, auf die schweren Bugs konzentrieren.
- Unit Tests sind nicht die einzigen Maßnahmen, die wir verwenden, um Fehler zu vermeiden; daher müssen sie auch nicht vollständig das gewünschte Fehlerniveau garantieren. Dafür sind auch die vom Kunden spezifizierten Akzeptanztests und Dinge wie Pair Programming und statische Tests verantwortlich. Ein lebenskritisches System verlangt nach zusätzlichen Teststufen und qualitätssichernden Maßnahmen.
- Zu wenige Tests bergen noch eine weitere Gefahr: Sie wiegen uns in falscher Sicherheit.

Es gilt daher, zwei Aspekte gegeneinander abzuwägen: Die ökonomische Seite (»Wie viel kostet mich welches Fehlerniveau?«) und die technische Seite (»Wie viele Tests bringen mir maximale Geschwindigkeit, flexibles Design und zufriedene Entwickler?«).

8.1 Die XP-Regel

Extreme Programming hat eine einfache Antwort auf unsere Frage nach der nötigen Testmenge:

»Test everything that could possibly break.«[2]
Teste all das, was möglicherweise zerbrechen kann.

Leider liest sich dieser Satz zunächst wie eine Weissagung des Orakels von Delphi. Wenn ich denn wüsste, was kaputt gehen kann, dann würde ich es natürlich testen bzw. genau hinsehen, damit ich erst gar keine Fehler mache.

---

1. Was es nicht alles gibt: [URL:Soxabo].
2. [Jeffries00] widmet diesem Satz das ganze Kapitel 34.

Der eigentliche Kern der Aussage ist wohl ein anderer: Jeder Entwickler, jedes Team macht unterschiedliche Fehler. Betrachtet man die eigenen Fehler über einige Zeit, so stellt man fest, dass sie sich häufig untereinander ähneln[3]. Entsprechendes gilt auch für ein Team – wenn es denn eines ist. Ja und dann lernen wir hoffentlich ständig hinzu; mit dem Ergebnis, dass wir nach einiger Zeit andere, meist trickreichere Fehler machen. Oft weniger als zuvor, aber weiterhin Fehler. Die optimale Testmenge umfasst daher nur all die Tests, welche unsere *tatsächlichen Fehler* finden bzw. verhindern.

Interpretation

In der Praxis bedeutet dies, dass jedes Team ein eigenes optimales Testniveau finden muss. Mehr noch: Iteratives Herantasten an das richtige Maß ist gefragt. Und: Dieses Maß kann sich mit der Zeit verändern.

Iterative Anpassung des Testniveaus

Stellen wir fest, dass viele Defekte erst nach dem Release gefunden werden, dann haben wir zu wenige oder die falschen Tests erstellt. Wir müssen uns daher die Bugs genau ansehen, Unit Tests für sie schreiben und bei wiederkehrenden Fehlerarten entsprechende Testfälle von vornherein in die Testsuite aufnehmen.

Manchmal bemerken wir hingegen, dass uns der große Testaufwand unangemessen bremst, ohne dass wir in Situationen des Refactorings oder beim Einbau neuer Anforderungen sichtbar davon profitieren. Dann überlegt man, welche Art von Tests überflüssig sind, weil nie Fehler in diese Richtung auftreten.

8.2 Klare Antworten auf klare Fragen

»Das ist mal wieder typisch«, sagen Sie. »Auf die wichtigsten Fragen geben die Autoren nur schwammige, unkonkrete Antworten. Ich möchte wissen, was ich testen soll und was nicht!«

Um Ihren Zorn ein wenig zu bezähmen, hier noch ein paar »konkrete« Antworten.

Tests pro Klasse

Sollte jede Klasse eine eigene Testklasse haben?

Ja. Für jede nicht triviale Klasse sollte *mindestens eine* eigene Testklasse existieren. Als trivial gelten beispielsweise Exception-Klassen, die nichts weiter tun, als die Standardkonstruktoren zu implementieren und die Parameter an super weiterzureichen. Die differenzierende Antwort lautet: Verfügt die Klasse über *eigene* Logik?

---

3. Dieses Phänomen ist u.a. in [Weinberg98] beschrieben.

Getter und Setter

Soll man einfache Getter und Setter von Attributen testen?

Ron Jeffries sagt nein, weil man ja auf einen Blick sieht, dass sie korrekt sind. Die Autoren akzeptieren das in dieser Form nicht, weil man (a) Schreibfehler – häufig durch Copy&Paste entstanden – doch leicht übersieht und (b) weil wir nicht ausschließen können, dass Änderungen und Refactoring auch Auswirkungen auf Code haben, der im Augenblick offensichtlich richtig ist. Dies bedeutet jedoch keineswegs, dass jeder Getter und Setter seinen eigenen Testfall benötigt. Fast immer werden diese trivialen Methoden im Rahmen anderer Testfälle mitgeprüft, wenn wir uns auf das Testen der typischen Funktionalität konzentrieren (siehe Kapitel 4.3). Ist dies jedoch nicht der Fall, dann richtet eine dedizierte Setter-Getter-Testmethode zumindest keinen Schaden an.

Nichtöffentliche Objekteigenschaften

Eine kurze Begriffsklärung: Als *öffentlich* bezeichnen wir hier all das, auf was von außerhalb unserer *Unit under Test* zugegriffen werden kann. Testen wir gerade eine einzelne Klasse, so sind auch protected und *package-scope*-Methoden als öffentlich zu betrachten. Testen wir hingegen ein Subsystem, dessen Klassen in einem Package liegen, so gelten nur Methoden und Konstanten mit der Zugriffsspezifikation public als öffentlich.

Zwei verwandte, aber doch unterschiedliche Fragen tauchen in diesem Zusammenhang immer wieder auf:

- Sollten nichtöffentliche Methoden getestet werden?[4]

    Die Befürworter bringen als Argument, dass auch private Methoden so komplex sein können, dass etwas in ihnen schief gehen kann. Die Nachteile beim Testen privater Methoden überwiegen jedoch: Sie erschweren das Refactoring, erhöhen als sehr implementierungsabhängige Tests den Wartungsaufwand und man muss tricksen, um sie überhaupt aufrufen zu können (siehe unten).

    Beim Einsatz von Test-First ist das Verlangen nach Tests privater Methoden meist ein *Code Smell*. Entweder ist die fragliche Methode eigentlich Teil der öffentlichen Schnittstelle, für die der Clientcode noch nicht vorhanden ist – dann sollte man einfach private durch public ersetzen und alles ist in Butter. Oder es wartet ein neues Helferobjekt auf seine Geburt, in dem diese Methode dann öffentlich wäre.

---

4. Diese Frage gehört zu den am heftigsten diskutierten Themen im Bereich Unit Tests in XP (siehe [URL:WikiUTNPMF]).

Bei nachträglichem Testen sieht das Ganze jedoch anders aus. Hier existiert oft keine Alternative zum Biss in den sauren Apfel: Bevor man sich an das Aufräumen des geerbten unbekannten Codes machen kann, benötigt man funktionierende Tests als Fangnetz (siehe auch Kapitel 16.1: *Unit Testing bei existierender Software*). Zu hoffen ist in jenem Fall, dass sich diese Tests lediglich als ein Übergangsstadium erweisen.

Sollten Tests auf Innereien zugreifen?
»Innereien« meint hier nicht öffentliche Methoden und Attribute. Der Vorteil ist, dass sich dadurch viele Nachbedingungen mit weniger Aufwand testen lassen, als wenn man auf das öffentliche Interface angewiesen ist. Der Nachteil besteht wiederum in der hohen Implementierungsabhängigkeit solcher Testfälle.

Ron Jeffries beantwortet auch diese Frage pragmatisch: Wer glaubt, einen wichtigen Test nur durch Zugriff auf Implementierungsdetails verwirklichen zu können, der solle dies tun. Erweist sich die Implementierung als zu unbeständig, merkt man das sehr schnell. Bleibt die Implementierung jedoch stabil, dann ist das nicht öffentliche Feature eventuell ein unerkanntes öffentliches, das nur noch nach seinem Client sucht.[5]

Hat man sich für den Bruch der Objektprivatsphäre entschieden, bleibt noch zu klären, wie man technisch auf private Methoden und Attribute zugreift. Folgende Optionen existieren: Veränderung der Zugriffsbeschränkung für Testzwecke, Verwendung von Reflection oder der Einsatz von Mock-Objekten, um das Problem zu entschärfen und eventuell ganz zu umgehen.

Fazit: Vermeiden Sie wenn möglich das Testen privater Methoden und den Zugriff auf Innereien einer Klasse in den Tests. Falls Sie sich dennoch nach ausgiebiger Gewissensprüfung anders entscheiden, dann geht die Welt in den meisten Fällen auch nicht unter.

Komplexe Interaktionstests

In Kapitel 4.7 wurde erläutert, warum Interaktionstests zwischen *zwei* Objekten manchmal notwendig sind, um eine adäquate Testsuite zu erstellen. Betreibt man Unit-Testen jedoch ganz ohne Dummy- bzw.

---

5. Eng verwandt mit diesem Problem ist die Frage, ob Datenkapselung im Allgemeinen nicht überbewertet wird und daher nicht alle Methoden besser »public« wären. Als ein Argument wird angeführt, dass die Smalltalk-Welt wunderbar damit zurecht kommt, dass »private« nur eine Richtlinie darstellt und nicht von der Sprache erzwungen wird. Die Diskussion kann unter [URL:WikiMSBP] nachgelesen und bereichert werden.

Mock-Objekte, so kommt man schnell an einen Punkt, an dem zur Erstellung einer Testfixture ein komplexes Objektgeflecht erzeugt werden muss und wo der Abstand zwischen OUT und den »niedrigsten« Objekten der Fixture groß wird. Solche Tests sind nicht nur schwer zu warten und zu verstehen, sie verletzen auch die Regeln der größtmöglichen Unabhängigkeit unserer Tests und der kleinstmöglichen Granularität.

Der Vorteil solcher *Mikro-Integrationstests* ist, dass sie durch die indirekte Verwendung zahlreicher anderer Objekte »zufällig« Fehler aufdecken können. Von solchen geplanten Zufällen lebt der erfolgreiche Tester. Wann also sollen wir diese Art komplexer Tests vermeiden? Hinweise können uns folgende Anzeichen liefern:

Kontraindikatoren für Integrationstests

1. Die Tests laufen sehr lange, weil sie auf Datenbanken oder andere externe Ressourcen zugreifen.
2. Wir können die Tests bei Änderungen im Code oder bei neuen Anforderungen nicht mehr anpassen, weil es zu große Querabhängigkeiten gibt.
3. Die Tests schlagen häufig falschen Alarm, weil sich Dinge in entfernten Objekten geändert haben, die aber für den eigentlichen Testfall nicht relevant sind.
4. Die Tests überschneiden sich funktional mit den Akzeptanztests.
5. Die Tests benutzen echte Daten, z.B. vom Kunden bereitgestellte Abzüge der Produktionsdaten, die zu komplex sind, als dass wir Entwickler noch alle Details im Kopf behalten könnten.
6. Das Verstehen der Testszenarios erfordert mehr kundenspezifisches Fachwissen als es der normale Entwickler hat.

Die Punkte 1 bis 3 treten meist dann auf, wenn der zu testende Code nicht oder nur teilweise testgetrieben entwickelt wurde, da Test-First-Code in der Regel weniger Abhängigkeiten aufweist als *Design-First-Code*. Haben wir das Gefühl, wir können unser OUT gar nicht isoliert und ohne komplexe Fixture testen, dann ist das ein deutlicher Hinweise auf ein Designproblem, das früher oder später angegangen werden sollte.

Die Symptome 3 bis 6 sind Anzeichen dafür, dass wir unsere Kompetenz als Entwickler überschritten und den Weg Richtung Systemtests angetreten haben. Dies mag dann notwendig sein, wenn uns der Kunde keine eigenen Akzeptanztests liefert. Aber auch in diesen Fällen sollten wir die »echten« Unit Tests von den *entwicklereigenen Akzeptanztests* organisatorisch trennen, z.B. durch separate Packages und Testsuiten.

Tests für Tests

Eine Frage, die immer wieder gestellt wird, ist, ob man auch für die Tests selbst Tests schreiben soll. Die einfache Antwort lautet: nein, weil Testfälle keine Logik enthalten, die verifiziert werden müsste. Findet sich dennoch Logik, z.B. in Form von Verzweigungen, dann muss der Testfall vereinfacht werden (siehe dazu auch Kapitel 4.1). Unserer Erfahrung nach wird ein trivialer Fehler im Testcode, z.B. ein falsches `assertEquals(..)`, fast immer bei der ersten Testausführung entdeckt. So gesehen ist der Anwendungscode eine Art Test für den Testcode.

Keine Tests für Tests

Eine Ausnahme von der Regel »Keine Tests für Tests« stellen Testhilfsklassen mit eigener Logik, z.B. wiederverwendbare Dummy-Objekte, dar. Diese benötigen tatsächlich ihre eigene Testsuite.

8.3 Testabdeckung

Ein Schlüsselwort der Testliteratur und -diskussion ist *Test Coverage* (dt. *Testabdeckung*). Der Begriff beschreibt die Antwort auf die Frage: Wie viel von X wird durch meine Tests abgedeckt? Dabei steht X für unterschiedliche Coverage-Arten, die im Folgenden erläutert werden. Man unterscheidet mindestens zwei Arten der Abdeckung: *spezifikationsbasierte Abdeckung* und *codebasierte Abdeckung*.

Test Coverage

Spezifikationsbasierte Abdeckung

Dieser Typ bezieht sich auf die Vollständigkeit der Berücksichtigung unserer Softwarespezifikation in den Testfällen. Ausgangspunkt sind beispielsweise Anforderungstabellen, Use-Case-Modelle und Status-Übergangs-Diagramme. Diese Art der Abdeckung wird meist durch manuelle Inspektionen ermittelt.

Dass unsere Testsuite die funktionalen Anforderungen abdeckt, ist zweifelsfrei einer der wichtigsten Aspekte adäquaten Testens. Ein pragmatischer Ansatz, dies zu erreichen, ist, den Kunden – bzw. den Analysten als Kundenrepäsentant – *testbare Anforderungen* aufschreiben zu lassen. Testbar ist eine Anforderung dann, wenn sie ohne Zweideutigkeiten in einen automatisierten Test übersetzt werden kann. In aller Regel findet eine Übersetzung in Akzeptanztests und nicht in Unit Tests statt; doch sollte das Entwicklungsteam sicherstellen, dass jeder im Systemtest gefundene Fehler in einen entsprechenden fehlschlagenden Entwicklertest übersetzt wird.

Anforderungsabdeckung

Codebasierte Abdeckung

Codebasierte Abdeckung bezieht sich auf *Kontrollfluss* oder *Datenfluss* eines Programms – oder gar auf beides. Zahlreiche Coverage-Metriken wurden bislang definiert, häufig tauchen u.a. folgende auf:

- **Zeilenabdeckung** (Line Coverage): Wie viel Prozent meiner Programmzeilen wurden während der Testausführung »berührt«. Dies ist die schwächste Metrik, da auch 100 % Abdeckung noch zahlreiche Fehler zulässt.
- **Verzweigungsabdeckung** (Branch Coverage): Wie viele aller an Verzweigungen im Kontrollfluss möglichen Wege wurden während der Tests gegangen. Diese Maßzahl ist schon etwas stärker, aber auch hier bedeutet 100 % keineswegs eine Garantie für Fehlerfreiheit.
- **Pfadabdeckung** (Path Coverage): Wie viel Prozent aller möglichen Pfade – Kombinationen aus Verzweigungen – wurden in den Tests durchlaufen. Und auch hier können sich trotz einer 100 %igen Abdeckung noch Fehler verbergen.

Wie hilfreich sind Coverage-Tools?

Kommerzielle Coverage-Tools für Java[6] unterstützen meist nur zeilenbasierte Abdeckung und einfache Bedingungsabdeckung. Akademische Tools versuchen, stärkere Metriken zu ermitteln. Allerdings steht diesem Ziel entgegen, dass die Bestimmung aller möglichen Verzweigungen des Kontrollflusses bei polymorphen Nachrichten schwierig bzw. beim Zulassen dynamischen Klassenladens sogar unmöglich ist. Ein solches Abdeckungsmaß kann dennoch nützlich sein, um uns unseren Fortschritt bei der Testabdeckung zu zeigen.

Wäre es unser einziges Ziel, den Wert eines bestimmten Abdeckungsmaßes zu erhöhen, beispielsweise 100 % Line Coverage zu erreichen, dann würden wir Opfer eines Phänomens, das immer dann zu beobachten ist, wenn die Qualität menschlicher Leistung an abgeleiteten Zahlen beurteilt wird: »People tend to optimize the metric rather than the goal. Tools should complement not replace programmer judgement.«[7]

Sinnvolle Verwendung von Coverage-Metriken

Es ergibt daher durchaus Sinn, ab und an ein entsprechendes Werkzeug zur Bestimmung der prozentualen Abdeckung und vor allem zum Identifizieren von innerhalb der Tests nicht ausgeführten Codeteilen zu benutzen. Es ist jedoch ein fragwürdiges Ziel, unter allen Umständen einen bestimmten Wert erreichen zu wollen, um sich

---

6. Die Autoren haben Erfahrung mit Clover [URL:Clover] und JProbe [URL:JProbe].
7. Kent Beck in einer Yahoo-Diskussion zum Thema »Code Coverage«.

anschließend zufrieden im Sessel zurückzulehnen. Dies ist leicht einzusehen, wenn man sich eine Testsuite mit vollständiger Abdeckung vorstellt, die jedoch keine einzige Zusicherung enthält. Diese Suite ist trotz einer Maßzahl von 100 % offensichtlich nicht adäquat, da sie das Ergebnis der Programmausführung überhaupt nicht verifiziert.

Nichtsdestotrotz können uns Coverage-Analysen auf Schwachstellen unserer Tests hinweisen. Folgende Kategorien nicht abgedeckten Codes müssen wir dabei unterscheiden:

- Code, der nicht getestet wird, aber getestet werden sollte. Diese Entdeckung weist den größten Nutzen für uns auf.
- Toter Code, der entfernt werden sollte. Auch das ist sehr nützlich.
- Automatisch generierter Code, der in unserer Anwendung nicht aufgerufen wird.
- Code, der nur unter (zu) großem Aufwand in Tests zu erreichen wäre. Oft handelt es sich dabei um Error-Handling-Code, da Javas Konzept der *Checked Exceptions* das (zumindest übergangsweise) Einfügen leerer try-catch-Blöcke provoziert.

Nicht abgedeckte Codezeilen könnte man bei testgetriebener Programmierung tatsächlich völlig vermeiden, wenn man sich streng an die Direktive hielte, nur Applikationscode zu tippen, der vom Test wirklich erzwungen wird; Ron Jeffries zeigt dies an einem induktiven Beweis[8]. Effizient wäre dieses allzu strenge Vorgehen jedoch nicht, da wir damit haufenweise Trivialitäten testen würden – die Zeit hierfür können wir besser nutzen.

In einem Paper zum Thema »How To Misuse Code Coverage« [URL:TestingCoverage] bringt Brian Marick noch weitere Gründe, warum Codeabdeckung nicht das Ziel, sondern nur eine Ergänzung des gesunden Testerverstandes sein kann. Zusammenfassend schreibt er in der bereits erwähnten Yahoo-Diskussion:

> »Coverage can't tell you that you're missing code, because coverage tools work on the code you have. How much assurance should you expect from a tool that is oblivious to so many bugs?«

Wie häufig und wann man in einem Projekt Coverage-Analysetools sinnvollerweise einsetzt, ist sehr individuell. Da eine vernünftige Interpretation der Ergebnisse einiges an Aufwand bedeutet, bietet sich das Ende einer Iteration oder eines Releases für solche reflektierende Maß-

Wann betreibe ich Coverage-Analyse?

---

8. [URL:YahooXP], Message 26626.

nahmen an. Für die Trendverfolgung empfiehlt sich sogar eine Integration in den nächtlichen *Build*-Vorgang.

Mutation Testing

Eine interessante Ergänzung zur herkömmlichen Coverage-Analyse stellt *Mutation Testing* dar, das ursprünglich von De Millo vorgeschlagen wurde [DeMillo78]. Diese Art des Testens basiert auf gezielten Manipulationen am Testcode und Applikationscode und der nachfolgenden Überprüfung, ob diese Veränderungen von der ursprünglichen Testsuite auch als Fehler erkannt werden. Im Gegensatz zu herkömmlichen Abdeckungsmetriken können mit dieser Methode Codeteile identifiziert werden, die zwar im Zuge der Suite ausgeführt, aber deren Effekte nicht in den Tests überprüft werden.

Ein Vertreter dieses Tool-Genres ist Jester [URL:Jester], das seinerseits JUnit für die Durchführung von Mutationstests verwendet. Frank Westphal zeigt in [Westphal05] an einem Beispiel, wie Jester funktioniert und welche Arten von Hinweisen und Erkenntnissen man erwarten darf.

8.4 Zusammenfassung

Vollständiges Testen ist unmöglich. Die Frage, wie viel Testaufwand optimal ist und worauf man die vorhandenen Ressourcen konzentrieren soll, lässt sich nicht allgemein beantworten. Jedes Projekt und jedes Team muss die Antwort auf diese Frage für sich selbst herausfinden. Schlimmer noch: Die richtige Antwort ändert sich von Tag zu Tag. Dennoch gibt es einige Richtlinien und Argumente, die den Lernprozess des Teams beschleunigen helfen. Die wichtigsten wurden in diesem Kapitel angesprochen.

Darüber hinaus wurde die Frage diskutiert, welche Rolle Code-Coverage-Metriken und Tools bei der Steuerung der eigenen Testanstrengungen spielen können. Eine hohe Codeabdeckung darf nie Ziel sein, sondern kann uns lediglich Hinweise zur Verbesserung unserer Testsuite geben.

Teil II

Weiterführende Themen

9 Persistente Objekte

Die meisten Applikationen haben ein gemeinsames Problem: Sie möchten die während eines Programmlaufs verarbeiteten Daten auf einem nichtflüchtigen Medium so speichern, dass sie das Ende des Programmlaufs überdauern und für zukünftige Programmläufe wieder zur Verfügung stehen. Bei einem objektorientierten Programm beinhaltet dieser *Persistierung* genannte Vorgang die dauerhafte Speicherung des zu einem bestimmten Zeitpunkt vorliegenden Zustands eines bestimmten Teils seiner Objekte. Bei Bedarf können diese persistenten Objekte dann zu einem späteren Zeitpunkt im Arbeitsspeicher mit ihrem gespeicherten Zustand wiederhergestellt und weiterverwendet werden.

Es existieren zahlreiche Möglichkeiten, Daten und Objekte in Java zu persistieren. Einige typische Varianten sind:

- Abspeichern der Objektattribute in einer Datei, z.B. als XML.
- Serialisierung eines Objektgraphen in einen Stream.
- Abspeichern der Objekte in einer relationalen Datenbank (RDBMS) – mit oder ohne Verwendung eines *Mapping-Tools*[1]. Unter diese Kategorie wollen wir auch den Einsatz von *Java Data Objects* (JDO) oder gar *Container-Managed Persistence* (CMP) im Rahmen von EJB rechnen.
- Verwendung einer objektorientierten Datenbank (OODBMS).

Persistenzmechanismen

Die Vor- und Nachteile der unterschiedlichen Persistenzmechanismen sind nicht Thema dieses Buches. So findet man in [Meier00] ausführlich dargelegt, warum und wie man sich das Programmiererleben mit einem OODBMS leichter macht. Als Entwickler wünscht man sich schließlich, dass sich auch Persistenz nahtlos in die Prinzipien der Objektorientierung einreiht. Doch auch heute noch, mehr als 10 Jahre nach dem

RDBMS sind am verbreitetsten

---

1. Ein Mapping-Tool unterstützt die Abbildung von Objekten auf relationale Tabellen. Das zurzeit wohl verbreitetste Werkzeug dieser Art ist TopLink [URL:TopLink].

Erscheinen der ersten kommerziellen objektorientierten Datenbank, setzen die meisten Unternehmen bei der Entwicklung ihrer Software aus guten und schlechten Gründen auf deren relationale Gegenspieler. Daher konzentrieren wir uns in diesem Kapitel auf die RDBMS-Variante sowie *JDBC* (Java Database Connectivity) als standardisierte Programmierschnittstelle zum Zugriff auf Datenbanken. Folgende Probleme treten beim Testen relational gespeicherter Objekte auf:

Probleme beim Testen persistenter Objekte

- Der Zugriff auf ein externes Persistenzmedium dauert deutlich länger als auf »normale« Objekte. Dies lässt die Laufzeiten einer Testsuite bereits bei wenigen Tests über die Grenze ansteigen, die wir gewillt sind, alle paar Minuten ohne Murren zu erdulden. Als Folge machen wir größere Schritte bei der testgetriebenen Entwicklung, um seltener die Tests starten zu müssen.
- Die Konsistenzbedingungen des Datenschemas erfordern häufig das Vorhandensein einer sehr großen Anzahl unterstützender Objekte, nur um überhaupt unser OUT in der Datenbank anlegen zu können. Das Anlegen dieser Hilfsobjekte kostet nicht nur zusätzliche Laufzeit – und verlangsamt damit die Testsuite noch weiter –, sondern kann bei komplexen Schemata zu einem Wartungsalbtraum werden: Ein neuer Constraint hier – schon scheitert eine Hand voll unserer Tests bereits beim Set-up; eine zusätzliche Relation da – wir müssen weitere Datensätze erzeugen, nur um ein konsistentes Objekt unserer CUT zu erhalten.
- Jeder Testfall muss dafür sorgen, dass vor seinem eigentlichen Beginn sowohl Anzahl als auch Zustand aller betrachteten Objekte genau seinen Erwartungen entspricht. Dies bedeutet, dass kein vorhergehender Testfall irgendwelchen »Müll« hinterlassen darf und dass auch kein anderes Programm (eines anderen Entwicklers) dem Test in die Quere kommen darf.
- Häufig müssen Entwickler auch für Testzwecke nicht lokale Datenbanken verwenden. Damit erzeugt das dazwischenliegende Netzwerk zusätzliche Laufzeitverzögerungen und erhöht die Wahrscheinlichkeit, dass vom Testfall unabhängige Probleme ihn scheitern lassen.

Persistenter Testfrust

Andere Persistenzmechanismen bringen die gleichen oder ähnliche Schwierigkeiten mit sich. Diese Probleme tragen dazu bei, dass zahlreiche Entwickler, die den Test-First-Ansatz zunächst wohlwollend umsetzen, beim Einbinden des Persistenzmechanismus das Handtuch werfen oder zumindest diesen Teil der Applikation ohne oder mit sehr wenigen Tests ausstatten. Dieses Kapitel möchte zeigen, wie eine Kombination aus bestimmten Designprinzipien und Techniken den Unit Tests für und mit persistenten Objekten ihren Schrecken nehmen kann.

9.1 Schichtenarchitektur

Eines der heute gängigsten Architekturprinzipien sieht die Strukturierung einer Anwendung in aufeinander aufbauende Schichten vor. Jede dieser Schichten kann auf Dienste der ihr zugrunde liegenden Schicht zurückgreifen und selbst Dienste für die nächsthöhere Schicht bereitstellen. Dabei dürfen nur unidirektionale *statische* Abhängigkeiten – d.h. Abhängigkeiten während der Kompilierung – von der höheren zur nächsttieferen Schicht bestehen. Die tiefere Schicht hat zur Entwurfszeit also kein Wissen über ihren »Überbau«. Muss sie eine Kommunikation mit höheren Schichten initiieren, kann dies ohne Einführung statischer Abhängigkeiten erfolgen, etwa über einen Callback-Mechanismus à la Observer. Zur Laufzeit können demzufolge sehr wohl Assoziationen in der umgekehrten Richtung bestehen.

Im Kontext von Schichtenarchitekturen wird auch häufig von n-Tier-Architekturen gesprochen; in Abgrenzung zu diesem Begriff wollen wir unter Schichten eine zunächst nur logische Strukturierung der Software nach obigem Muster verstehen, wohingegen die Untergliederung in mehrere Tiers für uns eine darüber hinausgehende »physische« Verteilung des Softwaresystems auf unterschiedliche Prozesse oder gar Rechner impliziert. *Abgrenzung Schicht/Tier*

Aus der Unterteilung eines Softwaresystems in logische Schichten ergibt sich eine Reihe von Vorteilen: *Vorteile der Schichtenarchitektur*

- Die Komplexität der Software wird reduziert, da eine Schicht ohne Wissen über etwaige höhere Schichten und ohne Detailwissen über den inneren Aufbau der darunter liegenden Schichten verstanden werden kann.
- Die Abhängigkeiten zwischen den einzelnen Schichten werden minimiert. In der Folge kann dieselbe Implementierung eines Dienstes z.B. in Form einer Klassenbibliothek von den verschiedensten Anwendungen genutzt werden.
- Umgekehrt kann die Implementierung eines Dienstes in einer tieferen Schicht ausgetauscht werden, entweder ohne dass die höheren Schichten angepasst werden müssen oder doch wenigstens so, dass die notwendigen Änderungen lokal auf die nächsthöhere Schicht begrenzt werden. Um Änderungen dieser Art möglichst schmerzlos zu ermöglichen, empfiehlt sich zur noch weiter gehenden Entkopplung der Schichten die Beachtung des *Dependency Inversion Principle*. Wie wir noch sehen werden, zahlt sich dieser Kunstgriff gerade auch im Hinblick auf die Testbarkeit unserer Anwendung aus.

Viele moderne Anwendungen sind in (mindestens) vier Schichten gegliedert, die wir im Folgenden mit ihren jeweiligen Verantwortlichkeiten kurz vorstellen wollen (vgl. [Fowler02]):

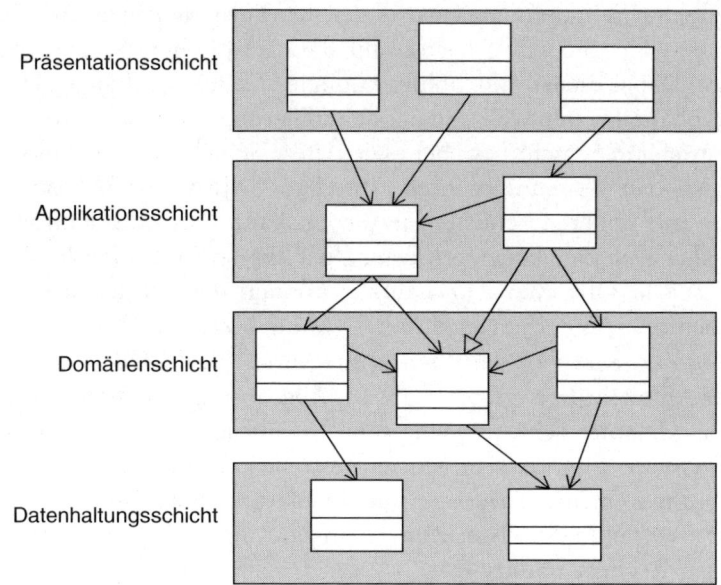

Abb. 9–1
Statische Abhängigkeiten zwischen den Schichten

Präsentationsschicht

Die Präsentationschicht ist für die Benutzerinteraktion verantwortlich. Darunter fällt beispielsweise die Darstellung der anzuzeigenden Daten und die Entgegennahme und Reaktion auf Benutzereingaben. Die Realisierungsmöglichkeiten reichen dabei von einer einfachen Kommandozeilenschnittstelle bis hin zu einer komplexen Web- oder grafischen Oberfläche.

Applikationsschicht

Die Aufgabe der Applikationsschicht besteht darin, von der Domänenschicht bereitgestellte Funktionalität für die Präsentationsschicht in Anwendungsfälle zu bündeln. Dazu fasst sie Abfolgen von Operationen auf Domänenebene zu anwendungsspezifischen Vorgängen zusammen. Die Applikationsschicht übernimmt die Rolle einer Kontrollinstanz, welche die Zusammenarbeit der Domänenobjekte in komplexeren Arbeitsabläufen (*Workflows*) koordiniert, ohne selbst Geschäftsregeln zu implementieren. Sie wird häufig nicht als eigenständige Schicht betrachtet, sondern als Teil der Domänenschicht angesehen.

Domänenschicht

In der Domänenschicht ist die Geschäftslogik der Anwendung implementiert. Die hier angesiedelten Klassen modellieren Geschäftsobjekte und Geschäftsregeln, mit deren Hilfe die von der Software zu unterstützenden Geschäftsprozesse abgebildet werden. Diese Schicht stellt den Kern der Anwendung dar.

Datenhaltungsschicht

Die Datenhaltungsschicht ist für die persistente Speicherung der Anwendungsdaten aus der Domänenschicht verantwortlich.

9.2 Abstrakte Persistenzschnittstelle

Stellen wir uns eine kleine Applikation zur Pflege von Kundenbeziehungen – also ein winziges *CRM*-System (*Customer Relationship Management*) – vor, deren persistentes Objektmodell sich im Laufe der ersten Iterationen zu der in Abbildung 9–2 gezeigten Struktur stabilisiert hat. Im Zentrum steht der Kunde (`Customer`), der immer *genau einer* Kategorie (`CustomerCategory`) zugeordnet ist und mit dem beliebig viele Kundenkontakte (`CustomerContact`) stattgefunden haben.

Beispiel: CRM-System

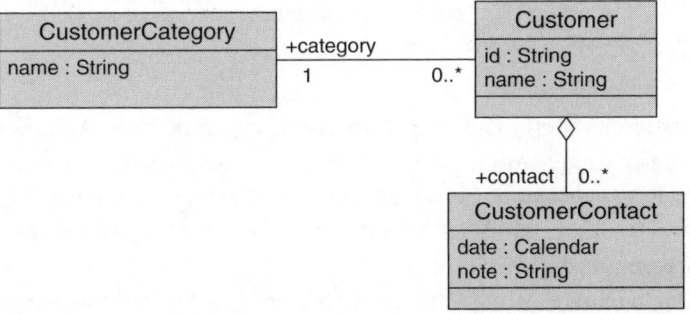

Abb. 9–2
Objektmodell der CRM-Applikation

Mit unserer Festlegung, zur technischen Realisierung der Datenhaltungsschicht ein RDBMS mit JDBC als Schnittstelle zu nutzen, nimmt der von uns selbst zu implementierende Teil des Persistenzmechanismus im Wesentlichen den Charakter einer Transformationsschicht an, die zwischen Domänenschicht und der JDBC-Schnittstelle vermittelt: In der einen Richtung verwandelt sie die von der Datenbank gelieferten Datensätze in Domänenobjekte, in der umgekehrten Richtung setzt sie Domänenobjekte über JDBC-Aufrufe in relational zu speichernde Datensätze um.

JDBC als Persistenzmechanismus

9 Persistente Objekte

Naiver Testansatz

Ein naiver Testansatz behandelt persistente Objekte wie alle anderen und verwendet eine Datenbank wie eine interne Ressource. Geht man diesen Weg, entsteht häufig eine Persistenzschnittstelle, die entweder statisch oder in einem Singleton beheimatet ist. Für die in Abbildung 9–2 dargestellten Objekte ist folgende statische Datenbankklasse denkbar:

```
public class CrmDatabase {
    public static void initialize(String dbURL)
        throws CrmException {...}
    public static void shutdown() throws CrmException {...}
    public static CustomerCategory createCategory(String name)
        throws CrmException {...}
    public static void deleteCategory(CustomerCategory category)
        throws CrmException {...}
    public static Set allCategories() throws CrmException {...}
    public static Customer createCustomer(String name,
        CustomerCategory category) throws CrmException {...}
    public static void writeCustomer(Customer customer)
        throws CrmException {...}
    public static void deleteCustomer(Customer customer)
        throws CrmException {...}
    public static Customer getCustomer(String id)
        throws CrmException {...}
    public Set allCustomers(CustomerCategory category)
        throws CrmException;
}
```

Es existieren Methoden zur Initialisierung und zum Anhalten der Datenbank sowie zum Erzeugen, Schreiben, Löschen und Erfragen von `CustomerCategory` und `Customer`. `CustomerContact`-Instanzen sind von Kundenobjekten abhängig und werden über diese gespeichert, geschrieben und gelöscht.

Naive Testimplementierung

Eine wichtige Aufgabe von CRM-Systemen ist die Erstellung regelmäßiger *Reports*. Ein täglicher Report (`DailyReport`) beispielsweise ermittelt die Anzahl der Kundenkontakte mit bestimmten Kategorien von Kunden. Hierzu ein Ausschnitt aus der zugehörigen Testklasse:

```
public class DailyReportTest extends TestCase {
    private DailyReport report;
    private Date reportDate;
    private CustomerCategory catFortune100,catSmallCompany;
    private final String DB_URL = "jdbc:odbc:CRM";
    private List customersToDelete = new ArrayList();
    protected void setUp() throws Exception {
        reportDate = Date.valueOf("2004-09-01");
```

```
        report = new DailyReport(reportDate);
        CrmDatabase.initialize(DB_URL);
        catFortune100 =
            CrmDatabase.createCategory("fortune 100");
        catSmallCompany =
            CrmDatabase.createCategory("small company");
    }
    protected void tearDown() throws Exception {
        Iterator i = customersToDelete.iterator();
        while (i.hasNext()) {
            Customer each = (Customer) i.next();
            CrmDatabase.deleteCustomer(each);
        }
        CrmDatabase.deleteCategory(catFortune100);
        CrmDatabase.deleteCategory(catSmallCompany);
        CrmDatabase.shutdown();
    }
    public void testAllContacts() throws Exception {
        Customer customer1 = CrmDatabase.createCustomer(
            "Customer 1", catFortune100);
        customersToDelete.add(customer1);
        Customer customer2 = ...
        Customer customer3 = ...
        Date otherDate = Date.valueOf("2004-09-02");
        customer1.addContact(otherDate, "note 1");
        customer1.addContact(reportDate, "note 2");
        CrmDatabase.writeCustomer(customer1);
        customer2.addContact(reportDate, "note 3");
        CrmDatabase.writeCustomer(customer2);
        customer3.addContact(otherDate, "note 4");
        CrmDatabase.writeCustomer(customer2);
        List contacts =
            report.allContactsForCategory(catFortune100);
        assertEquals(1, contacts.size());
        // ...
    }
}
```

Folgende Probleme werden sichtbar:

- Obwohl die `DailyReport`-Klasse als Objekt der Domänenschicht im Prinzip völlig unabhängig von den Details unserer Datenhaltungsschicht sein sollte, erfordern die Unit Tests für diese Klasse umfangreichen Code zur Datenbankinitialisierung und zur Erzeugung von Objekten in der Datenbank selbst. Dieser Code ist nicht nur fehleranfällig, sondern zeichnet sich auch durch lange Laufzeiten aus.

- Das vollständige Löschen aller erzeugten persistenten Objekte in tearDown() erfordert aktive Mitarbeit im Testcode durch Verwendung von customersToDelete.add(...) innerhalb der Testmethode. Vergessen wir das auch nur ein einziges Mal, befindet sich unsere Datenbank anschließend in einem unerwünschten Zustand.
- Zusätzlich machen wir uns von der Verfügbarkeit der Datenbank abhängig. Liegt eine Störung der Verbindung oder das Überschreiten datenbankspezifischer Ressourcen (z.B. Sessions) vor, schon verabschieden sich alle Folgetests mit seltsamen Exceptions und Fehlermeldungen.

Abstraktion der Persistenzschnittstelle

Ein Entkommen aus dieser vertrackten Testsituation bringt, wie bereits angedeutet, die Umkehr der Abhängigkeiten (siehe *Dependency Inversion Principle* in Kapitel 6.3). In obigem Code hängt die DailyReport-Klasse direkt von der Datenbankschnittstelle ab. Damit wird die Regel verletzt, dass High-Level-Module nicht von Modulen geringerer Abstraktion abhängen sollen. Wir brechen diese Abhängigkeit, indem wir die Persistenz in einem abstrakten Interface kapseln:

```
public interface CrmPersistence {
    void shutdown() throws CrmException;
    CustomerCategory createCategory(String name)
        throws CrmException;
    void deleteCategory(CustomerCategory category)
        throws CrmException;
    Set allCategories() throws CrmException;
    Customer createCustomer(String name,
        CustomerCategory category) throws CrmException;
    void writeCustomer(Customer customer) throws CrmException;
    void deleteCustomer(Customer customer) throws CrmException;
    Customer getCustomer(String id) throws CrmException;
    Set allCustomers(CustomerCategory category)
        throws CrmException;
}
```

Alle bislang statischen Methoden der Klasse CrmDatabase finden sich nun in CrmPersistence wieder, mit einer Ausnahme: initialize(String url) ist selbst ein Implementierungsdetail und hat daher nichts im abstrakten Interface verloren.

9.3 Persistente Attrappe

Die Trennung von Persistenzschnittstelle und Datenbankanbindung versetzt uns in die Lage, mehrere Implementierungen des Interfaces anzubieten. Eine davon ist die *Dummy-Implementierung*, die wir in den Tests der darauf aufbauenden Schichten an Stelle einer echten Datenbank verwenden können. Der für unseren Beispieltest wichtige Teil der Attrappe sieht so aus:

```
public class DummyCrmPersistence implements CrmPersistence {
   private int id = 0;
   private Set customers = new HashSet();
   private Set categories = new HashSet();
   public CustomerCategory createCategory(String name)
       throws CrmException {
      CustomerCategory category = new CustomerCategory(name);
      categories.add(category);
      return category;
   }
   public Set allCategories() throws CrmException {
      return categories;
   }
   public Customer createCustomer(String name,
      CustomerCategory category) throws CrmException {
      Customer customer = new Customer(name, category);
      customers.add(customer);
      return customer;
   }
   public Set allCustomers(CustomerCategory category)
       throws CrmException {
      return customers;
   }
   ...
}
```

Alle nicht gezeigten Methoden können für den vorliegenden Testfall leer bleiben. Man beachte, dass die Methode `allCustomers(...)` alle erzeugten Kunden zurückgibt und keine Filterung nach Kategorie vornimmt, wie es die Schnittstelle eigentlich erfordert. Dies entspricht dem Prinzip, ein Dummy-Objekt so einfach wie möglich zu gestalten. Unser Wissen darüber, dass `DailyReport`-Instanzen die `allCustomers`-Methode benutzen, um nach Kategorien vorzufiltern, genügt. Natürlich darf der Test dann auch nur passende `Customer`-Objekte erzeugen:

So einfach wie möglich

```
public class DailyReportTest extends TestCase {
   private DailyReport report;
   private CrmPersistence persistence;
   private Date reportDate;
   private CustomerCategory catFortune100;
   public DailyReportTest(String name) {...}
   protected void setUp() throws Exception {
```

9 Persistente Objekte

```
    persistence = new DummyCrmPersistence();
    reportDate = Date.valueOf("2004-09-01");
    report = new DailyReport(persistence, reportDate);
    catFortune100 = persistence.createCategory(
        "fortune 100");
}
public void testAllContacts() throws Exception {
    Customer customer1 = persistence.createCustomer(
        "Customer 1", catFortune100);
    Customer customer2 = persistence.createCustomer(
        "Customer 2", catFortune100);
    Date otherDate = Date.valueOf("2004-08-30");
    customer1.addContact(otherDate, "note 1");
    customer1.addContact(reportDate, "note 2");
    customer2.addContact(otherDate, "note 4");
    List contacts =
        report.allContactsForCategory(catFortune100);
    assertEquals(1, contacts.size());
    // ...
}
}
```

Die einzige bemerkenswerte Ergänzung im geänderten Test ist, dass der Konstruktor von `DailyReport` nun zusätzlich nach einem `CrmPersistence`-Objekt verlangt. Dieses Muster bei der Einführung von Dummy- und Mock-Objekten ist uns ja bereits bekannt. Im Übrigen wurde die Testklasse vor allem kürzer. Einiges an datenbankspezifischem Code sowie die komplette `tearDown()`-Methode werden nun nicht mehr benötigt.

Testen des Error-Handlings

Die Dummy-Klasse erlaubt jetzt, das korrekte Verhalten der Fehlerbehandlung zu testen, indem wir – wie in Kapitel 6.7 beschrieben – das Dummy-Objekt so konfigurieren, dass es im richtigen Augenblick die entsprechende Exception wirft. So lassen sich alle gewünschten Fehler simulieren: vom Versagen des Netzwerkes bis hin zu einer Verletzung von Datenbank-Constraints.

Alternative: Mock-Objekt

Als Alternative zur `DummyCrmPersistence`-Klasse wäre auch eine entsprechende Mock-Klasse in Frage gekommen. Da diese aber lediglich den Aufruf von `allCustomers()` hätte verifizieren können, schien sie uns in diesem Fall keinen nennenswerten Vorteil zu bringen.

Möchte man eine Dummy-Datenbank soweit ausbauen, dass sie zur »leichtgewichtigen« Datenbank für den Testbetrieb wird, erfordert dies in der Regel größeren Entwicklungsaufwand. Meist ist in diesen Fällen die Verwendung einer *In-Memory-Datenbank*, wie z.B Cloudscape [URL:Cloudscape] oder der zunehmend populären *HSQLDB*

[URL:Hsqldb], ökonomischer. Wir werden später (ab Seite 198) noch sehen, wie man das anstellen kann.

9.4 Gestaltung einer Datenbankschnittstelle

Ein zentraler Punkt beim betrachteten Vorgehen ist die Gestaltung der Datenbankschnittstelle. Bei der Anwendung von Test-First entsteht diese schrittweise und kann ständig an die wirklichen Erfordernisse der darauf aufbauenden Schichten angepasst werden. Dennoch sollte man auch bei diesem evolutionären Vorgehen auf eine konsistente Namensgebung und durchgängig gleiche Semantik der angebotenen Interfacemethoden achten. Wertvolle Hinweise, wie eine Persistenzschicht sinnvoll gestaltet werden kann, die das Domänenmodell einer Anwendung unterstützt, statt ihm in die Quere zu kommen, liefert uns [Evans03] mit seinem Ansatz des »*Domain-Driven Design*«.

Wertobjekte

Konzeptionell erweist es sich zunächst als günstig, die Objekte des Domänenmodells in *Wertobjekte* und *Entitäten* zu klassifizieren. Erstere sind vollständig durch die Ausprägungen ihrer Attribute determiniert. Zwei Wertobjekte mit gleichen Attributausprägungen sind vom Standpunkt des Domänenmodells nicht zu unterscheiden und folglich austauschbar. Diese Semantik drücken wir in unserer Implementierung aus, indem wir für Wertobjekte die `equals`-Methode als Prüfung der Objektattribute auf Gleichheit realisieren und weiterhin dafür sorgen, dass die Instanzen nach der Initialisierung im Konstruktor unveränderlich (*immutable*) sind. Die letztgenannte Eigenschaft ist besonders erstrebenswert, denn sie garantiert, dass eine Objektinstanz immer ein und denselben Wert repräsentiert und daher beliebig oft wiederverwendet werden kann, ohne eine unerwünschte, indirekte Kopplung zwischen ihren Verwendern herzustellen.

Die Instanzen der Klasse `CustomerCategory` sind Beispiele für Wertobjekte. Vom Standpunkt unseres einfachen CRM-Modells aus handelt es sich bei `CustomerCategory` um einen Aufzählungstyp, dessen einzelne Ausprägungen mit ihrem `name`-Attribut gleichgesetzt werden können.

Entitäten

Die Entitäten einer Domäne besitzen dagegen eine von ihren Attributen unabhängige, auf ihrer »Lebensgeschichte« basierende Identität, die während des gesamten Lebenszyklus einer Entität von der Software garantiert werden muss. Umgekehrt können wir auch sagen, dass eine

Entität gerade dadurch definiert ist, dass sie einen individuellen Lebenszyklus besitzt. In unserem CRM-Beispiel stellen z.B. die Customer-Objekte Entitäten dar, für deren individuelles Schicksal wir uns interessieren, auch wenn zufälligerweise mehrere Personen mit dem gleichen Namen zu unseren Kunden zählen – daher auch das explizite id-Attribut.

Problem: Zu viele Assoziationen

Ein weiterer wichtiger Punkt, auf den wir unsere Aufmerksamkeit richten müssen, betrifft den Umgang mit Objektreferenzen. Prinzipiell haben wir zwei Möglichkeiten, an die Referenz eines Objekts zu gelangen: Entweder wir erzeugen das gewünschte Objekt selbst (und erhalten die Referenz als Ergebnis von new) oder wir können von einem anderen Objekt, dessen Referenz wir bereits halten, über eine Kette von Assoziationen zu dem gewünschten Objekt navigieren. Während uns eine Vielzahl von Assoziationen die Navigation zum Adressaten unserer Nachricht erleichtert, steigert andererseits jede Assoziation, die wir verwalten müssen, die Komplexität unseres Domänenmodells und seiner Implementierung. Insbesondere die Verwaltung von Assoziationen zwischen persistenten Objekten ist aufwändig, da sie auf der Datenbank über Fremdschlüsselbeziehungen abgebildet werden. *Aggregate* stellen einen Ausweg aus diesem Dilemma dar, indem sie den Assoziationswildwuchs begrenzen und klare Navigationspfade etablieren.

Aggregate

Die Idee ist, dass wir zusammenhängende Objekte in ein so genanntes Aggregat gruppieren, auf dessen Mitglieder wir immer über ein gemeinsames Wurzelobjekt zugreifen. Während zu der als Wurzelobjekt fungierenden Entität eine Assoziation besteht (wir halten ihre Referenz permanent), dürfen wir die von ihr zurückgegebenen Referenzen zu anderen Entitäten des Aggregats immer nur temporär, z.B. im Rahmen einer Methode, verwenden.

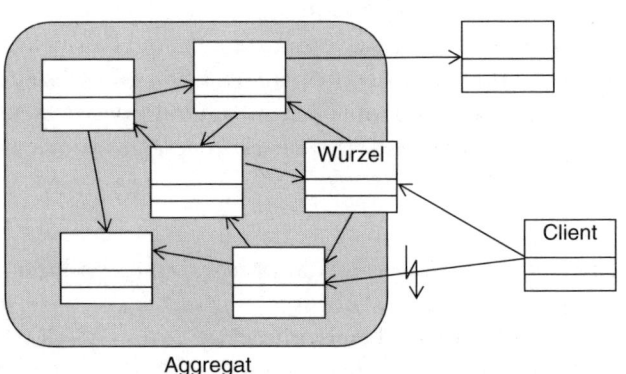

Abb. 9–3
Assoziationen und Aggregate

Zusätzliche Vorteile entstehen durch dieses Konzept, wenn wir das Aggregat auch als Einheit unserer Datenbankoperationen wählen, also Lese- und Schreiboperationen auf der Ebene von Aggregaten durchführen. Gelingt es uns beispielsweise, die Aggregate so zu schneiden, dass sie genau die für unseren Anwendungsfall gemeinsam bearbeiteten Objekte umfassen, werden insbesondere die durch das Setzen exklusiver Datenbanksperren entstehenden Konflikte[2] im Mehrbenutzerbetrieb auf das notwendige Mindestmaß reduziert.

Operationen auf Aggregatebene

Repository

Evans schlägt vor, für den Zugriff auf persistente Objekte ein Collection-ähnliches Interface zu verwenden. Ein *Repository* implementiert dieses Interface für eine Klasse von persistenten Objekten[3]. Es ist dann dafür verantwortlich, die Methoden zum Hinzufügen, Entfernen, Finden oder Aktualisieren eines Objekts in entsprechende Operationen auf der Datenbank umzusetzen. Wie zuvor angedeutet, können die durch das Repository verwalteten Objekte auch in Aggregaten gruppiert werden. In diesem Fall taucht zwar gegebenenfalls lediglich die Wurzelentität in den Methodensignaturen auf, die jeweiligen Operationen betreffen aber alle zum Aggregat gehörenden Objekte.

Mit diesen Vorüberlegungen gerüstet, können wir uns an das Redesign unserer Persistenzschnittstelle wagen:

- Die in unserem CRM-Beispiel zentrale Entität ist der Kunde. Wir behandeln daher `Customer` als Wurzelobjekt eines Aggregats, das die abhängigen Instanzen von `CustomerContact` und `CustomerCategory` umfasst. Für das Wurzelobjekt bieten wir Methoden zum Anlegen (`createCustomer(..)`), Überschreiben (`writeCustomer(..)`) und Löschen (`deleteCustomer(...)`) in unserem Persistenzinterface an. Damit ist das Repository für den gesamten Lebenszyklus dieser Entitäten verantwortlich und übernimmt folglich auch das Identitätsmanagement für sie[4].
- Das Erzeugen, Schreiben und Löschen eines `Customer`-Objekts führt automatisch zum Erzeugen, Schreiben und Löschen aller abhängigen Objekte. Im vorliegenden Fall sind davon die `CustomerContact`-Objekte betroffen. Bei der Implementierung dieser Eigenschaft muss insbesondere auf Rekursion geachtet werden.

Designentscheidungen

---

2. Bzw. die Anzahl später Fehlschläge bei *optimistischem* Sperren.
3. Bei [Fowler02] lernen wir Vergleichbares als *Data Mapper* kennen.
4. Soll eine Entität immer von derselben Objektinstanz repräsentiert werden, kann dies z.B. über eine *Identity Map* (vgl. [Fowler02]) erreicht werden.

- Der Einfachheit halber stellen wir über unser Interface auch die Methoden `createCategory(...)` und `deleteCategory(...)` zum Verwalten der Ausprägungen von `CustomerCategory` bereit, anstatt sie in ein eigenes Repository auszulagern.
- Das Interface wird nach Bedarf um *Query*- und *Retrieval*-Methoden ergänzt – im Beispiel `allCategories(..)`, `getCustomer(...)` und `allCustomers(...)`. Dabei müssen wir allerdings darauf achten, nicht die von unseren Aggregaten gezogenen Grenzen zu verletzen, also in derartigen Methoden ausschließlich Instanzen der Wurzelobjekte oder unveränderliche Wertobjekte zurückzugeben.
- Alle im Interface definierten Methoden sind durch Transaktionen geschützt. Dies bedeutet, dass sowohl Getter- als auch Setter-Zugriffe auf persistente Objekte außerhalb von Transaktionen möglich sind und nur zum Zeitpunkt der Benutzung einer Interfacemethode die Konsistenz und Aktualität der Daten gewährleistet ist. Diese vereinfachende Annahme ist für viele Anwendungen ausreichend und erleichtert das Arbeiten mit einer Persistenzschnittstelle.
- Alle beim Speichern auftretenden *Checked Exceptions* (siehe Glossar, Seite 382) werden in einen speziellen Exceptiontyp – hier `CrmException` – umgewandelt. Insbesondere werden auf diese Weise Verletzungen von Konsistenzbedingungen unseres persistenten Domänenmodells signalisiert. So soll beispielsweise das Löschen eines `CustomerCategory`-Objekts fehlschlagen, wenn noch persistente `Customer`-Instanzen in dieser Kategorie existieren.
- Die Implementierung sorgt wenn nötig für den Erhalt der Identität einer Entität. In unserem einfachen Beispiel garantieren wir allerdings nicht die Identität der Objektinstanzen (`==`), sondern begnügen uns mit Gleichheit (`equals(..)`).

Glücklicherweise nötigen uns die getroffenen Designentscheidungen nur zu marginalen Änderungen an der bisherigen Persistenzschnittstelle. Wir benennen unser Interface in `CrmRepository` um und können ansonsten fast alles beim Alten belassen:

```
public interface CrmRepository {

    CustomerCategory createCategory(String name)
        throws CrmException;

    void deleteCategory(CustomerCategory category)
        throws CrmException;

    Set allCategories() throws CrmException;

    Customer createCustomer(String name,
        CustomerCategory category) throws CrmException;
```

```
    void writeCustomer(Customer customer) throws CrmException;

    void deleteCustomer(Customer customer) throws CrmException;

    Customer getCustomer(String id) throws CrmException;

    Set allCustomers(CustomerCategory category)
        throws CrmException;
}
```

Die `shutdown()`-Methode ist beim Redesign unserer Persistenzschnittstelle auf der Strecke geblieben. Da wir für jede Klasse von persistenten Objekten ein eigenes Repository vorsehen, verlagern wir die Verantwortung für die Verwaltung der Datenbankverbindungen in eine zentrale Instanz, meist den Web- oder EJB-Container; die Repository-Implementierungen können dann über `javax.sql.DataSource` auf einen Pool entsprechender Verbindungsobjekte (`java.sql.Connection`) zugreifen:

```
public class JdbcCrmRepository...

    private DataSource dataSource;

    public JdbcCrmRepository(DataSource dataSource)
            throws CrmException {
        this.dataSource = dataSource;
    }
}
```

Unsere Designentscheidungen müssen mit den Anforderungen der Applikation übereinstimmen. Manchmal wird der Entwurf – und die Implementierung – einer Persistenzschnittstelle durch besondere Anforderungen erschwert. Zwei typische Schwierigkeiten betrachten wir näher: nach außen sichtbare *Transaktionen* und *Ad-hoc-Queries*.

Transaktionen

Der Transaktionsbegriff spielt bei Datenbanken ein zentrale Rolle. Bislang sind wir davon ausgegangen, dass die Kapselung der einzelnen Persistenzaufrufe in Transaktionen ausreicht. Manchmal müssen jedoch Transaktionen von außen verfügbar sein, beispielsweise um mehrere persistente Aktionen transaktionsgeschützt ausführen zu können. Vielfach kann die Transaktionsgranularität anwendungsfallspezifisch erst in der Applikationsschicht festgelegt werden, so dass die Transaktionssteuerung bis zu dieser Ebene delegiert werden muss.

Wir entkoppeln unsere Domänenschicht durch Einführen eines eigenen Transaktionsinterface, das einzig die zur Transaktionssteuerung notwendigen Methoden umfasst:

Entkopplung durch Transaktionsinterface

```
public interface CrmTransaction {
    void commit() throws CrmException;
    void rollback() throws CrmException;
}
```

Transaktionssemantik Wir legen uns mit diesem Interface noch auf kein bestimmtes Transaktionsmodell fest. Sowohl pessimistisches als auch optimistisches Locking der Daten ist denkbar; aber auch eine anwendungsspezifische Transaktionssemantik kann sich dahinter verbergen[5]. Bei der Auswahl des richtigen Modells spielt die Anwendungsdomäne selbst die ausschlaggebende Rolle; nicht immer lässt sich das fachlich gewünschte Transaktionsverhalten direkt auf eine technologische Transaktionsart abbilden.

Im Beispiel wollen wir uns mit nativen Datenbanktransaktionen begnügen, wie sie auch von JDBC unterstützt werden. Die Implementierung des `CrmTransaction`-Interface erfolgt durch die Klasse `JdbcCrmTransaction`; diese verwaltet intern eine `Connection`-Instanz, da bei JDBC das Transaktionsverhalten über das `Connection`-Interface gesteuert wird. Kollaborierenden Klassen innerhalb der Persistenzschicht gewährt `JdbcCrmTransaction` über ihre `run(...)`-Methode indirekten Zugang zu der gekapselten `Connection`-Instanz:

```
public class JdbcCrmTransaction implements CrmTransaction {

    private Connection connection;

    protected JdbcCrmTransaction(DataSource dataSource)
            throws CrmException {
        try {
            this.connection = dataSource.getConnection();
            connection.setAutoCommit(false);
        } catch (SQLException e) {...}
    }

    protected Object run(JdbcCrmRunnable runnable)
            throws CrmException {
        try {
            return runnable.run(connection);
        } catch (Exception e) {
            rollback();
            throw new CrmException("Transaction failed", e);
        }
    }
```

---

5. In [Fowler02] und [Neward04] werden die wesentlichen Ansätze vorgestellt, miteinander verglichen und gegeneinander abgewogen.

```java
    public void commit() throws CrmException {
        try {
            connection.commit();
        } catch (SQLException e) {...}
    }

    public void rollback() throws CrmException {
        try {
            connection.rollback();
        } catch (SQLException e) {...}
    }

}
```

Als Parametertyp taucht in der run(...)-Methode das Interface Jdbc-CrmRunnable auf, das wie folgt definiert ist:

```java
interface JdbcCrmRunnable {
    Object run(Connection connection) throws Exception;
}
```

Wollen wir SQL-Kommandos innerhalb einer Transaktion an die Datenbank absetzen, dann bringen wir die notwendigen Anweisungen in einer inneren anonymen Klasse unter, die dieses Interface implementiert, und übergeben sie zur Ausführung an JdbcCrmTransaction. Dieses notationstechnisch umständliche Vorgehen ist die einzige Möglichkeit, wie wir in Java duplizierten Exception-Handling-Code vermeiden können. Hier ein kleiner Ausschnitt aus der Implementierung von JdbcCrmRepository, der dieses Vorgehen illustriert:

```java
public void deleteCategory(final CustomerCategory category,
        CrmTransaction transaction) throws CrmException {
    JdbcCrmTransaction jdbcTransaction =
        (JdbcCrmTransaction) transaction;
    JdbcCrmRunnable runnable = new JdbcCrmRunnable() {
        public Object run(Connection con)throws Exception {
            Statement statement = con.createStatement();
            statement.executeUpdate(...);
            statement.close();
            return null;
        }
    };
    jdbcTransaction.run(runnable);
}
```

Um die Transaktionssteuerung dem Aufrufer zu überlassen, mussten wir die Methodensignaturen in CrmRepository um einen Parameter vom Typ CrmTransaction erweitern bzw. entsprechende Methoden zusätzlich anbieten. Im Anwendungscode sieht ein Transaktionsaufruf dann folgendermaßen aus:

```
CrmTransaction transaction =
  CrmTransactionFactory.createTransaction();
repository.createCategory("Category 1", transaction);
repository.createCategory("Category 2", transaction);
transaction.commit();
```

Mit dem vorgestellten Ansatz lässt sich sehr feingranular festlegen, welche Operationen innerhalb eines gegebenen Transaktionskontexts und welche außerhalb ausgeführt werden sollen. Auch die gleichzeitige Benutzung mehrerer Transaktionen ist einfach möglich. Nachteilig ist jedoch, dass wir dazu das Transaktionsobjekt an alle Stellen, an denen es benötigt wird, weiterreichen müssen. Da dies schnell lästig werden kann, bietet sich als Alternative an, das aktuelle Transaktionsobjekt an einer bekannten Stelle, einer *Registry*, zu hinterlegen oder – wie es viele Persistenzframeworks tun – an ein ThreadLocal-Objekt zu binden. Bei dieser Möglichkeit ist aber die individuelle Transaktionssteuerung für einzelne Operationen kaum zu realisieren. Einen Ausweg aus diesem Dilemma bietet uns möglicherweise der Einsatz von *aspektorientierter Programmierung*, indem wir versuchen, das Transaktionsverhalten in einem eigenen Aspekt zu kapseln; dieser Ansatz wird in »AspectJ in Action« [Laddad03], Kapitel 11, ausführlich vorgestellt.

Nachteile expliziter Transaktionen

Man sollte jedoch nicht vergessen, dass das Sichtbarmachen von Transaktionen den Programmcode der darauf aufbauenden Schichten verkompliziert und aufbläht. Dies sollte daher nur geschehen, wenn wir ohne explizite Transaktionen nicht auskommen. Häufig genügt die Erweiterung der Persistenzschnittstelle um wenige Parameter oder Methoden, um diese zusätzliche Komplexität zu vermeiden.

Ad-hoc-Queries

In vielen Anwendungsfällen ist die Geschäftslogik darauf angewiesen, gezielt und effizient auf bestimmte Informationen in der Datenbank zugreifen zu können. Zahlreiche Applikationen »lösen« dieses Problem, indem SQL-Code, meist spezialisierte und optimierte Queries, über alle Teile des Programms verstreut an den nötigten Stellen eingebaut wird. Motiviert ist diese »Dezentralisierung« häufig durch den Zwang zur Query-Optimierung. Aus Designsicht handelt es sich dabei jedoch um einen Verstoß gegen die Prinzipien unserer Schichtenarchitektur, der mit dem Verlust ihrer Vorteile bestraft wird: Der Code der Geschäftslogik wird von einer bestimmten Technologie (SQL-Datenbank), einer bestimmten Datenbank und einem festgelegten Schema abhängig. Statt die Verantwortlichkeit für die Persistenz in einer zusammenhängenden Objektschicht mit klaren Schnittstellen zu bündeln, die für Testzwecke leicht durch eine Dummy-Implementierung ausgetauscht werden kann, wird sie auf zahlreiche Klassen und Packages in anderen Schichten verteilt, wodurch sich Komplexität und Testaufwand für diese Schichten entsprechend erhöhen.

Die in diesem Kapitel vorgestellte Trennung von Persistenzschnittstelle und Implementierung verhindert zunächst einmal, dass SQL-Anfragen bis in die oberen Schichten gelangen. Dennoch kommt der Entwickler manchmal an einen Punkt, an dem er für jede neue Funktionalität das Persistenzinterface um eine neue Query-Methode erweitern muss. Dies ist der Grund dafür, dass die meisten Persistenzframeworks und auch objektorientierte Datenbanken eine Möglichkeit anbieten, Ad-hoc-Queries an die Datenbank anzubauen.

Notwendigkeit von Ad-hoc-Queries

Wir könnten dem Applikationsdruck einfach nachgeben und unser Interface `CrmRepository` um eine Methode

```
Set executeSqlQuery(String queryString) {}
```

erweitern. Doch damit handeln wir uns die oben genannten Nachteile ein und verbauen uns zudem die Möglichkeit, Clientcode dieser Methode auf einfache Weise zu testen: Im einfachsten Fall müssen wir abgesetzte SQL-Strings auf korrekte Syntax und Semantik überprüfen. Diese Erweiterung sollte daher nur die allerletzte Zuflucht darstellen.

Ein besserer und meist ausreichender Weg besteht im Aufbau einer sehr kleinen und auf unsere Anwendung spezialisierten Query-Language. Ein sehr einfaches Beispiel dafür ist die bereits vorhandene Methode `allCustomers(CustomerCategory category)`. Etwas komplexer wäre die Übergabe eines Beispielobjekts, dessen gesetzte Attribute als Suchparameter und Wildcards dienen. Diese Anfragesprache können wir nach Bedarf ausbauen, bis hin zu eigenen Klassen für gesuchte Wertebereiche, Und-/Oder-Kombinationen und vieles mehr. Martin Fowler stellt in [Fowler02] ein entsprechendes Muster unter dem Namen *Query Object* vor.

Dedizierte »Query-Language«

Der Vorteil einer solchen anwendungsspezifischen Abfragesprache besteht nicht nur in der Unabhängigkeit von Persistenzmechanismus und Datenschema, sondern auch in der Repräsentation der Anfragen mit den Mitteln der Programmiersprache. Im Vergleich zu Stringbasierten Sprachen wie SQL verbessert das die Testbarkeit und erlaubt dem Compiler, bereits im Vorfeld zahlreiche Fehler der Anfrageerstellung auszumerzen.

Manchmal existiert die Anforderung, dass Queries aus Performanzgründen für eine bestimmte Datenbank, ein bestimmtes Schema

Optimierung aus Performanzgründen

und ein bestimmtes physisches Datenbanklayout optimiert werden. In der Mehrheit aller Fälle genügt es, die wenigen geschwindigkeitskritischen Queries in der Persistenzschnittstelle gesondert anzubieten, um sie dadurch getrennt behandeln und optimieren zu können. Die große Menge aller Ad-hoc-Queries wird jedoch weiterhin generisch aus der Anfragesprache erzeugt.

9.5 Testen der »richtigen« Persistenz

Bislang haben wir gesehen, dass es erstrebenswert und möglich ist, die Persistenzschnittstelle von der Abhängigkeit zu einer bestimmten Persistenzimplementierung zu befreien. Damit können wir die Tests für den darauf aufbauenden Code deutlich vereinfachen und beschleunigen.

Nicht entbunden sind wir jedoch von der Verpflichtung, auch die eigentliche Implementierung der Persistenzschnittstelle zu testen. Und damit stoßen wir natürlich wieder auf die gleichen Probleme, welche uns schon die erste naive Version von `DailyReportTest` (vgl. Seite 174) beschert hat. Mit einem Unterschied: Es genügt nun, dass wir die geforderte Persistenzfunktionalität ein einziges Mal testen, und nicht für alle darüber liegenden Tests immer wieder die gleichen Dinge tun. Testen müssen wir u.a. folgende Dinge:

- Kann ich Objekte erzeugen, lesen, modifizieren und löschen?
- Liefern die Query-Methoden das richtige Ergebnis?
- Werden Verletzungen von Domänen-Constraints verhindert?
- Funktioniert das transaktionelle Verhalten?

Wir können uns das Leben etwas vereinfachen, wenn wir für die Implementierung der Tests aus diesem Katalog ein Werkzeug wie DbUnit [URL:DbUnit] heranziehen, das uns beim Management des Datenbankzustands zur Hand geht.

Verwaltung des Datenbankzustands

Ohne DbUnit sind wir selbst dafür verantwortlich, im `setUp()` einen definierten Datenbankzustand für unsere Tests herzustellen bzw. im `tearDown()` einen solchen zu hinterlassen. Am einfachsten gelingt uns das, wenn wir als Ausgangszustand auf einer leeren Datenbank aufsetzen können; in diesem Fall müssen wir in der `tearDown()`-Methode lediglich die »Testleichen« aufräumen. Schlägt dieses Aufräumen jedoch einmal fehl, so bedeutet dies häufig, dass manuelle Löschungen in der Datenbank nötig sind, um wieder einen definierten Anfangszustand zu erreichen.

DbUnit

Genau an diesem Punkt setzt DbUnit an, indem es uns zahlreiche Möglichkeiten anbietet, vor Ausführen der Tests auf der Datenbank einen definierten Ausgangszustand herzustellen. Standardmäßig löscht

DbUnit in `setUp()` die alten Tabelleninhalte, bevor es die Testdaten einfügt, aber dieses Verhalten kann problemlos geändert werden. Auch der gewünschte Ausgangszustands selbst kann auf verschiedene Arten spezifiziert werden, von denen das Bereitstellen der Testdaten in XML-Dateien die vielleicht einfachste ist. Diese XML-Dateien können wir sowohl manuell als auch per Abzug des Inhalts der Datenbank erstellen; da DbUnit auch den Vergleich des aktuellen Datenbankinhalts mit einem zuvor erstellten Abzug unterstützt, ist es insbesondere für die Erstellung von Regressionstests gut geeignet.

DbUnit liefert mit `DatabaseTestCase` eine eigene abstrakte Basisklasse für Testfälle mit Datenbankbezug, von der wir unsere eigene abstrakte Basisklasse `CrmDatabaseTestCase` ableiten. In dieser implementieren wir die Template-Methoden `getConnection()` und `getDataSet()`, mit denen wir die zu verwendende Datenbankverbindung respektive die persistenten Testdaten spezifizieren:

Basisklasse für Datenbanktests

```java
public class CrmDatabaseTestCase extends DatabaseTestCase {
    ...
    protected IDatabaseConnection getConnection() throws
          Exception {
       Class.forName("org.hsqldb.jdbcDriver");
       return new DatabaseConnection(DriverManager
          .getConnection("jdbc:hsqldb:mem:testdb"));
    }
    protected IDataSet getDataSet() throws Exception {
       return new FlatXmlDataSet(new File(...));
    }
}
```

Alle von dieser Basisklasse abgeleiteten Testfälle setzen damit auf der gleichen Testfixture auf. Wird für spezielle Tests eine andere Fixture benötigt, kann diese durch Überschreiben der `getDataSet()`-Methode in der zugehörigen Testfallklasse spezifiziert werden. Erwähnenswert ist auch, dass wir hier als Datenbank HSQLDB im In-Memory-Modus gewählt haben, was die Testausführung spürbar beschleunigt (siehe *In-Memory-Datenbanken*, S. 198).

Betrachten wir nach diesen Vorbereitungen ein paar Beispiele aus unserem Testkatalog, als erstes das Lesen eines Kunden von der Datenbank. Im Zusammenspiel mit unseren Testdaten sorgt DbUnit dafür, dass auf der Datenbank die Daten eines Kunden liegen, mit dem zwei Kontakte stattgefunden haben. Unser Testfall prüft, ob wir in der Lage sind, aus diesen Daten das `Customer`-Objekt mitsamt seiner abhängigen `CustomerContact`-Instanzen wiederherzustellen:

Test des Objektlesens

```java
public class JdbcCrmRepositoryTest extends CrmDatabaseTestCase{
    private JdbcCrmRepository database;
    protected void setUp() throws Exception {
        super.setUp();
        database = new JdbcCrmRepository(this.getDataSource());
    }
    public void testGetCustomer() throws Exception {
        Customer customer = database.getCustomer("1");
        assertNotNull(customer);
        assertEquals("1", customer.getId());
        assertEquals("Customer", customer.getName());
        assertEquals("Category",
            customer.getCategory().getName());
        Date date1 = Date.valueOf("2004-09-01");
        Date date2 = Date.valueOf("2004-09-02");
        Set contacts = customer.getContacts(date1);
        assertEquals(1, contacts.size());
        CustomerContact contact =
            (CustomerContact) contacts.iterator().next();
        assertEquals(date1, contact.getDate());
        assertEquals("Note A", contact.getNote());
        contacts = customer.getContacts(date2);
        ...
    }
}
```

Nachdem wir diesen Testfall durch Implementieren der getCustomer(..)-Methode zum Laufen gebracht haben, widmen wir den nächsten Testfall dem komplementären Vorgang, nämlich dem Erzeugen eines neuen Kunden auf der Datenbank. Um die korrekte Funktion dieser Operation zu prüfen, können wir in der Datenbank nachschauen, ob die von uns erwarteten Datensätze tatsächlich eingefügt worden sind. Leider tendiert derartiger Code erfahrungsgemäß immer zu einer gewissen Unhandlichkeit und Wartungsintensität. Auch DbUnit hilft uns hier nur begrenzt weiter; eine merkliche Vereinfachung des Testcodes ist nur um den Preis einer weiteren, den erwarteten Datenbankzustand spezifizierenden XML-Datei zu erzielen. Die Zahl derartiger Dateien sollten wir unter Wartungsgesichtspunkten aber ebenfalls so klein wie möglich halten.

Aufgrund unseres ersten Testfalls sind wir in der glücklichen Lage, mit einiger Sicherheit aus dem erfolgreichen Zurücklesen des neu erzeugten Kunden auf die korrekte Speicherung seiner Daten auf der Datenbank schließen zu können. Folglich kann unser Testfall auch die folgende Form annehmen:

9.5 Testen der »richtigen« Persistenz

```
public class JdbcCrmRepositoryTest...
   public void testCreateCustomerWithContacts()
         throws Exception {
     Customer customer = database.getCustomer("1");
     CustomerCategory cat = customer.getCategory();
     customer = database.createCustomer("Customer 1", cat);
     Date date1 = Date.valueOf("2004-09-01");
     Date date2 = Date.valueOf("2004-08-30");
     customer.addContact(date1, "CRM 114");
     customer.addContact(date2, "POE");
     database.writeCustomer(customer);
     Customer dbCustomer =
        database.getCustomer(customer.getId());
     assertNotNull(dbCustomer);
     assertEquals(customer.getName(), dbCustomer.getName());
     assertEquals(customer.getCategory(),
        dbCustomer.getCategory());
     Set contacts = dbCustomer.getContacts(date1);
     assertEquals(1, contacts.size());
     CustomerContact contact =
        (CustomerContact) contacts.iterator().next();
     assertEquals(date1, contact.getDate());
     assertEquals("CRM 114", contact.getNote());
     contacts = dbCustomer.getContacts(date2);
     ...
   }
```

Test der Objekterzeugung

Die fehlerfreie Ausführung dieses Tests überzeugt uns, dass auch das Erzeugen eines persistenten `Customer`-Objekts funktioniert.

Etwas verzwickter gestaltet sich der Test für das Löschen eines `Customer`-Objekts. Gemäß unseres Aggregat-Ansatzes müssen die abhängigen `CustomerContact`-Datensätze auf der Datenbank ebenfalls gelöscht werden; wir haben aufgrund der aus demselben Ansatz folgenden Zugriffsbeschränkungen aber keine geeignete Leseroutine für die Überprüfung, dass dies auch tatsächlich geschieht. Nun können wir entweder argumentieren, dass die Datenbank aufgrund der bestehenden Fremdschlüsselbeziehungen das Löschen eines Kunden ohne die zugehörigen Kontakte sowieso verhindert und folglich das Scheitern des Versuchs, ein `Customer`-Objekt nach erfolgtem Löschen wieder zu lesen, als Testkriterium ausreicht. Oder wir stellen fest, dass die Löschung eines zuvor erzeugten Objekts den ursprünglichen Datenbankzustand wiederherstellt, und überlassen DbUnit die weitere Arbeit:

Test der Objektlöschung

```
import org.dbunit.Assertion;

public class JdbcCrmRepositoryTest...
    public void testDeleteCustomerWithContacts()
            throws Exception {
        Customer customer = database.getCustomer("1");
        CustomerCategory cat = customer.getCategory();
        customer = database.createCustomer("Customer 1", cat);
        Date date = Date.valueOf("2004-09-01");
        customer.addContact(date, "CRM 114");
        database.writeCustomer(customer);
        database.deleteCustomer(customer);
        IDataSet databaseDataSet =
            getConnection().createDataSet();
        IDataSet expectedDataSet = getDataSet();
        ITable actualTable =
            databaseDataSet.getTable("customer");
        ITable expectedTable =
            expectedDataSet.getTable("customer");
        Assertion.assertEquals(expectedTable, actualTable);
        actualTable =
            databaseDataSet.getTable("customer_contact");
        expectedTable =
            expectedDataSet.getTable("customer_contact");
        Assertion.assertEquals(expectedTable, actualTable);
    }
```

Die von DbUnit bereitgestellte Methode org.dbunit.Assertion.assertEquals(...) vergleicht die kompletten Tabelleninhalte; wir können bei erfolgreichem Test also sicher sein, dass Ausgangs- und Endzustand der Tabellen wie gefordert identisch sind.

Nach demselben Strickmuster – erst testen wir das korrekte Lesen von der Datenbank, anschließend das Schreiben unter Zuhilfenahme der bereits getesteten Lesemethode und zum Abschluss noch das Löschen unter Rückgriff auf die Schreibmethode – können wir auch die anderen, ähnlich gelagerten Testfälle abarbeiten.

Etwas instruktiver sind daher schon die Unit Tests zum Überprüfen korrekter Fehlersignalisierung, wie zum Beispiel beim Versuch, ein noch verwendetes CustomerCategory-Objekt zu löschen:

Test von Constraint-Verletzungen

```
public class JdbcCrmRepositoryTest...
    public void testCategoryDeletionWithCustomerFailure()
            throws Exception {
        CustomerCategory cat =
            database.createCategory("Category 1");
```

```
        Customer customer =
          database.createCustomer("Customer 1", cat);
        try {
          database.deleteCategory(cat);
          fail("CrmException expected");
        } catch (CrmException expected) {
        }
        database.deleteCustomer(customer);
        database.deleteCategory(cat);
      }
```

Dieser Testfall entspricht dem in Kapitel 4.6 vorgestellten Muster zur Überprüfung erwarteter Exceptions. Zu beachten ist, dass nach dem Auftreten der `CrmException` das korrekte Weiterfunktionieren getestet wird. Als letztes Beispiel betrachten wir noch den Testfall für einen Rollback bei Verwendung expliziter Transaktionen:

```
      public class JdbcCrmRepositoryTest...
        public void testTransactionRollback() throws Exception {
          assertEquals(1, database.allCategories().size());
          CrmTransaction transaction =
            database.createTransaction();
          database.createCategory("Category 1", transaction);
          try {
            database.createCategory("Category 1", transaction);
            fail("CrmException expected");
          } catch (CrmException expected) {}
          assertEquals(1, database.allCategories().size());
        }
```

Test des Transaktionsinterface

Alle gezeigten Tests sind – bis auf die Erzeugung der Datenbankinstanz – unabhängig von der Art der zugrunde liegenden Implementierung. Vorstellbar sind außer einer direkten Anbindung eines RDBMS mittels JDBC auch die Verwendung von *objektrelationalen Mapping-Tools*, objektorientierten Datenbanken oder auf Serialisierung beruhenden Persistenzmechanismen.

Je nach Implementierung sind noch zusätzliche Tests nötig, um beispielsweise die korrekte Implementierung von *Caching*-Mechanismen zu überprüfen. Ebenfalls ist ein gleichzeitiger Zugriff auf die Datenbank in mehreren Threads noch nicht berücksichtigt. Anregungen für derartige nebenläufige Tests finden sich in Kapitel 10. Eine vollständige Testsuite für eine einfache und nicht nebenläufige JDBC-Implementierung der Persistenzschnittstelle kann auf der Website zum Buch abgerufen werden.

Zusätzliche Tests

9.6 Teststrategien und evolutionäres Datenbankdesign

Die im vorigen Kapitel gewählte Strategie zur Bereitstellung einer persistenten Testfixture war einfach: Wir haben mit Hilfe von DbUnit die Datenbank vor jedem Test in einen definierten Zustand versetzt, indem zunächst die alten Tabelleninhalte gelöscht und anschließend unsere Testdaten eingespielt wurden.

Dieses Vorgehen funktioniert dann gut, wenn die angesprochene (logische) Datenbank exklusiv für einen Unit Test zur Verfügung steht und ihr Inhalt beliebig manipuliert werden kann. Anders sieht die Sache aus, wenn es sich um eine Datenbank handelt, die massenhaft Stammdaten enthält oder auf die mehrere Entwickler zugreifen – unter Umständen sogar gleichzeitig.

Multi-User-Datenbank

Dann muss man dafür sorgen, dass nach dem Ausführen eines Tests die Datenbank wieder im gleichen Zustand ist wie zuvor. Denkbar ist die Erweiterung des gezeigten Ansatzes in diese Richtung, beispielsweise durch die Benutzung vorgegebener IDs für bestimmte Testarten oder das Markieren bestimmter Datensätze als Testdatensätze. All das führt in der Praxis zu unzähligen vernetzten Abhängigkeiten, Abstimmungsschwierigkeiten mit anderen Entwicklern, immer komplexer werdender Logik für die Testfixtures und ständig inkonsistenten Datenbanken, die von Hand repariert oder komplett neu aufgesetzt werden müssen.

Der 4-Datenbanken-Ansatz

In [URL:DBTesting] werden die dabei auftretenden Schwierigkeiten genauer untersucht und die Verwendung von vier verschiedenen Datenbanken für unterschiedliche Zwecke und Testarten vorgeschlagen:

1. Eine **Produktionsdatenbank**, auf der keine Tests ausgeführt werden dürfen.
2. Eine **lokale Entwicklungsdatenbank** für lokale Unit Tests ohne vorkonfigurierte Daten.
3. Eine **Entwicklungsdatenbank mit realistischem Datenbestand**, die allen Entwicklern gemeinsam zur Durchführung komplexer Testszenarien zur Verfügung steht.
4. Eine **Deployment-Datenbank** zur Durchführung der Systemtests vor der Auslieferung.

Für Unit Tests in unserem Sinne dient hier Datenbank Nummer 2; ihr Vorhandensein ist mindestens zu fordern, wenn der vorgestellte Testansatz verfolgt werden soll.

Generell stellt sich die Frage, welche technischen und organisatorischen Rahmenbedingungen gegeben sein müssen, damit wir unseren evolutionären, testgetriebenen Entwicklungsansatz ohne methodische

Brüche durchhalten und sogar auf das Datenbankschema selbst ausdehnen können. Insbesondere letzterem Ansinnen steht eine Reihe von Schwierigkeiten entgegen:

- Eine Änderung des Datenbankschema macht Anpassungen in der Persistenzschicht und gegebenenfalls eine Migration der Testdaten auf das neue Schema erforderlich.
- Die Werkzeugunterstützung für Datenbank-Refactorings und Datenmigration ist in vielen Umgebungen unzureichend bzw. fehlt ganz.
- Inkrementelle Änderungen am Schema verbieten sich aufgrund des damit verbundenen hohen Aufwands. Die Weiterentwicklung der Datenbank erfolgt daher in größeren Schritten und längeren Abständen, dafür aber nicht automatisiert.
- Anwendungs- und Datenbankentwickler sind oftmals getrennte Rollen, die von unterschiedlichen Personen – zuweilen gar in unterschiedlichen Teams – ausgefüllt werden. Änderungen am Schema erfordern dann eine enge Abstimmung zwischen den Beteiligten.
- Besonders ungünstig stellt sich die Situation dar, wenn die Datenbank nicht exklusiv der Anwendung als Persistenzmechanismus zur Verfügung steht, sondern Teil eines größeren, konsolidierten Datenmodells ist. In diesem Fall ist zumeist auch eine organisatorische Trennung von Entwicklungsteam und Datenbankadministratoren (DBA) gegeben, welche die Durchsetzung von Änderungen am Schema nochmals erschwert.

Sadalage und Fowler [Sadalage03] geben eine Reihe von Empfehlungen, wie manchen der genannten Schwierigkeiten begegnet werden kann. Dabei betonen sie insbesondere die Wichtigkeit einer engen Zusammenarbeit von Entwicklern und Datenbankverantwortlichen, nennen aber auch eine Reihe von Prinzipien und Praktiken, die sich in ihren Projekten bewährt haben:

- Das Datenbankschema und die entsprechenden Transformations- bzw. Datenmigrationsskripte werden im zentralen Entwicklungsrepository unter Versionskontrolle gehalten.   *Bewährte Praktiken*
- Alle Datenbankänderungen und Datenumsetzungen erfolgen automatisiert über entsprechende Skripte. Auch diese Skripte werden über Tests abgesichert und setzen lückenlos aufeinander auf. Dadurch kann ein beliebiger älterer Datenbankstand reproduzierbar aktualisiert werden. Spätestens beim Deployment einer neuen Datenbankversion in der Produktivumgebung zahlt sich dieses Vorgehen aus.

- Es gibt eine zentrale Datenbankinstanz, in die ständig alle Änderungen integriert werden und die daher immer den jeweils aktuellen Stand hat. Gegen diese Datenbank werden automatisierte Integrationstests gefahren.
- Jedem Entwickler steht zur Weiterentwicklung und für Testzwecke eine eigene Datenbank zur Verfügung. Diese wird häufig mit der zentralen Instanz abgeglichen.

Vorgehensmodell

Mit diesen Mechanismen im Rücken verläuft der Prozess einer Datenbankanpassung typischerweise wie im Folgenden geschildert: Ein Entwickler schlägt dem DBA eine Änderungen am Datenbankschema vor, die er zuvor lokal auf seiner eigenen Datenbank ausprobiert hat. Stimmt der DBA der Änderung zu, erstellt er zeitnah die notwendigen Transformationsskripte und spielt sie auf der zentralen Datenbankinstanz ein. Zwischenzeitlich gibt der Entwickler die notwendigen Anpassungen im Code der Persistenzschicht der Anwendung frei. Beim nächsten Synchronisieren mit dem Repository wird der aktualisierte Datenbankstand in die Entwicklungsumgebungen der anderen Entwickler repliziert.

Beschleunigung der persistenten Tests

Manchmal brauchen die persistenten Testfälle trotz der Reduktion ihrer Zahl immer noch sehr lange. Eine Möglichkeit der Beschleunigung besteht darin, die Testdaten nicht jeweils in eine leere Datenbank einzufügen, sondern auf einem Datenbestand aufzusetzen, der für alle persistenten Testfälle vorkonfigurierte Objekte bereithält. In diesem Fall scheitert aber der Versuch, beim tearDown() alle veränderten Daten in ihren Ausgangszustand zurückzusetzen, spätestens dann, wenn einzelne Attribute der vorkonfigurierten Datensätze geändert wurden. Zwei Varianten sind dennoch denkbar:

- Wir umrahmen den Test mittels einer Transaktion, die in setUp() begonnen und in tearDown() zurückgerollt wird. Dies funktioniert jedoch nur dann,
  - wenn unsere Datenbank verschachtelte Transaktionen unterstützt und wir keine Tests durchführen, die ein Commit der äußersten Transaktion erfordern,
  - oder wenn wir Tests auf Methoden durchführen, die nicht durch Transaktionen geschützt werden.

Bei optimistischen Locking-Strategien tritt dabei auch das Problem auf, dass unter Umständen das abschließende Transaktions-Commit scheitern kann. Fehler dieser Art werden so nicht entdeckt.

■ Manchmal kann es schneller sein, den Testanfangszustand aus einem Datenbank-Dump oder mit Hilfe eines SQL-Skripts zu laden als zu Beginn Objekt für Objekt der Fixture zu erzeugen. Aufwändig ist dann jedoch die Anpassung des Skripts bzw. die ständige Neugenerierung des Dumpfiles.

JDBC-Mocks

Was tun wir, wenn auch jetzt noch die persistente Testsuite zu langsam abläuft? »Zu langsam« ist sie dann, wenn wir sie der Warterei wegen seltener ausführen als eigentlich nötig – also nicht *mindestens* vor jeder Integration geänderter Sourcen ins Gesamtprojekt. Warum nicht auch in diesem Fall Mock-Objekte zu Hilfe rufen?

Mock-Objekte sind naturgemäß implementierungsspezifisch, d.h., wir müssen genau wissen, wie die Klasse `JdbcCrmRepository` die Persistenz implementiert. Im Beispiel handelt es sich um »direkte« Persistenz: JDBC wird ohne Umweg über ein Persistenzframework angesprochen. Das Package `java.sql` besteht glücklicherweise zum Großteil aus Interfaces, die prinzipiell ohne Schwierigkeiten »gemockt« werden können. Anknüpfungspunkt für den Mock-Ansatz kann daher die Initialisierung von `JdbcCrmRepository` über eine `MockDataSource` sein.

JDBC-Datenbankzugriffe funktionieren nach folgendem Schema: Von der `DataSource` wird eine `Connection`-Instanz abgerufen. Die Connection-Instanz erzeugt mittels `createStatement()` ein `Statement`-Objekt. Dieses wiederum hat einige Methoden, um SQL-Aufrufe abzusetzen, z.B. `executeQuery(String sqlQuery)`, die als Rückgabewert `ResultSet`-Instanzen liefern. Über eine solche Ergebnismenge kann dann iteriert werden, um die Ergebniszeilen und die einzelnen Spaltenwerte zu ermitteln.

Ein einzelnes `MockDataSource`-Objekt genügt daher für sinnvolles Testen nicht. Diese Attrappe muss ihrerseits eine `MockConnection` liefern, diese `MockStatement`-Instanzen erzeugen und diese wiederum `MockResultSets`. Die Konfiguration einer Mock-DataSource gestaltet sich daher alles andere als einfach: Wir müssen festlegen, welche Mock-Connection und Mock-Statements in welcher Reihenfolge geliefert werden, wann und wie oft ein `commit()` abgesetzt werden soll usw. Eine ähnliche Komplexität besteht gleichfalls bei unseren Mock-Statements und Mock-ResultSets. Zudem hat für eine korrekte Implementierung die objektübergreifende Aufrufreihenfolge eine entscheidende Bedeutung; beispielsweise darf eine `ResultSet`-Instanz nicht mehr verwendet werden, sobald das erzeugende `Statement`-Objekt mittels `close()` geschlossen wurde. Folgende Probleme ergeben sich:

Komplexität des Mock-Ansatzes

- Die tatsächliche Anzahl und Reihenfolge benötigter Statements, Queries, Commits usw. ändert sich bei einem Refactoring häufig. Der Anpassungsaufwand für Mock-basierte Tests kann aus diesem Grunde sehr hoch werden.
- Die Funktionalität der notwendigen Mock-Objekte ist nicht mehr trivial und erfordert erheblichen Entwicklungsaufwand.
- Das Vertrauen, dass wir mit den Mock-Tests die nötige Sicherheit für Refactoring-Schritte haben, ist wegen der komplexen zustandsbasierten Semantik der JDBC-Schnittstelle nur schwer zu erreichen.
- Dynamisch generierte SQL-Kommandos bedürfen einer zusätzlichen Vailidierung direkt gegen die Datenbank.

Folgerung Die Verwendung von Mock-Objekten birgt im gegebenen Fall daher zahlreiche Verwicklungsmöglichkeiten, welche den Sinn des Unterfangens stark in Frage stellen. Unser Ziel, die Unit Tests für die Persistenz zu beschleunigen, lässt sich meist auch durch die Verwendung einer In-Memory-Datenbank (siehe unten) erreichen.

Wer dennoch mit Mock-Objekten im JDBC-Umfeld experimentieren möchte, dem sei das Package `com.mockobjects.eziba.sql` aus [URL:MockObjects] empfohlen, das einem den Aufwand der Mock-Implementierung zu einem wesentlichen Teil abnimmt. Steve Freeman zeigt in [URL:MockJDBC] an einem Beispiel, wie die Mock-Klassen dieses Packages zur testgetriebenen Entwicklung eines JDBC-Programms verwendet werden können.

In-Memory-Datenbanken

Auch wenn wir – wie im obigen Beispiel – eine In-Memory-Datenbank zur Beschleunigung unserer persistenten Testfälle einsetzen, müssen wir uns zu einer Reihe von Punkten Gedanken machen:

- In-Memory-Datenbanken müssen bei jedem Testlauf mit dem Datenbankschema initialisiert werden. Bei der aktuellen Version der HSQLDB wird der Datenbankserver beim Anfordern der ersten Verbindung gestartet, weitere Verbindungsanforderungen gehen anschließend auf dieselbe Serverinstanz. Dementsprechend muss das Schema einmalig beim ersten Verbindungsvorgang eingespielt werden[6]. Wollen wir unsere Testsuite unverändert für Test-

---

6. Mangels eines Java-Mechanismus zum Laden von SQL-Skripten greifen wir im Beispielcode zu einem Trick: Wir benutzen ANTs SQL-Task, genauer gesagt die dazugehörige Klasse `org.apache.tools.ant.taskdefs.SQLExec`.

und Produktivumgebung verwenden, sollte der entsprechende Mechanismus für die Tests transparent arbeiten.
- Leider sprechen Datenbanken häufig unterschiedliche DDL-Dialekte, so dass die Testdatenbank unter Umständen das für die Produktivumgebung gedachte Datenbankskript nicht versteht. Aus diesem Grund bringen Persistenzframeworks wie Torque [URL:Torque] oder Hibernate [URL:Hibernate] häufig Werkzeuge mit, die es erlauben, aus einer datenbankunabhängigen Schemabeschreibung ein auf die Zieldatenbank angepasstes Datenbankskript zu generieren. Ohne solche Hilfsmittel sind wir gezwungen, gesonderte Skripte für Test- und Produktivdatenbank zu erstellen und konsistent zu halten.
- Der Leistungsumfang der In-Memory-Datenbank kann gegenüber der Produktivdatenbank eingeschränkt sein, insbesondere was die Unterstützung »fortgeschrittener« Datenbankfähigkeiten wie etwa Sequenzen, Views, Trigger, Transaktionen oder Metadaten anbetrifft.
- Auch das Laufzeitverhalten der Datenbanken kann sich unterscheiden. HSQLDB ignoriert beispielsweise Angaben zu Gesamt- und Nachkommastellenzahl bei numerischen Feldern; die Produktivdatenbank wird auf den Versuch, den vorgegebenen Wertebereich sprengende Zahlen einzufügen, voraussichtlich weniger großzügig reagieren.

Aus dem Gesagten sollte klar werden, dass man die Tests auch regelmäßig gegen die in der Produktivumgebung tatsächlich gegebene Konfiguration laufen lassen sollte. Glücklicherweise können wir auch diesen zeitaufwändigen Vorgang automatisieren und an ein Werkzeug wie z.B. CruiseControl [URL:CruiseControl] delegieren.

Evolution der Persistenztechnologie

Dem aufmerksamen Leser ist vermutlich aufgefallen, dass die Frage nach dem Sinn einer SQL-Datenbank bislang nicht gestellt wurde. Und tatsächlich starten viele Projekte mit der expliziten Vorgabe, dass alle persistenten Daten in Datenbank XYZ von Hersteller ZYX erfolgen muss.

Muss es immer SQL sein?

Sind wir jedoch selbst Herr über die Auswahl der Technologie, so wird nur in den seltensten Fällen die Verwendung eines komplexen kommerziellen Datenbanksystems von Beginn an die einfachste denkbare Lösung darstellen. Halten wir uns streng an die Prinzipien der Test-First-Entwicklung, dann sieht die Historie des verwendeten Persistenzmechanismus häufig so – oder so ähnlich – aus:

- Die erste Anforderung an Persistenz besteht häufig in einfachen Konfigurationsdaten, die sich am leichtesten über Javas `Properties`-Klasse in eine Datei speichern lassen.
- Zu einem späteren Zeitpunkt stellen wir fest, dass wir den Zustand der Applikation als Objektgeflecht speichern wollen. Für diesen Zweck ist die Serialisierung in Java – oder neuerdings die *Java Architecture for XML Binding* (JAXB) – gut geeignet.
- Irgendwann macht eine neue Anforderung häufiges und gezieltes Speichern und Lesen bestimmter Objekte notwendig. Daher wählen wir eine frei verfügbare und administrationsarme SQL-Datenbank und schreiben die wenigen Klassen direkt mit JDBC hinein.
- Im weiteren Verlauf kommen immer mehr Klassen hinzu, die nach Persistierung rufen. Da nun das Mappen der Objekte in Tabellen per Hand zu aufwändig wird, sehen wir uns nach einem objektrelationalen Mapping-Werkzeug um.
- Neue Anforderungen verlangen nach einem komplexen Transaktionsverhalten, sehr hohen Durchsatzraten oder absolut sicheren Recovery-Fähigkeiten des Systems. Erst jetzt erscheint uns die Anschaffung eines teuren und wartungsintensiven Datenbanksystems unter Umständen gerechtfertigt.

Denkbar sind selbstverständlich auch Abweichungen von diesem Weg, wie etwa die Verwendung nativer Java-Datenbanken oder die Wahl eines kommerziellen OODBMS. Entscheidbar ist das nur in der konkreten Projektsituation. Wichtig ist, dass wir als Verfechter der evolutionären Entwicklung uns nicht davon beirren lassen, dass »man die Verwendung eines RDBMS nunmal nicht in Frage stellt«.

9.7 Interaktion von Persistenzschicht und Client

Wie in Kapitel 4.7 dargelegt, genügt es – zumindest aus theoretischer Sicht – nicht, die korrekte Verwendung des Interface durch den Client einerseits und die richtige Implementierung des Interface andererseits zu testen. Auch das Zusammenspiel »benachbarter« Objekte muss zusätzlich unter die Lupe genommen werden.

Wie viele Interaktionstests sind notwendig? Benachbart *zur Laufzeit* sind beispielsweise Objekte der Klassen `DailyReport` und `JdbcCrmRepository`. Wollten wir jedoch die komplette Interaktion zwischen Report-Instanzen und Datenbank-Instanzen testen, dann wären wir so weit wie zu Beginn dieses Kapitels: Langlaufende Integrationstests mit erschlagender Komplexität bei Set-up und Tear-down. Daher ist es sinnvoll, sich auf wenige Interaktionstestfälle zu konzentrieren, die das prinzipielle Zusammenspiel verifizieren.

9.7 Interaktion von Persistenzschicht und Client

Meist beschränken wir uns dabei auf lesende Datenbankzugriffe. Hier ein Ausschnitt aus der Interaktions-Testsuite, diesmal ohne Rückgriff auf die Dienste von DbUnit:

```java
public class CrmInteractionTest extends TestCase {
    private static JdbcCrmRepository repository = null;
    private static CustomerCategory category;
    private static Customer customer;
    private static Calendar today;
    ...
    private static void createScenario()...
    private static void deleteScenario()...
    public void testDailyReport() throws Exception {
        DailyReport report = new DailyReport(repository, today);
        List contacts = report.allContactsForCategory(category);
        assertEquals(1, contacts.size());
    }
    public static Test suite() {
        Test test = new junit.extensions.TestSetup(
            new TestSuite(CrmInteractionTest.class)) {
                protected void setUp() throws Exception {
                    System.out.println("test setup: setUp()");
                    createScenario();
                }
                protected void tearDown() throws Exception {
                    System.out.println("test setup: tearDown()");
                    deleteScenario();
                }
            };
        return test;
    }
}
```

Diese Testklasse zeigt noch eine weitere Möglichkeit, wie wir ab und an Tests beschleunigen können: In der `suite()`-Methode wird unsere eigentliche Testsuite mit einem `junit.extensions.TestSetup`-Decorator verpackt. Dieser Decorator ist dafür da, Set-up- und Tear-down-Funktionalität aufzunehmen, die nur einmal pro Testsuite benötigt wird. In unserem Fall können wir, da wir uns auf lesende Zugriffe in den Interaktionstests beschränken wollen, das Testszenario vor Beginn aller Interaktionstests aufbauen und nach Abschluss aller Testfälle ein einziges Mal »niederreißen«.

TestSetup-Decorator

Noch eine wichtige Anmerkung zur Erinnerung: Immer wenn wir in Testklassen die `suite()`-Methode implementieren, müssen wir in der zusammenfassenden Testsuite darauf achten, dass wir sie auch benutzen – und nicht versehentlich die Defaultimplementierung:

Einbindung der Testsuite

```
public class AllTests {
  public static Test suite() {
    TestSuite suite = new TestSuite("All CRM tests");
    ...
    suite.addTest(CrmInteractionTest.suite());
    // statt: suite.addTestSuite(CrmInteractionTest.class);
    return suite;
  }
}
```

9.8 Zusammenfassung

Persistenz spielt bei den meisten Programmen in der einen oder anderen Form eine Rolle. Die Erstellung von Unit Tests für Persistenzmechanismen wird häufig von großen Schwierigkeiten begleitet, da sowohl Ausführungsgeschwindigkeit als auch die große Anzahl von Abhängigkeiten den naiven Testansatz schwerverdaulich machen.

Das Verbergen der Persistenzschicht hinter dem abstrakten Interface eines Repositories ermöglicht es, die Tests der darauf aufbauenden Schichten von einer konkreten Implementierung und damit auch von einer Datenbank zu trennen. Dies vereinfacht die Testfälle spürbar und beschleunigt deren Ausführung meist um Größenordnungen. Die Verwendung der richtigen Implementierung beschränkt sich auf die Verifikation der möglichst klein gehaltenen Persistenzschnittstelle. Zudem sollte man sich auch immer die Frage nach der einfachsten möglichen Persistenztechnologie im konkreten Projektkontext stellen.

Das Testen einer auf JDBC aufbauenden Implementierung mit Mock-Objekten ist möglich, aber im Normalfall zu aufwändig. Einige wenige Interaktionstests zwischen Persistenzmechanismus und darüber liegenden Objekten sind sinnvoll, um eine grundsätzlich funktionierende Kommunikation sicherzustellen.

10 Nebenläufige Programme

Noch vor wenigen Jahren konnte sich die große Mehrheit der Softwareentwickler auf die Probleme konzentrieren, die auftreten, wenn ein Programm aus der Ausführung eines einzigen sequenziellen Befehlsstromes besteht. Heutzutage läuft kaum eine Anwendung mehr rein sequenziell ab; das Schlagwort heißt *nebenläufig* (engl. concurrent).

Das Prinzip der Nebenläufigkeit beruht auf der Vorstellung von gleichzeitig geschehenden Dingen. Diese Gleichzeitigkeit kann rein virtuell sein, wie bei der Ausführung eines Programms auf einem Computer mit einem einzigen Prozessor. Sie kann aber auch tatsächlich vorhanden sein, wenn mehrere Prozessoren oder gar mehrere Computer beteiligt sind.

Nebenläufigkeit

Man unterscheidet zwischen *Prozessen* und *Threads* (dt. Fäden). Prozesse sind in den meisten Betriebssystemen völlig voneinander abgeschottet und müssen über explizite Kommunikationswege (z.B. Pipes) miteinander kommunizieren. Threads hingegen sind »leichter«: Sie teilen sich einen Prozess und damit einen Adressraum, haben jedoch einen eigenen *Programmzähler* (program counter) und einen eigenen Stack. Damit stellen sie die kleinste Einheit für die Zuteilung von Rechenzeit (*scheduling*) dar. Dieses Kapitel konzentriert sich auf Threads, da diese in Java den Standardmechanismus für Nebenläufigkeit darstellen.

Prozess und Thread

Java macht dem Entwickler das Erzeugen und Starten von Threads leicht. Diese Funktionalität wird in der Klasse `java.lang.Thread` zur Verfügung gestellt. Hinzu kommen die Möglichkeiten, die Java für die Synchronisation zwischen Threads mit dem Schlüsselwort `synchronized` und den bei `Object` aufgehängten Methoden `wait()` und `notify()` bietet. Dieses Kapitel setzt die grundlegende Kenntnis dieser Java-Features voraus. Die Basiskonzepte werden in jeder Java-Einführung behandelt; Detailwissen findet sich beispielsweise in [Hyde99].

Threads in Java

10.1 Probleme bei der Verwendung von Threads

Solange zwei Threads einfach nur nebeneinander herlaufen, bereiten sie uns keinerlei Schwierigkeiten; zumindest nicht mehr als gewöhnliche sequenzielle Programme. Probleme treten genau dann auf, wenn sich mehrere Threads synchronisieren wollen – um etwa Informationen auszutauschen – oder synchronisieren müssen, weil mehrere von ihnen auf die gleichen Daten, d.h. die gleichen Objekte, zugreifen möchten.

Versteckte Threads

Der (potenziell) gleichzeitige Zugriff durch mehrere Threads ist vielen Entwicklern nicht bewusst. So findet beispielsweise die komplette Eventbearbeitung des AWT in einem eigenen Thread statt. Und auch Servlet-Instanzen müssen mit dem gleichzeitigen Aufruf ihrer service()-Methode durch mehrere Threads rechnen. Ähnlich leicht wird die Gefahr bei Singletons übersehen, die ursprünglich nicht für einen parallelen Zugriff gedacht waren, dann aber in eine Multithread-Umgebung verpflanzt werden.

Entwurfsziele

Folgende Ziele sind beim Entwurf von Multithread-Anwendungen im Auge zu behalten:

- **Sicherheit** (safety): Der Aufruf einer Methode eines Objekts, das auch in anderen Threads sichtbar ist, behält auch bei (quasi) gleichzeitigem Zugriff durch andere Threads seine Semantik bei und die Konsistenz des Objekts wird dadurch nicht zerstört. Zur Wahrung der Sicherheit ist es nötig, Teile des Codes vor gleichzeitiger Ausführung durch mehrere Threads zu schützen, d.h. die konkurrenten Threads zu *synchronisieren*. In Java dient dazu das Schlüsselwort »synchronized«.
- **Lebendigkeit** (liveness): Jeder Thread bekommt ausreichend oft die Gelegenheit, weiterzulaufen. Zwei typische Situationen gefährden die Lebendigkeit von Threads:
  - Im Fall einer **Verklemmung** (deadlock) warten zwei oder mehr Threads gegenseitig auf Ressourcen, die einer der anderen Threads besitzt. Dadurch bleiben alle Threads stehen.
  - **Starvation** bedeutet, dass ein Thread nicht mehr an die Reihe kommt, um weiterzulaufen. Dies geschieht meist durch fehlerhafte oder falsch angewandte Priorisierungsmechanismen.

Leider gibt es keine universellen Regeln, wie diese Ziele für alle nebenläufigen Programme optimal erreicht werden können. Zahlreiche Fallstricke und Muster zu ihrer Vermeidung finden sich in Doug Leas Standardwerk zur nebenläufigen Programmierung mit Java [Lea00]. Dennoch wünschen wir uns natürlich, die Wahrscheinlichkeit der genannten Probleme durch geeignete Unit Tests minimieren zu können. Neben der »normalen« Funktionalität, sollen daher bei der Thread-Programmierung folgende Dinge zusätzlich getestet werden:

- Ein Thread wird wie erwartet gestartet und beendet.
- Die Synchronisation zweier oder mehrerer Threads findet wie gewünscht statt.
- Die Synchronisation führt nicht zu Verklemmungen.
- Objekte, die in mehreren Threads verwendet werden, sind *Threadsicher*.

Zusätzliche Testziele

Nichtdeterminismus

Erschwert wird das Testen von Programmen mit mehreren Threads dadurch, dass es in der Praxis unmöglich ist, den exakt gleichen Programmdurchlauf ein zweites Mal durchzuführen. Wann ein bestimmter Thread Prozessorzeit zugeteilt bekommt und wann er wieder angehalten wird, bestimmt der *Scheduler* (dt. Einplaner) des Betriebssystems und die konkrete Thread-Implementierung der verwendeten JVM. Bestimmte Fehlersituationen treten daher nur unter ganz bestimmten – manchmal äußerst seltenen – Umständen auf. Dies bedeutet, dass wir nie sicher sein können, dass ein Fehlverhalten, nur weil es in den letzten Testläufen nicht aufgetreten ist, auch wirklich beseitigt wurde.

Diesem nicht deterministischen Verhalten versucht man beim Testen durch zweierlei Herr zu werden:

Nicht deterministische Teststrategien

- Man lässt bestimmte Testfälle sehr häufig laufen.
- Man versucht durch gezieltes Timing und zusätzliche Synchronisation das Thread-Verhalten *ausreichend deterministisch* zu gestalten.

Beide Techniken werden später noch zum Einsatz kommen.

Zielobjekte

Wie immer konzentrieren wir uns in Unit Tests auf möglichst kleine Einheiten. Dennoch sind die Möglichkeiten, wie Threads mit Objekten umgehen und wie Objekte versuchen, Thread-sicher zu sein, unerschöpflich. In der großen Komplexität finden sich zwei Arten von Objekten immer wieder, auf die wir unsere Testanstrengungen konzentrieren wollen:

- Objekte, die einen *asynchronen Dienst* anbieten. Dies bedeutet, dass ihr eigentliches Verhalten in einem eigenen Thread läuft, während von anderen Threads aus der Dienst angestoßen und abgefragt werden kann (siehe Kapitel 10.2).

- Objekte, die selbst eine Synchronisationsfunktion wahrnehmen, um beispielsweise Daten zwischen Threads zu transportieren (siehe Kapitel 10.3).

Natürlich existieren auch Zwitterobjekte, die sowohl asynchrone Dienste anbieten als auch den Anstoß dieser Dienste auf die eine oder andere Weise synchronisieren.

10.2 Testen asynchroner Dienste

Asynchrone Serviceobjekte kommen in zahlreichen Varianten daher: Die einen starten bei ihrer Erzeugung einen einzigen »Arbeitsfaden« (worker thread), der alle Aufträge nacheinander abarbeitet. Die anderen erzeugen für jeden Auftrag einen eigenen Thread. Wieder andere haben einen festen Pool an Threads, aus dem sie abwechselnd einen zur Lösung der eingehenden Anfragen einsetzen. Ein wichtiges Unterscheidungsmerkmal besteht darin, ob der auslösende Thread sich irgendwann einmal für das Ergebnis des asynchronen Dienstauftrages interessiert oder nicht.

Dienst ohne Ergebnis

Betrachten wir die Test-First-Entwicklung eines Dienstobjektes an einem Beispiel. Am Anfang steht meist ein ganz normaler synchroner Aufruf, wie er von folgendem Test gefordert wird:

```
public class MyServiceTest extends TestCase {
    public void testServiceInvocation() {
        MyService service = new MyService();
        assertFalse(service.hasFinished());
        service.execute();
        assertTrue(service.hasFinished());
    }
}
```

Motivation für asynchronen Dienst

Im weiteren Verlauf der Implementierung wird die Ausführungszeit der execute()-Methode plötzlich länger, als es manchem Aufrufer lieb ist. Diese Feststellung und das Wissen darüber, dass wir auf kein Ergebnis der Serviceausführung angewiesen sind, lässt die Implementierung und damit auch unsere Tests in Richtung asynchroner Aufruf marschieren. Hier der erste Versuch:

```
public class MyServiceTest...
   public void testServiceInvocation() {
      MyService service = new MyService();
      assertFalse(service.hasStarted());
      service.invokeAsynchronously();
      assertTrue(service.hasStarted());
   }
}
```

Mit diesem Test wird nicht wirklich erzwungen, dass der Service asynchron, d.h. in einem anderen Thread, abläuft. Denkbar wäre beispielsweise, auf eine schnelle Rückkehr der invokeAsynchronously()-Methode zu testen. Doch wie schnell genau, wäre schnell genug? Wir sind – mangels stärkerer Sanktionsmöglichkeiten – pragmatisch und betrachten den Namen der Methode als Verpflichtung. Unter dieser Annahme sieht die Implementierung der invokeAsynchronously()-Methode im einfachsten Fall so aus:

```
public class MyService {
   private volatile boolean started = false;
   public void execute() {
      //service execution
   }
   public void invokeAsynchronously() {
      new Thread() {
         public void run() {
            started = true;
            execute();
         }
      }.start();
   }
   public boolean hasStarted() {
      return started;
   }
}
```

Auf den ersten Blick erscheint alles richtig – der Test läuft fehlerfrei. Lassen wir ihn jedoch sehr oft laufen, färbt sich der Balken des Test-Runners sporadisch rot[1]. Dies liegt an der fälschlichen Annahme, dass unser Service-Thread nach Aufruf von invokeAsynchronously() munter und ohne Verzögerung losmarschiert. In Wirklichkeit ist es nicht vorherzusagen, wann der in invokeAsynchronously() neu erzeugte Thread tatsächlich losläuft, und ob die Zeile

Nicht deterministische Testfailure

```
started = true;
```

---

1. Wie das Verhalten genau ist, hängt vom Betriebssystem, der verwendeten JVM und manchmal auch der Lust und Laune des Compilers ab.

erreicht wird, bevor der Haupt-Thread

```
assertTrue(service.hasStarted());
```

ausführt. Um die Wahrscheinlichkeit, dass ein einzelner Test zufällig funktioniert, zu verringern, manipulieren wir die Testsuite so, dass sie nicht nur einmal, sondern immer zehnmal abläuft – ein Zugeständnis an den Nichtdeterminismus:

```
public class MyServiceTest...
  public static Test suite() {
    TestSuite suite = new TestSuite(MyServiceTest.class);
    return new junit.extensions.RepeatedTest(suite, 10);
  }
```

Wiederholte Testausführung

Die Klasse junit.extensions.RepeatedTest ist ein Test-Decorator, der um jede beliebige Suite und jeden beliebigen Einzeltest herumgebaut werden kann.

Ein erster Versuch, den Ablauf vorhersagbarer zu gestalten, besteht im Einfügen einer kurzen Schlafphase im Test-Thread, die dann der Service-Thread zur Arbeit nutzen kann:

```
public class MyServiceTest...
  public void testServiceInvocation() throws Exception {
    MyService service = new MyService();
    assertFalse(service.hasStarted());
    service.invokeAsynchronously();
    Thread.sleep(100);
    assertTrue(service.hasStarted());
  }
```

Pseudodeterminismus

Für den vorliegenden Fall ist dieser Weg ausreichend, um eine Art »Pseudodeterminismus« zu erzeugen. Die Chance, dass die 100 Millisekunden Wartezeit nicht genutzt werden, um den anderen Thread auf den Weg zu bringen, ist gering.

Wir sollten noch testen, dass ein zweiter Versuch, den Service nochmals zu starten, fehlschlägt – schließlich sind MyService-Instanzen nur für einmaligen Gebrauch bestimmt:

```
public class MyServiceTest...
  public void testDoubleInvocation() {
    MyService service = new MyService();
    service.invokeAsynchronously();
    try {
      service.invokeAsynchronously();
      fail("RuntimeException expected");
    } catch (RuntimeException expected) {}
  }
```

Wieder ein erster Implementierungsversuch, der nicht funktioniert:

```
public class MyService...
  public void invokeAsynchronously() {
    if (started) {
      throw new RuntimeException(
        "MyService already started");
    }
    new Thread() {
      public void run() {
        started = true;
        execute();
      }
    }.start();
  }
```

Auch hier spielt das nicht vorhersehbare Timing der Threads eine Rolle. Der Test zeigt, dass der Service-Thread beim zweiten Aufruf von invokeAsynchronously() noch nicht dazu gekommen ist, started auf true zu setzen. Wir müssen daher eine zusätzliche Variable einführen:

```
public class MyService...
  private boolean invoked = false;
  public void invokeAsynchronously() {
    if (invoked) {
      throw new RuntimeException(
        "MyService already started");
    }
    invoked = true;
    new Thread() {
      public void run() {
        started = true;
        execute();
      }
    }.start();
  }
```

An dieser Stelle sollten wir die alten Tugenden nicht vergessen und die allen Testmethoden gemeinsame Fixture nach setUp() auslagern.

Dienst mit Ergebnis

Solange wir mit der Feststellung, dass der Dienst gestartet wurde, zufrieden sind, ist unsere Hauptaufgabe erledigt. Häufig jedoch wird der Service zunächst asynchron auf den Weg gebracht, um *zu einem späteren Zeitpunkt* das Ergebnis einer langwierigen Berechnung oder eine über langsame Internetleitungen beschaffte Information verwenden zu wollen.

Verspätete Antwort

Es gibt zahlreiche Variationen, wie der Service-Thread den anfragenden Thread über das Vorliegen des Ergebnisses unterrichten kann. Doug Lea widmet diesem Thema ein ganzes Kapitel seines Buches[2]. Das Interessante aus unserer Sicht ist, dass der Test eine Zeit lang verharren muss, bevor er mit dem Vorliegen eines Ergebnisses rechnen und dieses auf Richtigkeit überprüfen kann.

Betrachten wir einen asynchronen Summierungsdienst (SumUp-Service), dessen Ergebnis als String über die Methode getStringResult() abgefragt werden kann. Solange noch kein Ergebnis vorliegt, liefert diese Methode null zurück. Hier der Test:

```
public void testInvocationWithResult() throws Exception {
    int[] numbers = new int[] {1, 2, 3};
    SumUpService service = new SumUpService(numbers);
    service.invoke();
    Thread.sleep(1000);
    assertEquals("6", service.getStringResult());
}
```

Wieder haben wir ein sleep(...) benutzt, um dem Worker-Thread Gelegenheit zu geben, die Summierung durchzuführen. Dabei stoßen wir jedoch auf das Problem, dass uns nicht bekannt ist, wie lange die Berechnung denn wirklich dauern wird. Wir können zwar (meistens) eine obere Schranke bestimmen, innerhalb derer wir die Beendigung des Dienstes erwarten. Häufig liegt dieser Maximalwert jedoch um einiges über dem Durchschnittswert, was dazu führen kann, dass der Test unter Umständen viel länger läuft, als er eigentlich müsste.

Assert mit Timeout

Die Hilfsklasse RetriedAssert hilft uns aus diesem Dilemma[3]. Sie ermöglicht die wiederholte Überprüfung einer Assert-Bedingung bis zu einer maximalen Wartezeit. Damit verändert sich der Test folgendermaßen:

```
public void testInvocationWithResult() throws Exception {
    int[] numbers = new int[] { 1, 2, 3 };
    final SumUpService service = new SumUpService(numbers);
    service.invoke();
    new stmj.threaded.RetriedAssert(2000, 100) {
        public void run() throws Exception {
            assertEquals("6", service.getStringResult());
        }
    }.start();
}
```

---

2. [Lea00], Kapitel 4, S. 281 ff.
3. Diese und alle weiteren Hilfsklassen des Kapitels finden sich im Package stmj.threaded, das auf der Website zum Buch verfügbar ist.

Beim Erzeugen der anonymen inneren Instanz wird die maximale Wartezeit – hier 2000 ms – sowie das Abfrageintervall – hier 100 ms – bestimmt. Damit wissen wir, dass unser Test maximal 2 Sekunden auf das Ergebnis wartet, jedoch spätestens 100 ms nach Ende der Berechnung fortfährt. Diese Assert-Methode funktioniert auch für die meisten anderen Verfahren, die ein asynchroner Service zum Melden seines Ergebnisses benutzen kann.

Überflüssig ist die `RetriedAssert`-Klasse, wenn der Dienst selbst eine Möglichkeit anbietet, auf das Ergebnis unter Angabe einer maximalen Timeout-Zeit zu warten. Ab JDK 1.5 bieten sich z.B. Exemplare der Klasse `java.util.concurrent.Future` als Rückgabewerte an.

Erwartete Exceptions in abgespaltenen Threads

Ein weiterer Test soll das Auftreten einer Exception während der Serviceausführung überprüfen. So ist es bekannt, dass die Implementierung von `SumUpService` nicht mit Zahlen > 1000 zurechtkommt und in diesen Fällen eine `IllegalArgumentException` *während der Serviceausführung* wirft. Folgender Test soll das überprüfen:

```
public void testInvocationWithIllegalNumber()
      throws Exception {
   int[] numbers = new int[] { 1, 1001, 3 };
   SumUpService service = new SumUpService(numbers);
   try {
      service.invoke();
      fail("IllegalArgumentException expected");
   } catch (IllegalArgumentException expected) {}
}
```

Der Test läuft schief, obwohl die Implementierung von `SumUpService` etwas anderes vermuten lässt[4] – zumindest auf den allerersten Blick:

```
public class SumUpService...
   private void sumUp() {
      int sum = 0;
      for (int i = 0; i < numbers.length; i++) {
         int each = numbers[i];
         if (each > 1000) {
            throw new IllegalArgumentException(
               each + " too big");
         }
         sum = sum + each;
      }
```

---

4. Die if-Bedingung in `sumUp()` ist natürlich nur für Demonstrationszwecke eingebaut.

```
          result = Integer.toString(sum);
    }
    public void invoke() {
      new Thread() {
        public void run() {
          sumUp();
        }
      }.start();
    }
```

Exceptions in Unter-Threads gehen verloren

Bei nochmaligem Nachdenken wird das Problem klar: Die `invoke()`-Methode startet lediglich den Dienst-Thread; in ihm auftretende Exceptions werden nicht in den ursprünglichen Thread weitergeleitet.

Auch für dieses Problem existiert eine Helferklasse: `stmj.threaded.ExceptionAssert`. Diese erlaubt die Überprüfung nicht abgefangener Runtime-Exceptions – alle anderen müssen schließlich abgefangen werden – in abgespaltenen Threads. Das Verwendungsmuster der Klasse ist ähnlich wie bei `RetriedAssert`:

```
public void testInvocationWithIllegalNumber()
    throws Exception {
  int[] numbers = new int[] { 1, 1001, 3 };
  final SumUpService service = new SumUpService(numbers);
  new stmj.threaded.ExceptionAssert(
      IllegalArgumentException.class, 2000) {
    public void run() {
      service.invoke();
    }
  }.start();
}
```

Als Konstruktorparameter übergibt man den erwarteten Exception-Typ und die maximale Wartezeit. Wird diese überschritten, ohne dass irgendwo die entsprechende Exception aufgetreten ist, schlägt der Test fehl.

Unerwartete Exceptions

Im vorangegangenen Abschnitt haben wir gelernt, wie erwartete Exceptions in abgespaltenen Threads überprüft werden können. Doch was geschieht mit Runtime-Exceptions, mit denen wir nicht rechnen?

Im »normalen« Betrieb führt jede nicht abgefangene Exception zu einem Test-Error. Meist wünschen wir uns dieses Verhalten auch für Programme mit mehreren Threads. Und auch dafür bietet das `stmj.threaded`-Package einen entsprechenden Test-Decorator, `MultiThreadedTest`, mit dem wir die entsprechende Testsuite dekorieren können:

```
public class SumUpServiceTest...
    public static Test suite() {
        TestSuite suite = new TestSuite(SumUpServiceTest.class);
        return new stmj.threaded.MultiThreadedTest(suite);
    }
```

Hinter den Kulissen verwenden sowohl `ExceptionAssert` als auch `MultiThreadedTest` den gleichen Kniff: Sie erzeugen eine Unterklasse von `java.lang.ThreadGroup`, welche das Handling nicht abgefangener Runtime-Exceptions durch Überschreiben der Methode `uncaughtException(Thread t, Throwable e)` übernimmt.

Synchroner Test der asynchronen Funktionalität

Genau genommen haben unsere Tests für erwartete und unerwartete Exceptions nur deswegen zusätzliche Helferklassen benötigt, weil die eigentliche Funktionalität der Klasse – nämlich das Aufsummieren von Zahlen innerhalb bestimmter erlaubter Werte – lediglich auf asynchronem Weg zugänglich war. Wir können es uns aber auch einfacher machen und diese Funktionalität synchron zugänglich machen, um sie leichter testen zu können. Dies ist ein typisches Beispiel für den Wunsch, private Details einer Klasse testen zu wollen, und dafür, wie dieser Wunsch zu einem besseren Design führen kann (siehe auch Kapitel 8.2, Seite 160).

Der einfachste Weg zur Wunscherfüllung ist, eine entsprechende interne Methode *public* zu machen – hier wäre das `sumUp()` – und diese im Test anzuwenden. Vielen Entwicklern widerstrebt dieses Vorgehen, weil es explizit die Kapselung der `SumUpService`-Klasse aufweicht. Tatsächlich zeigt sich hier, dass die Kernfunktionalität, das Aufsummieren von Zahlen, von der zur Verfügungstellung dieser Funktionalität als asynchroner Dienst konzeptionell getrennt sein sollte. Unser favorisierter Ansatz besteht daher in der Abspaltung einer eigenen Klasse `SumUp`, die von `SumUpService` zur Ergebnisberechnung benutzt wird, etwa so:

```
public class SumUpService...
    private void sumUp() {
        int sum = SumUp.calculate(numbers);
        result = Integer.toString(sum);
    }
```

Wir haben dadurch zwei Fliegen mit einer Klappe geschlagen, nämlich sowohl die Testbarkeit erhöht als auch dem *Single Responsibility Principle* (vgl. Seite 50) genüge getan. Alle schwierigen Dinge, wie Grenzfälle und Exceptions, können wir nun direkt über `SumUp.calcu-`

late(..) testen; für `SumUpService` genügt uns ein einziger Testfall, der die korrekte asynchrone Delegation und Ergebnisrückmeldung überprüft, wie wir ihn bereits auf Seite 210 mit Hilfe von `RetriedAssert` formuliert haben.

10.3 Testen der Synchronisation

Das Besondere an den in Kapitel 10.2 getesteten Objekten war, dass sie ihre eigenen Threads erzeugt haben, um bestimmte Dienste im Hintergrund zu erledigen. Anders verhält es sich mit Objekten, die zwar nicht von sich aus Threads erzeugen, deren Methoden aber von unterschiedlichen Threads aus aufgerufen werden können. Solche Objekte müssen *Thread-sicher* gestaltet werden. Vereinfacht ausgedrückt bedeutet Thread-Sicherheit, dass Synchronisationsmechanismen existieren, die verhindern, dass Threads einander in die Quere geraten. Zudem muss sichergestellt werden, dass die Synchronisation nicht zu Verklemmungen oder »verhungernden« Threads (engl. Thread Starvation) führt. Eine weitere Aufgabe der Synchronisation kann darin bestehen, einen Thread so lange warten zu lassen, bis eine bestimmte Bedingung eingetreten ist.

Beispiel BoundedCounter

Betrachten wir ein einfaches Beispiel: einen `BoundedCounter`, also einen Zähler mit Schranken. Der Zähler soll das Hochzählen, Runterzählen und Abfragen einer Zahl vom Typ long erlauben. Zusätzlich existieren obere und untere Schranken für das Zählen; befindet sich der Zähler bereits an einer solchen Schranke, dann soll der Thread, der mit seinem Aufruf die Schranke überschreiten würde, solange angehalten werden, bis ein anderer Thread zunächst die gegenläufige Zähloperation durchgeführt hat.[5]

Einfache Testfälle

Versuchen wir uns an einer Test-First-Implementierung dieser Klasse. Zunächst einige »single-threaded« Testfälle:

```
public class SingleThreadBoundedCounterTest extends TestCase {
    private BoundedCounter counter;
    protected void setUp() {
        counter = new BoundedCounter(0, 3);
    }
```

---

[5] Dieses Beispiel wird auch in [Lea00] häufig verwendet. Eine komplexere Variante davon, die Klasse `BoundedBuffer`, findet sich auf der Website zum Buch.

```java
    public void testCreation() {
        BoundedCounter counter = new BoundedCounter(0, 3);
        assertEquals(0, counter.getMin());
        assertEquals(3, counter.getMax());
        assertEquals(0, counter.count());
        counter = new BoundedCounter(1, 4);
        assertEquals(1, counter.getMin());
        assertEquals(4, counter.getMax());
        assertEquals(1, counter.count());
    }
    public void testCountUpToMax() {
        counter.increment();
        assertEquals(1, counter.count());
        counter.increment();
        assertEquals(2, counter.count());
        counter.increment();
        assertEquals(3, counter.count());
    }
    public void testCountDownToMin() {
        counter.increment();
        counter.increment();
        counter.increment();
        assertEquals(3, counter.count());
        counter.decrement();
        assertEquals(2, counter.count());
        counter.decrement();
        assertEquals(1, counter.count());
        counter.decrement();
        assertEquals(0, counter.count());
    }
}
```

Zu beachten ist, dass die Testfälle dieser Suite nur bis an die Grenze des Zählbereichs gehen. Jedes weitere Zählen würde schließlich spezifikationsgemäß den zählenden Thread – und damit unseren Test – zum Warten bis in alle Ewigkeit verdammen. Für diese etwas andersartigen Tests gönnen wir uns eine neue Testklasse ...

Nebenläufige Testfälle

Die folgenden Testfälle erfordern das Starten und die Koordination mehrerer Threads. Im Gegensatz zu den Serviceobjekten im vorangegangenen Unterkapitel hat man hier jedoch den Vorteil, dass kein Thread im Hintergrund erzeugt wird. Wir haben alle Threads selbst in der Hand und damit mehr Kontrolle über unseren Testablauf.

Überlegen wir uns den ersten Testfall: Dieser soll überprüfen, dass ein Thread, der versucht, den Counter über seinen Maximalwert hinaus zu inkrementieren, anhält. Im Prinzip benötigt der Test drei Threads: Zwei bearbeiten die BoundedCounter-Instanz und ein weiterer überprüft bestimmte Bedingungen und sorgt für die richtige Reihenfolge der Aktionen.

sleep() als Synchronisationsmittel

Eine Möglichkeit, um die Reihenfolge von Aktionen in mehreren Threads miteinander zu synchronisieren, ist die Verwendung von entsprechenden Schlafzeiten – Thread.sleep(..) – in diesen Threads. Dieses Verfahren hat jedoch den Nachteil, dass die Berechnung der Schlafzeiten für komplexere Szenarien aufwändig und fehleranfällig wird. Zudem muss man wegen der Unwägbarkeiten des Schedulers und der unbekannten Ausführungszeiten einzelner Kommandofolgen die Zeiten deutlich länger wählen als eigentlich nötig. Daher sollten diese Schläfchen als Synchronisationsmittel möglichst vermieden werden.

Ein Reviewer wies darauf hin, dass die naive Einstreuung von Thread.sleep(..) im Code zu Problemen führen kann, falls eine InterruptedException geworfen wird. Aus diesem Grunde sollte grundsätzlich das folgende Muster verwendet werden, das den internen interrupted-Status erhält, ohne eine Exception zu werfen:

```
try {
  Thread.sleep(delay);
} catch (InterruptedException ie) {
  Thread.currentThread().interrupt();
}
```

Die Klasse ConcurrentTestCase

Eine elegante Möglichkeit zur Vermeindung von sleep-Aufrufen stellt auch hier die Verwendung »richtiger« Synchronisationsmechanismen dar. Um den Leser nicht mit schwer zu verstehenden wait(), notify() und join()-Tiraden belasten zu müssen, haben wir einen einfachen Mechanismus zur Steuerung mehrerer Threads in der Klasse stmj.threaded.ConcurrentTestCase zusammengestellt. Intern werden die beteiligten Threads miteinander synchronisiert.

Zur Verdeutlichung betrachten wir den oben formulierten Testfall als Quellcode:

```
import stmj.threaded.*;
public class ConcurrentBoundedCounterTest
    extends ConcurrentTestCase {
  public void testCountBeyondMax() {
    final BoundedCounter counter = new BoundedCounter(0, 2);
    Runnable runnable1 = new Runnable() {
      public void run() {
        try {
```

```
            counter.increment();
            counter.increment();
            checkpoint("before increment");
            counter.increment(); // should wait
            checkpoint("after increment");
        } catch (InterruptedException ignore) {}
      }
    };
    addThread("thread1", runnable1);
    startAndJoinThreads(200);
    assertEquals(2, counter.count());
    assertTrue(checkpointReached("before increment"));
    assertFalse(checkpointReached("after increment"));
    assertTrue(deadlockDetected());
  }
}
```

Wenn man seine Testfälle von ConcurrentTestCase ableitet, hat man die Möglichkeit, Test-Threads – unter Vergabe eines Namens und der Implementierung eines Runnable-Objekts – hinzuzufügen. Zum Starten aller Threads existieren diverse Methoden; die hier verwendete Variante startAndJoinThreads(long timeout) wartet maximal timeout Millisekunden auf das Ende aller Threads. Schließlich kann man noch »Checkpoints« passieren – checkpoint(String name) –, testen, dass sie erreicht wurden – checkpointReached(String name) –, und überprüfen, ob in einem der Threads ein Deadlock aufgetreten ist, d.h., dass er bis zum Eintreffen des Timeouts nicht beendet wurde – deadlockDetected().

Einen Überblick über alle in ConcurrentTestCase verfügbaren Methoden gibt die folgende Tabelle:

Methode	Beschreibung
Methoden zur Benutzung im Haupt-Thread:	
protected void addThread(String name, final Runnable runnable)	Füge einen Thread dem Testfall hinzu.
protected void startThreads()	Starte alle Threads des Testfalls.
protected void joinAllThreads(long millisecondsToWait)	Warte (maximal millisecondsToWait) auf das Ende aller Threads.
protected void startAndJoinThreads(long millisecondsToDeadlock)	Starte alle Threads und warte auf ihr Ende.
public boolean deadlockDetected()	Ermittle, ob mindestens ein Thread *nicht* innerhalb der Wartezeit eines Joins beendet wurde.

Tab. 10–1
Methode von ConcurrentTestCase

Tab. 10–1
Methode von
ConcurrentTestCase
(Fortsetzung)

Methode	Beschreibung
Methoden zur Benutzung in beliebigem Thread:	
public void synchronized checkpoint(String checkpointName)	Passiere einen Checkpoint.
public boolean checkpointReached(String checkpointName)	Ermittle, ob Checkpoint schon erreicht wurde.
public synchronized void waitForCheckpoint(String checkpointName)	Warte, bis ein Checkpoint in einem anderen Thread erreicht wird.
public boolean hasThreadStarted(String threadName)	Ermittle, ob ein bestimmter Thread schon gestartet wurde.
public boolean hasThreadFinished(String threadName)	Ermittle, ob ein bestimmter Thread schon regulär geendet hat.
public synchronized void waitUntilFinished(String threadName)	Warte auf das reguläre Ende eines bestimmten Threads.
public void sleep(long milliseconds)	Schlafe und werfe *keine* InterruptedException.

Der zweite Testfall soll verifizieren, dass ein wegen Erreichen des Maximalwertes wartender Thread nach einem decrement() in einem anderen Thread wieder hochzählen kann:

```
public class ConcurrentBoundedCounterTest...
  public void testThreeUpOneDown() {
    final BoundedCounter counter = new BoundedCounter(0, 2);
    Runnable runnable1 = new Runnable() {
      public void run() {
        try {
          counter.increment();
          counter.increment();
          checkpoint("before increment");
          counter.increment(); // should wait
          checkpoint("after increment");
        } catch (InterruptedException ignore) {}
      }
    };
    Runnable runnable2 = new Runnable() {
      public void run() {
        try {
          waitForCheckpoint("before increment");
          sleep(50); // (1)
          counter.decrement();
        } catch (InterruptedException ignore) {}
      }
    };
```

```
        addThread("thread1", runnable1);
        addThread("thread2", runnable2);
        startAndJoinThreads(200);
        assertEquals(2, counter.count());
        assertTrue(checkpointReached("after increment"));
        assertFalse(deadlockDetected());
    }
```

Im runnable2-Objekt treffen wir auf eine weitere Möglichkeit der Synchronisation: waitForCheckpoint(String name) wartet, bis ein anderer Thread einen bestimmten Checkpoint passiert hat. Und dennoch kommen wir um ein sleep(..) auch hier nicht herum. An Stelle (1) in thread2 wissen wir zwar, dass thread1 den Checkpoint hinter sich gelassen hat, wir wollen aber zusätzlich sicher sein, dass er bereits die dritte increment()-Nachricht verschickt hat. Ohne Manipulation der BoundedCounter-Klasse hilft hier nur Pseudodeterminismus mit Hilfe eingefügter sleep-Aufrufe weiter.

Nach dem Hinzufügen zweier analoger Testfälle für den Minimalwert sieht die Implementierung von BoundedCounter so aus:

```
public class BoundedCounter...
    public BoundedCounter(long min, long max) {...}
    public long getMin() {...}
    public long getMax() {...}
    public long count() {return count;}
    public synchronized void increment()
        throws InterruptedException {
        while (count == max) {
            wait();
        }
        count++;
        notify();
    }
    public synchronized void decrement()
        throws InterruptedException {
        while (count == min) {
            wait();
        }
        count--;
        notify();
    }
}
```

Die Klasse scheint funktionsfähig und tatsächlich ist es uns gelungen, mittels Test-First Synchronisations- und Thread-Mechanismen in das Programm einzuschleusen. Doch Vorsicht, einige Fallen lauern noch.

Nicht deterministische Testfälle

Ein geübter Thread-Programmierer erkennt die Schwächen der obigen Implementierung recht schnell: Zum einen kann das notify() in decrement() und increment() Probleme bereiten, wenn mehr als zwei Threads am Werke sind; es sollte daher in beiden Fällen durch notifyAll() ersetzt werden. Zum anderen sollte die Methode count() synchronisiert werden, da der Zugriff auf eine Variable vom Typ long unter Umständen nicht atomar erfolgt. Ist es nun möglich, Testfälle zu finden, die diese beiden problembehafteten Implementierungen identifizieren?

Stürzen wir uns zunächst auf die notify-Problematik. Damit das Problem sichtbar wird, muss mindestens ein Thread darauf warten, den Zähler erhöhen zu dürfen, und ein anderer darauf, den Zähler erniedrigen zu dürfen. Folgender Test versucht mit zehn gegen einen, diese Situation herbeizuführen:

```java
public class NonDeterministicBoundedCounterTest
        extends ConcurrentTestCase {
    ...
    public void test10Inc1Dec() {
        final BoundedCounter counter = new BoundedCounter(0, 1);
        Runnable incRunnable = new Runnable() {
            public void run() {
                try {
                    counter.increment();
                } catch (InterruptedException ignore) {}
            }
        };
        Runnable decRunnable = new Runnable() {
            public void run() {
                try {
                    for (int i = 0; i < 10; i++) {
                        counter.decrement();
                    }
                } catch (InterruptedException ignore) {}
            }
        };
        addThread("dec", decRunnable);
        for (int i = 0; i < 10; i++) {
            addThread("inc-" + i, incRunnable);
        }
        startThreads();
        joinAllThreads(1000);
        assertFalse(deadlockDetected());
        assertEquals(0, counter.count());
    }
}
```

Die Ausführung des Testfalls belässt den Balken zunächst grün; erst das wiederholte Klicken auf »Run« führt gelegentlich zu einer Failure: »junit.framework.AssertionFailedError: deadlock«. Was ist geschehen?

Da notify() nur einen einzelnen Thread zum Leben erweckt, kann – je nach Glück und Zustand des Schedulers – ein Thread aufgeweckt werden, für den die Bedingung zum Fortfahren noch nicht erfüllt ist. Der Ausgang des Tests im Einzelfall ist jedoch nicht vorhersagbar. Um mit einer hohen Wahrscheinlichkeit eine Failure hervorzurufen, muss die Testsuite mehrfach ausgeführt werden – in diesem Fall genügen 10 Wiederholungen[6]:

```
public class NonDeterministicBoundedCounterTest...
  public static Test suite() {
    TestSuite suite = new TestSuite(
      NonDeterministicBoundedCounterTest.class);
    return new junit.extensions.RepeatedTest(suite, 10);
  }
```

Nun zwingt uns die konstant fehlerhafte Testsuite zu einer Korrektur der Klasse BoundedCounter:

```
public class BoundedCounter...
  public synchronized void increment()
        throws InterruptedException {
    while (count == max) {
      wait();
    }
    count++;
    notify();
    notifyAll();
  }
  public synchronized void decrement()
        throws InterruptedException {
    while (count == min) {
      wait();
    }
    count--;
    notify();
    notifyAll();
  }
```

Ein ähnlicher Versuch, die Synchronisation der count()-Methode über einen wiederholt ausgeführten nicht deterministischen Test zu erzwingen, scheitert[7]. Die Gründe dafür können vielfältig sein: Der Zugriff

---

6. Die Zahl kann je nach JVM und Rechnerausstattung stark variieren.
7. Der Quellcode der Testmethode testCount() findet sich auf der Website.

auf eine long-Variable muss laut Java-Spezifikation nicht atomar sein, kann es aber. Vorstellbar ist auch, dass das Problem, je nach Rechnerarchitektur und Betriebssystem, nur bei der Verwendung mehrerer Prozessoren auftritt. Festzuhalten bleibt, dass es den Autoren nicht gelungen ist, einen Test zu erstellen, der auch bei zigtausendfacher Wiederholung zu einem Fehlverhalten der Methode count() geführt hätte[8]. Dennoch würden wohl die meisten Entwickler die folgende Änderung vornehmen:

```
public class BoundedCounter..
   public synchronized long count() {
      return count;
   }
```

10.4 Zusammenfassung

Dieses Kapitel hat gezeigt, wie der Test-First-Ansatz auch bei der Entwicklung von Programmen mit mehreren Threads zum Einsatz kommen kann. Das normale Verhalten von asynchronen Diensten und Synchronisationsobjekten kann getestet werden, wenn die Entwickler die nötigen Muster kennen. Erleichtert wird diese Testarbeit durch spezialisierte Klassen, wie sie beispielsweise im Package stmj.threaded zu finden sind.

Das Testen auf nur sporadisch auftretende Probleme – z.B. Verklemmungen und mangelnde Synchronisation – ist hingegen wegen der inhärenten Nichtdeterminiertheit schwierig. Im Einzelfall haben wir es geschafft, einen Testfall zu erstellen, der zur Beseitigung eines fehlerhaften notify-Aufrufs beitrug. Dennoch drängt sich der Verdacht auf, dass dies nur möglich war, weil wir das Problem *zuvor* als Standardfehler identifiziert hatten.

Das Problem dieser Tests ist jedoch nicht, dass sie nicht alle Nebenläufigkeitsfehler aufdecken – welche Tests sind schon unfehlbar? –, sondern, dass sie auf zahlreichen Annahmen beruhen (müssen) und uns unter Umständen eine falsche Sicherheit vorgaukeln, die dann durch eine konkrete JVM-Implementierungsvariante ad absurdum geführt wird.

So bitter es auch für Vollblut-Tester sein mag: Zur Vermeidung von Nebenläufigkeitsfehlern tragen die folgenden Dinge meist mehr bei als aufwändige nicht deterministische Testsuiten:

---

8. Vielleicht schafft es ja eine Leserin oder ein Leser?

10.4 Zusammenfassung

- Das Studium der Literatur zum Thema Nebenläufigkeit und Thread-Programmierung in Java – z.B. [Lea00] und [Hyde99].
- Die Wahl des einfachsten Thread-Modells, das im konkreten Fall ausreicht. Häufig stellt sich bei näheren Überlegungen heraus, dass Nebenläufigkeit vermieden werden kann.
- Isolation der Nebenläufigkeit und Synchronisation in wenigen Klassen und Methoden sowie intensive Reviews dieser Klassen.
- Die Verwendung von Multithread-Utility-Klassen, z.B. das in [Lea00] vorgestellte Package `util.concurrent` [URL:UtilConcurrent], das ab JDK 1.5 als `java.util.concurrent` in erweiterter und standardisierter Form zum Java-Lieferumfang gehört.
- Der Review von sämtlichem nebenläufigem Code durch einen erfahrenen Threading-Experten.
- Die strenge Modellierung mit Hilfe formaler Methoden, wie Petrinetzen, temporaler Logik oder FSM (*finite state machines*). Dies ist vor allem dann unverzichtbar, wenn man Thread-Sicherheit und/oder Lebendigkeit unbedingt gewährleisten muss[9].

Je nach Anwendung können Synchronisationsprobleme auch durch intensive Lasttests – z.B. mit Hilfe von *Grinder* [URL:Grinder] oder *JMeter* [URL:JMeter] – provoziert werden. Auch randomisiert eingefügte `Thread.sleep()`- und `Thread.yield()`-Anweisungen sowie Thread-Analysewerkzeugen (z.B. [URL:Threadalyzer]) leisten beim Aufdecken nebenläufiger Bugs häufig unverzichtbare Hilfe[10]. Hinzukommt, dass die Ausführung der Testsuiten auf Multi-Prozessor-Maschinen (MP) oft schneller zur Entdeckung von Problemen führt, da MPs mehr Thread-Verschränkungen erzeugen. Einige speichermodellbasierte Fehler kann man sogar ausschließlich auf Multi-Prozessor-Computer beobachten[11].

Einen interessanten Weg, um Verklemmungen, Race Conditions und andere Java-Multi-Threading-Bugs zu entdecken, stellt das Forschungsprojekt *ConTest* dar [URL:ConTest], das gegenwärtig für Evaluierungszwecke auch für Dritte zugänglich ist. Ein Zitat von der Website erklärt, worum es geht:

IBMs ConTest-Projekt

> »ConTest systematically and transparently schedules the execution of program threads such that program scenarios which are likely to contain race conditions, deadlocks and other intermittent bugs – collectively called synchronization problems – are forced to appear with high frequency. [...] Testers

---

9. Einen gründlichen Überblick über diese Techniken findet man bei [Gomaa93].
10. Einige hierauf spezialisierte Testwerkzeuge werden in [Klein01] beschrieben.
11. [Lea00], Kapitel 2.2 diskutiert diese Themen.

can rerun existing test suites without recompilation of the software under test [...] ConTest modifies the applications in ways that cause synchronization problems to more likely surface in testing.«

11 Verteilte Anwendungen

Verteilte Systeme gehen noch einen Schritt weiter als nebenläufige Anwendungen: Die einzelnen Komponenten einer Applikation laufen nicht nur gleichzeitig ab, sondern befinden sich (möglicherweise) an unterschiedlichen Orten. Boger definiert Verteilung folgendermaßen[1]:

> »**Verteilung** ist die logische oder physikalische räumliche Entfernung von Objekten zueinander. Zwei Objekte, die zur gemeinsamen Kommunikation nicht den gewöhnlichen Methodenaufruf verwenden können, sondern Mechanismen der entfernten Kommunikation nutzen müssen, sind zueinander verteilt. Dies ist der Fall, wenn sie sich auf unterschiedlichen Rechnern befinden, [...] doch auch, wenn sie auf demselben Rechner, aber in unterschiedlichen Adreßräumen [...] liegen.«

Was ist Verteilung?

Zusätzlich zu den Problemen der Nebenläufigkeit (siehe Kapitel 10) bringen verteilte Systeme weitere Anforderungen und Schwierigkeiten mit sich. Aus Testersicht sind die wichtigsten:

Probleme der Verteilung

- **Auffinden anderer Objekte** im Netzwerk, z.B. durch einen »Naming Service«, der die Registrierung von Objekten unter einem eindeutigen Namen erlaubt. Für das Testen bedeutet dies, dass auch das Verhalten eines Clients bei nicht auffindbarem Serverobjekt berücksichtigt werden muss.
- **Unsicherheit der Kommunikation**: Der Sender einer Nachricht muss damit rechnen, dass beim Senden oder Empfangen einer Nachricht bzw. ihrer Antwort etwas schiefgeht. Konsequenterweise sollte ausgeschlossen werden, dass das sendende Objekt dadurch in einen undefinierten Zustand gerät oder gar eine Verklemmung hervorgerufen wird.

---

1. [Boger99], S. 11.

Transparenz der Verteilung

Theoretisches Ziel ist es, die Verteilung von Objekten möglichst transparent zu gestalten: Tatsächlicher Ort und Aufrufmechanismus des entfernten Objekts sollen für den Aufrufer verborgen bleiben. In der Praxis erfordert Verteilung jedoch die explizite Behandlung potenzieller Kommunikationsprobleme; auch andere Eigenschaften lokaler Systeme (z.B. automatische *Garbage Collection*) stoßen dabei an Grenzen. Echte Transparenz ist daher nur zu erreichen, wenn man auch lokale Objekte wie entfernte Objekte behandelt. Dieser deutliche Mehraufwand wird jedoch in den meisten Fällen als zu großer Ballast empfunden.

11.1 Verteilungsmechanismen in Java

Als junge Programmiersprache, die von Beginn an für die Verwendung in vernetzten Umgebungen gedacht war, bietet Java mehrere Möglichkeiten zur Realisierung verteilter Anwendungen. Letztendlich bedeutet Verteilung, dass Bits und Bytes über ein Netzwerk von einem Prozess zu einem anderen geschoben werden. Diese Kommunikation lässt sich jedoch auf unterschiedlichen Abstraktionsebenen durchführen:

- Aus Java-Sicht wird die unterste Ebene von **Sockets** (dt. Steckdose) repräsentiert. Diese erlauben die Übertragung von uninterpretierten Datenströmen von einem Rechner zum anderen. Auf diesem Mechanismus bauen alle weiteren auf. Java bietet die nötige Infrastruktur zur direkten Verwendung von Sockets im Package `java.net`.
- Aus Sicht des Programmierers ist eine andere Abstraktion geeigneter: Das Verschicken von Nachrichten an entfernte Objekte. Dieser Mechanismus steht in Java unter dem Namen **RMI** (Remote Method Invocation) im Package `java.rmi` bereit. RMI ist jedoch auf Java beschränkt[2] und erfordert die Kenntnis über den Ort des entfernten Objekts bzw. den Ort der Registry.
- **CORBA** (Common Object Request Broker Architecture) erlaubt die Abstraktion von Objektort und Implementierungssprache. CORBA bietet standardisierte Anbindungen für viele Programmiersprachen und stellt darüber hinaus noch zahlreiche Dienste für Objektverwaltung, Suche, Authentifizierung usw. zur Verfügung.
- In der Java-Welt hat CORBA jedoch deutlich an Bedeutung verloren, seitdem Sun den Java-proprietären Standard **EJB** (Enterprise JavaBean) veröffentlicht hat. Auf das Testen von EJBs gehen wir ausführlich in Kapitel 12 ein.

---

2. Zumindest beinahe, da eine RMI-Anbindung für IBMs Visual Age for Smalltalk existiert.

- **SOAP-basierte Web-Services** bieten eine ähnliche Abstraktionsstufe wie RMI; als Übertraggungssprache dient jedoch XML, womit – zumindest theoretisch – die Plattformunabhängigkeit gewährleistet wird.
- Die **Java Intelligent Networking Infrastructure** (Jini) stellt eine Infrastruktur zum Anbieten, Registrieren und Auffinden verteilter Dienste anhand ihrer Spezifikation zur Verfügung [URL:Jini]. Jini baut auf **JavaSpaces** auf, einem Mechanismus, der die Verteilung, Persistierung und Migration von Objekten in einem Netzwerk ermöglicht (siehe [Boger99]).

Trotz ihrer niedrigen Abstraktionsstufe werden Sockets (Kapitel 11.2) häufig zur Kommunikation eingesetzt; entweder weil man ein proprietäres Kommunikationsprotokoll verwenden möchte oder weil man mit Nicht-Java-Komponenten kommunizieren will. RMI ist wegen seiner höheren Abstraktionsstufe und der Spezialisierung auf Java jedoch häufig der interessantere Vertreter (siehe Kapitel 11.3).

11.2 Sockets

Der Server

Als Beispiel wollen wir einen einfachen Server bauen, der die Länge von Nachrichtenzeilen ermittelt, die via Socket hereinkommen, und das Ergebnis als String zurückliefert[3]. Unser allererster Testfall versucht sich an einem leeren String:

```
import java.io.*;
import java.net.Socket;
import junit.framework.TestCase;
public class CountingServerTest extends TestCase {
  public void testEmptyLine() throws Exception {
    CountingServer server = new CountingServer(888);
    server.startup();
    Socket s = new Socket("localhost", 888);
    PrintWriter writer = new PrintWriter(s.getOutputStream());
    writer.println();
    BufferedReader reader = new BufferedReader(
        new InputStreamReader(s.getInputStream()));
```

---

3. Das Beispiel ist motiviert durch einige Episoden aus Bob Martins TDD-Serie »The Craftsman« [Martin02-04], in der das Socket-Server-Programmierproblem noch ausführlicher behandelt wird.

```
            assertEquals("0", reader.readLine());
            s.close();
        }
    }
```

Frühe Lerntests   Der Test erfordert einiges an Wissen über Javas Socket-API. Typischerweise erarbeitet man sich dieses Know-how beim Erstellen der frühen Testfälle – wenn man es nicht vorher schon besitzt. Ein erster Implementierungsversuch sieht so aus:

```
import java.io.*;
import java.net.*;
public class CountingServer {
    private int port;
    public CountingServer(int port) {
        this.port = port;
    }
    public void startup() throws IOException {
        ServerSocket serverSocket = new ServerSocket(port);
        Socket socket = serverSocket.accept();
        PrintWriter writer =
            new PrintWriter(socket.getOutputStream());
        writer.println("0");
        writer.flush();
        socket.close();
    }
}
```

Der Test-Runner startet und wartet und wartet und nichts weiter passiert. Dies liegt daran, dass die Zeile

```
Socket socket = serverSocket.accept();
```

auf eine eingehende Socketverbindung wartet, die natürlich nie kommt. Eine Entscheidung steht an: Erzeugen wir den zusätzlichen Thread im Testfall oder im Server? Da unser Server letztendlich sowieso im Hintergrund laufen soll, entscheiden wir uns gleich für einen eigenen Server-Thread:

```
public class CountingServer...
    public void startup() throws IOException {
        final ServerSocket serverSocket = new ServerSocket(port);
        Thread serverThread = new Thread(new Runnable() {
            public void run() {
                try {
                    Socket socket = serverSocket.accept();
                    PrintWriter writer =
                        new PrintWriter(socket.getOutputStream());
```

```
                    writer.println("0");
                    writer.flush();
                    socket.close();
                } catch (IOException e) {}
            }
        }, "CountingServer");
        serverThread.start();
    }
```

Nun wird der Testbalken grün und wir können sowohl das Refactoring der Testklasse als auch einen neuen Test angehen:

```
public class CountingServerTest extends TestCase {
    private static final int PORT = 888;
    private CountingServer server;
    protected void setUp() throws Exception {
        server = new CountingServer(PORT);
        server.startup();
    }
    public void testEmptyLine() throws Exception {
        assertEquals("0", sendAndReceive(""));
    }
    public void testOneWord() throws Exception {
        assertEquals("4", sendAndReceive("blah"));
    }
    private String sendAndReceive(String line) throws Exception {
        Socket s = new Socket("localhost", PORT);
        PrintWriter writer = new PrintWriter(s.getOutputStream());
        writer.println(line);
        writer.flush();
        BufferedReader reader =
            new BufferedReader(new InputStreamReader(s
                .getInputStream()));
        String result = reader.readLine();
        s.close();
        return result;
    }
}
```

Der Testlauf bringt entgegen unserer Erwartung interessanterweise keinen Fehler beim assertEquals(..), sondern wirft eine java.net.BindException: »Address already in use«. Die run()-Methode ruft damit nach einem

```
serverSocket.close();
```

um so den Server-Socket nach getaner Arbeit wieder freizugeben. Dies kann nur eine vorübergehende Lösung sein. Was wir eigentlich möchten, ist ein kontinuierlich laufender Server, den man bei Bedarf anhalten kann. Doch zunächst erhalten wir die erwartete Failure und können uns der Lösung zuwenden:

```
public class CountingServer...
    public void startup() throws IOException {
        final ServerSocket serverSocket = new ServerSocket(port);
        Thread serverThread = new Thread(new Runnable() {
            public void run() {
                try {
                    Socket socket = serverSocket.accept();
                    BufferedReader reader = getReader(socket);
                    PrintWriter writer = getWriter(socket);
                    serve(reader, writer);
                    socket.close();
                    serverSocket.close();
                } catch (IOException e) {
                }
            }
        });
        serverThread.start();
    }
    private void serve(BufferedReader reader, PrintWriter writer)
        throws IOException {
        String line = reader.readLine();
        writer.println(line.length());
        writer.flush();
    }
    private BufferedReader getReader(Socket socket) ...
    private PrintWriter getWriter(Socket socket) ...
```

Anstatt den nächsten Testfall mit mehreren Wörtern oder Zeilen anzuhängen, extrahieren wir das eigentliche Zählen in eine `CountingService`-Klasse, die anschließend unabhängig von jeglicher Socket-Problematik getestet werden kann:

```
public class CountingServer...
    private void serve(BufferedReader reader, PrintWriter writer)
        throws IOException {
        new CountingService().serve(reader, writer);
    }
```

Die testgetriebene Ausarbeitung dieser Klasse trauen wir unseren Lesern uneingeschränkt zu. Viel interessanter ist, dass wir nun die ursprünglichen Servertests vereinfachen können, indem wir aus dem `CountingService` ein allgemeines `SocketService`-Interface extrahieren:

```
public interface SocketService {
  serve(BufferedReader reader, PrintWriter writer)
      throws IOException;
}

public class CountingServer...
  private SocketService service;
  public CountingServer(int port) {
    this(port, new CountingService());
  }
  public CountingServer(int port, SocketService service) {
    this.port = port;
    this.service = service;
  }
  private void serve(BufferedReader reader, PrintWriter writer)
      throws IOException {
    service.serve(reader, writer);
  }
}
```

Durch die Öffnung der Serverklasse für beliebige SocketService-Implementierungen können wir die Tests nun unabhängig vom eigentlichen Service gestalten und die Testklasse schnurrt unter Verwendung eines Dummy-Service erst einmal ein Stück zusammen:

```
public class DummySocketService implements SocketService {
  public void serve(BufferedReader reader, PrintWriter writer)
      throws IOException {
    writer.println("result");
    writer.flush();
  }
}

public class CountingServerTest extends TestCase {
  private static final int PORT = 888;
  private CountingServer server;
  private SocketService dummyService;
  protected void setUp() throws Exception {
    dummyService = new DummyService("result");
    server = new CountingServer(PORT, dummyService);
    server.startup();
  }
  public void testOneConnection() throws Exception {
    assertEquals("result", sendAndReceive());
  }
  private String sendAndReceive() throws Exception {
    Socket s = new Socket("localhost", PORT);
    BufferedReader reader = new BufferedReader(
        new InputStreamReader(s.getInputStream()));
```

```
            String result = reader.readLine();
            s.close();
            return result;
        }
    }
```

Nichtdeterminismus von Sockets

Die Minimierung der Anzahl von Tests, die tatsächlich eine Socketverbindung benötigen, ist auch deshalb ratsam, weil Socketverbindungen einen gewissen inhärenten Nichtdeterminismus mitbringen. Wie schnell beispielsweise ein Socket nach dessen Freigabe wieder neu vergeben werden kann, ist abhängig vom Betriebssystem[4].

Unsere Umbauten versetzen uns in die Lage, das gewünschte Serververhalten bei mehreren parallelen und sequenziellen Requests herbeizutesten. Das Vorgehen entspricht den in Kapitel 10.3 gezeigten nebenläufigen Testfällen. Wir wollen daher nur zwei Testfälle präsentieren und die restliche Ausarbeitung dem Leser überlassen:

```
public class CountingServerTest ...
    protected void tearDown() throws Exception {
        server.shutdown();
    }
    public void testShutdown() throws Exception {
        server.shutdown();
        server.startup();
        assertEquals("result", sendAndReceive());
    }
    public void testTwoSequentialConnections() throws Exception {
        assertEquals("result", sendAndReceive());
        assertEquals("result", sendAndReceive());
    }
```

Der erste Test erzwingt die Einführung eines Shutdown-Mechanismus, der anschließend auch in `tearDown()` verwendet wird. Der andere Test sorgt dafür, dass auch mehrere aufeinander folgende Serveranfragen bearbeitet werden. Das vollständige Beispiel – wie immer verfügbar auf der Website – testet auch parallele Zugriffe in mehreren Threads.

Denkbar – und in unserer Praxis häufig umgesetzt – ist das Testen von Fehlerfällen und Ausnahmebedingungen, da man nun auch Service-Implementierungen einschmuggeln kann, welche Exceptions werfen oder einfach die Verbindung abbrechen.

Testbarkeit führt zu Erweiterbarkeit

Bemerkenswert ist, dass wir die `CountingServer`-Klasse seit der Einführung des `SocketService`-Interface auch für beliebige andere

---

4. Lassen Sie doch die Servertests mehrmals unmittelbar hintereinander laufen. Na, wieder eine `BindException` aufgetreten?

Dienste geöffnet und verwendbar gemacht haben; ein willkommener Nebeneffekt der erhöhten Testbarkeit. In diesem Falle würden noch andere Refactorings auf uns zu kommen, wie z.B. die Umbenennung der `CountingServer`-Klasse und ihre endgültige Unabhängigkeit von `CountingService`.

Der Client

Während der Server vorwiegend damit zu kämpfen hat, mehrere Anfragen nacheinander oder gar parallel bearbeiten zu können, besteht die Aufgabe eines Socket-Clients darin, das korrekte Protokoll zu sprechen und mit Ausnahmesituationen wie abbrechenden Verbindungen, langen Latenzzeiten und neuen Serverstandorten zurechtzukommen.

Client-Testfälle gehen genau den entgegengesetzten Weg zu den Servertestfällen oben, indem sie das Serververhalten durch Attrappen simulieren. Dafür existieren prinzipiell drei Möglichkeiten:

- Wir verwenden einen Mock-Socket-Server, welcher tatsächlich einen `ServerSocket` öffnet und anschließend in einem separaten Thread Anfragen mit vorkonfigurierten Strings beantwortet.
- Wir erstellen eine `MockSocket`-Klasse, die direkt von `java.net.Socket` abgeleitet ist. Dies erfordert wegen der (zu) großen Socket-Schnittstelle einiges an Mühe; dafür kommt man in den Tests ohne zusätzliche Threads aus. Eine solche `MockSocket`-Implementierung ist in der Mock-Objects-Bibliothek (siehe Kapitel 6.6, Seite 114) bereits enthalten.
- Wir führen eine technologieunabhängige Fassade ein, die uns das Verhalten des Clients problemlos testen lässt. Die Implementierung der Fassade erfordert dann nur noch wenige Testfälle, die sich mit der Socket-Schnittstelle herumschlagen müssen.

Die letzte Möglichkeit wollen wir konkret an einem Client betrachten, der den `CountingService` als **lokalen** Buchstabenzähldienst anbieten möchte. Das Fassaden-Interface muss lediglich das Versenden und Empfangen von Zeilen erlauben:

```
public interface ClientSocketService {
    void sendLine(String line) throws IOException;
    String receiveLine() throws IOException;
}
```

Nun ist es ein Leichtes, den entsprechenden Testfall zu formulieren. Zur Abwechslung benutzen wir EasyMock (siehe Kapitel 6.6, Seite 113) für die Attrappenerstellung:

```
import org.easymock.MockControl;

public class CountingClientTest extends TestCase {
   private CountingClient client;
   private ClientSocketService service;
   private MockControl serviceControl;
   protected void setUp() throws Exception {
      serviceControl = MockControl.createStrictControl(
         ClientSocketService.class);
      service = (ClientSocketService) serviceControl.getMock();
      client = new CountingClient(service);
   }
   public void testSingleLine() throws Exception {
      service.sendLine("abc def");
      service.receiveLine();
      serviceControl.setReturnValue("7");
      serviceControl.replay();
      assertEquals(7, client.count("abc def"));
      serviceControl.verify();
   }
}
```

Der Testfall verifiziert zum einen, dass ein `CountingClient`-Objekt das richtige Protokoll spricht, und zum anderen, dass die Konvertierung des Antwortstrings in einen Integerwert funktioniert. Von hier aus ist auch das Testen von Fehlerfällen und Ausnahmesituationen kein Problem mehr.

11.3 RMI

RMI besteht im Grunde genommen nur aus zwei Teilen: einem Interface, mit dem ein entferntes Objekt angesprochen werden soll, und einer Implementierung dieses Interface. Zum Deployment dieser Implementierung stellt das JDK zusätzlich noch ein paar Hilfsklassen, ein Tool zum Erzeugen der lokalen *Stub-Objekte* (`rmic`) sowie einen Name-Service zum Registrieren der Objekte (`rmiregistry`) zur Verfügung. Grundlegende Kenntnisse von RMI werden vorausgesetzt und können beispielsweise in [Darwin04] nachgelesen oder online – z.B. auf [URL:RMI] – erworben werden.

Im Folgenden soll die testgetriebene Entwicklung eines einfachen RMI-Servers und des dazugehörenden Clients gezeigt werden.

Der Server

Das Interface unseres Beispielservers ist denkbar einfach:

```
public interface MyRemoteServer {
    String callService();
}
```

Zunächst läuft alles noch lokal ab und wir schreiben den ersten Test daher noch ohne Antizipation eines entfernten Aufrufs:

```
public class MyRemoteServerTest extends TestCase {
    public void testCallService() {
        MyRemoteServer server = new MyRemoteServerImpl();
        assertEquals("OK", server.callService());
    }
}
```

Die nächsten Schritte versuchen, einen sanften Übergang zum verteilten System voranzutreiben. Zunächst nehmen wir uns einer der Testbarkeitsschwächen von RMI, der statischen Naming-Schnittstelle, an. Wir lagern den für uns interessanten Teil der Schnittstelle von java.rmi.Naming in ein Interface aus:

Interface statt statischer Methoden

```
import java.rmi.*;
import java.net.*;
public interface MyNaming {
    void rebind(String name, Remote obj)
        throws RemoteException, MalformedURLException;
    void unbind(String name) throws RemoteException,
        NotBoundException, MalformedURLException;
}
```

Zunächst bieten wir dafür eine Mock-Implementierung an[5]:

```
import java.rmi.*;
import import com.mockobjects.*;
public class MockNaming extends MockObject implements MyNaming {
    public void rebind(String name, Remote obj) {...}
    public void unbind(String name) {...}
    public void expectRebind(String name, Class remoteType) {...}
    public void expectUnbind(String name) {...}
}
```

Zurück zum Server. Um den Server auch aus der Entfernung ansprechen zu können, müssen wir zunächst seine Schnittstelle den RMI-

---

5. Die vollständige Implementierung unter Verwendung der Mock-Objects-Bibliothek (siehe Kapitel 6.6) findet sich auf der Website.

Gepflogenheiten entsprechend anpassen und einen Namen für das RMI-Binding festlegen:

```
import java.rmi.*;
public interface MyRemoteServer extends Remote {
  String LOOKUP_NAME = "MyRemoteServer";
  String callService() throws RemoteException;
}
```

Nun kann auch die Testmethode – unter Berücksichtigung des neuen Interface MyNaming – umgebaut werden. Dabei müssen wir auch bedenken, dass wir zum Starten des Servers eine statische Methode bemühen sollten; hier nennen wir sie createServer():

```
public void testCallService() throws Exception {
  MockNaming mockNaming = new MockNaming();
  MyRemoteServer server =
      MyRemoteServerImpl.createServer(mockNaming);
  assertEquals("OK", server.callService());
  mockNaming.verify();
}
```

Bisher wird das Naming-Objekt lediglich als Parameter übergeben, aber noch nicht verwendet. Ergänzen wir daher den Test:

```
public void testCallService() throws Exception {
  MockNaming mockNaming = new MockNaming();
  mockNaming.expectRebind(
      MyRemoteServer.LOOKUP_NAME, MyRemoteServerImpl.class);
  MyRemoteServer server =
      MyRemoteServerImpl.createServer(mockNaming);
  assertEquals("OK", server.callService());
  mockNaming.verify();
}
```

Fügen wir nun einen Test hinzu, der das korrekte Freigeben des Servers testet, und führen dabei auch gleich ein Refactoring durch:

```
public class MyRemoteServerTest extends TestCase {
  private MyRemoteServer server;
  private MockNaming mockNaming;
  protected void setUp() throws Exception {
    mockNaming = new MockNaming();
  }
  public void testCallService() throws Exception {
    mockNaming.expectRebind(
        MyRemoteServer.LOOKUP_NAME, MyRemoteServerImpl.class);
    server = MyRemoteServerImpl.createServer(mockNaming);
```

```
        assertEquals("OK", server.callService());
        mockNaming.verify();
    }
    public void testReleaseService() throws Exception {
        mockNaming.expectRebind(
            MyRemoteServer.LOOKUP_NAME, MyRemoteServerImpl.class);
        mockNaming.expectUnbind(MyRemoteServer.LOOKUP_NAME);
        server = MyRemoteServerImpl.createServer(mockNaming);
        ((MyRemoteServerImpl) server).release();
        mockNaming.verify();
    }
}
```

Was nun noch fehlt, ist ein Test mit echtem RMI. Dazu benötigen wir zunächst die MyNaming-Implementierung unter Verwendung von java.rmi.Naming:

```
import java.rmi.*;
import java.net.*;
public class RMINaming implements MyNaming {
    public void rebind(String name, Remote obj)
        throws RemoteException, MalformedURLException {
        Naming.rebind(name, obj);
    }
    public void unbind(String name) throws RemoteException,
        NotBoundException, MalformedURLException {
        Naming.unbind(name);
    }
}
```

Und nun der Testfall für die Verwendung von RMI:

```
public void testRealService() throws Exception {
    RMINaming naming = new RMINaming();
    server = MyRemoteServerImpl.createServer(naming);
    MyRemoteServer client =
        (MyRemoteServer) Naming.lookup(MyRemoteServer.LOOKUP_NAME);
    assertEquals("OK", client.callService());
    ((MyRemoteServerImpl) server).release();
}
```

Aus den drei implementierten Testfällen ist jetzt folgende Implementierung entstanden:

```
import java.net.*;
import java.rmi.*;
import java.rmi.server.*;
public class MyRemoteServerImpl extends UnicastRemoteObject
    implements MyRemoteServer {
```

```
            private MyNaming naming;
            private MyRemoteServerImpl(MyNaming naming)
                throws RemoteException {
                this.naming = naming;
            }
            public String callService() {
                return "OK";
            }
            public static MyRemoteServer createServer(MyNaming naming)
                throws RemoteException, MalformedURLException {
                MyRemoteServer server = new MyRemoteServerImpl(naming);
                naming.rebind(LOOKUP_NAME, server);
                return server;
            }
            public void release() throws RemoteException,
                NotBoundException, MalformedURLException {
                naming.unbind(LOOKUP_NAME);
            }
        }
```

RMI-Deployment

Um der Testsuite eine Chance zu geben, muss sowohl der entsprechende Stub für `MyRemoteServerImpl` erzeugt worden sein (z.B. mit Hilfe von `rmic`) als auch die RMI-Registry laufen – z.B. durch einen Kommandozeilenstart mit »`rmiregistry`«[6]. Für den bis hierher gekommenen Leser ist es auch leicht vorstellbar, wie `MockNaming` erweitert werden kann, um das gewünschte Verhalten der `createServer()`-Methode im Fehlerfalle zu überprüfen.

Vorsicht bei zustandsbehafteten Servern

Noch eine kleine Warnung: Testfälle, die ein in der RMI-Registry gebundenes und zustandsbehaftetes Objekt testen, müssen dafür sorgen, dass dieses Objekt nach jedem Test per `unbind(..)` abgemeldet wird und anschließend wieder neu registriert wird. Andernfalls schleichen sich leicht schwer zu ermittelnde Fehler in die Testsuite ein.

Der Client

Beim Testen des »entfernten Klienten« fallen zwei Teilaufgaben an:

- Wir testen, dass der Client den Naming-Dienst zum Auffinden der entfernten Serverinstanz korrekt verwendet.
- Testen der korrekten Verwendung des entfernten Serverobjekts. Dies unterscheidet sich nicht vom Vorgehen bei lokalen Objekten.

---

6. Für Eclipse existiert ein RMI-Plug-in [URL:RMIPlugin], was den Deployment-Prozess für Testzwecke vereinfacht.

Für die erste Aufgabe erweitern wir die oben eingeführte Schnittstelle MyNaming um eine lookup()-Methode:

```
import java.rmi.*;
import java.net.*;
public interface MyNaming...
    Remote lookup(String name) throws NotBoundException,
        MalformedURLException, RemoteException;
```

Entsprechend wird auch MockNaming ergänzt:

```
import java.rmi.*;
public class MockNaming implements MyNaming ...
    public void expectLookup(String name, Remote lookup) {...}
    public Remote lookup(String name) {...}
```

Mit dieser erweiterten Ausrüstung kann nun der erste Test für den Client angegangen werden:

```
public class MyRemoteClientTest extends TestCase {
    public void testLookup() throws Exception {
        MyRemoteServer remote = new MyRemoteServer() {
            public String callService() {
                return "";
            }
        };
        MockNaming namingClient = new MockNaming();
        namingClient.expectLookup(
            MyRemoteServer.LOOKUP_NAME, remote);
        MyRemoteClient client = new MyRemoteClient(namingClient);
        namingClient.verify();
    }
}
```

Als stellvertretendes Stub-Objekt benutzt der Test eine anonyme Instanz des MyRemoteServer-Interface. Diese Technik kann auch beim Testen des eigentlichen Clientverhaltens benutzt werden. Hier als Beispiel der Test einer einfachen callTwice()-Methode inklusive Refactoring der Testklasse:

```
public class MyRemoteClientTest extends TestCase {
    private MockNaming naming;
    protected void setUp() {
        naming = new MockNaming();
    }
    public void testLookup() throws Exception {...}
    public void testCallTwice() throws Exception {
        MyRemoteServer remote1 = this.createRemoteServer("Test");
        naming.expectLookup(MyRemoteServer.LOOKUP_NAME, remote1);
```

```
            MyRemoteClient client1 = new MyRemoteClient(naming);
            assertEquals("TestTest", client1.callTwice());
            MyRemoteServer remote2 = this.createRemoteServer("Xyz");
            naming.expectLookup(MyRemoteServer.LOOKUP_NAME, remote2);
            MyRemoteClient client2 = new MyRemoteClient(naming);
            assertEquals("XyzXyz", client2.callTwice());
        }
        private MyRemoteServer createRemoteServer(
                                    final String returnString) {
            return new MyRemoteServer() {
                public String callService() {
                    return returnString;
                }
            };
        }
    }
```

Die Verwendung zweier unterschiedlicher Server erfolgt, um eine Trivialimplementierung der Clientklasse zu verhindern. Als Alternative zu den anonymen inneren Instanzen kommt natürlich auch eine Mock-Implementierung für `MyRemoteServer` in Frage. Eine solche Mock-Klasse kann ihre Stärken besonders erfolgreich ausspielen, wenn wir auch das Error-Handling testen bzw. das Interface erweitern wollen.

Test des Error-Handlings

Weitere Tests müssen sich mit dem Verhalten des Clients bei Verteilungsproblemen beschäftigen. Ein Beispiel sei hier aufgeführt, nämlich die Reaktion des Clients, falls das Serverobjekt nicht registriert ist:

```
    public void testFailingLookup() throws Exception {
        naming.expectLookupThrowException(
            MyRemoteServer.LOOKUP_NAME, new NotBoundException("test"));
        try {
            MyRemoteClient client = new MyRemoteClient(naming);
            fail("NotBoundException expected");
        } catch (NotBoundException expected) {}
    }
```

Angenommen wurde hier das einfachst mögliche Error-Handling: Die `NotBoundException` wird an den Aufrufer durchgereicht. Für diesen Testfall musste die Klasse `MockNaming` um die Methode `expectLookupThrowException(...)` erweitert werden. Auf ähnliche Weise kann auch das Verhalten des Clients bei einer Verbindungsunterbrechung überprüft werden. Dazu muss die Serverattrappe bei Aufruf von `callService()` eine `RemoteException` werfen.

Test mit echtem Server

Zu guter Letzt wollen wir den Client in seinem Zusammenspiel mit einem richtigen Serverobjekt überprüfen:

```
public void testWithRealServer() throws Exception {
  MyNaming naming = new RMINaming();
  MyRemoteServer server =
      MyRemoteServerImpl.createServer(naming);
  MyRemoteClient client = new MyRemoteClient(naming);
  assertEquals("OKOK", client.callTwice());
  ((MyRemoteServerImpl) server).release();
}
```

Wie auch bei der Server-Testsuite erfordert dieser Testfall, dass sowohl die Stubs für `MyRemoteServer` erzeugt wurden als auch dass eine gestartete RMI-Registry zur Verfügung steht.

Fazit

Wir sollten uns nochmals klar machen, was wir mit den obigen Testfällen tatsächlich sicherstellen konnten. Folgende Aspekte werden überprüft:

- die Implementierung der `callService()`-Methode in `MyRemoteServerImpl`,
- die Implementierung von `callTwice()` in `MyRemoteClient`,
- die korrekte Registrierung und Freigabe von `MyRemoteServerImpl`-Instanzen an der RMI-Registry,
- die korrekte Verwendung von `lookup()` in `MyRemoteClient`,
- die prinzipielle Fähigkeit der `MyRemoteServerImpl`-Klasse, über RMI angesprochen zu werden,
- die prinzipielle Fähigkeit von `MyRemoteClient`-Instanzen, mit RMI-Stubs zusammenzuarbeiten.

Die Tests decken jedoch *nicht die Probleme beim Deployment* im Netz ab: Verfügbarkeit der Registry, Vermeidung von Namenskonflikten, Setzen des richtigen Security-Managers, Veröffentlichung der Stub-Klassen im Web und und und. Diese Dinge sollten im Rahmen der Akzeptanztests bzw. spezialisierter Deployment-Tests überprüft werden. Für Unit Tests genügt der RMI-Aufruf innerhalb derselben JVM.

Probleme beim Deployment

Das Beispiel berücksichtigt auch keine Testfälle, die sich mit der potenziellen Nebenläufigkeit entfernter Methodenaufrufe beschäftigen. Dieser Aspekt entspricht jedoch im Wesentlichen der Nebenläufigkeit lokaler Multithread-Applikationen (siehe Kapitel 10). Das resultiert daher, dass sich die konkrete Synchronisation zwischen Client und Server-Stub bzw. zwischen Client-Skeleton und Serverimplementierung abspielt, die sich jeweils im selben Adressraum befinden.

Nebenläufigkeitsprobleme

11.4 Zusammenfassung

Das vorliegende Kapitel befasste sich mit dem Einsatz von Unit Tests bei der Entwicklung verteilter Systeme. Angesichts der zahlreichen Schwierigkeiten, die eine Verteilung mit sich bringt, schreibt Martin Fowler: »Hence we get our first rule of distributed design: don't distribute your objects!« [Fowler02]

Die Problematik verteilter Systeme liegt aus Testerperspektive jedoch im Wesentlichen beim Auffinden der entfernten Objekte sowie beim richtigen Umgang mit Verbindungsfehlern. Sockets und RMI sind neben EJB, das im folgenden Kapitel behandelt wird, die gängigsten Java-Verteilungsmechanismen und wurden näher betrachtet. Beide Technologien erlauben eine durchgängige Test-First-Entwicklung unter Einsatz von Mock-Objekten. Dabei sind jedoch die Probleme des Deployments in lokalen Unit Tests kaum abzudecken und müssen in zusätzlichen systemweiten Tests behandelt werden.

Web-Services

In ihrem Abstraktionsgrad ähneln SOAP-basierte Web-Services sehr stark RMI. Insofern ist auch das Testvorgehen mehr als ähnlich, vor allem wenn man ein entsprechendes Ausführungs- und Deployment-Framework – wie z.B. Axis [URL:Axis] – benutzt. Entscheidend für eine gute Testbarkeit ist die Trennung der eigentlichen Funktionalität von der Technologie; und dies ist bei SOAP ebenso leicht wie bei RMI, da auch hier jeder Service durch ein Interface repräsentiert und gekapselt wird. Erfolgreiches Deployment und korrekte Servicelokalisierung können dann in Systemtests überprüft werden[7].

---

[7]. Frank Cohen widmet in »Java Testing and Design« [Cohen04] dem funktionalen Testen von Web-Services mehrere Kapitel. Er benutzt dort das auf Python aufbauende Testframework TestMaker [URL:TestMaker].

12 Enterprise JavaBeans

Im vorangegangenen Kapitel haben wir uns mit den generellen Problemen beim Testen verteilter Anwendungen beschäftigt. In unseren Tagen gehen jedoch viele Projekte einen anderen Weg: Anstatt verteilte Applikationen mehr oder weniger von Hand zu bauen, vertrauen sie auf Enterprise JavaBeans (EJB). Dadurch werden die Testprobleme nicht unbedingt weniger, aber es werden andere ...

12.1 Kurze Einführung in EJBs

Die Enterprise JavaBeans (EJB) sind dabei zentraler Bestandteil der Sun Java 2 Platform, Enterprise Edition (J2EE). Aktuell ist die Version 2.1 des Standards, 3.0 ist jedoch bereits als Draft verfügbar und sogar von einigen Application Servern ansatzweise implementiert.

Der EJB-Standard beschreibt eine Architektur für wiederverwendbare und möglicherweise verteilte Komponenten. EJBs sind serverseitige Komponenten und können Services eines *Application Server*, wie z.B. Transaktionssupport, Sicherheit, Persistenz und Nebenläufigkeitsmanagement, nutzen. Der Bean-Entwickler muss sich darum selbst nicht mehr kümmern. Es werden drei Arten von EJBs unterschieden:

- **Session Beans** enthalten die Applikationslogik; es gibt zustandsbehaftete (*stateful*) und zustandslose (*stateless*) Session Beans.
- **Entity Beans** stellen persistente Datenobjekte dar.
- **Message-Driven Beans** unterstützen asynchrone Nachrichten.

Die Spezifikation sieht vor, dass der Server die EJBs in so genannten Containern verwaltet. Dazu müssen die Beans auf dem Applikationsserver explizit installiert (engl. deployed) werden. Hierfür erhält der Container Informationen über Zugriffsrechte, Transaktionsverhalten, Referenzen auf andere Beans und externe Ressourcen (z.B. Datenbanken) im so genannten *Deployment-Deskriptor*, einer XML-Datei.

Eine Einführung in die Programmierung mit EJBs bietet beispielsweise [Monson04], eine kritischere Auseinandersetzung sowie typische EJB-Antipatterns finden sich bei [Tate03].

12.2 EJBs und testgetriebene Entwicklung

EJBs und »So einfach wie möglich«

Aus Sicht einer evolutionären Entwicklungs- und Designstrategie ist die Festlegung auf EJBs bei Beginn eines Projekts nur selten zu rechtfertigen. Vera Peeters [Peeters01] schreibt:

> »Using EJB is definitely not the simplest thing to do. So how do EJBs fit with [...] the ›Do The Simplest Thing That Could Possibly Work‹ principle? Well, to be honest, I think they don't. If you start developing a new system, chances aren't very high that you have a good reason to start using EJBs.«

Nach einigen Iterationszyklen ist es durchaus möglich, dass einige der Fähigkeiten, die EJBs von Haus aus mitbringen, benötigt werden[1]. Bis das jedoch feststeht, sollte sich das Entwicklungsteam die Strapazen des Deployments, die zusätzliche Komplexität und die unvermeidlichen Testkomplikationen ersparen. Entwurfsprinzipien wie die später vorgestellte »Box Metaphor« erleichtern es zudem, die konkrete Technologie auch nachträglich als eigene Schicht einzubauen. Dieses Vorgehen empfehlen die Autoren auch für die Einführung aller anderen Technologien und Frameworks, deren konkreter Nutzen nicht von Projektbeginn an gegeben ist.

Eine weitere Möglichkeit, wie EJBs in eine testgetriebene Entwicklung geraten können, ist die Verwendung bereits existierenden Codes. Doch auch hier ermöglicht das Herauslösen der Technologie unter Umständen eine Migration weg von EJB und hin zu einfacheren Mitteln.

Problematik bei der testgetriebenen Erstellung von EJBs

Hat man sich bewusst entschieden, EJBs im Projekt einzusetzen, steht man vor dem Problem, diese Plattform in seinen Test-First-Entwicklungsprozess zu integrieren. Dass dies ein »nicht triviales« Problem ist, sollte allen Projektbeteiligten eigentlich von Anfang an klar sein. Aber wir wiederholen gerne nochmals die wichtigsten Argumente.

---

1. In [Maier01] wird eine Abwägung der einzelnen EJB-Features gegen tatsächliche Projektanforderungen durchgeführt.

Testgetriebene Entwicklung in Mikro-Iterationen funktioniert am besten, wenn die Unit Tests isoliert und schnell ablaufen. Wie jedoch soll man alle zehn Minuten die Testsuite ausführen, wenn allein das Deployment einer EJB-Komponente mehrere Minuten dauert? Und wie soll man den Test einer Komponente isolieren, wenn das konkrete Verhalten dieser Komponente möglicherweise von spezifischen Konfigurationen im Deployment-Deskriptor abhängt? Die Problematik des EJB-Testens ist ähnlich der beim Testen persistenter Objekte (vgl. Kapitel 9) – nur noch um eine Größenordnung schlimmer. Wir finden sowohl stark zustandsbehaftetes Verhalten vor als auch unentwirrbare Abhängigkeiten von der Konfiguration des verwendeten Applikationsservers und (zu) lange Zeiten für das Deployment der Komponenten.

Einfach die altbekannten Werkzeuge und Methoden der testgetriebenen Entwicklung anzuwenden, wird aus den oben erwähnten Gründen nur eingeschränkt funktionieren. Doch wir sollten nicht gleich die Flinte ins Korn werfen; auch EJBs lassen sich meist mit vernünftigem Aufwand testen, wenn man die Besonderheiten dieser Plattform nicht übersieht.

Unit Tests und Integrationstests vorsehen

Da die oben angesprochenen Probleme die Ausführung von Tests zu einem zeitraubenden Unterfangen machen, bietet es sich an, diese überwiegend zur Build-Zeit eines Projektes durchzuführen. Manchmal ist es dann auch wünschenswert, das Deployment der EJBs nicht nur auf einem einzelnen Application Server durchzuführen, sondern das Zusammenspiel der EJBs mit allen Zielservern und Zielplattformen zu überprüfen – falls es denn mehrere davon gibt.

Testen während des Build-Prozesses

Was muss getestet werden und von wem?

Am Anfang sollte das Team die Verantwortlichkeiten für die Tests festlegen. Dazu gehören vor allem Richtlinien, welche Aspekte in den Unit Tests und welche in den Integrationstests angepackt werden:

Der einzelne Entwickler kann und sollte nicht alle Aspekte testen. An erster Stelle steht die öffentliche Schnittstelle der Session Beans, und auch das Testen der internen Geschäftslogik gehört in die Verantwortung des Entwicklers. Dagegen macht es keinen Sinn, die zugrunde liegende Technologie oder den EJB-Container selbst zu testen; es ist sogar gefährlich, da man die eigenen Testziele schnell aus den Augen verliert. Auch generierter Code ist nicht Gegenstand von Entwicklertests, wohl jedoch ein selbst geschriebener Generator.

Ein Testkonzept sollte nicht fehlen

12.3 Trennung von Technologie und Geschäftslogik

Die Anzahl der notwendigen Tests auf dem Applikationsserver sollten minimiert werden, indem man die eigentliche Applikationslogik nicht direkt in EJBs implementiert, sondern in einer darunter liegenden Schicht. Die Beans dienen dann nur als *Facade* – gemeint ist das Entwurfsmuster aus [Gamma95] – zur eigentlichen Geschäftslogik. Dies hört sich einfach an, kann jedoch aufwändig werden, wenn die Geschäftslogik selbst Abhängigkeiten zur Technologie enthält, z.B. durch einen Zugriff auf JNDI-Ressourcen.

The Box Metaphor In [Peeters01] wird dieser Ansatz genauer vorgestellt. »The Box Metaphor« beschreibt eine Menge von Regeln, wie EJBs als reine Technologierepräsentanten vom Kern der Applikation getrennt werden können. Dabei besteht jede Box aus einem vertikalen Querschnitt durch die eigentliche Geschäftslogik. Nach außen zeigt sich die Box nur durch die Schnittstelle einer Facade. Diese Schnittstelle muss von der verwendeten Technologie – in unserem Fall der EJB-Container – vollständig abstrahieren. Die EJBs selbst stellen die Implementierung der Facade dar und sind sehr einfach, da sie in der Regel ausschließlich weiterdelegieren. Falls Abhängigkeiten zu Entity Beans bestehen, können diese für die Tests meist mit wenig Aufwand durch Dummy-Implementierungen ersetzt werden, da es sich um bloße Datenhalter handelt[2]. Das folgende Beispiel zeigt, wie aus einer »normalen« zustandsbehafteten Session Bean die Applikationslogik in ein eigenes Domänenobjekt verlagert wird.

Die erste Version der Klasse `SampleServiceEJB` implementiert die Funktionalität eines einfachen Stacks in den Methoden `addItemToStack(..)` und `getFirst()`, neben den notwendigen Methoden für eine Session Bean, wie `ejbCreate()` oder `ejbRemove()`. Da die Logik direkt in der Bean steckt, bringt man sich um die Chance, die Applikationslogik ohne EJB-Container zu testen.

```
import java.rmi.RemoteException;
import java.util.LinkedList;
import javax.ejb.*;

public class SampleServiceEJB implements SessionBean {
  private LinkedList stack;
  public void addItemToStack(String in) {
    stack.addFirst(in);
  }
```

---

2. Falls man sich an SUNs J2EE-Pattern hält.

12.3 Trennung von Technologie und Geschäftslogik

```
    public String getFirst() {
       return stack.getFirst().toString();
    }
    public void ejbCreate() throws CreateException {
       stack = new LinkedList();
    }
    // Weitere notwendige EJB-Methoden sind nur angedeutet
    public void setSessionContext(SessionContext cx) throws .. {}
    public void ejbRemove() throws ... {}
    public void ejbActivate() throws ... {}
    public void ejbPassivate() throws ... {}}
}
```

Der Vollständigkeit halber hier noch die EJB-Remote- und Homeinterface Definitionen der Beispielbean:

```
import javax.ejb.EJBObject;
import java.rmi.RemoteException;

public interface SampleService extends EJBObject {
   void addItemToStack(String in) throws ... ;
   String getFirst() throws ... ;
}
public interface SampleServiceHome extends javax.ejb.EJBHome {
   public SampleService create() throws ... ;
}
```

Auf unserem Weg zur testbaren Logik lagern wir zunächst die Implementierung der beiden Methoden addItemToStack(..) und getFirst() in eine eigene Klasse SimpleStackImplementation aus. Diese Klasse muss nicht wissen, wer sie später instanziert und benutzt. Die Funktionalität kann nun mit normalen Unit Tests überprüft werden.

Der erste Schritt

```
import java.util.LinkedList;

public class SimpleStackImplementation {
   private LinkedList stack;
   public SimpleStackImplementation() {
       stack = new LinkedList();
   }
   public void addItemToStack(String in) {
       stack.addFirst(in);
   }
   public String getFirst() {
       return stack.getFirst().toString();
   }
}
```

Der zweite Schritt Hier die neue Variante der Session Bean: Die beiden fachlichen Methoden `addItemToStack()` und `getFirst()` delegieren lediglich weiter an ein Objekt der Klasse `SimpleStackImplementation`. Die EJB enthält jetzt nur noch die notwendigen Infrastrukturmethoden.

```
public class SampleServiceEJB...
   private SimpleStackImplementation stack;

   // Aufrufe werden jetzt durchgereicht
   public void addItemToStack(String in) {
      stack.addItemToStack(in);
   }
   public String getFirst() {
      return stack.getFirst();
   }

   // Erzeuge eine Instanz der Implementierungsklasse
   public void ejbCreate() throws CreateException {
      stack = new SimpleStackImplementation();
   }
```

Bipolare EJBs Eine Erweiterung des Ansatzes besteht in der Implementierung *bipolarer* Enterprise JavaBeans [Peeters01]. Eine bipolare Bean ist eine Bean, die sowohl als EJB als auch als lokales Objekt instanziert werden kann. »Klienten« der Facade müssen nicht wissen, ob eine Instanz lokal oder im Container lebt. Erreicht wird dies, indem man das *Remote Interface* der EJB als Erweiterung des Facade-Interface definiert. Zur Laufzeit entscheidet dann eine Factory, welche EJB-Ausprägung – lokal oder remote – produziert wird.

Generieren von Programmcode und Deskriptoren

Jeder Entwickler im EJB-Umfeld kennt das Problem. Eigentlich sollte man sich in der knappen Zeit auf die Implementierung der Geschäftslogik konzentrieren, aber die Konformität zum EJB-Standard verlangt noch eine Reihe weiterer Aktivitäten, wie das Schreiben von Deployment-Deskriptoren sowie zusätzlichen Interfaces und Klassen. Gerade bei kleinen Änderungen hat man schnell vergessen, auch alle betroffenen Deskriptoren und Klassen anzupassen.

Eine mögliche Lösung für diese Problematik ist der Einsatz von Tools zur Generierung von Code und anderen Ressourcen. Das Open-Source-Projekt XDoclet [URL:XDoclet] ist ein prominenter Vertreter dieser Werkzeugklasse für Java und hat auch für die EJB-Entwicklung einiges zu bieten.

XDoclet Das Framework basiert auf speziellen Javadoc-Tags, in denen die für das Deployment und die Generierung von Hilfsklassen notwendigen Zusatzinformationen untergebracht werden. Anhand dieser Metainformationen und den mitgelieferten oder selbst geschriebenen Code-Templates werden die gewünschten Ausgabedateien generiert, wie z.B. Deployment-Deskriptoren oder Interfaces für EJBs. Meist wird XDoclet durch ein Ant-Skript während des Build- und Deploy-Vorgangs aufgerufen.

Das Modul EJBDoclet bietet einige Features, welche die Entwicklung von EJBs, vor allem beim Einsatz von *Container Managed Persistence* und *Container Managed Relationships* (CMP/CMR), vereinfachen. Das Modul ist in der Lage, Schnittstellen, Value-Klassen, Primärschlüssel-Klassen und Deployment-Deskriptoren zu erzeugen; lediglich die Beanklasse mit den entsprechenden XDoclet-Tags muss selbst geschrieben werden. Jede Änderung an diesen Tags wirkt sich beim nächsten Build-Prozess automatisch auf alle erzeugten Klassen aus.

Dies hat zum einen zur Folge, dass sich der Entwickler keine Sorgen mehr um die Aktualität der Deployment-Deskriptoren machen muss, und zum anderen behält man eine bessere Übersicht über das Projekt. Weiterer angenehmer Nebeneffekt ist ein standardisierter Code und die Anforderungen an die Entwickler sind geringer. *Vorteile*

Mit jedem weiteren Werkzeug bzw. Framework steigt erfahrungsgemäß auch die Komplexität der Entwicklungsumgebung. Der Einsatz eines Generators könnte bei einer *sehr geringen Zahl* von Beans *nicht* die einfachste Lösung darstellen. Die sinnvolle Anwendung solcher Tools erhöht jedoch nicht nur die Produktivität der Entwickler, sondern vermeidet auch viele unnötige Tests. *Nachteil*

Automatisierung des Build- und Deployment-Prozesses

Die vielen Schritte und Abhängigkeiten bei der Erstellung einer J2EE-Applikation machen es sinnvoll, von Anfang an einen einheitlichen Build-Test-Deploy-Prozess vorzusehen. Man vermeidet dadurch fehleranfällige, handgestrickte Lösungen; außerdem bedeutet dies auch weniger Aufwand für die Entwickler, da sie sich nicht mehr selbst darum kümmern müssen.

Der Einsatz entsprechender Werkzeuge, wie z.B. dem Build-Tool Ant ist in diesem Umfeld schon Standard. Dadurch wird auch die Einbindung anderer externer Werkzeuge, z.B. zur Generierung von Dokumentation oder zum automatischen Deployment auf Testservern, erleichtert.

12.4 Metadaten testen mit XMLUnit

Schreibt man Deployment-Deskriptoren oder Mapping-Information bei Entity Beans jedoch von Hand, dann sollten diese auch auf Korrektheit getestet werden. Seit der EJB-Version 1.1 ist das Beschreibungsformat XML. Man kann daher auf Werkzeuge wie XMLUnit zurückgreifen, um diese Metadaten in automatisierten Tests zu überprüfen. Besonders lohnenswert sind dabei die Mapping-Dateien für CMP-Beans. J. B. Rainsberger zeigt an einem Beispiel[3], wie folgende Aspekte in einem XMLTestCase überprüft werden können:

- Alle vom Container gemappten Felder werden korrekt spezifiziert.
- Das Mapping zwischen Entity-Bean-Klasse und Datenbanktabelle ist korrekt.
- Das Mapping zwischen gemappten Feldern und Datenbankspalten ist korrekt.
- Die Entity Bean benutzt die richtige Datenquelle.
- Die EJBQL-Queries sind korrekt spezifiziert.
- Die *Container Managed Relationships* sind richtig spezifiziert.

Dabei muss man jedoch aufpassen, dass die Testfälle nicht lediglich die Information der XML-Datei duplizieren. Solche Tests sind ineffizient, weil sie zu mechanischem Copy&Paste einladen und dann nur äußerst selten Fehler entdecken.

Da das konkrete Format der CMP-Mapping-Dateien vom jeweiligen Application Server abhängt, wollen wir im Folgenden lediglich die Verwendung von XMLUnit im Allgemeinen skizzieren. Für jeden konkreten EJB-Container existiert eine DTD oder eine XML-Schema, welche die Syntax der Metadatendateien spezifiziert.

XMLUnit

XMLUnit ist eine Erweiterung von JUnit, die sich auf das Testen von XML-Dokumenten und Fragmenten spezialisiert hat. Die aktuelle Version 1.0 ist unter [URL:XMLUnit] verfügbar, inklusive einer ausführlichen Dokumentation. Betrachten wir das Grundprinzip dieses Werkzeugs an einem kleinen XML-Dokument:

```
<?xml version="1.0" ?>
<authors>
   <author>Johannes Link</author>
   <author>Frank Adler</author>
```

---

3. [Rainsberger04], S. 400 ff.

```
    <author>Achim Bangert</author>
    <author>Ekard Burger</author>
    <author>Peter Fröhlich</author>
    <author>Ilja Preuß</author>
</authors>
```

Der vermutlich einfachste Weg, um dieses Dokument gegen unsere Erwartungen zu testen, ist die Überprüfung von XPath-Ausdrücken:

```java
import java.io.*;
import org.custommonkey.xmlunit.*;
import org.w3c.dom.Document;
import org.xml.sax.InputSource;

public class AuthorsXmlTest extends XMLTestCase {
  private static final String AUTHORS_XML = "authors.xml";
  private Document document;
  protected void setUp() throws Exception {
    document = XMLUnit.buildTestDocument(
        new InputSource(new FileReader(AUTHORS_XML)));
  }
  public void testAuthors() throws Exception {
    assertXpathEvaluatesTo("Johannes Link",
        "/authors/author[1]", document);
    assertXpathEvaluatesTo("6",
        "count(/authors/author)", document);
  }
}
```

Hier haben wir unsere Testklasse `AuthorsXmlTest` einfach von `XMLTestCase` abgeleitet und können dann die in XMLUnit verfügbaren assert-Methoden direkt verwenden. Dies ist aber nicht zwingend; alle Funktionen sind auch statisch an der Klasse `XMLAssert` verfügbar.

Funktionsumfang von XMLUnit

Die zu testende XML-Quelle muss keineswegs vom Typ `org.w3c.dom.Document` sein, sondern kann aus einem beliebigen Reader gelesen werden oder gar als einfaches `String`-Objekt vorliegen. Neben der Überprüfung von XPath-Ausdrücken können wir XML-Sourcen auf Übereinstimmung mit vorgegebenem XML vergleichen; dabei unterscheidet XMLUnit zwischen *identischem* und *strukturell gleichem* XML – `assertXMLIdentical(..)` bzw. `assertXmlEqual(..)`. Interessant ist auch die Fähigkeit, XML-Dokumente anhand einer DTD zu validieren – `assertXMLValid(..)` – oder XSLT-Transformationen durchzuführen, um anschließend das Transformationsergebnis gegen unsere Erwartung zu testen:

```
String xml = ...
File stylesheet = ...
Transform transform = new Transform(xml, stylesheet);
String result = transform.getResultString();
assertXmlEquals(expectedResult, result);
```

XMLUnit besticht durch eine intuitive und einfache API, stellt aber zusätzlich Eingriffsmöglichkeiten für individuelle Anforderungen zur Verfügung (Stichwort `DifferenceListener`). Dies wird beispielsweise von XHTMLUnit ausgenutzt, einem Aufsatz auf XMLUnit zur Validierung von XHTML (siehe Kapitel 13.4: *Testen von (X)HTML*).

12.5 Tests »im Container«

Neben dem oben beschriebenen Ansatz, die zu testende Funktionalität aus dem Container herauszulösen, kann man EJBs auch im richtigen Container testen. Dazu greift man am besten auf spezialisierte Testframeworks zurück, welche dem Entwickler einiges an Arbeit abnehmen.

Vorbemerkungen zu Containertests

Vorsicht bei serverseitigen Tests

Eine Voraussetzung für automatisierte Tests ist die Bereitstellung einer klar definierten und isolierten Umgebung, da nur so bei jeder Wiederholung das identische Testergebnis gewährleistet werden kann. In einem Applikationsserver kann man diese Forderung nicht vollständig erfüllen, da der Entwickler keine hundertprozentige Kontrolle über Server und Container besitzt. So generiert beispielsweise der Container bei Entity Beans eine Reihe von Klassen automatisch während des Deployments. Auch das Verhalten im Hinblick auf containerseitige Dienste – wie Security und Transaktionen – werden von der Konfiguration des Applikationsservers beeinflusst. An diese Problematik sollte man sich insbesondere bei Integrationstests erinnern, wenn man plötzlich widersprüchliche Testergebnisse bekommt. Möglicherweise hat da jemand an der Konfiguration »gedreht«.

Vorteile serverseitiger Tests

Dieser Nachteil verkehrt sich jedoch zum Vorteil, wenn man die entsprechenden Container-Services in die Tests miteinbeziehen möchte, also beispielsweise korrekte Konfiguration und Transaktionsverhalten validieren will. Auch kann die Kommunikation zwischen EJBs oder das Speichern von Entity Beans in der Datenbank Gegenstand unserer Tests sein. Man muss sich jedoch darüber im Klaren sein, dass man jetzt die Integration zahlreicher Komponenten und Technologien im Visier hat und daher ein auftretender Fehler viele Quellen haben kann.

Grundsätzlich sind Tests im Container zeitaufwändiger, da nach jeder Änderungen an Code oder Deskriptoren ein Deployment auf den Applikationsserver stattfinden muss. Je nach Umfang der Änderungen und den Möglichkeiten der Entwicklungsumgebung und des Applikationsservers – Stichwort »Hot Deployment« – kann dieser Vorgang zwischen wenigen Sekunden und mehreren Minuten dauern. Bei Integrationstests spielt dieser Aspekt eine untergeordnete Rolle, da diese normalerweise unabhängig vom Entwickler – z.B. im nächtlichen Integrationsbuild – angestoßen werden. Dagegen sind lange Wartezeiten bei unserer Unit-Test-Suite nicht akzeptabel; Containertests gehören daher in die Integrationstestsuite!

Testframework Cactus

Das Cactus-Framework [URL:Cactus] hat zum Ziel, dem Entwickler das serverseitige Testen zu erleichtern. Cactus ist Teil des Apache-Jakarta-Projektes und erweitert JUnit um die Fähigkeit, sich in Servlet- und JSP-Anfragen eines Web-Containers einzuklinken. Cactus kommt mit umfangreicher Dokumentation und Installationsanleitung.

Betrachten wir das prinzipielle Vorgehen. Dazu muss man wissen, dass Cactus-Testfälle zum Teil auf dem Client und zum Teil auf dem Server laufen. Realisiert wird dies durch ein spezielles Redirector-Servlet, das die Testanfragen in Form von Web-Requests entgegennimmt und das Ergebnis als Web-Response zum Client zurückschickt. Dabei ist es möglich, das Request-Objekt vor einer Anfrage zu konfigurieren und das Response-Objekt nach Bearbeitung des Requests zu untersuchen. Das Sequenzdiagramm in Abbildung 12–1 zeigt den grundsätzlichen Ablauf einer Testfalldurchführung:

1. Clientseitig können die Tests z.B. in das Text- oder GUI-Frontend von JUnit integriert werden.
2. Der Teil des Tests, der auf dem Client abläuft, wird in den Methoden `beginXXX()` bzw. `endXXX()` spezifiziert.
3. Für die Kommunikation mit dem Server erzeugt man ein Web-Request-Objekt. Die Parameter dieses Objektes steuern, welcher Testfall ausgeführt wird.
4. Die HTTP-Kommunikation zwischen Client- und Serverseite findet über das Redirector-Servlet statt, welches die Aufrufe abfängt und die Ausführung des Testfalls anstößt.
5. Ein anderer Teil des Testfalls läuft auf der Serverseite und enthält wie gewohnt die `setUp()`-, `testXXX()`- und `tearDown()`-Methoden.
6. Nach Rücksendung der Response an den Client findet dort ein Aufruf der `endXXX()`-Methode statt, welche Zugriff auf das Response-Objekt hat.

Prinzip eines Cactus-Testfalls

Abb. 12–1
Testfallausführung in Cactus

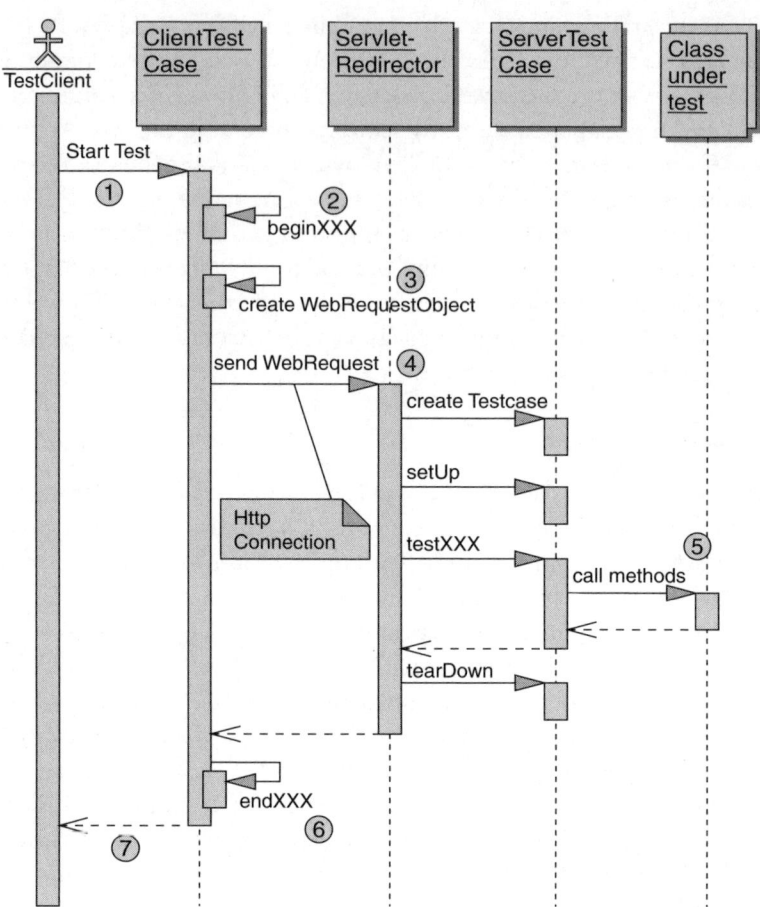

7. Schlägt der Test fehl, dann bekommt man eine »internal Error«-Nachricht mit dem HTTP-Statuscode 500; diese enthält auch eine Beschreibung des Problems bei der Testausführung auf dem Server.

Testcases von Produktionscode trennen

Es macht sicher Sinn, Cactus-Testfälle in einer eigenen Testsuite zu verwalten und in eine separate J2EE-Anwendung (ear-Datei) zu deployen, um sie von den Produktionsressourcen zu isolieren. Man vermeidet dadurch, Testfälle auch in der Produktionsumgebung zu installieren, was unter Umständen erhebliche Sicherheitsprobleme verursachen könnte.

Cactus bietet eine hervorragende Integration in Ant und der *Continuos-Integration*-Umgebung Maven [URL:Maven]; viele der sonst notwendigen manuellen Schritte – wie das Deployment der Testfälle auf einem bestimmten Applikationenserver oder das Starten und Stoppen – lassen sich so elegant automatisieren. In Kapitel 13.6 werden wir nochmals auf Cactus zum Testen von Web-Applikationen zurückkommen.

Das folgende Testfallbeispiel für den serverseitigen Teil eines EJB-Cactus-Tests illustriert die obige Theorie. Gegenstand des Tests ist die schon eingeführte EJB `SampleService`.

```
import javax.naming.*;
import javax.rmi.PortableRemoteObject;
import org.apache.cactus.ServletTestCase;

// Die Testklasse erbt von ServletTestCase
public class SampleServiceCactusTest extends ServletTestCase {
   private SampleService service;
   final static String JNDI_NAME = "java:comp/ejb/beispiel";
   public SampleServiceCactusTest(String name) {
      super(name);
   }

   // Die setUp-Methode initialisiert den Context und bindet
   // die EJB-Referenz an die Variable service
   public void setUp() throws Exception {
      Context ctx = new InitialContext();
      SampleServiceHome home = (SampleServiceHome)
      PortableRemoteObject.narrow(ctx.lookup(JNDI_NAME),
         SampleService.class);
      service = home.create();
   }

   // Aufruf der Tests
   public void testService() throws Exception {
      // Ruft die Methode addItemToStack auf
      service.addItemToStack("OK");
      // Testet den Rückgabewert
      assertEquals("OK", this.service.getFirst());
   }
}
```

12.6 Tests »ohne Container«

Die implizite Komplexität der EJB-Spezifikation und der beteiligten APIs lässt die vollständige Implementierung eines Dummy-EJB-Containers für das Unit Testing beinahe unmöglich erscheinen. Grundsätzlich stimmt das sicher, aber für uns Entwickler stehen die Tests der Anwendungslogik im Mittelpunkt. Hat man diese nicht direkt in der EJB implementiert, sondern in einem eigenen Layer, wie in *Trennung von Technologie und Geschäftslogik*, Seite 246 beschrieben, benötigt man nur Mock-Implementierungen der Standard-EJB-APIs für das

Auffinden und die Initialisierung der notwendigen EJBs[4]. Immer noch aufwendig genug, aber glücklicherweise von **MockEJB** [URL:MockEJB] für uns bereits realisiert.

MockEJB

Dieses Open-Source-Framework erlaubt uns, EJB-Objekte lokal und ohne Deployment, also mit minimalem Aufwand, zu testen. MockEJB implementiert die javax.ejb-APIs und erzeugt Home- und Bean-Instanzen für die zu testenden EJB-Klassen. Dazu benützt es dynamische Proxies und Interceptors. Zusätzlich enthält das Framework auch Mock-Implementierungen für JNDI und JMS. Neben der erwähnten Möglichkeit, EJBs lokal zu testen, kann man auch Mock-EJBs in den Container laden; dies ist ein effektiver Weg, um die zu testenden EJBs vom Rest des Systems abzuschotten. Diese »Mock-EJBs« ersetzen dann die installierten realen EJBs, welche von unserer »Bean under Test« referenziert werden.

Cactus-Anbindung

MockEJB lässt sich auch mit dem Cactus-Framework kombinieren. Je nach Konfiguration wird der Test dann lokal oder via Web-Request im Container ausgeführt.

Das folgende Beispiel zeigt die Benützung von MockEJB für das Testen der schon bekannten Session Bean außerhalb eines Containers.

MockEJB benützt eine In-Memory-JNDI-Implementierung

```
import javax.naming.*;
import javax.rmi.PortableRemoteObject;
import junit.framework.TestCase;
import org.mockejb.*;

public class MockEJBStandaloneTest extends TestCase {
  private Context ctx;
  // Definition des JNDI-Namens
  public final static String JNDI_NAME = "mockejb/beispiel";
  public MockEJBStandaloneTest(String name) {
    super(name);
  }

  // Deployed und erzeugt alle Klassen für die Tests
  public void setUp() throws Exception {
    // Definition von MockContextFactory als unseren
    // JNDI-Provider
    MockContextFactory.setAsInitial();
    ctx = new InitialContext();
    // Erzeugt eine Instanz des MockContainers
    MockContainer mockContainer = new MockContainer(ctx);
```

---

4. In vielen Fällen wird dies unnötig, wenn man einen *Service Locator* einführt, der uns von der direkten Anbindung an JNDI entkoppelt und in den Testfällen durch eine Attrappe ersetzt wird.

```
        SessionBeanDescriptor serviceDescriptor = new
        SessionBeanDescriptor(
            JNDI_NAME,
            SampleServiceHome.class,
            SampleService.class,
            new SampleServiceEJB());
        // Die Deployment-Operation erzeugt die Homeinstanz und
        // bindet diese in JNDI ein
        mockContainer.deploy(serviceDescriptor);
    }

    public void testSampleService() throws Exception {
        // Sucht die EJB via JNDI
        Object obj = ctx.lookup(JNDI_NAME);
        // PortableRemoteObject macht nichts in MockEJB
        SampleServiceHome home = (SampleServiceHome)
        PortableRemoteObject.narrow(obj,SampleServiceHome.class);
        // Erzeugen der Bean
        SampleService sampleService = home.create();
        // Die Tests
        sampleService.addItemToStack("OK");
        assertEquals("OK", sampleService.getFirst());
    }
}
```

Die Deployment-Deskriptoren werden »on the fly« angelegt. Dateibasierte Deskriptoren sind unnötig

Um Mock-EJB-Tests mit Cactus kombinieren zu können, muss die Testfallklasse von `MockEJBCactusIntegrationTest` abgeleitet werden. Das Setup des Testfalles wird sich möglicherweise unterscheiden, je nachdem ob der Testfall lokal läuft oder im Container. Um während des Programmaufrufes dies flexibel zu definieren, unterstützt MockEJB zwei Möglichkeiten: Es gibt einmal die Methode `isRunningOnServer()`, um zu sehen, ob man sich auf einem Applikationsserver befindet. Die zweite Variante fragt die Systemproperty `mockejb.cactus.mode` ab.

Das folgende Beispiel illustriert beide Alternativen:

```
import javax.naming.*;
import javax.rmi.PortableRemoteObject;
import junit.framework.TestCase;
import org.mockejb.*;

public class MockEJBCactusIntegrationTest
      extends OptionalCactusTestCase {
   ...
   protected boolean isCactusMode() {
       String mode = System.getProperty("mockejb.cactus.mode");
       return (mode != null && mode.equalsIgnoreCase("true"));
   }
```

```
        public void setUp() throws Exception {
          if (isRunningOnServer()) {
             ...
          }
        }
    }
```

MockEJB und JNDI Häufig hat man auch das Problem, dass eine EJB Referenzen zu weiteren Beans benötigt. Klassisches Beispiel wäre die Referenz zu einer Entity-Bean, um Daten abzufragen oder zu speichern. Auch dazu kann man MockEJBs eigene JNDI-Implementierung benutzen, indem man z.B. in der setUp()-Methode die notwendigen JNDI-Einträge zu den entsprechenden Mock-Entity-Beans vornimmt. Solche Entity Bean-Attrappen lassen sich dynamisch – z.B. mit EasyMock – rasch erzeugen.

Folgender Codeschnipsel deutet diese Idee an:

```
public class MyEJBTest...
    public void setUp() throws Exception {
        control = MockControl.createControlFor(MyEJB.class);
        mockEntityBean = (MyEJB) control.getMock();
        MockContextFactory.setAsInitial();
        Context ctx = new InitialContext();
        ctx.bind(ENTITY_BEAN_JNDI_NAME, mockEntityBean);
        ...
    }
```

12.7 Wie teste ich die verschiedenen EJB-Typen?

Wir haben uns bis jetzt stillschweigend nur um eine EJB-Variante, die Session Beans, gekümmert. Dies hat vor allem damit zu tun, dass die meisten Entwickler mit dieser Art von Beans am häufigsten in Berührung kommen und daher der Bedarf für Unit Tests entsprechend groß ist. Die beiden anderen Spielarten Entity Beans und Message-Driven Beans verlangen wiederum, je nach Konfiguration und Einsatz, eine »besondere« Behandlung beim Testen.

Session Beans

Die bisherigen Beispiele und Erklärungen haben sich schon auf das Testen dieser Bean-Variante konzentriert, daher wollen wir dies hier nicht nochmals wiederholen.

Stateful Session Beans Ein Aspekt wurde aber noch nicht angesprochen, und zwar die Auswirkungen auf das Testen von *Stateless* und *Stateful Beans*. Grundsätzlich ist die Herangehensweise bei beiden Varianten die gleiche, aber häufig verlangt das Testen einer Stateful Bean eine holistischere Betrachtung des Bean-Verhaltens. Bei Stateless Beans kann man normalerweise die Methoden als kleinste zu testende Einheit ansehen und auch mit eigenen Tests abdecken. Bei Stateful Beans geht das normalerweise nicht; hier ist die Klasse mit all ihren Methoden die kleinste Einheit, wie wir es auch von *Plain Old Java Objects* gewohnt sind.

Entity Beans

Auch Entity Beans kennen mit Container Managed Persistence (CMP) und Bean Managed Persistence (BMP) zwei Spielarten. Doch diese unterscheiden sich fundamental voneinander. Bei CMP-Beans übernimmt der Container weitgehend die Kontrolle über die Verwaltung und Speicherung der Daten. Bei BMP-Beans muss sich der Entwickler selbst darum kümmern, was die Herangehensweise beim Testen maßgeblich beeinflusst.

Auf den ersten Blick scheint der Fall klar, denn ohne Container machen Tests für diese Beans wenig Sinn. Standardoperationen, wie Transaktionsverhalten oder CRUD-Operationen (Create, Read, Update, Delete), lassen sich ohne Container nicht testen. Doch selbst mit der Hilfe von Frameworks, wie beispielsweise Cactus, sind solche Testfälle meist aufwändiger zu implementieren und verlangsamen massiv den Testzyklus.

Container Managed Persistence

Glücklicherweise können wir bestimmte Aspekte von CMP-Beans auch außerhalb des Containers testen. Im folgenden Beispiel nutzen wir dazu die Eigenart von CMP-Beans, dass die Bean-Implementierung als abstrakte Klasse durchgeführt wird. Zunächst die Klassendefinition der Bean `CustomerContact`:

```
import java.rmi.RemoteException;
import javax.ejb.*;
import java.util.Date;

public abstract class CustomerContactEJB
      implements EntityBean {
  public abstract Integer getCustomerContactId();
  public abstract void setNote(String text);
  public abstract void setCustomerContactId(Integer id);
  // Auf weitere Getter und Setter verzichten wir ...

  public CustomerContact ejbCreate(Date contactDate,Integer
        customerId,String note) throws CreateException {
    int id = null;
    // Berechne CustomerContactId
    id = contactDate.hashCode() + customerId.hashCode();
```

```
            setCustomerContactId(new Integer(id));
            setNote(note);
            return null;
        }

        // Weitere notwendige EJB-Methoden sind nur angedeutet
        public void setEntityContext(EntityContext cx)...
        public void ejbRemove()...
        ...
    }
```

Die folgende Klasse erbt von `CustomerContactEJB` und implementiert die notwendigen Getter- und Setter-Methoden. Mit heutigen IDEs ist das meist nur noch eine Sache von Sekunden.

```
    public class TestableCustomerContact
            extends CustomerContactEJB {
        private Integer customerContactId;
        private String note;
        ...
        public Integer getCustomerContactId() {
            return this.customerContactId;
        }
        ...
    }
```

Die Implementierung eines Testfalles, um die Generierung des Schlüssels in der Methode `ejbCreate(..)` zu testen, überlassen wir dem Leser. An *Container Managed Relationships* beißt man sich allerdings auch mit diesem Ansatz die Zähne aus; diese »Untestbarkeit« ist ein wesentlicher Grund dafür, dass in EJB 3.0 (vgl. Kapitel 12.8) vollständig auf CRMs verzichtet wird.

Bean Managed Persistence

Bei der Variante BMP implementiert der Entwickler das Persistenzverhalten selbst. Daher können die Teststrategien aus Kapitel 9 *Persistente Objekte* auch hier weitgehend angewendet werden. Voraussetzung dafür ist die Herauslösung des Programmcodes für die Persistenz in eine eigenständige Schicht. Dieser kann dann unabhängig von der EJB-Infrastruktur in selbstständigen Unit Tests geprüft werden.

Message-Driven Beans

Diese Bean-Variante ist von der Funktionalität und vom Verhalten fast ein Zwilling des JMS-(*Java Message Service*)-Listener-Objekts; die Einbettung in den EJB-Container ist der Unterschied. Das JMS-Programmiermodell ist daher auch bei Message-Driven Beans gültig. Der spezifische EJB-Part dieser Bean hat starke Verwandschaft mit zustandslosen Session Beans, unter anderem besitzen auch Message-Driven Beans keinen Zustand. Wie auch schon bei Session Beans lässt sich die Testbarkeit massiv verbessern, wenn man die EJB-Anbindung und das Message-Handling von der eigentlichen Anwendungslogik trennt. Abbildung 12–2 zeigt den schematischen Ablauf der Nachrichtenbehandlung im Container. Das vorgeschlagene Design trennt die eigentliche Anwendungslogik von der Bean-Implementierung, indem eine eigenständige Klasse (hier JMSConsumer genannt) das Empfangen und Auspacken der Nachricht übernimmt. Die Anwendungslogik bleibt so isoliert vom ganzen Message-Handling und der EJB-Infrastruktur.

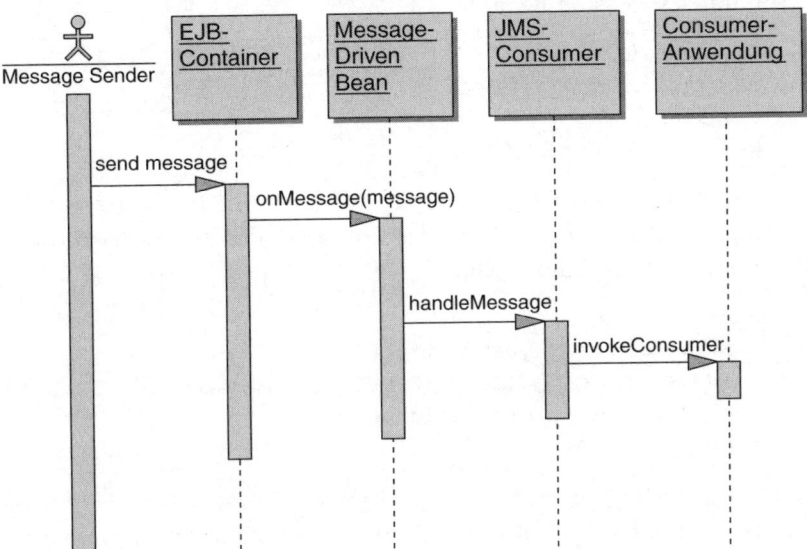

Abb. 12–2

Testfreundliches Message-Handling im EJB-Container

Wer tiefer in die Materie des Testens der diversen Bean-Abarten einsteigen möchte, findet in »JUnit in Action« [Massol03] und »JUnit Recipes« [Rainsberger04] zahlreiche weitere Ideen und Anregungen. Beide Bücher bieten detaillierte Beispiele für die verschiedenen Einsatz- und Testszenarien von EJBs, insbesondere auch von Entity Beans und Message-Driven Beans.

12.8 Ausblick auf EJB 3.0

Eine wesentliche Neuerung in EJB 3.0 ist, dass alle Enterprise Beans gewöhnliche Java-Objekte sind. Diese können mit Metadaten in Form von *Annotations* versehen werden, wie sie neuerdings in J2SE 5 vorgesehen sind. Zum Beispiel gibt es standardisierte Annotationen für folgende Zwecke:

- Definition des Anwendungsinterface der Bean
- Bereitstellung der Persistenzmapping-Informationen
- Verweis auf JNDI-Ressourcen
- Bereitstellung aller Informationen, die aktuell in Deployment-Deskriptoren untergebracht sind

Aufgrund dieser Metadaten ergeben sich folgende Veränderungen:

- Home-Interfaces verschwinden
- Deployment-Deskriptoren werden nicht mehr benötigt

Beispielsweise wird durch die Annotation @Stateless eine Klasse zu einer Stateless Session Bean

```
@Stateless
public class MyServiceBean {
    ...
}
```

Insbesondere wird auch der Zugriff auf JNDI durch die @Resource-Annotation überflüssig, da nun der Container der Bean die benötigte Ressource zur Verfügung stellt:

```
public class MyServiceBean...
    @Resource(name="myDatabase")
    public void setMyDatabase(DataSource myDatasource) {
        this.myDatasource = myDatasource;
    }
}
```

Diese neuen Möglichkeiten verringern und vereinfachen die Aufwände für die Bereitstellung von EJBs. Da wieder normale Javaklassen zum Einsatz kommen, entfallen auch die Aufwände für das Trennen der Applikationslogik und der Technologieschicht in separate Fassaden- und Domainobjekte; dies erlaubt dem Entwickler auch wieder, mit »einfachen« JUnit-Tests zu arbeiten.

Grundsätzlich bleibt jedoch die Problematik von Tests außerhalb des Containers auch in EJB 3.0 bestehen.

12.9 Zusammenfassung

Viele Aspekte von EJBs können nur im EJB-Container wirklich getestet und validiert werden. Dieses Vorgehen verlangsamt aber durch den zwischengeschalteten Deployment-Vorgang den Testzyklus deutlich und eignet sich daher kaum für eine testgetriebene Entwicklung.

Reduzieren lässt sich das Problem durch Auslagerung der Geschäftslogik in unabhängige Domänenobjekte. Diese können dann wieder mit unseren Standardmitteln getestet werden. Es lohnt sich daher, schon beim Design der Anwendung auf deren Testbarkeit in einer Serverumgebung zu achten. Wer hier schlampt, wird beim Einsatz von EJBs einiges an Lehrgeld zahlen müssen.

Die vorgestellten Testansätze »Im Container« und MockEJB haben beide Vor- und Nachteile. Ein Ziel dieses Kapitels war es daher, dem Entwickler das notwendige methodische und technische Rüstzeug mitzugeben, die für seine Aufgabe beste Variante auszuwählen und umzusetzen. Wir lassen uns dabei von folgenden Leitsprüchen führen:

- »Keine Unit Tests im Container!«
- »Automatisiere zusätzliche Integrationstests im Container, sobald sich dort nennenswerte Probleme zeigen!«

Darüber hinaus sollte der Einsatz der EJB-Technologie erst dann erfolgen, wenn im konkreten Fall unmittelbar Bedarf besteht. Wer möchte sich sein (Tester-)Leben schon von Anfang an unnötig schwer machen?

13 Web-Applikationen

Das World Wide Web kann als die größte verteilte Anwendung der Welt betrachtet werden. Jedoch ist der Zugriff auf die zahllosen Komponenten – sprich: Websites – meist nur über nicht normierte und unflexible HTML-Schnittstellen möglich. Diese Schnittstellen sind für einen menschlichen Anwender zwar relativ leicht zu bedienen, für den Zusammenbau komplexerer Anwendungen jedoch denkbar ungeeignet. Derzeitige Trends sind daher die Entwicklung einer einheitlichen Infrastruktur für die Beschreibung und Registrierung von und den Zugriff auf webbasierte Dienste [URL:WebServices] sowie einer einheitlichen Sprache zur dienstübergreifenden Beschreibung von Daten [URL:SemanticWeb].

Bislang jedoch ist die Herausforderung bei der Entwicklung einer Web-Applikation noch der Bau und die Integration lokaler Komponenten – »lokal« hier im Sinne von »zu einem Web-Anbieter gehörend«. Es existieren mittlerweile zahlreiche Frameworks und Bibliotheken, die dem Java-Programmierer die Entwicklung von Web-Applikationen erleichtern sollen. Beispielsweise versammeln sich im Apache-Großprojekt Jakarta [URL:Jakarta] mehrere kleine Projekte, welche die verschiedensten Aspekte der Web-Programmierung berücksichtigen. Die technische Basis aller unterschiedlichen Anstrengungen stellen jedoch stets *Servlets* und meist auch *Java Server Pages* (JSP) dar. Eine Einführung in diese Technologien findet der Leser z.B. in [Hunter01] und [Turau03].

Web-Applikationen mit Java

Die Beispielanwendung

Als Beispiel wollen wir in diesem Kapitel die Anmeldeseite einer Webanwendung betrachten:

- Die Login-Seite soll im Wesentlichen aus einem HTML-Formular zur Eingabe von Benutzernamen und Kennwort bestehen.

Anforderungen

- Das Klicken des Login-Buttons der Seite führt zum Aufruf eines Servlets unter Verwendung der Http-POST-Methode. Nun soll Name und Passwort gegen eine Nutzerdatenbank geprüft werden. Bei korrekter Eingabe wird auf eine andere URL weitergeleitet, bei Misserfolg erscheint wieder die Login-Seite.

13.1 Testen mit Container-Attrappe

Wir wollen mit dem Implementieren an der interessantesten, da dynamischsten Stelle beginnen: dem `LoginServlet`. Es soll Benutzername und Kennwort gegen eine Benutzerdatenbank prüfen und je nach Ergebnis an eine entsprechende URL weiterleiten. Um Servlet und Authorisierungsdatenbank voneinander zu entkoppeln, führen wir ein einfaches Interface ein:

UserAuthorization Interface

```
public interface UserAuthorization {
    boolean verify(String name, String password);
}
```

Nun wollen wir testen, ob das Servlet auf einen POST-Request hin die empfangenen Daten prüfen lässt und je nach Ergebnis den Browser an die entsprechende Adresse weiterleitet.

ServletUnit als Container-Attrappe

Dabei macht uns die Tatsache Probleme, dass auch Servlets – ähnlich wie EJBs (siehe Kapitel 12) – den Kontext eines Servers benötigen. Eine mögliche Lösung besteht darin, einen Testserver zu verwenden, der uns zum einen erlaubt, die Umgebung des Servlets nach unseren Wünschen innerhalb des Tests zu beeinflussen, und zum anderen all den Ballast einer vollwertigen Implementierung, den wir hier nicht benötigen, vermeidet.

ServletUnit, ein Teilprojekt von HttpUnit [URL:HttpUnit], kommt uns hierbei zu Hilfe. Der mitgelieferte Servlet-Container heißt `Servlet-Runner` und kann von uns programmatisch konfiguriert werden. Für unseren Test müssen wir zunächst nur das zu testende Servlet registrieren. Da das Konfigurieren des Containers doch ein paar Zeilen in Anspruch nimmt, tun wir das gleich in der `setUp()`-Methode; dort starten wir auch den Container, in `tearDown()` fahren wir ihn wieder herunter:

```
public class LoginServletTest extends TestCase {
    private ServletRunner servletRunner;
    private ServletUnitClient servletClient;
    protected void setUp() throws Exception {
        servletRunner = new ServletRunner();
        servletRunner.registerServlet("login",
            LoginServlet.class.getName());
```

```
        servletClient = servletRunner.newClient();
    }
    protected void tearDown() throws Exception {
        servletRunner.shutDown();
    }
}
```

Über den `ServletUnitClient` können wir einen Browser emulieren, der auf unsere Applikation und das dahinter verborgene Servlet zugreift. Beginnen wir mit einem erfolgreichen Anmeldevorgang: Zunächst muss dem Servlet eine Mock-Implementierung der Benutzerdatenbank untergeschoben werden, die eine erfolgreiche Validierung indiziert. Danach verschicken wir einen POST-Request mit den entsprechenden Parametern und prüfen schließlich, dass unser Browser an die richtige Stelle weitergeleitet wird. Diese Schritte lassen sich fast wortwörtlich in Code übersetzen:

Test: erfolgreiches Anmelden

```
public class LoginServletTest...
    public void testPostValidUser() throws Exception {
        setMockAuthorization("myname", "mypassword", true);
        PostMethodWebRequest request = new PostMethodWebRequest(
            "http://localhost/login");
        request.setParameter("name", "myname");
        request.setParameter("password", "mypassword");
        WebResponse response = servletClient
            .getResponse(request);
        assertEquals("/welcome", response.getTitle());
    }
```

Zur Implementierung der Mock-Datenbank kommen wir gleich – zuvor gilt es aber noch, die letzte Zeile des Tests zu erklären: Servlet-Unit gibt uns keine direkte Möglichkeit zu erfahren, wohin unser Servlet den Client weitergeleitet hat. Wir können jedoch an der entsprechenden Adresse ein spezialisiertes Servlet registrieren, das die aktuelle URL in den Titel der Antwortseite packt. Den Titel können wir anschließend leicht überprüfen:

EncodePathServlet zum Testen des Redirect

```
import java.io.*;
import javax.servlet.ServletException;
import javax.servlet.http.*;

public class EncodePathServlet extends HttpServlet {
    protected void doGet(HttpServletRequest request,
            HttpServletResponse response)
            throws ServletException, IOException {
        response.setContentType("text/html");
        PrintWriter writer = response.getWriter();
```

```
        writer.println("<html><head><title>"
            + request.getRequestURI()
            + "</title></head><body/></html>");
        writer.close();
    }
    protected void doPost(HttpServletRequest request,
            HttpServletResponse response)
            throws ServletException, IOException {
        doGet(request, response);
    }
}
```

Das Registrieren beim Container fügen wir zum `setUp` hinzu – wir haben uns bereits für »/welcome« als URI für ein erfolgreiches Log-in entschieden:

```
public class LoginServletTest...
    protected void setUp() {
        ...
        servletRunner.registerServlet("welcome",
            EncodePathServlet.class.getName());
    }
```

Mock-Benutzerdatenbank

Jetzt aber zur Benutzerdatenbank: Wir entscheiden uns, dass der ServletContext ein guter Platz ist, um sie für das `LoginServlet` zugänglich zu machen. Den Mock implementieren wir mittels EasyMock (siehe Kapitel 6.6).

```
public class LoginServletTest...
    private void setMockAuthorization(String expectedName,
            String expectedPassword, boolean verify) {
        MockControl control = MockControl
            .createControl(UserAuthorization.class);
        UserAuthorization mockDb = (UserAuthorization) control
            .getMock();
        mockDb.verify(expectedName, expectedPassword);
        control.setReturnValue(verify, MockControl.ZERO_OR_MORE);
        control.replay();
        servletClient.getSession(true).getServletContext()
            .setAttribute("userAuthorization", mockDb);
    }
```

Wenn Sie genau hinschauen, werden Sie bemerken, dass wir unseren Mock eigentlich fast als Dummy-Objekt »missbrauchen« – wir lassen beliebig viele Methodenaufrufe zu und reichen auch nicht den Control nach außen, so dass wir kein `verify()` aufrufen können.

Das war eine ganze Menge Arbeit für einen einzigen Test – tatsächlich sind wir da in der Praxis in sehr viel kleineren Schritten hingekommen, die jedoch den Rahmen dieses Buches gesprengt hätten.

Jetzt können wir jedenfalls eine erste Implementierung des Login-Servlet wagen:

LoginServlet

```java
import java.io.IOException;
import javax.servlet.ServletException;
import javax.servlet.http.*;

public class LoginServlet extends HttpServlet {
    public final static String SERVLET_URI = "/login";
    public final static String FORWARD_URI = "/welcome";
    protected void doPost(HttpServletRequest request,
            HttpServletResponse response)
        throws ServletException, IOException {
        forwardTo(request, response, FORWARD_URI);
    }
    private void forwardTo(HttpServletRequest request,
            HttpServletResponse response, String path)
        throws IOException, ServletException {
        RequestDispatcher dispatcher = getServletContext()
            .getRequestDispatcher(path);
        dispatcher.forward(request, response);
    }
}
```

Durch die nachsichtige Implementierung unseres Autorisierungs-Mocks musste das Servlet noch gar nicht darauf zugreifen – das können wir jedoch durch den zweiten Test erzwingen, dem fehlschlagenden Anmelden. In diesem Fall wollten wir zurück zur Login-Seite:

Fehlschlagendes Anmelden

```java
public void testPostInvalidUser() throws Exception {
    setMockAuthorization("wrongname", "wrongpassword",
            false);
    PostMethodWebRequest request = new PostMethodWebRequest(
            "http://localhost/login");
    request.setParameter("name", "wrongname");
    request.setParameter("password", "wrongpassword");
    WebResponse response = servletClient
        .getResponse(request);
    assertEquals("/LoginForm.html", response.getTitle());
}
```

Der Trick mit dem Setzen des `EncodePathServlets` in `setUp()` klappt auch für die vermeintliche HTML-Datei:

```
public class LoginServletTest...
    protected void setUp() {
        ...
        servletRunner.registerServlet("LoginForm.html",
            EncodePathServlet.class.getName());
    }
```

Jetzt sind wir endlich gezwungen, tatsächlich Benutzername und Kennwort zu verifizieren:

```
public class LoginServlet...
    public static final String USERAUTHORIZATION =
        "userAuthorization";
    public final static String FORM_URI = "/LoginForm.html";
    public final static String FORWARD_URI = "/welcome";
    protected void doPost(HttpServletRequest request,
            HttpServletResponse response)
            throws ServletException, IOException {
        String forwardAddress = verifyPassword(request)
            ? FORWARD_URI
            : FORM_URI;
        forwardTo(request, response, forwardAddress);
    }
    private boolean verifyPassword(HttpServletRequest request) {
        UserAuthorization database = getUserDatabase();
        String name = request.getParameter("name");
        String password = request.getParameter("password");
        return database.verify(name, password);
    }
    private UserAuthorization getUserDatabase() {
        return (UserAuthorization) this
            .getServletContext()
            .getAttribute(USERAUTHORIZATION);
    }
```

13.2 Mocken der Servlet-API

Im vorherigen Abschnitt sind wir davon ausgegangen, dass das Login-Servlet die UserAuthorization-Implementierung im ServletContext vorfindet. Eine entsprechende Instanz sollte im Produktionsbetrieb beim Starten der Web-Anwendung erzeugt und in den Kontext geschrieben werden. Wir werden jetzt das Servlet entwickeln, das dies in seiner Initialisierungsmethode erledigt.

InitializationServlet Die Abhängigkeit des InitializationServlet vom Container fällt eher gering aus, daher bietet sich hier eine Alternative zum Benutzen von `ServletUnit` an: das Mocken der Servlet-API. Wir brauchen lediglich ein `ServletConfig`-Objekt mit einem Initialisierungsparameter hineinreichen, der die `UserAuthorization`-Implementierungsklasse angibt, und beobachten dann, ob die Instanz korrekt im Kontext als Attribut gesetzt wird.

Unter Verwendung der Mock-Objects-Bibliothek (siehe Kapitel 6.6) sieht das so aus:

```java
import javax.servlet.Servlet;
import junit.framework.TestCase;
import com.mockobjects.servlet.*;

public class InitializationServletTest extends TestCase {
   public void testUserAuthorizationInContext()
         throws Exception {
      MockServletConfig config = new MockServletConfig();
      MockServletContext servletContext =
         new MockServletContext();
      config.setInitParameter("userAuthorization",
         DummyUserAuthorization.class.getName());
      servletContext.addExpectedAttribute("userAuthorization",
         new DummyUserAuthorization());
      config.setServletContext(servletContext);
      Servlet servlet = new InitializationServlet();
      servlet.init(config);
      servletContext.verify();
   }
}
```

Da als Initialisierungsparameter, die ja normalerweise im Deployment-Deskriptor `web.xml` spezifiziert werden, nur Zeichenketten übergeben werden können, benutzen wir hier den voll qualifizierten Klassennamen einer Dummy-Implementierung. Damit der `MockServletContext` die vom Servlet und vom Test erzeugten Instanzen als gleich anerkennt, müssen wir `equals(..)` und `hashCode()` entsprechend implementieren:

DummyUser-Authorization

```java
public class DummyUserAuthorization implements
      UserAuthorization {
   public boolean verify(String name, String password) {
      return false;
   }
   public boolean equals(Object obj) {
      return obj.getClass() == getClass();
   }
```

```
        public int hashCode() {
            return 42;
        }
    }
```

Das Instanzieren erledigt das Servlet per Reflection.

```
import javax.servlet.*;

import javax.servlet.http.HttpServlet;
public class InitializationServlet extends HttpServlet {
    public void init(ServletConfig config)
            throws ServletException {
        super.init(config);
        String authorizationClassName =
            getInitParameter(LoginServlet.USERAUTHORIZATION);
        try {
            Class clazz = Class.forName(authorizationClassName);
            UserAuthorization authorization =
                (UserAuthorization) clazz.newInstance();
            getServletContext().setAttribute(
                LoginServlet.USERAUTHORIZATION, authorization);
        } catch (Exception exception) {
            throw new ServletException(exception);
        }
    }
}
```

Der Mock-Ansatz war in diesem Fall erfreulich einfach zu realisieren – in diesem Bereich kommt die Servlet-API uns Test-First-Entwicklern sehr entgegen. Für komplexere Fälle wird der Konfigurationsaufwand jedoch bald so groß, dass es sich wieder lohnt, über Alternativen nachzudenken.

13.3 Trennung von Servlet-API und Servlet-Logik

Komplexität von Testkonfiguration und Validierung

Stellt man fest, dass man über die Testfallkonfiguration und/oder die Validierung den Überblick verliert, dann ist dies ein deutlicher Hinweis darauf, dass das Design übermäßige Abhängigkeiten aufweist. Im gegebenen Fall ist zunächst einmal der Aufbau der Servlet-API daran Schuld, da sie ein Servlet selbst an Request, Response, Config, Context und über Umwege auch noch an den Request-Dispatcher und die Session koppelt. Das sollte uns jedoch nicht als Ausrede dafür dienen, die Entwurfsschwächen der API tatenlos zu erdulden.

Entkopplung der Logik von der Servlet-API

Eine Möglichkeit, die Abhängigkeit unserer Servlet-Logik von der Servlet-API zu minimieren und dadurch ein Servlet testbarer zu machen, ist die Auslagerung aller API-Funktionen, die das Servlet zur Ausübung seiner internen Logik benötigt, in ein eigenes Interface. Für das `LoginServlet` kann diese Schnittstelle beispielsweise so aussehen:

```java
import java.io.IOException;
import javax.servlet.ServletException;

public interface LoginServletInvocation {
   String getName();
   String getPassword();
   UserAuthorization getUserAuthorization();
   void forwardTo(String uri)
      throws IOException, ServletException;
}
```

Wenn wir in unserem Test diese Abstraktion benutzen können, sieht das schon viel übersichtlicher aus:

```java
public void testPostInvalidUser() throws Exception {
   MockControl control = MockControl
      .createControl(LoginServletInvocation.class);
   LoginServletInvocation invocation =
      (LoginServletInvocation) control.getMock();
   control.expectAndReturn(invocation.getName(),
      "wrongname");
   control.expectAndReturn(invocation.getPassword(),
      "wrongpassword");
   control.expectAndReturn(
      invocation.getUserAuthorization(),
      getMockAuthorization("wrongname",
         "wrongpassword", false));
   invocation.forwardTo("/LoginForm.html");
   control.replay();
   new LoginServlet().process(invocation);
   control.verify();
}
```

Wir erwarten also im Servlet eine neue Methode process, die unser Invocation-Objekt verarbeitet. Die Implementierung wird ebenfalls erfreulich übersichtlich:

```java
public class LoginServlet...
   public void process(LoginServletInvocation invocation) {
      String forwardAddress = authorized(invocation)
         ? FORWARD_URI
         : FORM_URI;
      invocation.forwardTo(forwardAddress);
   }
```

```
private boolean authorized(LoginServletInvocation invoc) {
    return invoc.getUserAuthorization().verify(
        invoc.getName(), invocation.getPassword());
}
```

Damit die process-Methode für unseren Test zugänglich ist, haben wir sie public deklariert – ein kleiner Preis für die bessere Testbarkeit.

Die doPost-Methode braucht jetzt nur noch einen Adapter zu instanzieren und an die neue Methode zu delegieren:

```
protected void doPost(HttpServletRequest request,
        HttpServletResponse response)
        throws ServletException, IOException {
    process(new HttpLoginServletInvocation(request,
            response, getServletContext()));
}
```

Abbildung 13–1 zeigt den Zusammenhang der beteiligten Klassen, Interfaces und Testklassen. Die HttpLoginServletInvocation-Klasse testgetrieben zu implementieren wäre jetzt ebenfalls nicht schwer, z.B. wiederum durch das »Mocken« der Servlet-API. Andererseits ist ihre Implementierung so simpel, dass wir den Sinn dieser Übung in Frage stellen und darauf hoffen können, dass unsere funktionalen Tests (siehe Kapitel 13.5) die korrekte Verdrahtung ausreichend sicherstellen.

Abb. 13–1
Trennung von Servlet und Logik

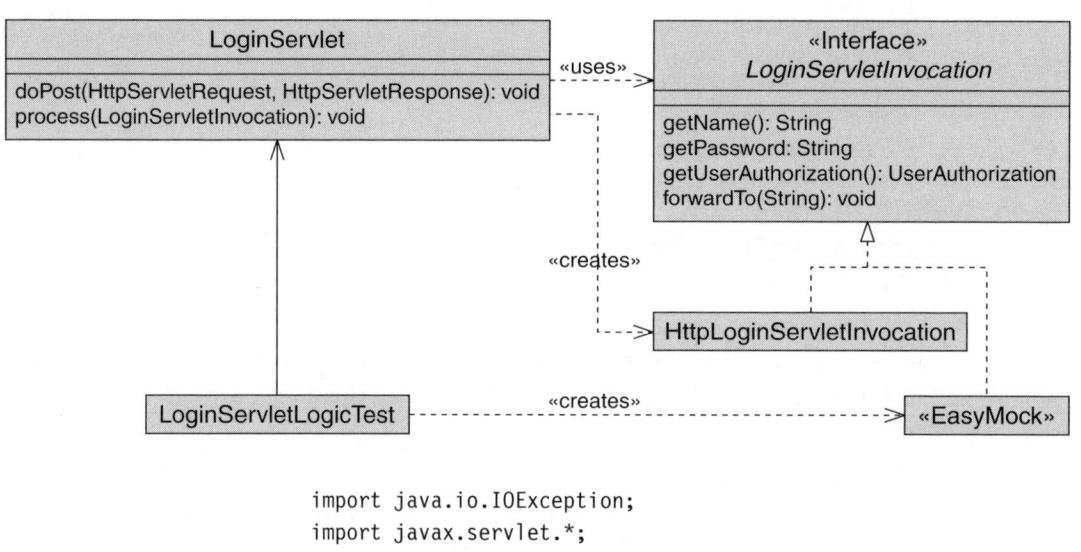

```
import java.io.IOException;
import javax.servlet.*;

public class HttpLoginServletInvocation
        implements LoginServletInvocation {
    private final ServletRequest request;
    private final ServletContext servletContext;
```

```
    private ServletResponse response;
    public HttpLoginServletInvocation(ServletRequest request,
            ServletResponse response,
            ServletContext servletContext) {
        this.request = request;
        this.response = response;
        this.servletContext = servletContext;
    }
    public String getName() {
        return request.getParameter("name");
    }
    public String getPassword() {
        return request.getParameter("password");
    }
    public UserAuthorization getUserAuthorization() {
        return (UserAuthorization) servletContext
            .getAttribute(LoginServlet.USERAUTHORIZATION);
    }
    public void forwardTo(String uri) throws ServletException,
            IOException {
        servletContext.getRequestDispatcher(uri).forward(
            request, response);
    }
}
```

Das Interface ist in der gezeigten Form auf das `LoginServlet` spezialisiert. Die Erfahrung zeigt jedoch, dass sich meist recht schnell eine Menge an Methoden herauskristallisiert, die in allen Servlets oder zumindest einer Gruppe von Servlets benötigt werden. Die Auslagerung von Funktionen der Servlet-API in ein eigenes Objekt ist nur eine Variante der Idee, die Controller-Logik des Servlets unabhängig von der Servlet-API zu gestalten und damit die Testbarkeit zu verbessern. Die konsequente Erweiterung stellt die Auslagerung der Logik in ein eigenes *Action*-Objekt dar. Zahlreiche ähnliche Ansätze werden in der Literatur beschrieben (siehe [Wirdemann01]) und in Servlet-Frameworks wie z.B. Turbine [URL:Turbine] implementiert. Auch das neueste Kind der J2EE-Spezifikation *Java Server Faces* [URL:JSF] geht einen ähnlichen Weg.

Alternative Ansätze

Eines der am weitesten verbreiteten Webanwendung-Frameworks ist Struts [URL:Struts]. Es stellt im Wesentlichen eine Controller-Komponente für die Implementierung einer »Model 2«-MVC-Architektur zur Verfügung, und kann auf Model- und View-Seite mit einer ganzen Reihe verschiedener Technologien kooperieren. Bei der Benutzung von Struts kommt man daher mit der Servlet-API nur noch gelegentlich in

Struts-Framework

Berührung. Jedoch ist die testgetriebene Entwicklung von Struts-Anwendungen dennoch kein reines Zuckerschlecken, was die Entwicklung einer speziellen JUnit-Erweiterung motiviert hat [URL:StrutsTestCase].

13.4 Testen von (X)HTML

Was uns jetzt noch fehlt, ist die Login-Seite mit dem Anmeldeformular. Da diese keine dynamischen Bestandteile enthält, können wir sie durch eine statische HTML-Seite implementieren. An diese haben wir jedoch durchaus funktionale Ansprüche, die wir ebenfalls in Tests festhalten können. Sie soll

- den Titel »Login« tragen,
- eine Eingabeaufforderung aussprechen,
- ein Formular zur Eingabe von Benutzername und Kennwort enthalten und
- beim Abschicken die Daten per POST-Request an das `LoginServlet` senden.

XHTMLUnit   Das Schreiben der Tests erleichtert uns *XHTMLUnit* [URL:XhtmlUnit]. Wie der Name andeutet, setzt die Verwendung dieser Bibliothek die Benutzung von XHTML voraus, einem HTML-Dialekt, für den HTML 4 der XML-Syntax angepasst wurde [URL:XHTML].[1]

Schreiben wir also unseren ersten Test: Wir wollen zunächst sicherstellen, dass unsere Seite zulässiges XHTML enthält. Mit XHTMLUnit sieht das so aus:

```
import java.io.*;
import junit.framework.TestCase;
import xhtmlunit.*;

public class LoginFormTest extends TestCase {
    public void testHtmlValid() throws Exception {
        File file = new File("html/LoginForm.html");
        XHTMLTester tester = new XHTMLTester();
        tester.setMode(XHTMLMode.STRICT);
        tester.assertValid(new FileReader(file));
    }
}
```

Der `XHTMLTester` ist das »Arbeitstier« von XHTMLUnit – er enthält all die Methoden, mit denen wir Aussagen über unseren XHTML-Code

---

[1] XHTML hat gegenüber HTML den Vorteil, dass entsprechende XML-Werkzeuge zur Verarbeitung eingesetzt werden können. XHTMLUnit selbst macht beispielsweise intensiven Gebrauch von XMLUnit (siehe Kapitel 12.4).

verifizieren können. Die `assertValid`-Methode prüft einen übergebenen String oder den aus einem `Reader` gewonnenen Inhalt gegen eine der drei offiziellen DTDs – mit `setMode` legen wir vorher fest, dass wir gerne striktes XHTML haben wollen.

Damit dieser Test durchläuft, müssen wir nun eine XHTML-Datei anlegen, die die korrekte DTD-Datei referenziert und die notwendigen Tags im richtigen Namespace enthält:

```
<!DOCTYPE html
   PUBLIC "-//W3C//DTD XHTML 1.0 Strict//EN"
   "http://www.w3.org/TR/xhtml1/DTD/xhtml1-strict.dtd">
<html xmlns="http://www.w3.org/1999/xhtml">
   <head>
      <title/>
   </head>
   <body/>
</html>
```

Das ist jetzt zwar korrektes XHTML, der Versuch, solche Dateien in aktuellen Browsern anzuschauen, kann jedoch ernüchternd enden: Die meisten Browser unterstützen diesen Standard – aus dem Jahr 2000! – noch gar nicht. Zum Glück gibt es in Anhang C der XHTML-Spezifikation ein paar Richtlinien, um die Kompatibilität mit HTML-4-Browsern sicherzustellen – und einen wichtigen Teil davon können wir gar von XHTMLUnit prüfen lassen. Dazu fügen wir einfach die Zeile

HTML 4 - Kompatibilität

```
tester.setValidateHtml4Compatibility(true);
```

zum Setup des Testers hinzu. Schon schlägt der Test fehl und wird durch folgende Änderungen wieder zum Laufen gebracht:

```
<!DOCTYPE html
   PUBLIC "-//W3C//DTD XHTML 1.0 Strict//EN"
   "http://www.w3.org/TR/xhtml1/DTD/xhtml1-strict.dtd">
<html xmlns="http://www.w3.org/1999/xhtml">
   <head>
      <title></title>
   </head>
   <body>
   </body>
</html>
```

Jetzt können wir uns den eigentlichen Anforderungen widmen. Beginnen wir mit dem Titel. Da wir wiederum den Tester und den HTML-String benötigen, extrahieren wir ein `setUp()`:

Inhalt eines Tags testen mit XPath

```
public class LoginFormTest extends TestCase {
  private XHTMLTester tester;
  private File file;
  protected void setUp() throws Exception {
    tester = new XHTMLTester();
    tester.setMode(XHTMLMode.STRICT);
    file = new File("html/LoginForm.html");
  }
  public void testTitle() throws Exception {
    tester.assertXpathEvaluatesTo("Login",
        "/html/head/title", new FileReader(file));
  }
}
```

Um ein Tag in unserer Datei zu identifizieren, benutzen wir *XPath*, den W3C-Standard, der für die Identifikation von XML-Elementen innerhalb eines Dokuments erdacht wurde [URL:XPath][2]. Der zweite Parameter der assert-Methode ist der Pfad zu unserem title-Tag. Wir übergeben außerdem den Html-String und als Allererstes den erwarteten Inhalt des Tags. Den grünen Balken zu erreichen ist einfach:

```
<title>Login</title>
```

Das Prüfen der Eingabeaufforderung müssen wie ein wenig anders lösen – wir wollen eigentlich nicht genau festlegen, wo diese zu finden sein soll, und auch zusätzlichen Text nicht ausschließen.

Testen der Existenz eines durch XPath spezifizierten Elements

Als Lösung spezifizieren wir per XPath einen Paragraph, der an beliebiger Stelle vorkommen darf und den entsprechenden Text enthält. Der Test überprüft, dass ein solches Tag in unserer Seite enthalten ist:

```
public void testPrompt() throws Exception {
  tester.assertXpathExists(
      "//p[text()='Bitte Namen und Kennwort eingeben:']",
      new FileReader(file));
}
```

Unser erster Test stellt weiterhin die Validität der Seite sicher, so dass wir gezwungen sind, das Tag syntaktisch korrekt zu platzieren:

```
<body>
  <p>Bitte Namen und Kennwort eingeben:</p>
</body>
```

HTML-Formular

Auf ähnliche Weise lässt sich nun auch ein gesamtes Formular spezifizieren – der »Klammeraffe« (@) markiert dabei Attribute:

---

2. Gute Einführungen sind [URL:XPathTut1] und [URL:XPathTut2].

```java
public void testForm() throws Exception {
    final String formPath = "//form";
    tester.assertXpathEvaluatesTo("post",
        formPath + "/@method", new FileReader(file));
    tester.assertXpathEvaluatesTo(LoginServlet.SERVLET_URI,
        formPath + "/@action", new FileReader(file));
    tester.assertXpathEvaluatesTo("text",
        formPath + "//input[@name='name']/@type", contents);
    tester.assertXpathEvaluatesTo("password",
        formPath + "//input[@name='password']/@type",
        new FileReader(file));
    tester.assertXpathEvaluatesTo("submit",
        formPath + "//input[@name='loginButton']/@type",
        new FileReader(file));
    tester.assertXpathEvaluatesTo("Anmelden",
        formPath + "//input[@name='loginButton']/@value",
        new FileReader(file));
}
```

Wir verstoßen in diesem Fall gegen unsere eigenen Regeln und implementieren mehr als vom Test gefordert – ein wenig Formatierung und zusätzlicher Text, für den sich aber wegen der zu erwartenden häufigen Layout-Änderungen kein Test lohnt.

```html
<form method="post" action="/login">
  <p>
    Name: <input name="name" type="text" /><br />
    Kennwort: <input name="password" type="password" /><br />
    <input name="loginButton" type="submit" value="Anmelden" />
  </p>
</form>
```

Tatsächlich hat hier auch wieder unser HTML-4-Kompatibilitätstest zugeschlagen – löschen Sie testweise einmal das Leerzeichen vor den schließenden »/>«. Abbildung 13–2 zeigt den aktuellen Zustand der Login-Seite im Browser.

Abb. 13–2
Login-Seite im Browser

Generieren von HTML

Nun sind statische HTML-Seiten eher etwas langweilig und nicht das, was wir von einer Web-Anwendung erwarten. Interessanter wird es, wenn wir dynamischen Inhalt erzeugen wollen – und sei es nur das Anzeigen z.B. des aktuellen Datums.

Generieren von HTML in Servlets

Eine Möglichkeit besteht darin, den HTML-Text direkt in einem Servlet zu generieren. Zum Testen eines solchen Servlets stehen uns wieder Kombinationen der bereits besprochenen Techniken zur Verfügung: Aufrufen des Servlets über ServletUnit oder mit Hilfe von Mock-Objekten und Überprüfung des Ergebnisses mit XHTMLUnit.

Auch die Trennung der Logik von der Servlet-API stellt wieder eine Alternative dar, wenn wir – statt der direkten Erzeugung des HTML-Codes – das Entwurfsmuster *Builder* (dt. Erbauer) verwendeten. Bedeuten würde dies die Einführung eines `PageBuilder`-Interface, das in etwa so aussehen könnte:

```
public Interface PageBuilder {
    void addTitle(String title);
    void addText(String text);
    void startForm(String name, String method, String action);
    void addInput(String type, String name, String value);
    void endForm();
    void createHtml(OutputStream stream);
}
```

Auf bekannte Weise lässt sich der Builder für Testzwecke durch einen `MockPageBuilder` ersetzen. Zusätzlich zur verbesserten Testbarkeit ist dadurch eine völlige Unabhängigkeit vom Layout der erzeugten Seite gegeben – genau wie wir es uns für Unit Tests wünschen. Für das Testen des »echten« `HtmlPageBuilder` eignet sich dann wiederum XHTML-Unit, das auch die Überprüfung und Validierung von HTML-Fragmenten unterstützt.

Testen von Java Server Pages

Model-View-Controller

Der obige Ansatz ist jedoch in der Praxis nur von geringer Bedeutung, da heutzutage nur selten das Servlet selbst zur Erzeugung von HTML herhalten muss. Denn auch in Web-Applikationen hat der aus der GUI-Entwicklung bekannte *Model-View-Controller*-Ansatz (MVC) Eingang gefunden. Ziel dieses Musters ist es, die eigentlichen Applikationsobjekte (Model) von ihrer Darstellung (View) und von der Zugriffslogik (Controller) unabhängig zu machen. Beschreibungen des Musters finden sich in zahlreichen Veröffentlichungen, beispielsweise in [Lewis95].

In Web-Applikationen werden Views häufig als Java Server Pages (JSPs), Controller als Servlets und Models als normale Java-Klassen bzw. spezialisierte Wrapper-Beans programmiert [Wirdemann01]. Diese Aufteilung wird auch deswegen gewählt, weil so das Layout einer Webseite – repräsentiert in den JSPs – auch von Nicht-Entwicklern vorgegeben und verändert werden kann.

JSPs sind nichts anderes als HTML-Seiten, die über spezielle Tags Java-Code einbinden bzw. auf die Attribute von Java-Beans zugreifen [Turau03]. Folgt man der MVC-Trennung konsequent, so findet sich in einer JSP kaum Java-Code, der getestet werden müsste. Die Logik zur Ablaufsteuerung verweilt in den Servlets, während die Fachlogik in den Models beheimatet ist und dort getestet werden kann.

Java-Code in JSPs

Was in den JSPs verbleibt, ist Code zum Zugriff auf Bean-Attribute, zum Durchlaufen einer Schleife und zum Ein-/Ausblenden von Seitenteilen. Das Wenige, was dabei schiefgehen kann, testet man gewöhnlich nicht in Unit Tests, sondern in funktionalen Tests. Dort kommt dann HttpUnit oder ein anderes Werkzeug zur Validierung von HTML-Seiten zum Einsatz.

Glaubt man, ohne Unit Tests für eine JSP nicht auszukommen, so kann auch hier ServletUnit (siehe Kapitel 13.1) eingesetzt werden. Dazu muss sich lediglich Tomcats JSP-Compiler, Jasper, im Klassenpfad befinden. Das von ServletUnit aus der JSP gerenderte HTML lässt sich dann auch wiederum per XHTMLUnit prüfen.

JSP-Tags

Die geringe Menge notwendigen Java-Codes in JSPs lässt sich noch weiter reduzieren, wenn man von der Möglichkeit Gebrauch macht, so genannte *JSP Custom Tags* zu implementieren. Diese benutzerdefinierten Tags erlauben die Einbindung beliebiger Funktionalität in eine JSP unter Beibehaltung der von HTML bzw. XML bekannten Syntax und ohne die geringsten Java-Kenntnisse.

Benutzerdefinierte Tags werden dem Applikationsserver als Tag-Library zur Verfügung gestellt. Der Aufbau einer solchen Bibliothek ist eine reine Programmieraufgabe. Benötigte Klassen und Interfaces findet der Entwickler im Package `javax.servlet.jsp.tagext`; die JSP Standard Tag Library stellt bereits eine Menge Tags für Iteration, bedingte Abfragen, XML-Parsen, Internationalisierung und Datenbankzugriffe zur Verfügung [URL:JSTL].

Testen von Tag-Libraries

Die Erstellung von Unit Tests für eigene Tags erfordert die »Mockisierung« einiger weniger Interfaces und Klassen. Eine ausführliche Beschreibung würde jedoch den Rahmen dieses Kapitels sprengen und kann z.B. in [URL:YahooXP], Message 29405, nachgelesen werden. Ergänzend gibt es die *TagUnit*-Bibliothek, mit der man Tests für Custom Tags als JSP-Seiten schreiben kann [URL:TagUnit].

13.5 Funktionale Tests

Funktionale Tests, die das gesamte System im Zusammenspiel testen, werden im Allgemeinen benutzt, um sicherzustellen dass selbiges der Spezifikation genügt – oder stellen bei testgetriebener Entwicklung »im Großen« gar selbst einen wesentlichen Teil der Spezifikation dar. Da die Fachexperten, die diese Tests idealerweise selber schreiben, nur selten Java beherrschen, werden hier häufig andere Tools als JUnit benutzt, z.B. spezialisierte Capture&Replay-Werkzeuge, von denen es eine breite Palette auf dem Markt gibt. In der agilen Gemeinde gewinnt das *FIT*-Framework mit *FitNesse* als Wiki-Frontend an Verbreitung, bei dem Tests in Tabellenform mit Freitext gemischt werden [URL:FitNesse]. Ein weiteres interessantes Tool ist *Canoo WebTest* [URL:Webtest], das es erlaubt, Tests in Form von XML-Dokumenten (mit Hilfe von *Ant*-Tasks [URL:Ant]) zu definieren.

HttpUnit

Wenn wir als Entwickler solche funktionalen Tests schreiben wollen, so bieten sich uns auch hier Möglichkeiten. HttpUnit wurde im Zusammenhang mit dem Teilprojekt ServletUnit bereits in Kapitel 13.1 erwähnt. Obwohl es der Name anders vermuten lässt, hat der Hauptteil von HttpUnit zunächst jedoch einmal nichts mit Unit Testing zu tun, sondern stellt einen in Java programmierbaren Web-Client zur Verfügung. Dieser ermöglicht es uns, wie durch einen programmierbaren Browser durch eine Web-Anwendung zu navigieren und Aussagen über die aktuell »angezeigte« Seite zu überprüfen.

JWebUnit

Der Web-Client von HttpUnit ist allerdings teilweise noch recht umständlich zu bedienen. Eine vereinfachte API bietet JWebUnit, das auf HttpUnit aufbaut [URL:JWebUnit].[3] Der von diesem Framework definierte `WebTestCase` stellt uns Methoden zur Verfügung, die es uns erlauben, Tests wie den folgenden zu schreiben:

```
import net.sourceforge.jwebunit.WebTestCase;

public class FunctionalTest extends WebTestCase {
    public void testUnsuccessfulLogin() throws Exception {
        getTestContext().setBaseUrl("http://localhost:8080");
        beginAt("/LoginForm.html");
        assertTitleEquals("Login");
```

---

3. Ein Projekt mit ähnlicher Funktionalität – aber unabhängig von HttpUnit – ist HtmlUnit [URL:HtmlUnit].

```
        setFormElement("name", "MeinName");
        setFormElement("password", "falschesKennwort");
        submit();
        assertTitleEquals("Login");
    }
}
```

In der ersten Zeile teilen wir dem Framework mit, unter welcher Basis-URL die zu testende Anwendung zu finden ist. Der Rest des Tests spricht eigentlich für sich, kann aber nur einen kleinen Ausschnitt der Funktionalität von JWebUnit zeigen. Im `WebTestCase` gibt es mehrere Dutzend unterschiedlicher assert-Methoden, um Aussagen über die verschiedenen Elemente einer HTML-Seite zu treffen.[4] Unterstützung für die Ausführung von JavaScript wird bereits vom darunter liegenden HttpUnit implementiert.

Um das Testen in der gezeigten Form durchführen zu können, muss die vollständige Web-Applikation auf einem Server installiert werden. Das Deployen der aktuellen Anwendung in einen Container und das anschließende Starten, Testausführen und Beenden sollte möglichst automatisiert werden, z.B. durch Schreiben eines entsprechenden Ant-Skriptes [URL:Ant]. Ein deutlicher Nachteil bleibt jedoch die recht lange Ausführungszeit.

Deployment von Web-Applikationen

Eine interessante Alternative bietet der Servlet-Container Jetty [URL:Jetty]. Zum einen kann man ihn im »Embedded Mode« betreiben, d.h., wir können ihn direkt in unseren Testklassen konfigurieren und starten; zum anderen ist er angenehm schnell – im nachfolgenden Beispiel startet er in deutlich unter einer Sekunde. Eine Jetty-Serverinstanz erzeugt man einfach durch Instanzieren der `HttpServer`-Klasse, in der man dann eine oder mehrere Web-Applikationen (Kontext) konfigurieren kann. Ein Kontext kann, wie üblich, über eine War-Datei konfiguriert werden; da wir den Aufwand ihrer Erzeugung ja gerade meiden wollen, ziehen wir die manuelle Konfiguration vor:

Leichtgewichtiger Web-Container

```
import org.mortbay.http.*;
import org.mortbay.jetty.servlet.*;
import org.mortbay.util.InetAddrPort;
...
public class FunctionalTest extends WebTestCase {
    private HttpServer server;
    protected void setUp() throws Exception {
        server = new HttpServer();
```

---

4. Unter anderem auch die Methode `setWorkingForm(idOrName)`, das in unserem einfachen Fall, mit nur einem Formular in der Seite, aber überflüssig ist.

```
        server.addListener(new SocketListener(
           new InetAddrPort(8080)));
        HttpContext context = server.addContext("/");
        context.setAttribute(
           LoginServlet.USERAUTHORIZATION,
           LoginServletTest.getMockAuthorization(
               "MeinName", "falschesKennwort", false));
        context.setResourceBase("./html/");
        ServletHandler servletHandler = new ServletHandler();
        servletHandler.addServlet("/", Default.class.getName());
        servletHandler.addServlet("/login", LoginServlet.class
            .getName());
        context.addHandler(servletHandler);
        server.start();
    }
    ...
}
```

Der Server soll auf Port 8080 lauschen und dem Pfad »/« einen Http-Kontext zuordnen. In Mangel einer Produktionsimplementierung der `UserAuthorization` benutzen wir nochmals die Mock-Implementierung und melden sie im Applikationskontext an. Der `ServletHandler` ist sowohl für die Ausführung unseres `LoginServlet` zuständig als auch für das von Jetty mitgelieferte `Default`-Servlet, welches den statischen Inhalt aus der »resource base« der Web-Applikation verarbeitet.

Nachdem der Test durchgeführt wurde, muss der Server natürlich auch wieder beendet werden:

```
public class FunctionalTest...
    protected void tearDown() throws Exception {
        server.stop();
    }
```

13.6 Testen auf dem Server

Letztendlich kommen wir nicht darum herum, unsere Anwendung auch in ihrer endgültigen, deployten Form zu testen. Schließlich hängt das Funktionieren unserer Servlets von mehr ab als nur unserem Code – von der Konfiguration unserer Anwendung über die verschiedensten XML-Dateien und möglicherweise gar von spezifischen Eigenheiten des benutzten Containers. Funktionale Tests spielen hierbei eine wichtige Rolle.

Der Nachteil von funktionalen Tests ist jedoch, dass diese keinerlei Kontrolle über die Ausführung unseres Codes auf der Serverseite haben – bei Benutzung eines externen Servers können wir nicht so einfach für verschiedene Tests verschiedene Zustände herstellen, geschweige denn Mock-Implementierungen unterjubeln. Manchmal ist es daher ganz praktisch, Teile unseres Testcodes doch wieder auf Serverseite ausführen zu können.[5]

Genau dieser Aufgabe widmet sich das bereits in Kapitel 12.5 eingeführte *Cactus*. Wir erinnern uns, dass Cactus-Testfälle sowohl auf dem Client als auch auf dem Server laufen; diese besondere Art der Persönlichkeitsspaltung ist in Abbildung 13–3 noch einmal schematisch dargestellt. Im Detail funktioniert das so:

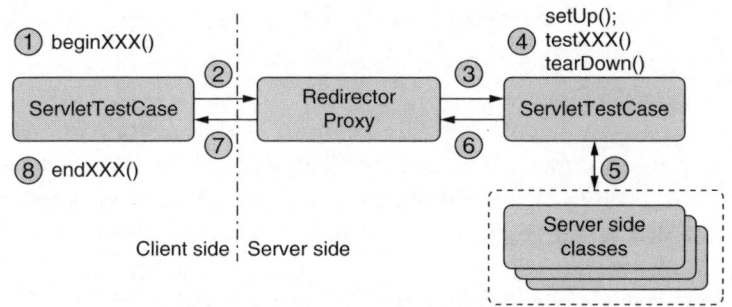

Abb. 13–3
Testfallausführung in Cactus

- Ein Teil des Testfalls läuft auf der Serverseite und befindet sich wie gewohnt in der `testXXX()`-Methode.
- Ein anderer Teil des Tests läuft auf dem Client ab und wird in den Methoden `beginXXX(WebRequest theRequest)` bzw. `endXXX( WebResponse theResponse)` spezifiziert.
- Die Kommunikation zwischen Client- und Serverseite findet über ein Proxy-Servlet bzw. eine Proxy-JSP statt, die die Aufrufe abfängt und die Ausführung des Testfalls anstößt.

Eine Übersetzung des `testUnsuccessfulLogin()`-Testfalls für das LoginServlet sieht in Cactus folgendermaßen aus:

```
import java.net.HttpURLConnection;
import org.apache.cactus.*;

public class LoginServletCactusTest extends ServletTestCase {
    public void beginUnsuccessfulLogin(WebRequest request) {
        request.addParameter("name", "MeinName");
        request.addParameter("password", "falschesKennwort");
    }
```

---

5. ServletUnit (Kapitel 13.1) kann auch alternativ mit Hilfe einer web.xml konfiguriert werden. Für containerspezifische Eigenschaften hilft uns das aber natürlich nicht weiter.

```
public void testUnsuccessfulLogin() throws Exception {
    LoginServlet servlet = new LoginServlet();
    config.getServletContext().setAttribute(
        LoginServlet.USERAUTHORIZATION,
        LoginServletTest.getMockAuthorization("MeinName",
            "falschesKennwort", false));
    servlet.init(config);
    servlet.doPost(request, response);
}
public void endUnsuccessfulLogin(WebResponse response) {
    assertTrue(response.getText().indexOf(
        "<title>Login</title>") != -1);
}
}
```

Prinzip eines Cactus-Testfalls

Zunächst wird auf dem Client die Methode `beginUnsuccessfulLogin()` ausgeführt. In dieser Methode kann das Request-Objekt vorbereitet werden, z.B. indem man Parameter setzt. Der Request wird anschließend an den Server geschickt und vom Proxy-Servlet abgefangen. Dieses veranlasst den Aufruf der `testUnsuccessfulLogin()`-Methode[6], in der das Servlet instanziert und initialisiert wird, und der `doPost()`-Aufruf erfolgt. Hier könnte beispielsweise auch der Zustand der Session getestet werden. Nach Rücksendung der Response an den Client findet dort ein Aufruf der `endUnsuccessfulLogin()`-Methode statt, welche Zugriff auf das Response-Objekt hat.

Die `WebResponse`-Klasse von Cactus bietet nicht den gleichen Komfort wie JWebUnit, um die zurückgegebene Seite auf ihre richtige Struktur hin zu überprüfen. Man hat jedoch die Möglichkeit, das verfügbare `HttpURLConnection`-Objekt zur Instanzierung einer HttpUnit-WebResponse zu benutzen und dadurch zumindest Cactus und HttpUnit rudimentär zu integrieren:

```
public void endUnsuccessfulLogin(WebResponse response)
    throws Exception {
    HttpURLConnection connection = response.getConnection();
    com.meterware.httpunit.WebResponse httpUnitResponse =
        com.meterware.httpunit.WebResponse.
            newResponse(connection);
    assertEquals("Login", httpUnitResponse.getTitle());
}
```

---

6. `setUp()` und `tearDown()` werden, falls vorhanden, ebenfalls wie üblich vor und nach der `test`-Methode auf Serverseite ausgeführt.

Das Beispiel zeigt keineswegs den vollen Funktionsumfang von Cactus. So hat man Zugriff auf alle Methoden eines Servlets, auf das Session-Objekt, auf Cookies und vieles mehr. Darüber hinaus werden auch Java Server Pages und das Testen von JSP Tag Libraries unterstützt. Wir verweisen auf die umfangreiche Dokumentation und zahlreichen Beispiele, die mit der Bibliothek mitgeliefert werden.

Cactus kann mehr

Das Testen von Web-Applikationen mit Cactus hat zwei gewichtige Nachteile: Zum einen muss die zu testende Applikation zunächst auf einem Applikationsserver oder Web-Container installiert werden. Dies ist zeitaufwändig und verlangsamt den Test-Kodier-Test-Zyklus spürbar – ähnlich wie bei EJBs. Zum anderen ist die Testgranularität nicht so fein, wie wir es uns für die testgetriebene Entwicklung wünschen, da immer ein Servlet (oder eine JSP) als Einstiegspunkt dient.

Nachteile

Der Cactus-Ansatz hat hingegen den Vorteil, dass das Funktionieren der Web-Komponente auf einem richtigen Applikationsserver überprüft wird. Wir bewegen uns daher mit Cactus nicht mehr – wie bei HttpUnit/JWebUnit – auf der Ebene der funktionalen Black-Box-Tests, sondern führen White-Box-Integrationstests durch.

Vorteil

13.7 Zusammenfassung

In diesem Kapitel wurde das Testen von Servlet-basierten Web-Applikationen auf drei unterschiedlichen Ebenen unter die Lupe genommen:

- Serverunabhängige Tests unter Zuhilfenahme von Attrappen und Mock-Objekten ermöglichen die Test-First-Entwicklung von Servlets.
- Funktionale Tests – mit HttpUnit/JWebUnit – betrachten nur die über HTTP erreichbaren Seiten der Web-Applikation.
- White-Box-Integrationstests auf dem Server – mit Cactus – schalten sich in die Ausführung von Servlets und JSPs ein und erlauben den Zugriff auf die internen Objekte der Servlet-API.

Funktionale Tests einer Web-Oberfläche sind in jedem Fall notwendig, die Wahl kann jedoch durchaus auch auf eine andere Testtechnologie fallen. Mit der Erstellung von aufwändigen Integrationstest, wie sie Cactus ermöglicht, lohnt es sich zu warten, bis man tatsächlich auf wiederkehrende Deployment- und Integrationsprobleme trifft. Voraussetzung für dieses optimistische Warten ist jedoch, dass für die einzelnen Servlets eine beruhigende Testsuite existiert.

Darüber hinaus wurde ein Ansatz vorgestellt, wie Logik von Servlet-API getrennt werden kann und damit einfacher zu testen ist. Außerdem nahm sich das Kapitel der unterschiedlichen Arten an, HTML zu generieren bzw. diese Generierung zu überprüfen.

Wir haben gesehen, dass testgetriebene Entwicklung auch für Web-Applikationen weitestgehend möglich ist. Und wieder hat sich gezeigt, dass die Verwendung von Mock-Objekten einen Beitrag zur Entkopplung von Klassen und damit zur Verbesserung des Designs leisten kann.

14 Grafische Benutzeroberflächen

Dem bis hierher vorgedrungenen Leser ist vermutlich aufgefallen, dass auch die im zweiten Teil des Buches aufgeführten »Spezialfälle« nichts weiter sind als das gleiche Thema in immer wiederkehrenden Variationen: Ein vorgegebenes Framework, Werkzeug oder API behindert durch seine Struktur oder Interfacegestaltung das Testen der eigentlichen Funktionalität.

Auch grafische Benutzeroberflächen stellen in dieser Beziehung keine Ausnahme dar, denn ihre Realisierung ist auf die Verwendung von AWT bzw. Swing (oder neuerdings SWT[1]) sowie zusätzlichen Komponenten, z.B. Java2D, angewiesen. Hinzu kommt ein Aspekt, der bereits bei Web-Applikationen von Bedeutung war: Eine Benutzeroberfläche ist unscharfen Bewertungskriterien unterworfen wie Ergonomie, intuitive Benutzung und Ästhetik – kurz: *Usability* (siehe [Puscher01], [Cooper03]). Diese Kriterien entziehen sich im Allgemeinen einer detaillierten Vorabspezifikation, wie es der testgetriebene Ansatz eigentlich erfordert. Es überrascht daher nicht, dass die Test-First-Entwicklung einer GUI (Graphical User Interface) nicht alle notwendigen Aspekte abdecken kann.

Unscharfe Testkriterien

Dennoch stehen wir auch bei diesem Thema als testgetriebene Entwickler nicht mit leeren Händen da. Die erste Idee, die ein eingefleischter Test-First-Enthusiast verfolgt, ist selbstverständlich der direkte Weg: Warum nicht eine GUI einfach genauso entwickeln wie alle anderen Klassen auch – nämlich in kleinen Schritten und mit entsprechenden Testfällen vor der Programmierung des Anwendungscodes. Dass dies möglich ist, wird von vielen Kritikern aufgrund obiger Bedenken bezweifelt; wir werden sehen, dass dieser Pessimismus zum großen Teil unbegründet ist.

---

1. Das »Standard Widget Toolkit« des Eclipse-Projekts [URL:SWT].

14.1 GUI-Logik

Als Fallstudie dient uns die Entwicklung einer einfachen Benutzeroberfläche für einen Produktkatalog. Der Produktkatalog selbst kann über folgende Schnittstelle angesprochen werden:

Domänenmodell

```
public interface ProductCatalog {
    void addProduct(Product product);
    void removeProduct(Product product);
    Set getProducts();
    Set getAvailableCategories();
}
```

Das Interface ist schlank gehalten und erlaubt das Hinzufügen und Entfernen eines Produktes sowie die Abfrage aller Produkte und aller erlaubten Produktkategorien. Zur Entwicklung der grafischen Oberfläche benötigen wir nun keine voll funktionsfähige Implementierung inklusive Persistenz und anderem Schnickschnack, sondern es genügt uns die einfachste denkbare Implementierung, die wir mit einem SimpleProductCatalog als bereits gegeben voraussetzen. Außerdem benötigen wir noch die Produktklasse und Produktkategorien:

```
public class Product {
    public Product(String pid) {...}
    public String getPID() {...}
    public Category getCategory() {...}
    public void setCategory(Category category) {...}
    public String getDescription() {...}
    public void setDescription(String description) {...}
}

public class Category {
    public Category(String name) {...}
    public String getName() {...}
}
```

Trennung von Logik und Oberfläche

Die Kapselung der gesamten fachlichen Logik in einem getrennten Domänenmodell – möglichst hinter einem Interface – stellt bereits eine wichtige Heuristik dar: Die GUI-Klassen sollten so wenig Logik wie möglich enthalten. Damit bleibt als einzige zu testende Funktionalität die Präsentationslogik und die korrekte Kopplung zwischen Benutzeroberfläche und Fachlogik übrig. Die Kapselung der Logik in Interfaces ermöglicht es, die Fachlogik durch leichtgewichtige Attrappen zu ersetzen. Die verbesserte Testbarkeit stellt damit ein zusätzliches Argument für die Model-View-Trennung dar, wie sie z.B. durch das MVC-Muster realisiert wird (vgl. auch Kapitel 13.4).

14.1 GUI-Logik

Abb. 14–1
Gewünschtes Produkteditor-Layout

In Abbildung 14–1 sehen wir den Entwurf der grafischen Benutzeroberfläche zum Hinzufügen und Löschen von Produkten. Bei der Realisierung des Produkteditors wollen wir Folgendes sicherstellen:

- Alle wichtigen Elemente der Oberfläche sind vorhanden, wurden korrekt initialisiert und sind sichtbar.
- Alle im Katalog vorhandenen Produkte werden in der Liste angezeigt.
- Das Auswählen eines Produkts in der Liste führt zum Anzeigen der Details im unteren Textbereich.
- Ein anschließender Klick auf *Delete* entfernt das Produkt aus dem Katalog und aus der Liste.
- Ein Klick auf *Add* ruft einen Dialog zur Produkteingabe auf und fügt gegebenenfalls das neu definierte Produkt zum Katalog hinzu.

Testziele

Beim Lesen der Liste fällt auf, dass es sich bei allen bis auf den ersten Punkt um Logik handelt, die eigentlich nicht vom verwendeten GUI-Framework abhängig ist. Indem wir eine weitere Trennung der Verantwortlichkeiten vornehmen, können wir diese Logik tatsächlich testen, ohne überhaupt mit der wirklichen GUI in Berührung zu kommen.

Entkopplung GUI-Logik von GUI-Framework

Abbildung 14–2 verdeutlicht dieses Vorgehen; die »Lollipops« sollen dabei andeuten, dass die Schnittstellen zwischen den Modulen schmal und abstrakt sind. Das ermöglicht es uns, Domain-Logik und Swing-Code getrennt voneinander zu entwickeln und den jeweils anderen Teil durch Testimplementierungen zu ersetzen. Erst ganz am Ende werden schließlich alle drei Teile miteinander verbunden.[2]

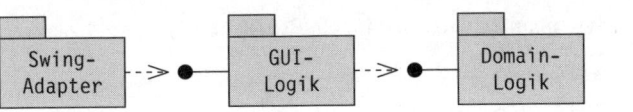

Abb. 14–2
Trennung der GUI-Schichten von der Domäne

---

2. Dieses Vorgehen ist angelehnt an Michael Feathers »The Humble Dialog Box« [Feathers02].

Initialisieren der Produktliste

Also an die Arbeit: Wir möchten, dass unser Editor mit einem Katalog initialisiert wird und dass er alle Produkte aus dem Katalog in einer Liste anzeigt. Hier bedarf es bereits der ersten Designentscheidungen: Wir müssen dem Editor später unseren Swing-Adapter zur Verfügung stellen. Wir entscheiden uns dafür, diesen ein Interface namens `CatalogEditorView` implementieren zu lassen und benutzen für unseren Test eine (zunächst leere) Dummy-Implementierung. Diese übergeben wir zusammen mit dem `ProductCatalog` als Argumente im Konstruktor. Als fertiger Test sieht das so aus:

```
public void testProductListInitialized() {
    ProductCatalog catalog = new SimpleProductCatalog();
    catalog.addProduct(new Product("id1"));
    catalog.addProduct(new Product("id2"));
    DummyCatalogEditorView view = new DummyCatalogEditorView();
    CatalogEditor editor = new CatalogEditor(catalog, view);
    assertTrue(Arrays.equals(new String[] { "id1", "id2" },
        view.getShownProductList()));
}
```

Unser Dummy-View muss also irgendwoher wissen, wie die dargestellte Produktliste aussieht – woher, das erfahren wir gleich, wenn wir den Produktionscode schreiben. Die `getShownProductList()`-Methode ist dabei nicht Teil des Interface, da sie nur für unsere Tests benötigt wird.

Leider ist `assertEquals(..)` nicht für Arrays geeignet. Daher behelfen wir uns aus Platzgründen mit der `Arrays.equals(..)`-Methode, die im Fehlerfall allerdings wenig aussagekräftig ist.[3]

Und so bringen wir den Test zum Laufen:

```
public CatalogEditor(ProductCatalog catalog,
        CatalogEditorView view) {
    List products = new ArrayList(catalog.getProducts());
    Collections.sort(products, new PidComparator());
    String[] productPids = new String[products.size()];
    for (int index = 0; index < products.size(); index++) {
        productPids[index] =
            ((Product) products.get(index)).getPID();
    }
    view.showProductList(productPids);
}
```

---

3. Eine bessere Implementierung sollte dem Leser nicht schwer fallen und ist außerdem Teil der JUnit-Addons [URL:JUnitAddons].

Jetzt haben wir uns entschieden, wie der View zu der Produktliste kommt: Das Interface definiert die Methode showProductList(String[]). Die Dummy-Implementierung braucht sich diese Liste nur zu merken und dem Test via bereits genanntem Getter zur Verfügung zu stellen. Da der Katalog die Produkte nur als Set liefert, müssen wir sie nach der PID sortieren und die resultierende Liste in ein Array konvertieren.

Als Nächstes überprüfen wir, dass die Details eines ausgewählten Produkts angezeigt werden. Wir entscheiden uns, den Index des Produkts in der Liste zu kommunizieren. Gleichzeitig nehmen wir das inzwischen bekannte Extrahieren der setUp()-Methode vor:

Anzeige Produkt-Detail

```
public class CatalogEditorTest extends TestCase {
    private ProductCatalog catalog;
    private Product product1;
    private DummyCatalogEditorView view;
    private CatalogEditor editor;

    protected void setUp() throws Exception {
        super.setUp();
        catalog = new SimpleProductCatalog();
        product1 = new Product("id1");
        catalog.addProduct(product1);
        catalog.addProduct(new Product("id2"));
        view = new DummyCatalogEditorView();
        editor = new CatalogEditor(catalog, view);
    }

    public void testProductListInitialized() {
        assertTrue(Arrays.equals(new String[] { "id1", "id2" },
            view.getShownProductList()));
    }

    public void testShowProductDetail() {
        product1.setCategory(new Category("Spielzeug"));
        product1.setDescription("Plüsch-Teddy");
        editor.productSelected(0);
        assertEquals(
            "PID: id1\nKategorie: Spielzeug\nPlüsch-Teddy",
            view.getShownDetail());
    }
}
```

Für die Implementierung merken wir uns die Produktliste und den View. Die Formatierung der Detailausgabe lässt sich elegant über die Klasse java.text.MessageFormat lösen:

14 Grafische Benutzeroberflächen

```
public class CatalogEditor {
  private List products;
  private final CatalogEditorView view;
  private static final MessageFormat DETAIL_FORMAT =
     new MessageFormat("PID: {0}\nKategorie: {1}\n{2}");

  public CatalogEditor(ProductCatalog catalog,
        CatalogEditorView view) {
    this.view = view;
    products = new ArrayList(catalog.getProducts());
    Collections.sort(products, new PidComparator());
    String[] productPids = new String[products.size()];
    for (int index = 0; index < products.size(); index++) {
      productPids[index] =
          ((Product) products.get(index)).getPID();
    }
    view.showProductList(productPids);
  }

  public void productSelected(int index) {
    Product product = (Product) products.get(index);
    Object[] parameters = new Object[] { product.getPID(),
        product.getCategory(),
        product.getDescription() };
    view.showDetail(DETAIL_FORMAT.format(parameters));
  }
}
```

Produkt löschen

Jetzt können wir uns an das Löschen eines ausgewählten Produkts machen; nach dem Löschen soll das Produkt sowohl aus dem Katalog als auch aus dem View entfernt sein, der Detailbereich sollte ebenfalls geleert werden. Wir werden ein wenig übermütig und schreiben den Test in einem Schritt, dabei extrahieren wir auch gleich eine assertProductListEquals()-Methode:

```
public class CatalogEditorTest...
  public void testDeleteProduct() {
    editor.productSelected(1);
    editor.deleteSelected();
    assertProductListEquals(new String[] { "id1" });
    assertEquals("", view.getShownDetail());
    Set products = catalog.getProducts();
    assertEquals(1, products.size());
    assertSame(product1, products.toArray()[0]);
  }
  private void assertProductListEquals(String[] expected) {
    assertTrue(Arrays.equals(expected,
        view.getShownProductList()));
  }
```

Wir extrahieren das Setzen der Produktliste aus dem Konstruktor und merken uns Katalog und selektierten Index:

```
public class CatalogEditor...
   private int selectedIndex;
   private final ProductCatalog catalog;
   public CatalogEditor(ProductCatalog catalog,
         CatalogEditorView view) {
      this.catalog = catalog;
      this.view = view;
      products = new ArrayList(catalog.getProducts());
      Collections.sort(products, new PidComparator());
      updateProductList();
   }
   private void updateProductList() {
      String[] productPids = new String[products.size()];
      for (int index = 0; index < products.size(); index++) {
         productPids[index] =
            ((Product) products.get(index)).getPID();
      }
      view.showProductList(productPids);
      view.showDetail("");
   }
   public void productSelected(int index) {
      this.selectedIndex = index;
      ...
   }
   public void deleteSelected() {
      Product product = (Product) products.get(selectedIndex);
      catalog.removeProduct(product);
      products.remove(product);
      updateProductList();
   }
```

Wenn man es ganz genau nimmt, haben wir in deleteSelected Domänenlogik dupliziert: Wir gehen davon aus, dass die Ausführung von catalog.removeProduct(product) tatsächlich zum Entfernen dieses einen Produktes führt, und passen dementsprechend eigenmächtig die Darstellung im View an. In diesem Fall mag das plausibel scheinen, in komplexeren Systemen kann es aber leicht zu einem Auseinanderlaufen zwischen der Darstellung in der GUI und des tatsächlichen Zustands des Systems führen[4]. Unter Umständen macht es Sinn, auch zwischen Domain- und GUI-Modell eine weitere Observer-Beziehung einzubauen; das hat den zusätzlichen Vorteil, dass auch Änderungen,

---

4. Varianten des so genannten »Liar View« Bug Patterns [Allen01].

die nicht über die GUI angestoßen werden, sofort in selbiger angezeigt werden.

Bleibt aus unserer Liste noch der Knopf zum Hinzufügen eines neuen Produktes. Die Schwierigkeit, auf die wir hier treffen, besteht darin, dass ein anderer Dialog aufgehen soll, in dem man die neuen Produktdaten eingeben kann. Aber wie testet man so etwas?

ProductCreator Unsere Antwort: In der Testsuite für `CatalogEditor` gar nicht! Hier interessiert nämlich lediglich, dass der Editor irgendwie an eine neue Produktinstanz herankommt:

```
public interface ProductCreator {
    Product create();
}

public class CatalogEditorTest extends TestCase...
    public void testAddProduct() {
        final Product newProduct = new Product("id3");
        editor.setProductCreator(new ProductCreator() {
            public Product create() {
                return newProduct;
            }
        });
        editor.addProduct();
        String[] newList = new String[] { "id1", "id2", "id3" };
        assertProductListEquals(newList);
        assertTrue(catalog.getProducts().contains(newProduct));
    }
```

Dieses Vorgehen hat einen näheren Blick verdient: Wir haben uns entschlossen, die Erzeugung eines neuen Produkts in ein `ProductCreator`-Interface auszulagern. Auf diese Weise können wir in unserem Test – einmal mehr – eine Attrappe verwenden.

Die Implementierung geht uns inzwischen schnell von der Hand:

```
public class CatalogEditor...
    private ProductCreator productCreator;
    public void setProductCreator(ProductCreator creator) {
        this.productCreator = creator;
    }
    public void addProduct() {
        Product product = productCreator.create();
        catalog.addProduct(product);
        products.add(product);
        updateProductList();
    }
```

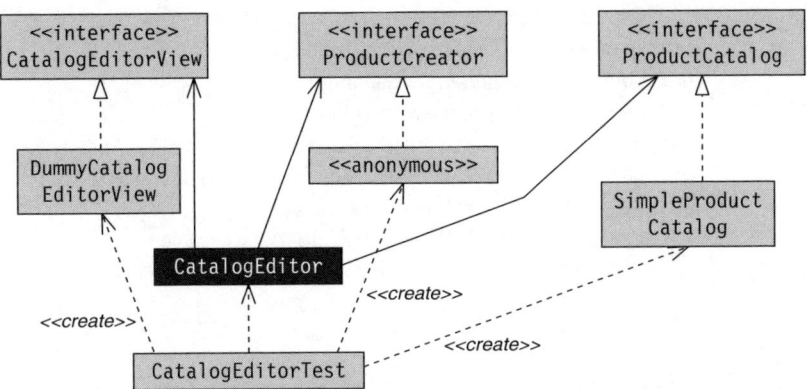

Abb. 14–3
Design der GUI-Logik Tests

Wie versprochen haben wir damit vier der fünf Punkte aus unserer Liste testgetrieben umgesetzt, ohne groß über Swing nachzudenken (siehe Abb. 14–3). Das haben wir getan, indem wir die GUI-Logik durch abstrakte Interfaces von der Swing-API entkoppelt haben.

Was jetzt noch bleibt, ist die Implementierung des Views, des Bindeglieds zwischen unserer GUI-Logik und der Swing-API.

14.2 GUI-Oberfläche

In der Praxis erstellen zahlreiche Teams Benutzeroberflächen mit Hilfe spezialisierter Werkzeuge (GUI-Builder). Diese ermöglichen unter Umständen eine deutlich beschleunigte GUI-Implementierung und öffnen den Weg für ein zweigeteiltes Vorgehen: Das Layout der grafischen Oberfläche wird mit dem GUI-Builder erzeugt; lediglich die Verbindung zur Logikschicht wird im Test-First-Verfahren entwickelt. Auf der anderen Seite sind viele dieser Tools jedoch eher dafür berüchtigt, den Entwickler an ein Design zu binden, das eine starke Kopplung zwischen Layout und Logik bewirkt, und damit das Testen eher erschwert als erleichtert. Ein gesundes Maß an Vorsicht und Skepsis sei also angeraten. Wir wollen hier das testgetriebene Vorgehen »von Hand« zeigen.

Als Erstes stellt sich uns die Frage, ob unser View ein `JDialog` oder ein `JFrame` sein soll. Und wieder einmal ist die Antwort, die Entscheidung zu verschieben: Wenn wir erst einmal nur eine `JComponent` entwickeln (z.B. ein `JPanel`), können wir später leicht vom Dialog zum Frame hin und her wechseln oder sie gar in eine zusammengesetzte Komponente einbetten.

Überprüfen wir zunächst, dass das Setzen der Produktliste eine korrekte Änderung der entsprechenden `JList`-Instanz bewirkt:

Füllen Produktliste

```
public class CatalogEditorComponentTest extends TestCase {
    public void testProductListPopulated() {
        CatalogEditorComponent component =
            new CatalogEditorComponent();
        component.showProductList(new String[] {"id1", "id2"});
        ListModel listModel = component.productList.getModel();
        assertEquals(2, listModel.getSize());
        assertEquals("id1", listModel.getElementAt(0));
        assertEquals("id2", listModel.getElementAt(1));
    }
}
```

Beim Schreiben dieses Tests haben wir zwei Kompromisse geschlossen:

Zugriff auf Widgets

- Um im Test Zugriff auf das List-Widget `productList` zu haben, musste dieses in einer Instanzvariablen verfügbar gemacht werden, die entweder *protected* oder *package scope* ist. Alternativ könnte man auch den Komponentenbaum nach dem passenden Widget durchsuchen – ein solches Vorgehen werden wir später noch anwenden (siehe Kapitel 14.3).

Testen über Swing-Modell

- Zum anderen können wir nicht wirklich testen, was die Liste am Bildschirm anzeigt – die Implementierung von Swing versteckt dieses Detail geschickt vor uns[5]. Da unser `ListModel` aber sowieso nur Zeichenketten enthält, ist das Risiko klein genug, dass wir uns keine Sorgen machen müssen. Letztendlich wollen wir ja auch nicht die Swing-Komponenten testen, sondern unseren eigenen Code.

Die einfachste Implementierung, welche den Test zum Laufen bringt, sieht so aus:

```
public class CatalogEditorComponent
        implements CatalogEditorView {
    public JList productList = new JList();
    public void showProductList(String[] products) {
        productList.setListData(products);
    }
    public void showDetail(String detail) {
    }
}
```

---

5. Genau genommen lässt sich wohl immer ein Weg finden – in diesem Fall könnten wir versuchen, den Renderer der Liste zu bedienen und die von ihm erzeugten Komponenten untersuchen; oder gar das Rendern der Komponente auf dem Bildschirm. Kosten und Nutzen ständen jedoch in keinem gesunden Verhältnis.

Dem aufmerksamen Leser wird nicht entgangen sein, dass wir ein wenig geschummelt haben: Tatsächlich erfordert der Test von uns gar nicht, das `CatalogEditorView`-Interface zu implementieren. Das würde erst notwendig werden, wenn wir die Komponente mit dem CatalogEditor integrieren.

Außerdem fällt auf, dass die »Komponente« noch gar keine richtige JComponent ist und folgerichtig die Liste auch noch nirgendwo dargestellt wird. Das können wir aber wiederum durch einen Test motivieren:

Darstellen der Widgets

```
public class CatalogEditorComponentTest...
   private CatalogEditorComponent component;
   protected void setUp() throws Exception {
      component = new CatalogEditorComponent();
   }
   public void testComponentsShown() {
      JFrame frame = new JFrame();
      try {
         frame.getContentPane().add(component);
         frame.show();
         assertTrue(component.productList.isShowing());
      } finally {
         frame.dispose();
      }
   }
}
```

Das Hinzufügen zum Frame zwingt uns, unsere Klasse zu einer Swing-Komponente zu machen, das Testen auf `isShowing()` zeigt uns, dass die Liste in das Layout eingebunden werden muss; Ästhetik lassen wir erst einmal außen vor:

```
public class CatalogEditorComponent extends JPanel...
   public CatalogEditorComponent() {
      add(productList);
   }
```

Das Setzen und Anzeigen der Detailbeschreibung testen wir vollkommen analog zum Füllen der Produktliste:

Detail-TextArea

```
public void testDetailPopulated() {
   component.showDetail("Product detail");
   JTextArea detailArea = component.detailArea;
   assertEquals("Product detail", detailArea.getText());
}
public void testComponentsShown() {
   JFrame frame = new JFrame();
   try {
```

```
            frame.getContentPane().add(component);
            frame.show();
            assertTrue(component.productList.isShowing());
            assertTrue(component.detailArea.isShowing());
        } finally {
            frame.dispose();
        }
    }
```

Den Test zum Laufen zu bringen ist wiederum trivial: Die `detailArea` wird als leere `JTextArea` initialisiert und im Konstruktor der Komponente hinzugefügt; die `showDetail()`-Methode delegiert das Setzen der Zeichenkette an die `detailArea` weiter.

Benachrichtigung des Editors über GUI-Events

Jetzt kann unsere Komponente zwar die Details zu einem Produkt anzeigen, sie tut es aber noch nicht – unser Editor bekommt von der Auswahl eines Produktes ja noch gar nichts mit. Wir müssen daher noch die Kommunikation in die andere Richtung testen.

Wollen wir dafür einen Test schreiben, müssen wir der Komponente einen Mock-Editor mitgeben und folgerichtig ein entsprechendes Interface `CatalogEditor` extrahieren; aus Mangel an besseren Namen benennen wir die Implementierungsklasse in `CatalogEditorImpl` um:

```
    public class CatalogEditorImpl implements CatalogEditor
        ...
    }

    public interface CatalogEditor {
        void productSelected(int index);
        void deleteSelected();
        void addProduct();
    }
```

Eigentlich haben wir wieder ein bisschen geschummelt und bereits mehr Methoden in das Interface aufgenommen, als wir für den ersten Test akut brauchen, den wir zur Abwechslung diesmal mit Hilfe von EasyMock (siehe Kapitel 6.6) erstellen:

Selektion in Produktliste

```
        public void testProductSelectionNotification() {
            MockControl control =
                MockControl.createControl(CatalogEditor.class);
            CatalogEditor editor = (CatalogEditor) control.getMock();
            editor.productSelected(1);
            control.replay();
            component.setCatalogEditor(editor);
            component.productList.setSelectedIndex(1);
            control.verify();
        }
```

Um diesen Test zum Laufen zu bringen, müssen wir uns den Editor merken und auf die `JList` horchen:

```
public class CatalogEditorComponent...
    private CatalogEditor editor;
    public CatalogEditorComponent() {
        add(productList);
        add(detailArea);
        productList.addListSelectionListener(new
                ListSelectionListener() {
            public void valueChanged(ListSelectionEvent event) {
                editor.productSelected(
                    productList.getSelectedIndex());
            }
        });
    }
    public void setCatalogEditor(CatalogEditor editor) {
        this.editor = editor;
    }
}
```

Beim Schreiben des Codes fällt uns anhand der alternativen `getSelectedIndices()`-Methode der Klasse `JList` auf, dass diese Klasse standardmäßig die Auswahl mehrerer Einträge zulässt. Der Einfachheit halber entscheiden wir uns für einfache Selektion; übermütigerweise realisieren wir das ohne Test und ergänzen lediglich den Konstruktor der Komponente:

```
public class CatalogEditorComponent...
    public CatalogEditorComponent() {
        productList.setSelectionMode(
            ListSelectionModel.SINGLE_SELECTION);
        add(productList);
    }
```

Der geneigte Leser möge sich als Übung einen entsprechenden Test überlegen oder gar eine Implementierung, die Mehrfachselektionen sinnvoll behandelt (natürlich ebenfalls Test-First!).

Übrig bleibt das Löschen und Hinzufügen von Produkten. Beginnen wir mit dem Löschen bzw. dem entsprechenden `JButton`-Objekt. Angenehmerweise stellt selbiger eine `doClick()`-Methode zur Verfügung, was den Test einfach ausfallen lässt. Außerdem brauchen wir wieder den Mock-Editor, den wir gleich in die `setUp()`-Methode hinauskomplimentieren:

Löschen-Knopf

```
public class CatalogEditorComponentTest...
   private MockControl editorControl;
   private CatalogEditor mockEditor;
   protected void setUp() throws Exception {
      component = new CatalogEditorComponent();
      editorControl =
         MockControl.createControl(CatalogEditor.class);
      mockEditor = (CatalogEditor) editorControl.getMock();
   }
   public void testProductSelectionNotification() {
      mockEditor.productSelected(1);
      editorControl.replay();
      component.setCatalogEditor(mockEditor);
      component.productList.setSelectedIndex(1);
      editorControl.verify();
   }
   public void testComponentsShown() {
      JFrame frame = new JFrame();
      try {
         frame.getContentPane().add(component);
         frame.show();
         assertTrue(component.productList.isShowing());
         assertTrue(component.detailArea.isShowing());
         assertTrue(component.deleteButton.isShowing());
      } finally {
         frame.dispose();
      }
   }
   public void testDeleteButton() {
      mockEditor.deleteSelected();
      editorControl.replay();
      component.setCatalogEditor(mockEditor);
      component.deleteButton.doClick();
      editorControl.verify();
   }
```

Das ist eine ganze Menge Stoff auf einmal; tatsächlich sind wir dort in kleineren Schritten hingelangt als hier dargestellt.

Die Implementierung des Buttons hält keine Überraschungen mehr bereit, aber auch hier erscheint uns ein wenig Aufräumen angebracht:

```
public class CatalogEditorComponent...
   public JButton deleteButton = new JButton();
   public CatalogEditorComponent() {
      add(productList);
      add(detailArea);
```

```
        add(deleteButton);
        initButtons();
        initProductList();
    }
    private void initProductList() {
        productList.setSelectionMode(
            ListSelectionModel.SINGLE_SELECTION);
        productList.addListSelectionListener(
            new ListSelectionListener() {
            public void valueChanged(ListSelectionEvent event) {
                editor.productSelected(event.getFirstIndex());
            }
        });
    }
    private void initButtons() {
        deleteButton.addActionListener(new ActionListener() {
            public void actionPerformed(ActionEvent e) {
                editor.deleteSelected();
            }
        });
    }
```

Den Knopf zum Hinzufügen eines Produktes entwickeln wir vollkommen analog; statt den Leser mit diesen Details zu langweilen, wenden wir uns lieber interessanteren Dingen zu.

Manuelle Inspektion

So langsam, da wir dem Ende der Implementierung unserer Komponente entgegenschreiten, wird es Zeit, tatsächlich einen Blick auf sie zu werfen. Bei aller Liebe zur Test-First-Entwicklung sehen wir auch ganz gerne Mal das Ergebnis unserer Bemühungen. Außerdem können wir durch manuelles Ausprobieren sicherlich noch ein paar Ecken und Kanten aufspüren und glattbügeln.

Zu diesem Zweck könnten wir die Komponente jetzt einfach in unsere Anwendung einbauen – falls diese bereits fertig ist. Doch selbst in solchem Fall kann es sehr umständlich oder zeitaufwändig sein, die Anwendung zu starten und sich bis zum entsprechenden Dialog durchzuklicken.

Alternativen stehen uns einige zur Verfügung: Wir können in unseren Testfall `testComponentsShown`, der ja bereits den Dialog (bzw. Frame) auf dem Bildschirm darstellt, ein `Thread.sleep(..)` einbauen. Das bereitet uns zunächst wenig Aufwand, gibt uns jedoch nur begrenzte Zeit, mit dem Dialog herumzuspielen, und verlangsamt unsere Tests (oder zwingt uns, sleep später wieder zu entfernen oder auszukommentieren).

Wir könnten uns auch entscheiden, die Tests in Ruhe zu lassen und stattdessen unsere eigene kleine main()-Methode zum Starten des Dialoges in Isolation zu schreiben oder gar, um mehrere Szenarien testen zu können, etwas zu programmieren, was Jonathan Simon einen Simulator nennt [URL:Simulators].

JDemo   Wir werden an dieser Stelle jedoch das Open-Source-Framework JDemo [URL:JDemo] benutzen. JDemo ist explizit dafür gemacht, Szenarien für manuelle Tests zu programmieren, zu organisieren und auszuführen. Seine Struktur ist eng angelehnt an die von JUnit, daher wird es uns nicht schwer fallen, einen kleinen »Democase« zu schreiben.

Für unseren einfachen Fall reicht es aus, unsere eigene Demo-Klasse von SwingDemoCase abzuleiten und darin in einer demo-Methode das Szenario aufzubauen:

```
public class CatalogEditorDemo extends SwingDemoCase {
    public void demoWithSimpleCreator() {
        CatalogEditorComponent view =
            new CatalogEditorComponent();
        SimpleProductCatalog catalog = new SimpleProductCatalog();
        catalog.addProduct(new Product("Produkt 1",
               "Spielzeug-Affe", new Category("Spielzeug")));
        catalog.addProduct(new Product("Produkt 2",
               "Maus",new Category("Eingabegeräte")));
        CatalogEditorImpl editor =
            new CatalogEditorImpl(catalog, view);
        editor.setProductCreator(new ProductCreator() {
            private int nextProduct = 3;
            public Product create() {
                return new Product("Produkt " + nextProduct++);
            }
        });
        show(view);
    }
}
```

Ganz ähnlich zu einem JUnit-Testfall bereiten wir in der Methode zunächst das Testszenario vor. Als ProductCreator nehmen wir eine einfache anonyme Implementierung, die Produkte mit aufsteigender PID produziert; wenn wir so weit sind, können wir später auch eine weitere Demo schreiben, die den Dialog einbettet.

Am Ende der Demo-Methode benutzen wir keine Assertions, sondern lassen unsere Komponente von JDemo durch Aufruf von show(..)

anzeigen. Die Einbettung in einen Frame/Dialog und dessen Verwaltung übernimmt JDemo netterweise für uns.

Der mitgelieferten Demo-Runner bietet unsere Demo zur Ausführung in einem Auswahlfenster an. Ein Doppelklick auf ihren Namen ist erst einmal enttäuschend: Das Standard-Layout des Panels lässt zu wünschen übrig: Der Dialog ist zu klein und die Buttons sind nicht beschriftet. Der Textbereich für die Detailangaben ist überhaupt nicht zu sehen, da er keinen Inhalt und minimale Größe besitzt.

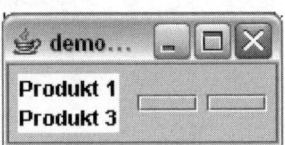

Abb. 14–4
Produkteditor-Layout, erster Versuch

Den erfahrenen Swing-Programmierer wird das natürlich nicht überraschen – wahrscheinlich hat er bereits das ganze Kapitel über den Kopf geschüttelt, wie sehr wir das Layout vernachlässigen. Doch was tun wir jetzt?

Testen von Layout

Als eingefleischter Test-First-Entwickler müssten wir natürlich überlegen, was für Tests zu schreiben sind. Das Testen der Labels sollte uns leicht fallen. Auch das Testen des Layouts ist nicht unmöglich – Bill Wake beschreibt, wie man beispielsweise die relative Position von Komponenten zueinander testen kann [URL:WakeGUI]. Die Erfahrung zeigt jedoch, dass das Schreiben automatisierter Tests in diesem Fall eher unangebracht ist:

- Das Implementieren der Labels und des Layouts ist weitgehend trivial, die Tests können uns kaum bei Designentscheidungen unterstützen.
- Beim Layout handelt es sich um etwas, das nur äußerst selten versehentlich kaputtgeht, aber häufiger absichtlichen Änderungen unterliegt. Dies würde ständige Änderungen der Tests mit sich bringen.
- Einige Aspekte des Layouts, z.B. das Verhalten beim Ändern der Größe des Dialogs, lassen sich nur umständlich testen.
- Potenzielle Probleme lassen sich meist leicht durch manuelle Inspektion finden.

Wir verzichten daher auf das Schreiben automatisierter Tests; der Leser fühle sich jedoch eingeladen, selbiges einmal auszuprobieren und sein eigenes Gleichgewicht zwischen Kosten und Nutzen zu finden.

Mit Hilfe von JDemo lässt sich jedoch trotzdem eine kurze Feedback-Schleife zwischen Änderung des Layouts und manueller Inspektion finden. Einige Minuten und dutzende Ausführungen der Demo später sieht der Dialog entscheidend besser aus:

Abb. 14–5
Verbessertes Produkteditor-Layout

Registrierung des Editors beim View

Die nächste unangenehme Überraschung folgt allerdings auf dem Fuße – sobald wir einen der Knöpfe oder die Liste anklicken, beschwert sich unser Code mit einer NullPointerException: Haben wir doch tatsächlich vergessen, den Editor bei unserem View anzumelden! Idealerweise sollte das der Editor einfach in seinem Konstruktor selbst übernehmen, denn er kennt dort ja bereits seinen View. Das können wir wieder einfach durch einen Test motivieren, nachdem wir setCatalogEditor(..) in das Interface des Views gezogen haben:

```
public interface CatalogEditorView...
    void setCatalogEditor(CatalogEditor editor);

public class CatalogEditorTest...
    public void testRegisteredAtView() {
        assertSame(editor, view.getEditor());
    }
```

Die Implementierung ist ebenso simpel:

```
public class CatalogEditorImpl...
    public CatalogEditorImpl(ProductCatalog catalog,
            CatalogEditorView view) {
        this.catalog = catalog;
        this.view = view;
        view.setCatalogEditor(this);
        products = new ArrayList(catalog.getProducts());
        Collections.sort(products, new PidComparator());
        updateProductList();
    }
```

Jetzt laufen die Tests wieder und auch das Ausprobieren der Demo zeigt, dass wir einen Schritt weiter sind. Eine Reihe von Kinderkrankheiten sind noch geblieben: Der Löschen-Knopf ist auch aktiv, wenn gar kein Produkt ausgewählt ist, und auch das Update der Details oder das Deselektieren in der Produktliste führen zu Problemen. Außerdem haben wir immer noch keinen Dialog zum Erstellen eines neuen Produktes.

All diese Probleme bringen jedoch keine neuen Herausforderungen für den Test-First-Entwickler; wir können die Lösung daher getrost dem Leser überlassen.

Zwischenbilanz

Blicken wir nochmals zurück: Wir haben die GUI-Logik testgetrieben implementiert, ohne im entferntesten mit Swing zu tun zu haben. Wir haben einen Swing-View zu unserem GUI-Modell testgetrieben implementiert, der nicht viel mehr macht, als weiter zu delegieren (siehe Abb. 14–6). Und wir haben über manuelle Inspektion das Layout verbessert und Lücken in unseren Tests gefunden (und geschlossen).

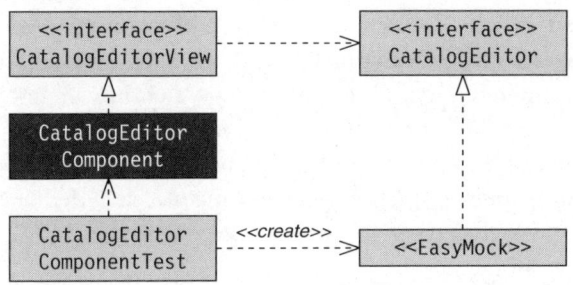

Abb. 14–6
Design der Swing-Tests

Manuelle Inspektionen sind übrigens nichts, für das sich ein Test-First-Entwickler schämen müsste. Solange wir sie nicht als Ersatz für automatisierte Tests benutzen, sondern als Inspiration für den nächsten Test, als Feedback über die Qualität existierender Tests oder auch einfach nur zum Stärken unserer Zuversicht und Motivation, liefern sie einen wertvollen Beitrag. Wichtig ist allerdings auch hier, die Feedback-Schleife kurz zu halten.

14.3 Benutzeraktionen simulieren

Der im vorangegangenen Unterkapitel beschrittene Weg bringt einige versteckte Probleme mit sich:

Probleme des obigen Ansatzes

- Alle für die Tests wichtigen GUI-Widgets müssen in nicht privaten Instanzvariablen – oder über entsprechende Getter-Methoden – sichtbar gemacht werden. Dies widerspricht dem bislang propagierten Stil, Instanzvariablen immer privat zu halten und Zugriffsmethoden nur dann anzubieten, wenn sie von Clients der Klasse verwendet werden.
- Die »Bedienung« der Oberflächenkomponente findet nicht über den eigentlichen Event-Mechanismus statt, sondern benutzt spezielle Methoden der Widgets. Der Nachteil dabei ist, dass bestimmte Fehlerarten unentdeckt bleiben, z.B. können auch unsichtbare und »disabled« Komponenten im Unit Test angesprochen werden.
- Bisher haben wir vollkommen die Swing-Thread-Problematik[6] ignoriert, was in den Tests unter Umständen zu schwer nachvollziehbaren Fehlern führen kann.

Der erste Punkt – die sichtbaren Variablen – knüpft an die Diskussion über nichtöffentliche Klasseneigenschaften in Kapitel 8.2 an. Wie dort bereits erörtert, gibt es sowohl Pro- als auch Contra-Argumente zur Frage, ob »Innereien« nur für Testzwecke sichtbar gemacht werden sollten. In jedem Fall koppeln wir die Tests dadurch an Implementierungsinterna und machen sie zerbrechlicher. Die Auslagerung der Widget-Erzeugung und Widget-Referenzierung in eine dedizierte Klasse kann zwar das Sichtbarkeitsproblem lösen, stellt aber häufig nicht das einfachste Design dar.

Der zweite und dritte Punkt sind eine tatsächliche Einschränkung der Mächtigkeit und damit Effektivität der Testfälle.

Lösungsansätze

Komponenten finden

Das Auffinden von Komponenten, ohne diese über Instanzvariablen für Tests verfügbar zu machen, ist reine Fleißarbeit. Mit der statischen Methode `Frame.getFrames()` gibt es im AWT eine einfache Möglichkeit, an alle aktuell dargestellten Fenster einer JVM zu kommen, und von da aus muss man sich nur noch nach bestimmten Kriterien durch

---

6. Die meisten Methodenaufrufe der Swing-Komponenten sind nicht Threadsicher und müssen daher grundsätzlich im AWT-Thread aufgerufen werden. Die Webseite der Open-Source-Bibliothek Spin [URL:Spin] gibt eine gute Einführung zu diesem Thema.

den Wald von Containern und Komponenten hangeln, bis man gefunden hat, was man sucht.

Event Handling Thread

Will man dagegen die Bedienung der Oberfläche in den Tests näher an die realen Bedingungen bringen, bietet es sich an, statt der Komponenten den AWT Event Handling Thread zu bedienen. Das klingt nach einer Menge Fummelarbeit, doch glücklicherweise gibt es inzwischen eine Reihe von Tools, die uns diese Arbeit abnehmen und eine handliche API zur Verfügung stellen.

java.awt.Robot

Seit JDK 1.3 bietet Java als Alternative eine Klasse an, die explizit für das Testen grafischer Benutzeroberflächen gedacht ist: `java.awt.Robot`. Instanzen dieser Klasse ermöglichen es, Maus- und Tastaturaktionen zu simulieren. So stehen beispielsweise folgende Befehle zur Verfügung: `mouseMove(..)`, `mousePress(..)`, `mouseRelease(..)`, `keyPress(..)`, `keyRelease(..)`. Diese Methode ist für Unit Testing aber eher ungeeignet, da sie leicht mit gleichzeitigen Aktionen des Entwicklers kollidiert; es braucht lediglich irgendwo ein unerwartetes Fremdfenster (z.B. der IDE) zu erscheinen und schon landet ein Mausklick nicht dort, wo wir ihn beabsichtigten. Eigentlich ist die Robot-Klasse für die Entwicklung reiner Java-Lösungen im Capture&Replay-Bereich gedacht.

Jemmy

Swing-basiertes Testen

Wie bereits erwähnt, gibt es mehrere Tools, die uns das Testen von Swing-Anwendungen erleichtern wollen. Eines der bekanntesten im JUnit-Bereich ist wahrscheinlich jfcUnit [URL:JfcUnit], das explizit als Erweiterung zu JUnit entwickelt wurde und sowohl das Testen über den Event-Thread als auch mit Hilfe des `Robot` unterstützt.

Wir wollen an dieser Stelle jedoch Jemmy benutzen, da uns dessen Verwendung wesentlich einfacher erscheint. Obwohle es eigentlich ein Modul der NetBeans IDE ist, waren die Entwickler weitsichtig genug, auch den Einsatz außerhalb von NetBeans vorzusehen. Unter [URL:Jemmy] kann man die neueste Version herunterladen und sich aktiv an der Weiterentwicklung beteiligen. Jemmy unterstützt alle bereits oben identifizierten Aufgaben:

- Das Aufspüren von `java.awt.Window`-Instanzen (z.B. Frames und Dialoge), die vom zu testenden Code geöffnet wurden.
- Die Lokalisation von Swing-Komponenten im Komponentenbaum eines Fensters anhand des Typs, des Namens oder beliebiger anderer Eigenschaften.
- Das Abschicken gezielter Events im AWT Event Handling Thread, z.B. das Klicken auf einen Button oder die Auswahl eines `JTree`-Teilbaumes.
- Das Thread-sichere Testen und Abfragen von Komponenten.

Die Erstellung eines Jemmy-Tests unterscheidet sich kaum vom Programmieren eines normalen Tests. Man benutzt lediglich zum Finden und Bedienen von Swing-Komponenten spezielle Klassen, so genannte Operators. Für jeden Komponententyp gibt es eine spezielle Operatorimplementierung.

Zur Veranschaulichung erstellen wir einen Jemmy-Testfall, der die Funktion des Hinzufügen-Buttons in der Produkteditor-GUI überprüft:

```java
public class CatalogEditorComponentJemmyTest extends TestCase {
    private CatalogEditorComponent component;
    private MockControl editorControl;
    private CatalogEditor mockEditor;
    private JFrame frame;
    private ContainerOperator frameOperator;
    protected void setUp() throws Exception {
        component = new CatalogEditorComponent();
        frame = new JFrame();
        frame.getContentPane().add(component);
        frame.show();
        frameOperator = new JFrameOperator();
        editorControl =
            MockControl.createControl(CatalogEditor.class);
        mockEditor = (CatalogEditor) editorControl.getMock();
    }
    protected void tearDown() throws Exception {
        frame.dispose();
    }
    public void testAddProductButton() {
        mockEditor.addProduct();
        editorControl.replay();
        component.setCatalogEditor(mockEditor);
        JButtonOperator addProductButton =
            new JButtonOperator(frameOperator, "Hinzufügen");
        addProductButton.push();
        editorControl.verify();
    }
}
```

In setUp() betten wir nun unsere Komponente in einen JFrame ein, da die Benutzung von Jemmy voraussetzt, dass die zu testenden Komponenten tatsächlich am Bildschirm sichtbar sind. Zusätzlich erzeugen wir eine »Fernbedienung« für den Frame (JFrameOperator); diese benötigen wir später für den Zugriff auf den enthaltenen Button. In tearDown() räumen wir den Frame wieder auf.

Das eigentliche Geschehen findet jedoch wie üblich in `testAddProductButton()` statt. Viel geändert hat sich auch hier nicht: Wir erzeugen uns den Operator für unseren Button mit Hilfe des Operators für den Frame und des Labels. Mit dem `JButtonOperator` senden wir dann einen Mausklick in die Event-Queue, die ein Drücken des Knopfs zur Folge hat.

Einen Nachteil hat dieses Vorgehen noch: Der Test zerbricht, sobald wir das Label für den Knopf ändern. Alternativ ermöglicht es uns Jemmy, einen so genannten `ComponentChooser` anzugeben, mit dem wir die richtige Komponente auswählen können. Wir schauen uns hier einen Trick von jfcUnit ab: Jede Komponente kann nämlich einen Namen besitzen, und den können wir dann benutzen, um die Komponente zu finden.

Finden einer Komponente über den Namen

Die Implementierung des `ComponentChooser` ist einfach:

```
public class NamedComponentChooser
        implements ComponentChooser {
    private final String name;
    public NamedComponentChooser(String name) {
        this.name = name;
    }
    public boolean checkComponent(Component comp) {
        return name.equals(comp.getName());
    }
    public String getDescription() {
        return "Component with name '" + name + "'";
    }
}
```

Und die Benutzung ebenfalls:

```
public void testAddProductButton() {
    mockEditor.addProduct();
    editorControl.replay();
    component.setCatalogEditor(mockEditor);
    JButtonOperator addProductButton = new JButtonOperator(
        frameOperator, new NamedComponentChooser("addProduct"));
    addProductButton.push();
    editorControl.verify();
}
```

Damit dieser Test durchläuft, müssen wir jetzt allerdings im Produktionscode den Namen auch tatsächlich vergeben:

```
public class CatalogEditorComponent...
   private void initButtons() {
      addProductButton.setName("addProduct");
      ...
   }
```

Jetzt läuft der Test wieder durch und ist nicht mehr abhängig von der sichtbaren Beschriftung des Knopfes.

Unterschiede zur ersten Implementierung

Ein wichtiger Unterschied zum Testansatz im vorigen Unterkapitel ist zum einen, dass wir bestimmte Widgets über ihren Typ, ihren Namen oder ihr Label suchen, anstatt auf deren Sichtbarkeit in der Klasse angewiesen zu sein. Zum anderen rufen wir keine Methoden direkt an den Widgets auf, sondern setzen diejenigen Events in die Eventqueue, die auch bei der »echten« Bedienung der Oberfläche ausgelöst werden.

Vorteile – Nachteile

Der mit Jemmy verfolgte Testansatz hat Vor- und Nachteile: Von Vorteil ist, dass die Tests sehr dicht am tatsächlichen Geschehen einer grafischen Oberfläche sind[7]. Dadurch können wir z.B. auch das Verhalten mit mehreren offenen Fenstern und Dialogen testen. Außerdem sind wir weniger anfällig gegen Änderungen im Codedesign: Solange eine Änderung nicht grundlegend das Aussehen der GUI verändert, bleibt der Erfolg unserer Tests unberührt.

Der Nachteil besteht darin, dass die Testfälle nur über Umwege auf die eigentlichen Komponenten und Widgets zugreifen können. Das macht unsere Tests schwerfälliger: Wir benötigen mehr Code für den gleichen Test und die Tests haben eine längere Ausführungszeit – in diesem Fall um den Faktor 2,5 in der Ausführungsumgebung der Autoren.

Weitere Tools

Zahlreiche Java-GUI-Test-Tools buhlen um die Anerkennung durch Tester und Entwickler. Erwähnenswert sind sicherlich noch Abbot [URL:Abbot] und Marathon [URL:Marathon], die beide neben der Programmierbarkeit auch das Aufzeichnen und Abspielen von GUI-Skripten erlauben – Abbot in Form von XML-Code, Marathon als Python-Skripte.

---

[7]. Jemmy erlaubt auch die Umstellung auf den oben erläuterten java.awt.Robot, was die Testausführung jedoch noch weiter verlangsamt.

14.4 Zusammenfassung

Dieses Kapitel hat gezeigt, wie auch grafische Benutzeroberflächen unter Verwendung des Test-First-Ansatzes erstellt werden können. Wichtigster Schritt ist auch hierbei die Trennung der Logik von der Bedieneroberfläche, z.B. mittels des Humble-Dialog-Box-Musters (Kapitel 14.1).

Für die Erstellung der Swing-Komponenten selbst finden derzeit zwei Varianten in der Testgemeinde Anwendung:

- Feingranulare Unit Tests durch direktes Ansprechen von Komponenten und Widgets (Kapitel 14.2).
- Interaktionstests mittels Jemmy oder ähnlichen Tools, welche die tatsächliche Bedienung einer GUI simulieren (Kapitel 14.3).

Beide Ansätze stoßen an ihre Grenze, wenn es um die Sicherstellung bestimmter Layoutvorgaben und unscharfer Eigenschaften wie Ergonomie oder Ästhetik geht. Nicht zuletzt aus diesem Grund sind manuelle Inspektionen jeder Benutzerschnittstelle eine notwendige Ergänzung automatisierter Testfälle.

15 Die Rolle von Unit Tests im Softwareprozess

Dieses Kapitel beschreibt die Rolle von Unit Tests in einem Software-Engineering-Umfeld. Es zeigt, wie und mit welchem Aufwand sich automatisierte Unit Tests nach dem Test-First-Ansatz in einen dokumentierten Softwareprozess einbauen lassen bzw. inwieweit sie in kommerziell eingesetzten Software-Engineering-Prozessen wie dem *V-Modell* [IAB97] oder dem *Rational Unified Process* (RUP) [Kruchten99] bereits berücksichtigt sind.

Solche Überlegungen betreffen Manager, Projektleiter und Entwickler, die derzeit mit solchen Prozessen arbeiten und sich für die systematische Einführung von Unit Tests interessieren. Der Entwickler, der nur mit XP arbeitet und arbeiten will, kann dieses Kapitel überspringen.

Zielpublikum des Kapitels

Schwere und dokumentenorientierte Prozesse sind weniger flexibel als agile Prozesse [Fowler01], zu denen XP gehört. Kleine Projektteams, die im Auftrag eines Einzelkunden Software entwickeln, betrachten solche Software-Engineering-Prozesse daher oft als überholt. Ihr Einsatz ist aber sinnvoll, wenn beispielsweise ein kombiniertes Hardware-Software-System entwickelt werden soll. Die späte Verfügbarkeit der Zielhardware verlangt, dass Anforderungen und insbesondere Schnittstellen früh festgelegt und »eingefroren« werden müssen. Auch zur Koordination großer, verteilter Projektteams, die z.B. an einem neuen Standardprodukt arbeiten, ist die Disziplin solcher managementlastigen Prozesse notwendig. Schließlich gibt es Bereiche, z.B. Entwicklung im staatlichen Auftrag, wo definierte Software-Engineering-Prozesse von dem Projekt formal gefordert werden.

Wann sind »schwere« Prozesse sinnvoll?

Die Entwicklung und Einführung einer systematischen Arbeitsweise in einer großen Entwicklungsabteilung ist eine hohe Investition. Vor der Entscheidung zum Einsatz automatisierter Unit Tests sollten daher die Gesamtstrategien des Tests in unterschiedlichen Prozessmodellen verstanden werden sowie eine Kosten-Nutzen-Analyse durchgeführt werden.

Kosten-Nutzen-Betrachtung

Dieses Kapitel stellt daher zunächst die Testaktivitäten in den unterschiedlichen Prozessstrukturen vor – sequenziell, inkrementell und evolutionär – und geht dann auf konkrete kommerziell eingesetzte Prozessmodelle ein: V-Modell, Rational Unified Process und XP.

Schließlich wird erklärt, wie eine zielführende und kostengünstige Teststrategie für ein Projekt unter Einbeziehung automatischer Unit Tests entwickelt werden kann.

15.1 Aktivitäten im definierten Softwareprozess

Ein definierter Entwicklungsprozess besteht aus einer strukturierten Abfolge von Aktivitäten, bei denen Zwischenergebnisse und schließlich das Produkt entstehen.

Aktivitäten und Produkte

Abbildung 15–1 zeigt ein Beispiel für Aktivitäten und Ergebnisse eines Softwareprozesses. Bewusst haben wir keinen der in den folgenden Unterkapiteln besprochenen Prozesse gewählt, sondern ein vereinfachtes Beispiel: Eine kleine Firma entwickelt kundenspezifische GUI-Komponenten.

Beispielprozess Die Entwicklung läuft folgendermaßen ab: Zuerst wird eine Beschreibung der Funktionen der Komponente sowie der Programmierschnittstelle und des User-Interface entwickelt. Diese Beschreibung wird vor Beginn der Implementierung vom Kunden reviewt. Dann folgen Entwurf des Klassenmodells und der Tests sowie die Implementierung der Komponente. Die Komponente wird zuerst intern und später durch den Kunden getestet, wobei sie in die Software des Kunden integriert wird. Schließlich wird dem Kunden die fertige Komponente übergeben und das Projekt abgeschlossen.

Grundbegriffe An diesem Beispiel lassen sich einige Grundbegriffe erklären: Ein Prozess besteht aus einer Menge von Schritten oder *Aktivitäten*. Eine Aktivität ist eine Tätigkeit, deren Durchführung im Prozess beschrieben ist und die zu einem definierten Ergebnis führt. In Abbildung 15–1 sind die Rechtecke Aktivitäten, also z.B. »Beschreibe Funktion & Interface«. Das Ergebnis einer Aktivität ist entweder ein Produkt (also etwas, das an den Projektkunden ausgeliefert wird) oder ein internes Zwischenergebnis (z.B. ein Projektdokument oder ein Softwaremodell).

Zwischenprodukte Definierte Zwischenergebnisse erlauben, den Fortschritt des Projektes zu ermitteln. In Abbildung 15–1 sind sie durch Parallelogramme symbolisiert. Oft sind solche Zwischenergebnisse standardisierte Dokumente. Ein Beispiel für ein solches Dokument ist die »Spezifika-

15.1 Aktivitäten im definierten Softwareprozess

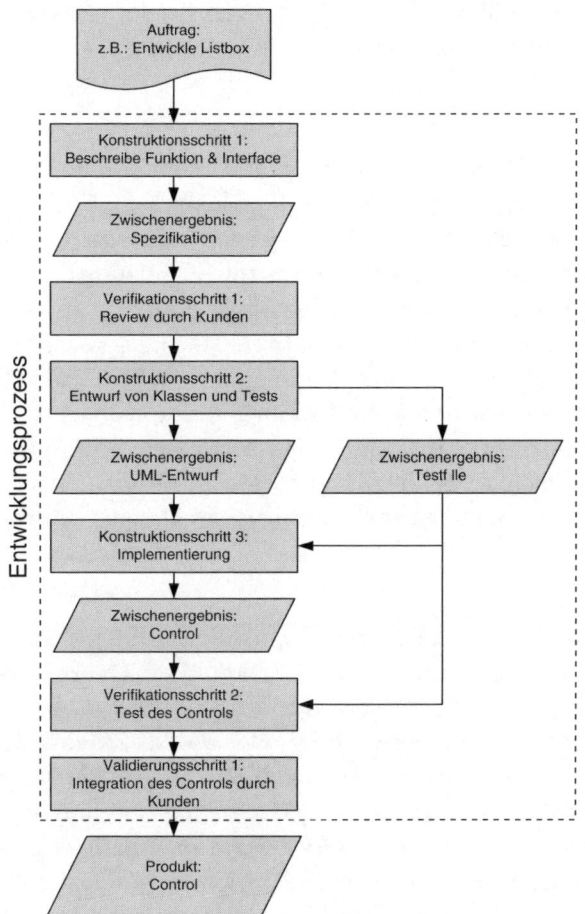

Abb. 15–1
Aktivitäten, Zwischenergebnisse und Produkte im Entwicklungsprozess

tion«. Textdokumente haben den Vorteil, dass man sie ausdrucken und durchlesen kann und sie sich somit sehr gut für einen Review eignen. Im RUP [Kruchten99] sind Zwischenergebnisse Softwaremodelle (wie der »UML-Entwurf« in Abb. 15–1) oder ausführbare Programme (wie die Komponente nach der Implementierungsphase in Abb. 15–1). Ausführbare Zwischenergebnisse können den Fortschritt des Projektes zuverlässiger nachweisen als geduldiges Papier. Das gilt natürlich nur, wenn es sich um fertige, geprüfte Bestandteile des Produkts handelt und nicht um GUI-Prototypen, die der Entwickler mit entsprechenden Werkzeugen schnell erstellen kann.

Ziel des Softwareprozesses ist die Erstellung eines qualitativ hochwertigen Softwareprodukts. Produktqualität bedeutet, dass das Produkt die dokumentierten Anforderungen und die oft nicht dokumentierten Bedürfnisse und Erwartungen von Auftraggebern und Benutzern

Produktqualität

erfüllt. Zur Erstellung eines hochwertigen Produkts tragen verschiedene Arten von Aktivitäten bei.

Konstruktionsaktivitäten

Aktivitäten wie Anforderungsdefinition, Design und Implementierung dienen dazu, die Funktionalität des Produkts aufzubauen. Bei diesen Aktivitäten entstehen Fehler. Die weiter unten beschriebenen Verifikations- und Validierungsschritte dienen zur Beseitigung dieser Fehler.

Fehlervermeidung   Die preiswerteste und beste Art, hohe Qualität zu erreichen, ist Fehlervermeidung bei den konstruktiven Schritten. Hierzu gibt es verschiedene Möglichkeiten: Dokumentvorlagen helfen den Projektmitarbeitern bei der vollständigen Dokumentation von Anforderungen. Ausbildung in Software-Engineering-Methoden hilft, systematische Fehler zu vermeiden. Nicht zuletzt trägt der Test-First-Ansatz zur Fehlervermeidung bei, indem er die Qualität des Designs verbessert.

Verifikation

Verifikation dient dazu, festzustellen, ob die Ergebnisse einer Aktivität den dokumentierten Anforderungen entsprechen. Dabei wird zum Beispiel ermittelt, ob ein Design alle dokumentierten Anforderungen (engl. Requirements) berücksichtigt oder ob das Produkt alle spezifizierten Funktionen korrekt implementiert. Bei der Verifikation kommen verschiedene Test- und Review-Techniken zum Einsatz.

Testarten   Bei einem *Test* wird die Software auf eine definierte Art ausgeführt, die Ergebnisse werden beobachtet bzw. aufgezeichnet und die Richtigkeit der Ergebnisse wird bewertet. Es gibt unterschiedliche Arten von Tests:

- **Funktionale Tests** (Function Tests) prüfen, ob die Software eine spezifizierte Funktion korrekt implementiert, z.B. ob es in einer Tabelle möglich ist, Zeilen und Spalten einzufügen.
- **Benchmarks** (Benchmark Tests) messen die Performanz eines Systems (definierte Hardware und Software) und vergleichen sie mit einer Referenz, d.h. einem existierenden System oder einem vorgegebenen Wert. Ein Benchmark für ein Grafikprogramm ermittelt z.B., wie lange es dauert, auf einem bestimmten Rechner eine 3D-Szene aufzubauen.
- **Lasttests** (Load Tests) prüfen, ob die Software unter verschiedenen Betriebsbedingungen (z.B. unterschiedliche Anzahl paralleler Benutzer) korrekt und ausreichend effizient arbeitet. Eine Variante hiervon sind Stresstests (*Stress Tests*), die das Verhalten der Software unter extremen Bedingungen testen, z.B. mit einer sehr großen

Zahl paralleler Benutzer oder unter sehr eingeschränkten Rechnerressourcen.
- **Robustheitstests** (Robustness Tests) prüfen, ob die Software ohne Absturz auf Fehler reagieren kann, z.B. auf fehlerhafte Eingaben oder Ausnahmen (Exceptions), wie unzureichenden Speicherplatz.
- **Installationstests** (Installation Tests) prüfen, ob sich die Software korrekt unter unterschiedlichen Bedingungen installieren lässt.

Bei einem *Review* begutachtet eine Gruppe von Reviewern das Ergebnis einer Aktivität, z.B. ein Anforderungsdokument oder eine wichtige Klassendefinition. Diese Gruppe besteht z.B. aus Managern, Kundenvertretern, Anwendern oder Entwicklern. Bei Befolgung eines strukturierten Review-Prozesses, z.B. den Inspektionen (*Inspections*) [Gilb93], finden Reviews Fehler oft mit geringeren Kosten als Tests. Dies liegt unter anderem daran, dass der Reviewer den Fehler beim Lesen eines Dokumentes oder Quellcodes am Ort der Fehlerursache findet, z.B. sieht er eine falsche Variablenzuweisung im Quellcode. Dagegen tritt beim Test ein Symptom auf, aber die Ursache muss der Entwickler durch zum Teil langwieriges Debugging finden [Humphrey95]. Ein weiterer positiver Nebeneffekt von Reviews ist die Weitergabe von Wissen. Durch ihre Arbeit als Reviewer lernen Projektmitarbeiter unbekannte Teile des Projektes kennen.

Review

Auch XP enthält neben unterschiedlichen Testarten eine sehr effiziente Form des Reviews: Beim Pair Programming (siehe Kapitel 1.2) reviewen die Entwickler abwechselnd und gegenseitig während der Entwicklung ihre Arbeit. Pair Programming reduziert die Fehlerzahl und verbreitet das Wissen über den Code im Projektteam.

Review durch Pair Programming

Verifikationstechniken prüfen, ob der Softwareprozess korrekt abgelaufen ist und in jeder Phase das spezifizierte Resultat produziert wurde. Wenn ein Softwareprodukt die Verifikation erfolgreich durchläuft, haben die Entwickler ihre Arbeit ordentlich erledigt. Unit Tests sind somit eine Verifikationsmaßnahme. Sie stellen sicher, dass der Entwickler alle Methoden, die von der Komponente in ihrem öffentlichen Interface angeboten werden, auch tatsächlich korrekt implementiert hat.

Validierung

Leider ist die erfolgreiche Verifikation noch keine Garantie für eine erfolgreiche oder sinnvoll einsetzbare Software, denn es könnte sein, dass die Spezifikation nicht die wahren Wünsche der Auftraggeber beschreibt. Daher wird als weiterer Schritt die Validierung benötigt. Validierung dient dazu, festzustellen, ob das Produkt die Bedürfnisse des Benutzers erfüllt. Zur Validierung gehört der Einsatz der Software in der Zielumgebung, z.B. im Rahmen eines Pilotprojekts oder, bei Standardprodukten, eines Betatest-Programms. Auch für die Validierung gilt, dass sie so früh wie möglich einsetzen sollte.

Frühes Feedback

So besteht eine frühe und sehr effektive Form der Validierung darin, ein gemeinsames Verständnis der Anforderungen zwischen Projektteam und Kunden sicherzustellen. Die unten diskutierten Softwareprozessmodelle sehen dazu eine Reihe von Techniken vor, wie Szenarien, Prototypen oder Storyboards.

Qualitätssicherung

Man könnte meinen, das Thema Qualitätssicherung (QS) sei bereits durch die oben genannten Verifikations- und Validierungsaktivitäten abgedeckt. Mit QS ist jedoch nicht die Durchführung der Aktivitäten gemeint, die man häufig als Qualitätskontrolle bezeichnet, sondern deren Analyse. Die Aufgabe der QS ist es also, zu überwachen, wie und in welcher Qualität der tatsächliche Softwareprozess abläuft. Abbildung 15–2 veranschaulicht dies.

Die QS unterstützt den Projektleiter bei der Planung des Projektes, beobachtet den Prozess und vergleicht den wirklich durchgeführten mit dem dokumentierten Prozess. Dabei prüft sie, ob Aktivitäten (z.B. Projektmeetings, Dokumentenreviews, Tests) tatsächlich stattfinden und ob Zwischenergebnisse und das Endprodukt so aussehen, wie im Prozess definiert. Dies klingt vielleicht nach Aufpassen und Besserwissen, aber in einem guten Projekt werden die Projektmitarbeiter in die Planung einbezogen und der Prozess basiert auf ihrer realen Vorgehensweise.

Idealerweise ist die QS das Gewissen der Mitarbeiter, das sie an ihre guten Vorsätze erinnert. Zur Beobachtung des Prozesses gehört die Sammlung von Daten, z.B. über Einhaltung des Terminplanes, Anzahl der gefundenen Fehler bei Verifikationstätigkeiten und Ähnliches. Diese Daten geben Aufschluss darüber, ob der Prozess angemessen und effizient ist.

Eskalation von Problemen

Die QS bereitet die gesammelten Daten auf und informiert das Projektteam auf dieser Basis, z.B. über Effizienz von Reviews und (System)-Tests, Anzahl der nicht behobenen Problemberichte, Abweichung von Meilensteinterminen im Vergleich zur Planung. Neben der reinen Information muss die QS aber auch signifikante Abweichungen vom Prozess behandeln. Nehmen wir z.B. an, dass die QS feststellt, dass ein bestimmter Mitarbeiter keine Tests für seine Module entwickelt. Sie wird dieses Problem mit dem Entwickler besprechen, die Motivation für die Tests nochmal erklären – vielleicht auf Basis dieses Buches – und den Entwickler auffordern, die Tests zu erstellen. Reagiert der

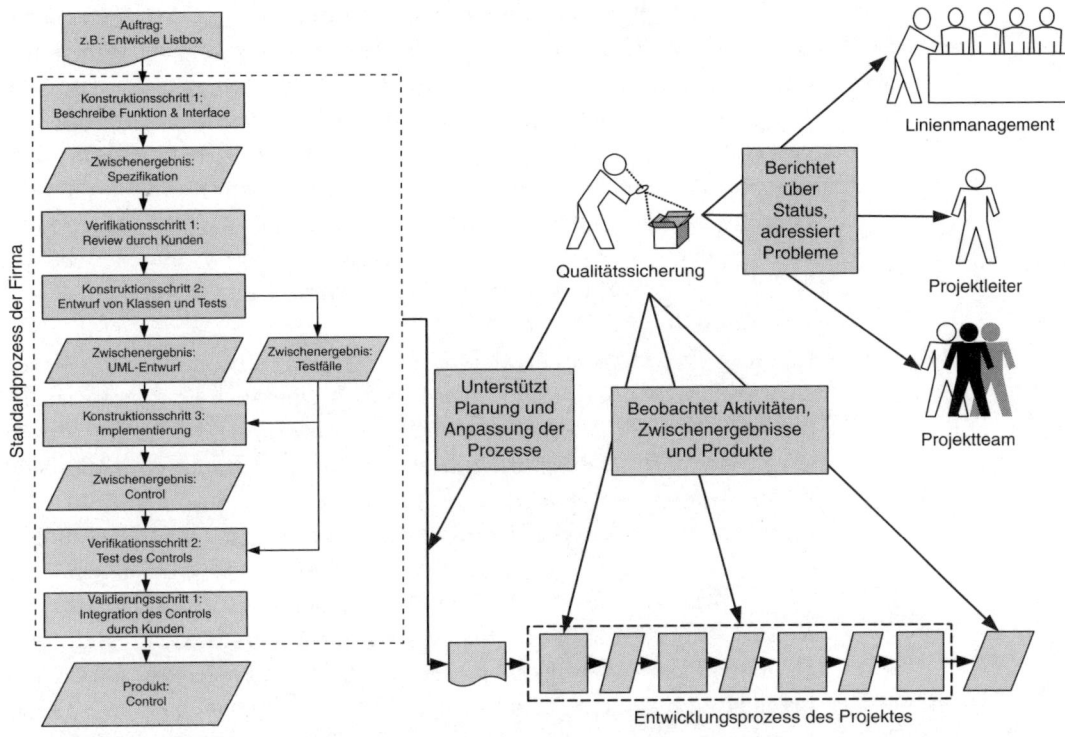

Abb. 15–2
Aufgaben der Qualitätssicherung

Entwickler nach gutem Zureden nicht, muss die QS den Projektleiter auf das Problem hinweisen, denn die Qualität des Produkts steht auf dem Spiel, und nun muss der Projektleiter das Problem mit dem Mitarbeiter beheben.

Die QS nimmt auch eine allseits unbeliebte Polizistenfunktion wahr. Falls sich Probleme nicht innerhalb des Projektes beheben lassen – z.B. wenn der Projektleiter nun auch meint, dass für Tests jetzt gar nicht der richtige Zeitpunkt ist –, wird das Management benachrichtigt. Diese so unangenehme Aufgabe ist für eine Firma lebenswichtig, wenn dadurch beispielsweise verhindert werden kann, dass aus Zeitdruck ein mit vielen Fehlern behaftetes Produkt ausgeliefert wird und alle Kunden vergrault.

Wie QS am besten umgesetzt werden soll, ist das Thema vieler Diskussionen, und die Antwort hängt von der Unternehmenskultur ab. Es gibt wohl zwei grundsätzliche Ansätze, die erfolgversprechend sind:

Der erste Ansatz sieht QS als eine Rolle in der Organisation an: In einer Organisation, die an formale Prozesse gewöhnt ist, die z.B. auf einem hohen Reifegrad nach einem Prozessstandard wie CMMI [CMU00] arbeitet, setzt eine organisatorische Einheit die QS wie oben beschrieben um.

QS als organisatorische Einheit

Die Mitarbeiter solcher Organisationen sind an komplexe Prozesse, Hierarchien und Zuständigkeiten gewöhnt und können damit leben, dass sie ihre Arbeiten mit der QS abstimmen müssen. Auch die Vorgesetzten und Kollegen kennen und respektieren die »administrativen Anteile« in der Arbeit des Mitarbeiters und planen die dafür notwendige Zeit ein. Der Vorteil einer solchen Organisation ist, dass die Qualität unabhängig von bestimmten Menschen (die abwandern können) gesichert wird und ein vorhersagbares Maß an Fehlerfreiheit, wie es z.B. für sicherheitsrelevante eingebettete Systeme benötigt wird, sichergestellt wird.

QS als Führungsaufgabe

Tom DeMarco stellt in [DeMarco01] die Erhebung der QS zur Unternehmensfunktion in Frage: In vielen Domänen ist Qualität nicht mit Fehlerfreiheit gleichzusetzen. Die Priorisierung zwischen der durch QS erreichbaren Fehlervermeidung (die am leichtesten ist, wenn sich wenig ändert) und anderen Qualitäten wie Innovation kann nur produktspezifisch durch die Verantwortlichen erfolgen. Der zweite mögliche Ansatz zur QS ist daher, dass die Projektverantwortlichen auch für die Qualität verantwortlich sind. Sie müssen eine Vision entwickeln, welche Qualitätsattribute für das Produkt entscheidend sind, das Team von der Wichtigkeit dieser Qualitäten überzeugen und deren Erreichung nachverfolgen. Ein solcher Ansatz lässt sich auch in Organisationen mit geringer Prozessstandardisierung umsetzen. Er passt gut zu den neuen Entwicklungsmodellen, wie den unten besprochenen RUP und XP. Er hat zwar den inhärenten Nachteil, von dem Urteilsvermögen der Verantwortlichen abhängig und somit nicht institutionalisiert zu sein, aber den Vorteil der größeren Agilität und der besseren Anpassbarkeit auf das einzelne Produkt.

Einordnung von Unit Tests

Unit Tests sind für einige der soeben vorgestellten Arten von Aktivitäten relevant. Die Erstellung von Unit Tests nach dem Test-First-Prinzip ist eine konstruktive Qualitätsmaßnahme, da sie das Design verbessert. Die Durchführung von Unit Tests ist auch eine Verifikationsmaßnahme. Die Aktivitäten und Ergebnisse des Unit Tests gehören zum Entwicklungsprozess und unterliegen somit der Qualitätssicherung.

15.2 Prozesstypen und Teststrategien

Bei den heute eingesetzten Prozessmodellen kann man verschiedene Typen unterscheiden, die jeweils unterschiedliche Teststrategien erfordern. Sequenzielle Modelle sind historisch die ersten Prozessmodelle. Bei ihnen finden Tests am Ende des Entwicklungsprojektes statt. Dagegen fordern moderne inkrementelle und evolutionäre Entwicklungsmodelle frühzeitige Integration und frühzeitiges Testen von Vorversionen der Software.

Sequenziell
Inkrementell
Evolutionär

Sequenzielle Modelle

Die ersten vorgeschlagenen Prozessmodelle hatten eine sequenzielle Struktur. Das erste und bekannteste dieser Modelle ist das *Wasserfallmodell* (siehe [Royce70], [Boehm76]), das in Abbildung 15–3 skizziert ist.

Wasserfall

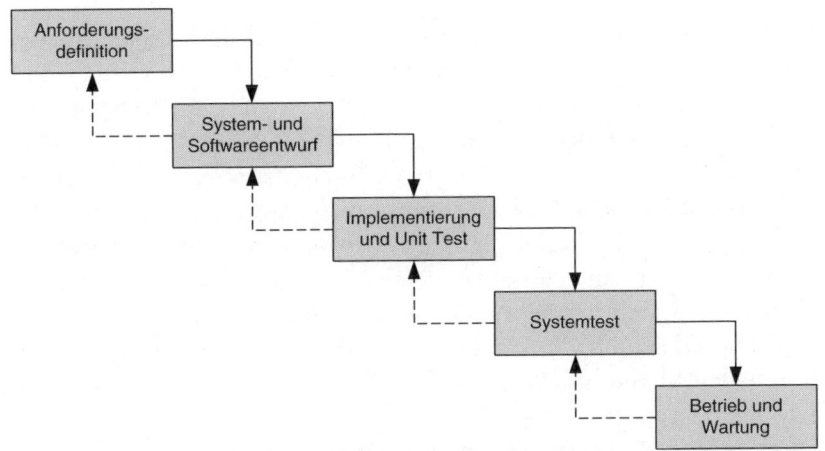

Abb. 15–3
Wasserfallmodell
[Boehm76]

Das Wasserfallmodell ist deshalb ein sequenzielles Modell, weil jede der Aktivitäten an einer Stelle des Prozesses für das gesamte Produkt durchgeführt wird. In einem sequenziellen Modell werden im Rahmen der Aktivität Anforderungsdefinition alle Anforderungen aufgeschrieben und detailliert. Am Ende der Aktivität werden die Anforderungen reviewt, abgestimmt und festgelegt. Analog liefert die Aktivität System- und Softwareentwurf das Design von der Systemarchitektur bis hin zum Feinentwurf. Anschließend wird die gesamte Software implementiert, integriert und getestet. Schließlich wird sie produktiv in ihrer Zielumgebung eingesetzt, gewartet und weiterentwickelt.

Die Integration der unterschiedlichen Module sowie die Testdurchführung finden in sequenziellen Modellen am Ende der entsprechenden Phase statt. Dabei teilt man die Testaktivitäten in folgende Stufen (engl. Test Stages) ein:

Teststufen

- **Unit Test:** Nach der Implementierung werden die Units, also Klassen oder Module, einzeln getestet.
- **Integration und Integrationstest:** Die Software wird sukzessive aus den einzelnen Bestandteilen zusammengebaut, wie es im Design beschrieben ist.

  Jedes dabei entstehende Teilsystem wird wiederum getestet. Der Integrationstest basiert auf dem Design bzw. der Architektur und prüft das korrekte Zusammenspiel der integrierten Bestandteile.
- **Systemtest:** Das Gesamtsystem wird getestet. Dies geschieht auf Basis der Anforderungen, d.h., die spezifizierte Funktionalität wird ebenso getestet wie nicht funktionale Eigenschaften der Software: Effizienz, Robustheit usw.
- **Akzeptanztest:** Die Software wird validiert, indem sie z.B. durch die Kunden in der Zielumgebung getestet wird. Der Akzeptanztest stellt die formale Abnahme der Software durch den Kunden dar.

Die beim Testen gefundenen Fehler führen zu Rückgriffen im Prozess, wie die gestrichelten Linien in Abbildung 15–3 andeuten. Wird im Test ein Fehler in der Implementierung gefunden, so muss die Implementierung korrigiert werden. Die Rückgriffe werden umso teurer, je früher die Fehlerursache im Prozess liegt: Wenn ein Problem auf eine fehlerhafte Anforderung zurückgeht, müssen die Anforderung sowie das darauf basierende Design und die betroffenen Programmelemente geändert und erneut getestet werden.

Kosten der Fehlerbeseitigung

Die geradlinige Struktur der sequenziellen Modelle ist einleuchtend und erleichtert die Planung des Projektes und die Kommunikation. Jede Aktivität des Projektes führt zu einem definierten Zwischenergebnis, in den ersten Phasen normalerweise in Form eines Dokumentes, z.B. einer Anforderungsspezifikation. Sequenzielle Vorgehensmodelle sind in vielen Bereichen des Lebens, z.B. in der (Gebäude-)Architektur, verbreitet, bei denen der technische Prozess gut beherrscht wird. Die Erfahrungen der letzten Jahrzehnte deuten jedoch daraufhin, dass ein sequenzielles Vorgehen nur in den seltensten Fällen auch für die Softwareentwicklung geeignet ist.

Probleme sequenzieller Modelle

In vielen Softwareprojekten hat der Einsatz sequenzieller Modelle zu Problemen geführt. Dies liegt vor allem an der späten Integration und dem späten Test der Software. Inkonsistenzen, Missverständnisse und Qualitätsprobleme werden erst am Ende des Projektes entdeckt, wenn die Integration fehlschlägt oder beim Test mangelnde Qualität festgestellt wird. Wenn die Probleme entdeckt sind, beginnt die Arbeit am Projekt von Neuem; Anforderungen müssen korrigiert, das Design geändert und die Implementierung in großen Teilen überarbeitet werden. Ein Projekt, das »zu 90% fertig« war, steht plötzlich wieder fast am Anfang (siehe [Royce90]).

Inkrementelle Modelle

Um die technische Beherrschbarkeit von Projekten zu verbessern und das Risiko der »Big Bang«-Integration am Ende des Projekts zu vermeiden, werden inkrementelle Modelle eingesetzt (siehe [Jacobson99], [Kruchten99], [Stapleton97]). Abbildung 15–4 zeigt die Struktur eines solchen Prozesses.

Verringerung des Integrationsrisikos

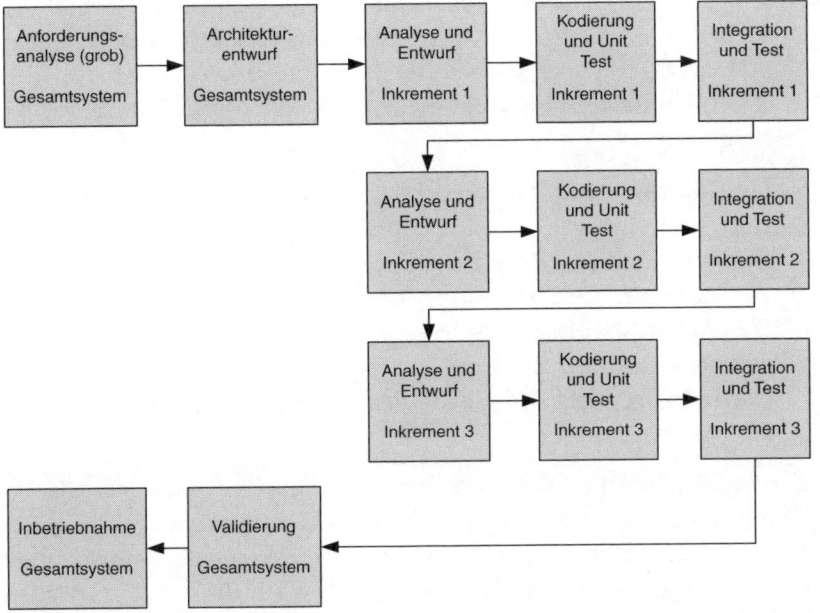

Abb. 15–4
Inkrementeller Prozess

Bei inkrementellen Prozessen wird das System in einer Reihe von Ausbaustufen (Inkrementen) realisiert; die Grafik zeigt ein Beispiel mit drei Inkrementen. Um das Projekt als Ganzes zu beherrschen, beginnen inkrementelle Prozesse mit einer groben Anforderungsdefinition für das Gesamtprojekt, auf der ein Plan für das Gesamtprojekt basiert, der alle Inkremente beschreibt. Ebenfalls am Anfang des Projektes wird eine Architektur für das Gesamtsystem entwickelt, die sicherstellt, dass alle Inkremente realisiert und in das Gesamtsystem integriert werden können.

In jedem Inkrement wird eine neue Ausbaustufe des Systems erstellt, welche die vorige Ausbaustufe enthält. Ein Beispiel für eine solche Vorgehensweise ist die Erstellung eines Zeiterfassungssystems in drei Ausbaustufen: Ausbaustufe 1 ist ein Kernsystem, das die Daten der Eingabeterminals ausliest, konsistent in einer Datenbank ablegt und grundlegende Reports über die Arbeitszeiten der Mitarbeiter zur Verfügung stellt. Dieses Kernsystem ist schon testbar und einsetzbar. Ausbaustufe 2 fügt der Ausbaustufe 1 Funktionen zum Datenaus-

Ausbaustufen am Beispiel

tausch mit dem Projektplanungs- und Abrechnungssystem hinzu und liefert wieder ein testbares und nutzbares System. Ausbaustufe 3 ist das Gesamtsystem, das der Ausbaustufe 2 eine GUI zur manuellen Eingabe und Korrektur von Zeiten hinzufügt.

Mini-Wasserfall

Jede einzelne Ausbaustufe wird in einem eigenen sequenziellen Prozess – oft Mini-Wasserfall genannt – realisiert. Für jedes Inkrement werden die Anforderungen detailliert aufgeschrieben, ein Entwurf erstellt, die neuen Klassen implementiert und durch Unit Tests geprüft. Danach werden die neuen Klassen mit dem Gesamtsystem integriert und Integrations- sowie Systemtests durchgeführt.

Die inkrementelle Entwicklung hat folgende Auswirkungen auf die Teststrategie:

- Die Teststufen vom Unit Test bis zum Systemtest werden am Ende eines jeden Inkrements durchlaufen. Dadurch werden Tester während des gesamten Projektes gebraucht und nicht erst am Ende – wie bei den sequenziellen Prozessen.
- Da jede Ausbaustufe des Systems die Resultate aller vorherigen Ausbaustufen enthält, werden viele Tests wiederholt ausgeführt. Die Tests der Stufe i werden in den Stufen $i+1, ..., n$ zu so genannten Regressionstests.

Grenzen inkrementeller Modelle

Wie sequenzielle Prozesse erfordern auch inkrementelle Prozesse ein Grundverständnis der Anforderungen des Gesamtprojektes zu Beginn des Projektes. Auch wenn im Detail bei den Inkrementen eine größere Flexibilität gegenüber Änderungen gegeben ist als bei sequenziellen Modellen, eignen sich inkrementelle Modelle nicht für Projekte mit unklaren oder unbekannten Anforderungen. Bei derartigen Projekten ist eine evolutionäre Vorgehensweise geeigneter.

Evolutionäre Modelle

Evolutionäre Prozesse starten mit einer Vision des zu entwickelnden Produkts. Die Requirements sind aber nicht bekannt und lassen sich auch nicht (durch Interviews, Analyse existierender Systeme) mit vertretbarem Aufwand erheben[1]. In dieser Situation können Requirements nur erhoben werden, indem ein Teil der Produktvision verwirklicht und anschließend Feedback eingeholt wird. In einer iterativen Weise werden so immer neue Vorversionen des Produkts erstellt, die einen immer größeren Teil der Vision abdecken. Durch den Praxiseinsatz jeder Vorversion und Einarbeitung des Feedbacks vom Kunden

Evolution durch iterative Annäherung

---

1. Dies ist viel öfter der Fall, als man zunächst vermuten würde. Leider kommt man zu dieser Erkenntnis häufig erst am Ende eines Projekts.

bzw. von den Endanwendern nähern sich die Vorversionen des Produkts mehr und mehr den Bedürfnissen des Kunden an.

Obwohl bei evolutionärer Entwicklung das Ergebnis des Projektes am Anfang nicht absehbar ist, muss jede Iteration geplant werden. Dieser Plan beschreibt unter anderem die Ziele der Iteration (z.B. Entwicklung einer zentralen Datenhaltungskomponente) und die adressierten Projektrisiken (z.B. technische Machbarkeit in der gewählten Architektur). Die einzelne Iteration wird nach einem geeigneten Prozessmodell durchgeführt (z.B. einem Mini-Wasserfallmodell), das Ergebnis wird verifiziert und Feedback wird eingeholt. Diese evolutionäre Vorgehensweise hat Boehm in einem formalen Metamodell beschrieben, dem *Spiralmodell* [Boehm88].

Iterationsplanung

In den letzten Jahren haben sich viele Wissenschaftler und Berater mit der Frage beschäftigt, wie man ein evolutionäres Modell mit den daraus resultierenden häufigen Anforderungs- und Designänderungen praktisch anwenden kann. Sie haben Techniken entwickelt, die verhindern sollen, dass Design und Code aufgrund der ständigen Änderungen irgendwann unbrauchbar werden. Dazu benötigt der Softwareentwickler die Erlaubnis, das Design des bestehenden (und lauffähigen!) Systems zu ändern und zu verbessern, was zunächst dem Prinzip »Don't fix it if it ain't broke« widerspricht. Martin Fowler hat in seinem bekannten Buch [Fowler99] unter dem Begriff *Refactoring* (vgl. Kapitel 1.2) beschrieben, wie solche Renovierungen an Design und Code durchgeführt werden können – vorausgesetzt man hat ausreichend Unit Tests.

Für das Testen im evolutionären Prozess gilt:

- Genau wie beim inkrementellen Modell werden die Tests vom Unit Test bis zum Systemtest zumindest am Ende jeder Iteration durchgeführt.
- Nach jedem Refactoring-Schritt müssen zusätzlich die betroffenen Bereiche – und das ist häufig das ganze System – getestet werden, da sonst die Gefahr besteht, bereits lauffähige Funktionalität zu zerstören.

Derzeit machen evolutionäre Modelle in Form der *Agilen Methoden* Furore. Unter dem Motto »*agile*« – also lebendig, flink, beweglich – haben sich 17 bekannte Vertreter moderner, leichtgewichtiger Softwaremethodiken zusammengefunden und ein gemeinsames Manifest verfasst [Fowler01]. Die von den Verfechtern der Agilität vorgeschlagenen Prozesse (XP, Crystal, SCRUM, Adaptive Software Development) sind evolutionär. Der eigentliche Inhalt des Manifests betrifft allerdings eher die Prozesskultur als den Prozess selbst: Das ausgebil-

Agile Softwareprozesse

dete und motivierte Team, das mit dem Kunden zusammenarbeitet, wird in den Vordergrund gestellt. Dokumente und Tools werden nur dort eingesetzt, wo diese sich als nützlich erweisen. Die Idee, dass sich ein Produkt vollständig und vorab in einem Dokument spezifizieren lässt, wird aufgegeben. Drastische Änderungen in der Ausrichtung des Projekts werden als Eigenschaft eines immer dynamischer werdenden Geschäftsumfeldes anerkannt.

Definierte und empirische Prozesse

Wenn man sich die konkreten Implementierungen agiler Softwareprozesse ansieht, dann wird deutlich, dass im Vergleich zu ihren Vorgängern noch ein weiterer wesentlicher Unterschied besteht. Es handelt sich dabei nämlich nicht mehr um *definierte Prozesse* mit konkret festgelegten Tätigkeiten, Rollen, Ergebnissen und Workflows. Stattdessen haben wir es hier mit *empirischen Prozessen* zu tun, bei denen Zeitpunkt und Umfang der einzelnen Tätigkeiten nicht mehr a priori geplant werden, sondern die einzelnen Tätigkeiten lose nebeneinander stehen und bei Bedarf durchgeführt werden. Die Steuerung der Entwicklung findet dabei nicht mehr über einen Vergleich mit einem Plan statt, sondern über die Inspektion der Zwischen- und Endergebnisse. Im Idealfall führen einfache Regeln zu einem komplexen »emergenten Verhalten« (emergent behavior [Highsmith99]).

Empirische Softwareprozesse

Schwaber und Beedle kommen in [Schwaber01] zu dem Schluss, dass ein empirisches Prozessmodell für Softwareentwicklung geeigneter ist als ein definiertes Vorgehen. Insbesondere können definierte Prozesse nur dann sinnvoll eingesetzt werden, wenn die zugrunde liegenden Mechanismen ausreichend gut verstanden sind und die Einzelschritte des Prozesses ausreichend detailliert beschrieben werden können. Dies ist bei der Erstellung von Software in der Regel nicht der Fall.

Fortlaufende Integration

Die Entwicklung von sequenziellen zu inkrementellen und evolutionären Prozessmodellen vermeidet die späte Integration der Software. Denkt man den Gedanken konsequent zu Ende, so gelangt man zu der Idee, die Software stets integriert zu halten, wie es z.B. in XP gefordert wird. *Fortlaufende Integration* (engl. Continuous Integration) bedeutet die Integration bereits kleiner Änderungen in das System: täglich oder sogar mehrmals täglich[2].

---

2. Fowler und Foemmel diskutieren die Vorteile und die Umsetzung fortlaufender Integration ausführlich in [URL:ContIntegration].

Fortlaufende Integration stellt extreme Anforderungen an den Testprozess. Das System darf durch die Integration einer geänderten Klasse nicht inkonsistent werden. Es muss daher nach jeder Integration getestet werden. Dazu sind automatisierte Regressionstests erforderlich, denn kein Testteam kann ständig die Software durchtesten. Zusätzlich müssen Tests und Build-Prozedur sehr effizient sein. Für den Build resultiert hieraus die Forderung nach inkrementeller Kompilation und einem guten Bibliothekskonzept. Für den Test kommen nur schnelle, in der Programmiersprache mit Testframeworks automatisierte Tests in Frage (z.B. keine GUI-Tests, bei denen zeitaufwändige Bedienabläufe simuliert werden). Mit CruiseControl [URL:CruiseControl] existiert ein Open-Source-Werkzeug, das sich genau dieser Problematik annimmt.

Anforderungen an Build- und Testprozess

15.3 Kommerziell eingesetzte Prozessmodelle

Die Integration von Unit Tests soll nun anhand kommerziell eingesetzter Prozessmodelle diskutiert werden. In Deutschland ist das *V-Modell* weit verbreitet, das sequenziell oder inkrementell interpretiert werden kann. Der proprietäre *Rational Unified Process* (RUP) ist ein Vertreter der inkrementellen Modelle. Schließlich dient *Extreme Programming* als Beispiel für evolutionäre (und agile) Prozesse, da es die Heimat für den in diesem Buch besprochenen Testansatz darstellt.

V-Modell

Ein aktueller Urenkel des bereits vorgestellten Wasserfallmodells ist das in Deutschland weit verbreitete V-Modell [IAB97]. Das V-Modell ist das offizielle Vorgehensmodell der Bundesverwaltung, d.h., es muss dort für alle Softwareentwicklungsprojekte eingesetzt werden. Darüber hinaus findet es in der Industrie Verwendung, was durch die freie Verfügbarkeit begünstigt wird. Das V-Modell ist ein schwergewichtiges Modell, da es dokumentenzentriert ist und vielfältige Managementrollen definiert. Es besteht aus den Submodellen Systemerstellung (SE), Qualitätssicherung (QS), Konfigurationsmanagement (KM) und technisches Projektmanagement (PM); d.h., neben der eigentlichen Entwicklungstätigkeit werden auch die begleitenden Prozesse im Detail beschrieben.

Vorgehensmodell der Bundesverwaltung

Die Entwicklungsaktivitäten werden im Submodell Systemerstellung beschrieben. Abbildung 15–5 zeigt die V-förmige Struktur dieses Submodells. Das V mit den Verbindungsbögen zeigt sehr schön zwei wichtige Funktionen von Verifikation und Validierung:

Aktivitäten im V-Modell

Abb. 15–5
V-Modell (nach [IAB97])

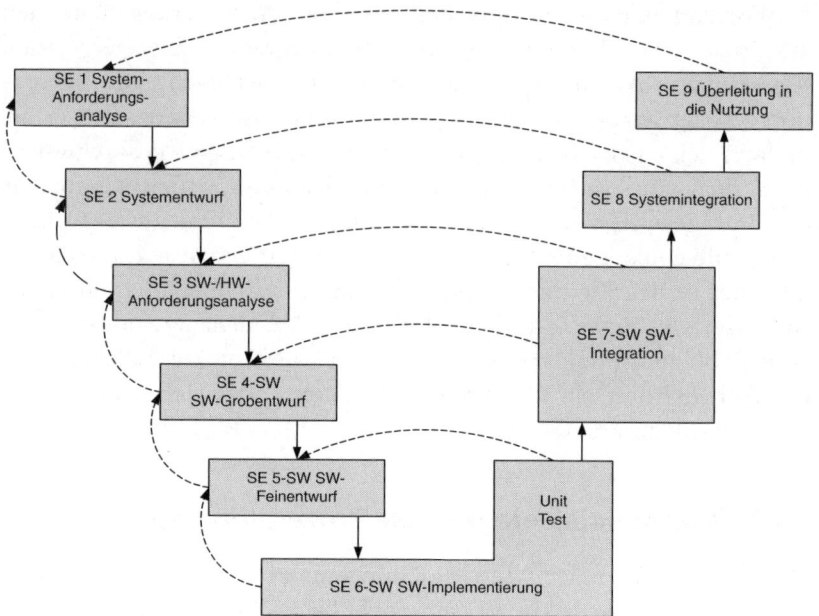

- Zwischen den konstruktiven Schritten wird die korrekte Verfeinerung früherer Ergebnisse geprüft: Das Design muss alle Anforderungen abdecken und die Implementierung muss dem Design entsprechen.
- Die Integrationsschritte auf der rechten Seite des V prüfen die Entwicklungsschritte auf der linken Seite. So muss die Systemintegration anhand des Systementwurfs erfolgen und eine erfolgreiche Softwareintegration demonstriert, dass der Entwurf sinnvoll war.

Im Rahmen der *System-Anforderungsanalyse* werden die Anforderungen an das Gesamtsystem erhoben, dokumentiert und zwischen Projekt, Auftraggeber und Anwendern abgestimmt. Die Aktivität *Systementwurf* dient der Entwicklung einer Systemarchitektur, welche die Anforderungen abdeckt. Die Architektur wird wiederum dokumentiert, d.h., die Teilsysteme und ihre Schnittstellen untereinander sowie die Schnittstellen des Systems nach außen werden beschrieben. Für die in der Architektur definierten Teilsysteme werden nun in der *SW-/HW-Anforderungsanalyse* detaillierte Anforderungsspezifikationen erstellt. Anschließend wird für die in Software realisierten Teilsysteme eine Softwarearchitektur entwickelt. Dies geschieht in der Aktivität *SW-Grobentwurf*. Diese Softwarearchitektur beschreibt Prozesse, Komponenten, Daten und Schnittstellen dieser Teilsysteme. Auf Basis der Schnittstellenbeschreibung wird der Integrationsplan für die Softwarebestandteile entwickelt. Im *SW-Feinentwurf* werden die einzelnen Komponenten im Detail entworfen und auch der Datenbankentwurf durchgeführt. Schließlich werden in der *Implementierung* die Komponenten anhand des Entwurfs implementiert.

Im Rahmen der Implementierung werden Unit Tests durchgeführt, die das V-Modell als Entwicklertest oder »Selbstprüfung des Entwicklers« bezeichnet. Abweichend von der Test-First-Philosophie werden die Unit Tests erst nach Design und Implementierung definiert. Wie bei XP muss der Entwickler so lange durch Implementierung und Unit Test iterieren, bis alle Unit Tests laufen.

Rolle der Unit Tests

Bezüglich der Formalisierung von Unit Tests erlaubt das V-Modell ein Spektrum von Möglichkeiten. Das Projekt kann eine völlig informelle Vorgehensweise ohne Dokumentation vorsehen. Es kann andererseits Unit Tests spezifizieren, und zwar (a) in einem Prüfplan, der festlegt, wer wann was testet, (b) in Testfällen, die vorgeben, mit welchen Daten getestet werden soll, und (c) in Prüfprozeduren, die schrittweise beschreiben, was bei einem Test zu tun ist. Das V-Modell geht nicht auf Testautomatisierung ein.

Nachdem die Entwicklertests abgeschlossen sind, werden die Komponenten (und später die Teilsysteme) einer unabhängigen Rolle übergeben, dem Qualitäts- oder Testverantwortlichen. Dieser sorgt für eine unabhängige Prüfung z.B. durch eine Testabteilung oder unter Einbeziehung des Kunden. Diese formalen Verifikations- und Validierungsschritte sind in Abbildung 15–5 durch gestrichelte Pfeile dargestellt.

Rolle der Qualitätsprüfung

Bei sequenzieller Anwendung leidet das V-Modell an dem Problem der späten Integration (siehe oben). Bei der Integration werden die in der Architektur definierten Teilsysteme sukzessive aus den Softwarekomponenten zusammengebaut. Jede dabei entstehende Einheit ist laut V-Modell wieder durch einen Entwicklertest zu prüfen. Das Resultat, d.h. die integrierte Softwareeinheit, wird wiederum formalen und unabhängigen Tests unterzogen. An die SW-Integration schließt sich die *Systemintegration* an; dabei wird das System aus seinen Hardware- und Softwareanteilen zusammengebaut, wiederum intern und extern getestet und in installierbarer Form bereitgestellt. Schließlich folgt die *Überleitung in die Nutzung*, bei der das System bei den Anwendern installiert und in Betrieb genommen wird.

Die Dokumentation des V-Modells erlaubt explizit auch die inkrementelle Anwendung des Modells. Dadurch wird das Problem der späten Integration vermieden und Unit Tests und Testautomatisierung gewinnen an Bedeutung. Das Test-First-Prinzip kann im V-Modell zur Anwendung kommen, indem man die Unit Tests im Rahmen des Fein-

Inkrementelles V-Modell

designs entwickelt. Diese Interpretation des V-Modells kombiniert Vorteile einer definierten Vorgehensweise mit einer modernen, auf Unit Tests gestützten Entwicklungsmethodik.

Rational Unified Process

Ein weit verbreiteter inkrementeller Prozess ist der Rational Unified Process [Kruchten99]. Diesen Prozess gibt es in zwei Varianten: Eine in Form eines Buches [Jacobson99] öffentlich verfügbare Version heißt *Unified Software Development Process* und wurde 1999 von den OO-Gurus Jacobson, Booch und Rumbaugh definiert. Der eigentliche RUP ist dagegen ein kommerzielles Produkt der Marke Rational im IBM-Konzern. Die Prozessdefinition des RUP ist ein Hypertextdokument mit erschlagendem Umfang von etwa 2500 Seiten, das detaillierte Arbeitsabläufe beschreibt, Templates liefert und die Einbindung von Tools in die Entwicklungsabläufe anbietet.

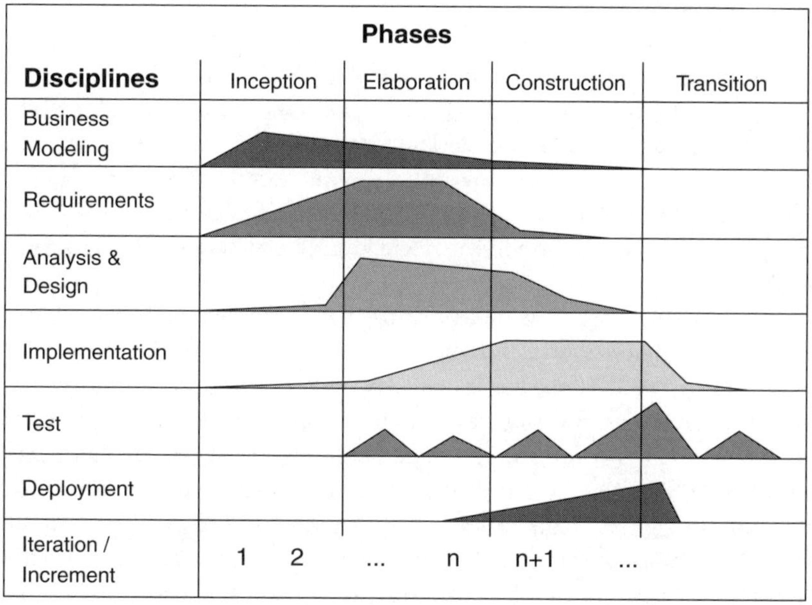

2500 Seiten Prozessbeschreibung

Abb. 15–6 Struktur des Rational Unified Process

Disciplines	Phases			
	Inception	Elaboration	Construction	Transition
Business Modeling				
Requirements				
Analysis & Design				
Implementation				
Test				
Deployment				
Iteration / Increment	1 2	...	n n+1	...

Zweidimensionale Prozessstruktur

Die Struktur des RUP hat zwei Dimensionen (siehe Abb. 15–6). Die zeitliche Dimension teilt die Projektdauer des RUP in Phasen ein. Als inkrementelles Modell beginnt der RUP mit einer Gesamtplanungsphase, die als *Inception* bezeichnet wird. In dieser Phase werden alle funktionalen Anforderungen identifiziert und ein grober Projektplan erstellt. In der folgenden Phase (*Elaboration*) werden die wichtigsten Anforderungen im Detail beschrieben. Auf dieser Basis wird eine

Inception

Elaboration

Architektur ausgearbeitet, welche die Realisierung aller Inkremente erlaubt. Während der anschließenden Implementierungsphase (*Construction*) wird das System inkrementell erstellt. Jedes Inkrement verwendet einen kleinen sequenziellen Prozess, einen Mini-Wasserfall. Die Transitionsphase (*Transition*) beginnt, wenn alle Inkremente in das System integriert und getestet sind. Das System wird nun in seiner Zielumgebung validiert und verbleibende Fehler werden behoben. Schließlich werden Erfahrungen gesammelt und Prozessverbesserungen geplant.

Construction

Transition

Die zweite Dimension der Prozessbeschreibung ist die inhaltliche. Hier werden so genannte *Disciplines* beschrieben, aus denen der Mini-Wasserfallprozess besteht, der für jedes Inkrement angewendet wird. Dieser fängt mit dem (optionalen) Workflow *Business Modeling* (dt. Geschäftsmodellierung) an, bei dem existierende Prozesse bzw. Systeme als Ausgangspunkt der Neuentwicklung modelliert werden. Auf Basis der geschäftlichen Anforderungen werden im Workflow *Requirements* die Anforderungen an die Software entwickelt. Daraus werden im Workflow *Analysis & Design* Softwaremodelle entwickelt, wobei der RUP sehr eng mit der Verwendung der *Unified Modeling Language* (UML) [OMG-UML] verbunden ist. In den darauf folgenden Workflows wird das Inkrement anhand des Designs implementiert, mit den vorigen Inkrementen integriert und getestet.

Disziplinen

Abbildung 15–6 zeigt auch, dass die Anteile der einzelnen Workflows nicht in jeder Iteration gleich sind. Die ersten Iterationen sind sehr stark auf die Erhebung der Requirements fokussiert, während sich bei späteren Iterationen der Fokus mehr und mehr in Richtung Implementierung und Test verschiebt.

Der RUP beschreibt außer den Workflows des Mini-Wasserfalls noch die unterstützenden Management-Workflows *Configuration & Change Management*, *Project Management* und *Environment*. Obwohl die Qualitätssicherung im RUP fehlt, lässt sich der RUP erfahrungsgemäß gut mit klassischer Qualitätssicherung verbinden, zumindest dann, wenn das Qualitätspersonal in den Notationen und Arbeitsabläufen des RUP geschult wird.

Unterstützende Workflows

Im RUP werden wie im V-Modell die Teststufen Unit Tests, Integrationstests und Systemtests betrachtet, in denen je nach Bedürfnissen des Projektes unterschiedlichste Testarten und Techniken zum Einsatz kommen. Wie und mit welchen Methoden und Zielen getestet werden soll, ist nicht allgemein festgelegt. Jedes Projekt erstellt hierzu eine projektspezifische Strategie (siehe hierzu auch Kapitel 15.4).

Tests im RUP

Interessant ist bei aller Flexibilität im RUP die durchgängige Systematik bei Testerstellung und Dokumentation, die auf der engen Beziehung des RUP zu UML und insbesondere zu *Use Cases* (dt. Anwendungsfälle) [Cockburn00b] basiert. Ausgangspunkt für den Test sind Szenarien, d.h. entweder

- Use Cases, die schrittweise beschreiben, wie ein Benutzer das System bedient oder ein anderes System mit dem System interagiert,
- oder *Interaktionsdiagramme*, die ausgewählte Szenarien eines Use Case in UML darstellen, indem sie die Interaktion zwischen Objekten im System Schritt für Schritt beschreiben.

Um diese Szenarien zu testen, werden unterschiedliche Elemente benötigt:

Testvokabular im RUP

- **Testfälle** werden aus den Szenarien abgeleitet. Ein Testfall beschreibt eine Folge von Schritten, die beim Test durchgeführt werden. Beim Entwurf des Testfalls überlegt der Entwickler, durch welche Daten und Aktionen er das System in das beschriebene Szenario, z.B. eine bestimmte Fehlerroutine des Systems, bringen kann. Der Testfall ist die Dokumentation dieser Eingabedaten, Aktionen und der Reaktionen des Systems, typischerweise in Tabellenform. Der Testfall verweist auf das Szenario, das getestet wird, so dass der Entwickler verfolgen kann, welche Szenarien sein System bereits realisiert.

    Ein solcher Testfall kann dann manuell abgearbeitet werden oder er kann mit einem Testskript automatisiert werden.

- **Testdaten** beschreiben im RUP die Kombinationen von Ein- und Ausgabedaten, die mit Testprozeduren getestet werden sollen, nicht aber die Schritte der Testdurchführung. Diese Durchführungsschritte sind in dem Testfall dokumentiert. Ein Testfall kann mit mehreren Testdatensätzen durchgeführt werden.

- **Testskripte** automatisieren Testfälle. Die Skripte können mit einem Testwerkzeug aufgezeichnet werden oder, wie in diesem Buch beschrieben, unter Verwendung eines Testframeworks entwickelt werden.

Abbildung 15–7 veranschaulicht die Zusammenhänge. Besonders für Requirements-getriebene System- bzw. Akzeptanztests ist die durchgängige Verfolgbarkeit vom Use Case bis hin zum Testskript sinnvoll, weil sie sicherstellt, dass man die Anforderungen korrekt testet.

Für Unit Tests stellt diese redundante Dokumentation jedoch die maximale Ausbaustufe dar, die man nur in den seltensten Fällen erstellen wird; dies wird im RUP auch nicht verlangt. Bei zentralen Klassen, die zum Beispiel ein Protokoll implementieren, ist es aber interessant, den automatisierten Unit Test ebenfalls aus einem Interaktionsdia-

15.3 Kommerziell eingesetzte Prozessmodelle

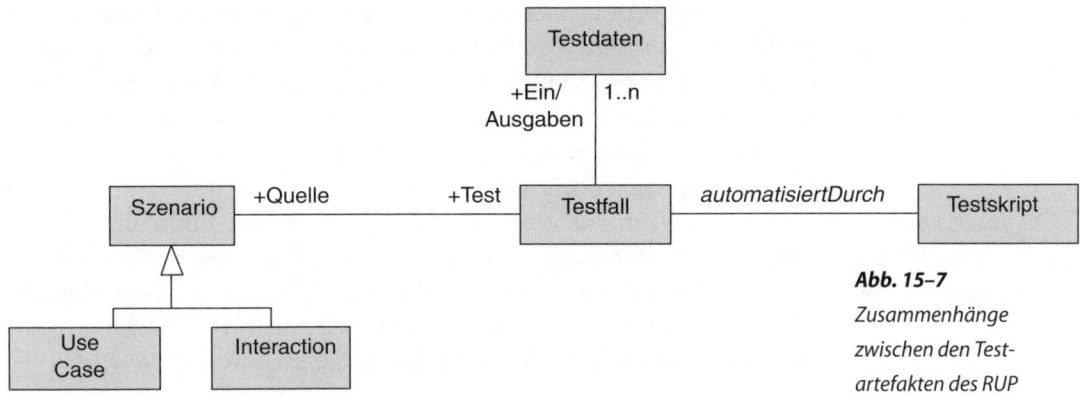

Abb. 15-7
Zusammenhänge zwischen den Testartefakten des RUP

gramm für die Klasse abzuleiten. Die Durchführung der Unit Tests liefert gemäß RUP ein Testresultat, z.B. in Form eines Test-Logs, wie es von xUnit erzeugt wird. Nun sollen zunächst die *Halted Tests*, d.h. Tests, die aufgrund von Fehlern im Testskript nicht durchgelaufen sind, verbessert werden, bis alle Tests durchlaufen. Schließlich werden die Testresultate evaluiert; das Ziel ist, dass am Ende der Iteration alle Tests zu 100 % funktionieren.

Unabhängig von der Menge der erstellten Zusatzdokumentation ist festzuhalten, dass Unit Tests integraler Bestandteil des RUP sind und sehr gut zu seinem inkrementellen Entwicklungsansatz passen.

Extreme Programming

XP ist ein evolutionäres Modell, das den Kunden explizit zu Richtungsänderungen ermutigt. Die hierzu notwendige Flexibilität basiert wesentlich auf der Unterstützung durch Refactoring, mit dem das Design nach Durchführung von Änderungen wieder bereinigt werden kann (siehe Kapitel 1.2, Seite 8). Um zu verhindern, dass zu große Umstrukturierungen die Integration der Software unmöglich machen, fordert XP fortlaufende Integration, und damit bei der Umstrukturierung keine bereits implementierte Funktionalität zerstört wird, muss zu jeder Funktionalität ein Test existieren. Testautomatisierung ist daher bei XP eine Conditio sine qua non, weil sehr viele Tests sehr oft ausgeführt werden müssen.

Grundlage der Flexibilität

Neben den Unit Tests definiert XP Akzeptanztests, die direkt auf den Anforderungen der Auftraggeber basieren. Die Anforderungen werden in Form von *User Stories* aufgeschrieben, die der Auftraggeber formuliert und die verschiedene Aspekte des zu erstellenden Systems beschreiben. Eine User Story ist eine kurze Beschreibung einer Systemfunktion oder -eigenschaft, die auf einen kleinen Merkzettel passt. Die

User Stories

Details einer »Anwendergeschichte« werden später im Gespräch mit dem Kunden eruiert. Zu jeder Story gibt es Akzeptanztests, die prüfen, ob die Story korrekt umgesetzt wurde, und somit das Abnahmekriterium des Kunden für die beschriebene Systemeigenschaft darstellen.

Akzeptanztests als automatisierte Abnahmekriterien

Auch für diese Akzeptanztests fordert XP die vollständige Automatisierung, die jedoch nicht so einfach zu bewerkstelligen ist wie bei Unit Tests. Wenn die Story z.B. das Aussehen einer Bildschirmdarstellung, eines Reports oder einer Datei beschreibt, müssen Hilfsroutinen entwickelt oder Tools eingesetzt werden, die solche Darstellungen überprüfen können (siehe auch Kapitel 1.2, Seite 10). Akzeptanztests sind eine automatisierte Variante der Abnahmekriterien des Kunden.

15.4 Unit Tests in der Teststrategie eines Projektes

Tailoring von Prozessen

So beeindruckend und durchdacht mancher Standardprozess daherkommen mag und so sehr – wie beim RUP – große Namen für die Qualität des Prozesses bürgen: Jedes Projekt braucht seinen eigenen Prozess, d.h., wenn ein Standardprozess verwendet werden soll, muss er für das Projekt ausgeprägt und angepasst werden. Dieser Vorgang nennt sich *Tailoring* und sowohl zu RUP als auch zum V-Modell gibt es Anleitungen, wie dieses Tailoring zu geschehen hat.

Wenn man bedenkt, dass Testen oft den größten Teil des gesamten Entwicklungsaufwandes ausmacht, ist klar, dass der Testprozess zu den Projektzielen passen muss und die geforderten Qualitätseigenschaften des Produkts effektiv und effizient prüfen muss. Daher empfehlen wir, wie die Autoren des RUP, die Entwicklung einer geeigneten Teststrategie für jedes Projekt.

Entwicklung einer Teststrategie

Konkrete Qualitätsziele

Den Ausgangspunkt der Teststrategie sollten die Qualitätsziele des Projektes bilden. Hier sind natürlich keine blumigen Formulierungen über »höchste Qualität« gemeint, sondern konkrete Ziele wie:

- Einhaltung des Standards xyz
- Erfüllung des Lastenheftes x
- Bearbeitung von Ereignissen in x ms
- Problemloses Zusammenspiel mit externen Systemen a und b
- Entwicklung einer Standardkomponente für die Funktion f in den Produkten a, b und c
- Schnellstmögliche Behebung des Fehlers x aus dem Release y

Offensichtlich erfordert der Test eines Echtzeitsystems, das Reaktionszeiten genau einhalten und mit einer komplexen Umwelt interagieren muss, eine andere Strategie als der Test eines Compilers, der einen Sprachstandard umsetzt und nur mit Dateien »interagiert«.

Bei der Entwicklung der Teststrategie müssen folgende Entscheidungen getroffen werden:

- Festlegung der Qualitätsziele, wie oben beschrieben
- Planung und Gewichtung der Teststufen in Abhängigkeit der Testziele. Beispielsweise plant der Testverantwortliche für das Ziel der vollständigen Erfüllung einer Anforderungsspezifikation einen Systemtest ein, bei dem z.B. alle funktionalen Szenarien und alle Performanzanforderungen zu testen sind.
- Einzusetzende Testarten, z.B. könnte festgelegt werden, dass zum Test gegen die Spezifikation funktionale Tests sowie zur Prüfung der Performanzeigenschaften Benchmarks eingesetzt werden.
- Bewertungskriterien, die definieren, wann mit dem Testen aufgehört werden kann (vgl. Kapitel 8: *Wie viel ist genug?*). Für den Systemtest könnte z.B. festgelegt werden, dass am Ende jeder Iteration 100 % der Testfälle durchgeführt wurden und keine hochprioren Probleme existieren.
- Einzusetzende Testtechniken, z.B. funktionaler Systemtest eines GUI-Systems mit einem grafischen Tool, das Bedienabläufe simuliert. Bei den Testtechniken sollte insbesondere die Automatisierungsstrategie festgelegt werden.
- Maßzahlen, die im Projekt ermittelt werden sollen und darauf hinweisen, ob die gewählte Teststrategie aufgeht, z.B. die Anzahl der auf einer Teststufe tatsächlich gefundenen Fehler und der Aufwand der entsprechenden Stufe.

Die Entwicklung und Durchführung einer Teststrategie sollte ein evolutionärer Prozess sein. Wenn aufgrund von Erfahrungen oder sogar konkreter Maßzahlen klar wird, dass eine Testmethodik zu aufwändig ist oder keine Fehler aufdeckt, sollte die Strategie geändert werden.

Nun folgen Hinweise, die bei der Planung einer Teststrategie unterstützen können. Nach einer allgemeinen Kostenbetrachtung des Testens gehen wir auf die Abwägung der Teststufen und der Testautomatisierung ein.

Kosten und Nutzen des Testens

Eine Daumenregel besagt, dass ca. 40 % des Entwicklungsaufwandes für das Testen benötigt wird. Diese Schätzung gilt vermutlich für Neuentwicklungen, bei denen viele neue Funktionen entworfen und kodiert werden. Bei Revisionen und Wartungsprojekten ist der relative Testaufwand oft noch wesentlich höher. Eine Studie von Robert Musson [Musson02] gibt auf Basis realer Metriken den Aufwand für Integrations- und Systemtest mit 66 % der gesamten Entwicklungskosten an. Abbildung 15–8 zeigt die dabei gemessene Aufteilung der Aufwände zwischen den Teststufen.

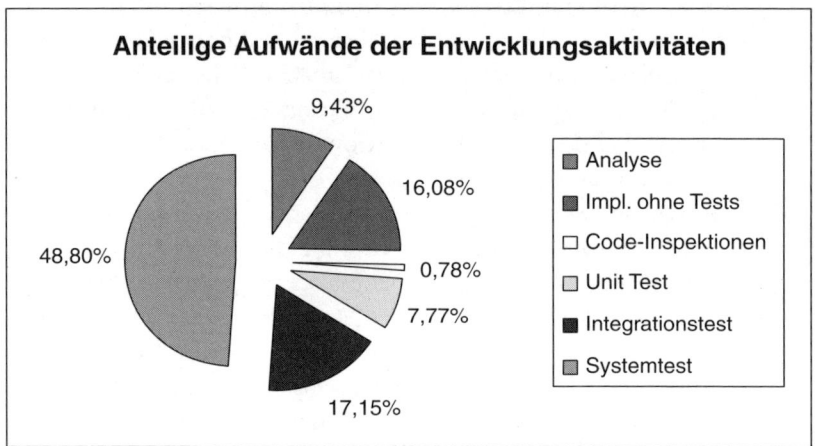

Abb. 15–8
Relative Aufwände der Testsuiten

Frühe Fehlerentdeckung spart Geld

Der Nutzen des Testens liegt im Verhindern und Finden von Fehlern. In der Entwicklungsphase gefundene Fehler sind bares Geld wert. Die Behebung eines Fehlers, der während der Entwicklung gefunden wird, ist wesentlich billiger als die Behebung des gleichen Fehlers nach Auslieferung der Software. Nach der Auslieferung auftretende Fehler bewirken Unzufriedenheit der Kunden, Stillstand von Anlagen bzw. Geschäftsprozessen, schwierige und teure Lokalisierung sowie einen komplexen Problemverfolgungs- und -beseitigungsprozess einschließlich neuer Auslieferung und Installation der Software.

Unit Tests im Vergleich zu anderen Teststufen

Die unterschiedlichen Teststufen und Testmethodiken konkurrieren darum, wie man den Nutzen des Testens am effektivsten und effizientesten ernten kann. Da wenig Zahlenmaterial zum Effizienzvergleich vorliegt – schließlich würde ein echter Vergleich erfordern, das gleiche Projekt mehrmals mit unterschiedlicher Methodik durchzuführen[3] –,

---

3. Für die ganz Hartnäckigen: Basili und Selby haben in einem Experiment im Universitätsumfeld tatsächlich 70 Programmierer dieselben Probleme lösen, testen und reviewen lassen. Die recht uneinheitlichen Ergebnisse zum Thema Code-Review, Black-Box- und White-Box-Test finden sich in [Basili87].

hat diese Diskussion zwangsläufig subjektive Elemente. Wir wollen an dieser Stelle die Argumente für und wider Unit Tests anführen.

Ein Gegenargument zu Unit Tests ist, dass die getesteten Funktionen oft durch funktionale Tests mit geringerem Testerstellungsaufwand getestet werden könnten. Das bedeutet, wenn z.B. ein Systemtest prüft, ob ein Wert richtig in einem Bericht erscheint, wird damit implizit getestet, ob er richtig in der Datenbank stand, richtig gelesen und richtig verarbeitet wurde. Ein einzelner funktionaler Test testet also mehr Code als ein Unit Test.

Diesem Nachteil steht aber der große Vorteil gegenüber, dass die Fehler, die im Unit Test gefunden werden, leichter behoben werden können. Das liegt daran, dass Unit Tests lokal sind, d.h., die Fehlerursache liegt meist in der getesteten Klasse. Tritt ein Fehler im Systemtest auf, ist die Fehlerlokalisierung im Gesamtsystem wesentlich aufwändiger.

Anhand von Zahlen lässt sich der Nutzen von Unit Tests verdeutlichen: Ein Fehler, der während der Kodierung oder dem Unit Test gefunden wird, ist nach Studien von IBM [Subramaniam99] um den Faktor 10 billiger als ein Fehler, der im Systemtest gefunden wird. Bei Fehlern, die gar erst während des produktiven Einsatzes der Software gefunden werden, beträgt der Faktor sogar 100. Hinzu kommt, dass das Erreichen derselben Testabdeckung in funktionalen Tests im Vergleich zu Unit Tests wesentlich aufwändiger – und manchmal gar unmöglich – ist.

Harte Fakten

Es gibt Produktklassen, bei denen Unit Tests eine besonders große Bedeutung zukommt. In einem Umfeld mit starker Wiederverwendung, wie z.B. der Systementwicklung nach dem Produktlinienansatz [Clements02], ist die Qualität der Komponenten essenziell und damit ist als Maßnahme die Durchführung systematischer Unit Tests erforderlich. In einer Produktlinie werden nämlich nicht nur die Komponenten, sondern auch deren Fehler wiederverwendet.

Auch bei sicherheitsrelevanten Systemen, in denen der Nachweis jeder Detailfunktion erforderlich ist, sind systematische Unit Tests absolut notwendig und in den Entwicklungsprozessen verankert.

Außerdem beeinflussen nach dem Test-First-Ansatz erstellte Unit Tests das Design stark positiv; ein Vorteil, der sich jedoch kaum in Zahlen fassen lässt.

Kostenbetrachtung der Testautomatisierung

Kosten der Testautomatisierung

Angesichts des enormen Gesamtaufwands für das Testen ist verständlich, dass Projekte hier durch Testautomatisierung sparen wollen. Zunächst sind dabei die Kosten der Testfallerstellung zu betrachten. Diese sind bei automatisierten Tests höher als bei manuellen Tests. Dagegen sind die Kosten der Testdurchführung bei manuellen Tests wesentlich höher. Abbildung 15–9 zeigt, dass sich automatisierte Tests dann lohnen, wenn die Tests oft wiederholt werden. Ab einer bestimmten Zahl n von Wiederholungen sind die Kosten der n-maligen manuellen Testausführung höher als die Kosten der n-maligen automatisierten Testdurchführung plus den einmaligen Kosten für die Erstellung des automatisierten Tests.

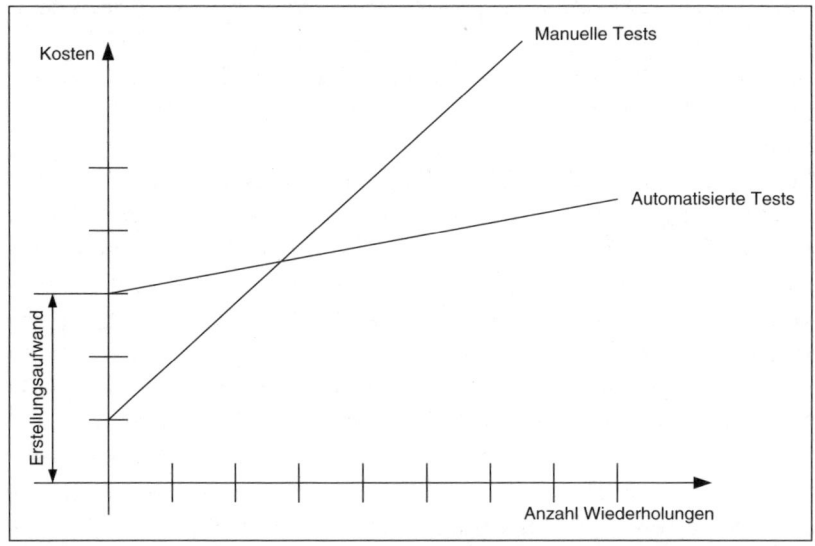

Abb. 15–9
Vergleich der Kosten von manueller und automatisierter Testdurchführung

Kosten durch Testüberarbeitung

Ein weiterer Kostenfaktor der Automatisierung sind die Kosten der Überarbeitung von Tests. Bei Änderungen der Funktionalität bzw. der öffentlichen Schnittstelle einer Klasse müssen auch die Testfälle angepasst werden. In Wirklichkeit ist daher der Aufwand für die Testautomatisierung nicht konstant, sondern hängt von der (schwer vorherzusehenden) Änderungsrate der Software ab.

Trotz der Schwierigkeit einer genauen Aufwandsabschätzung lässt sich Folgendes festhalten:

- Bei fortlaufender Integration (siehe Seite 328 f.) ist die Automatisierung der meisten Testfälle unbedingt notwendig – die Tests werden schließlich mehrmals täglich ausgeführt. Kapitel 2 (Seite 17) hat dies an einer kleinen Beispielrechnung veranschaulicht.

- Bei inkrementellen Prozessmodellen ohne kontinuierliche Integration müssen die Kosten der Automatisierung gegen die Kosten der Testdurchführung abgewogen werden. Es empfiehlt sich, Erfahrungen zu sammeln, indem man zunächst wichtige Basistests, so genannte *Smoke Tests*[4], automatisiert, welche die grundlegenden Anwendungsfälle – z.B. Starten und Beenden – der Software überprüfen.
- Bei sequenziellen Modellen gibt es eine zeitlich begrenzte Integrationsphase nach der Entwicklung. Die Unit Tests werden daher wesentlich seltener benötigt und der Nutzen der Automatisierung wird fragwürdig. Die Automatisierung von Unit Tests ist bei streng sequenziellen Prozessen oft nicht wirtschaftlich. Man muss trotzdem für kritische Komponenten, die sich nicht manuell testen lassen, automatisierte Tests erstellen, z.B. für wichtige interne Berechnungskomponenten. In diesem Fall ist die Verwendung eines Testframeworks angeraten.

15.5 Passen automatisierte Unit Tests in meinen Prozess?

Alle oben besprochenen Prozesse sehen Unit Tests in der einen oder anderen Art vor. Der Nutzen der lokalen Fehlerbeseitigung und der Designverbesserung durch testgetriebene Entwicklung lässt sich ebenfalls in allen Modellen gleichermaßen erzielen.

Unterschiede

Unterschiede ergeben sich hingegen beim Kosten-Nutzen-Verhältnis der Automatisierung. Diese lohnt sich umso mehr, je öfter die Testfälle als Regressionstests wiederholt werden müssen. Daher ist der Nutzen bei streng sequenziellen Modellen am geringsten, die jedoch – vor allem wegen des hohen Risikos der späten Integration – auf dem Rückzug sind. Man wird für die unterschiedlichen Varianten der inkrementellen und evolutionären Modelle die Grenzen der Automatisierung empirisch festlegen. Bei ständiger Integration, wie sie u.a. von allen agilen Prozessen verlangt wird, und bei testgetriebener Programmierung ist die vollständige Automatisierung der Unit Tests Pflicht.

Fazit

Unit Tests und der Test-First-Ansatz lassen sich in den besprochenen modernen Prozessmodellen sinnvoll einsetzen und gehören somit in jede Teststrategie. Obwohl sie durch XP erst richtig in Mode gekommen sind, ist ihre Anwendung keineswegs auf XP beschränkt.

---

4. »Rauchtests«: Anschalten und warten, ob es zu qualmen beginnt.

16 Chancen und offene Enden

Auf dem letzten Kapitel eines Buches lastet eine besondere Verantwortung, denn hier treffen die unterschiedlichen Lesergruppen wieder aufeinander. All jene, die »von Deckel zu Deckel« lesen, wünschen sich ein Gesamtresümee mit Anregungen für das weitere Vorgehen. Diejenigen, die nur einzelne Kapitel gelesen haben, möchten hier auch das lernen, wozu sie im Detail keine Zeit hatten. Und die anderen, die nur das letzte Kapitel lesen, wollen die Kernaussage des Buches auf einer halben Seite präsentiert bekommen. Beginnen wir mit einer Zusammenfassung in »Managementlänge«:

> Testen ist – immer noch – ein vernachlässigter Bereich der Softwareentwicklung, vor dem insbesondere die Entwickler selbst gerne die Augen verschließen. Doch gerade auf der Ebene der Programmierung können automatisierte Unit Tests nicht nur die Anzahl von »Bugs« verringern, sondern dem Entwickler die Arbeit erleichtern. Die Testfälle bremsen nicht etwa den Programmierfortschritt, sondern beschleunigen ihn, da sie die nebenwirkungsfreie Umstrukturierung (Refactoring) eines bestehenden Programms erleichtern bzw. in vielen Fällen erst ermöglichen. Dies eröffnet die Chance zu kontinuierlichen Erweiterungen einer Applikation, ohne in die gefürchtete »Wartungsfalle« zu geraten.
>
> Eine Fortsetzung des Gedankens der Testautomatisierung ist die testgetriebene Softwareentwicklung, auch Test-First-Ansatz genannt. Diese verlangt das Erstellen der Testfälle vor der Erstellung des eigentlichen Applikationscodes. Dadurch erhalten die Tests eine neue, zusätzliche Aufgabe: Sie beeinflussen maßgeblich das Design einer Anwendung und sind damit *das* Steuerungsinstrument eines evolutionären Designs. Im Gegensatz zum weit verbreiteten Ansatz, ein System möglichst detailliert vorab zu entwerfen, versetzt uns ein testgetriebenes

Zusammenfassung des Buches

Vorgehen in die Lage, das Feindesign des Systems in Mikro-Iterationen von wenigen Minuten weiterzuentwickeln.

Die Umsetzung des Test-First-Ansatzes ist jedoch keineswegs leicht und fordert gerade zu Beginn ein starkes Umdenken des einzelnen Entwicklers. Bevor er sich in dieser neuen Art des Programmierens wohlfühlt, müssen grundlegende Schritte erlernt und einige psychologische Hürden genommen werden. Das Buch behandelte sowohl diese Anfangsproblematiken als auch zahlreiche fortgeschrittene Themen und Testtechniken. Wo nötig, wurden die theoretischen Grundlagen dargestellt und die Aufmerksamkeit des Lesers auf nicht allgemein entscheidbare Fragen gelenkt. Kapitel 15 widmete sich der Frage, wie sich automatisierte Softwaretests und testgetriebene Entwicklung in die derzeit verbreiteten Softwareprozesse integrieren lassen, und stellt damit die einzelne Technik in den Nutzen des Ganzen – die Entwicklung von Software.

Trotz aller behandelten Techniken und Spezialfälle basiert ein Großteil des Buches auf vereinfachenden Annahmen:

Vereinfachende Annahmen

- Wir beginnen mit dem Test-First-Ansatz bei null, d.h., es existiert keine Software, auf der wir aufbauen oder die wir anpassen müssten.
- Das Entwicklungsteam beherrscht bei Projektbeginn zumindest die Grundlagen der testgetriebenen Programmierung.
- Das Team ist Herrscher über den ganzen Code; es gibt keine Schnittstellen zu anderen Projekten.

In der Tat erfüllen nur wenige Projekte diese Bedingungen vollständig. Die Autoren stellen daher diesbezügliche Ideen und Ansätze im Folgenden zur Diskussion.

16.1 Unit Testing bei existierender Software

Eine Softwareneuentwicklung von Grund auf ist heutzutage nur den wenigsten Teams beschert. Ein erfolgreiches Projekt befindet sich typischerweise den Großteil seiner Lebenszeit im Wartungsmodus. Möchte man in ein solches Projekt Unit Tests oder gar testgetriebene Entwicklung als neue Technik einbringen, ergeben sich einige Schwierigkeiten:

Schwierigkeiten beim Testen existierenden Codes

- Die existierende Codebasis ist – mit großer Wahrscheinlichkeit – ohne den Gedanken der Testbarkeit entwickelt worden. Das nachträgliche Erstellen von Unit Tests ist daher schwierig.
- Ein notwendiges Refactoring zur Verbesserung der Testbarkeit (und auch des Designs) kann ohne existierende Tests nicht sicher

durchgeführt werden. Da jedoch wegen der schlechten Testbarkeit keine ausreichenden Tests existieren, steckt man in einem Henne-Ei-Problem fest.
- Die Qualität der existierenden Klassen ist nicht bekannt. Testfälle, die lediglich die existierende – und nicht die tatsächlich gewünschte – Funktionalität überprüfen, laufen Gefahr, Fehler des Programms festzuzurren.
- Je älter die Codebasis ist, desto größer ist die Wahrscheinlichkeit, dass sie viel ungenutzte Funktionalität enthält. Für diese möchte man selbstverständlich keine Testfälle implementieren.

Kein Wunder also, dass Kent Beck das Testen beim Übergang eines Entwicklungsteams zu XP als eine frustrierende Aufgabe ansieht [Beck00a]. Er empfiehlt, der Versuchung zu widerstehen, nachträgliche Unit Tests für sämtlichen existierenden Code zu erstellen. Je nach Projektgröße bedeutet dies nämlich, dass das Team für Wochen oder gar Monate gebunden ist, ohne dem Kunden zusätzliche Funktionalität liefern zu können.

Ein anderer Ansatz ist erfolgversprechender und vor allem risikoärmer: Während neue Systemteile vollständig einer Test-First-Entwicklung unterliegen, werden die Testfälle für existierende Klassen stückweise und nach Bedarf hinzugefügt:

Testing on demand

- Sobald »geerbter« Code (Legacy Code) geändert werden muss – sei es wegen einer neuen Anforderung oder wegen eines aufgetretenen Programmfehlers –, werden Unit Tests *um ihn herum* geschrieben. Von nun an ist auch ein Refactoring der Erbschaft möglich.
- Jedesmal wenn ein Problem in den Legacy-Klassen sichtbar wird, egal wie klein und wie leicht es zu beheben ist, wird ein entsprechender Test hinzugefügt.
- Immer wenn ungetestete Klassen Verwendung finden, sollte zunächst Code hinzugefügt werden, der die erwartete Funktionalität am Legacy Code überprüft.

Folgt man diesen Empfehlungen, dann wird die Entwicklungsgeschwindigkeit zunächst nachlassen. Nach einiger Zeit jedoch erreicht auch in der alten Codebasis die Testabdeckung ein zufrieden stellendes Maß, und die Unterschiede zwischen altem und neuem Code werden immer geringer. Ein positiver Effekt ist auch, dass genau jene Teile des Programms stark getestet werden, welche häufig durchlaufen bzw. häufig verändert werden.

Drumherum-Testen

So einleuchtend dieses Schritt-für-Schritt-Vorgehen auch sein mag, es hat einen großen Haken: Das Schreiben von Unit Tests um Legacy Code herum, geht nur in den wenigsten Fällen so leicht von der Hand wie die Erstellung von Tests vor der Implementierung. Häufig ist die vorgefundene Codebasis so schlecht, dass nur gleichzeitiges Refactoring die Erstellung von Unit Tests überhaupt ermöglicht.

Wie man im konkreten Fall das Problem angeht, kann daher unmöglich als allgemein gültiges Rezept formuliert werden. Oft ist eine Mischung aus großer Vorsicht und Instinkt nötig, um die problematischsten Stellen der Codeerbschaft durch Testfälle abzusichern und einem Refactoring bzw. einem kompletten Austausch zugänglich zu machen. Dennoch lassen sich einige bewährte Heuristiken nennen:[1]

Heuristiken für nachträgliches Testen

- Zunächst muss die Komponente identifiziert werden, um die man Testfälle herumstricken kann. Je besser das objektorientierte Design bereits im alten Code ist, desto leichter fällt es, eine isolierte und möglichst kleine Unit zu identifizieren. Gelingt uns dies nicht, dann müssen wir uns im schlimmsten Fall, wenn wir keine abtrennbare Einheit finden, auf eine möglichst vollständige Suite funktionaler Tests (bzw. Akzeptanztests) verlassen.
- Testfälle sollten nur für die Teile der identifizierten Komponente geschrieben werden, die auch tatsächlich in anderen Teilen des Programms verwendet werden. Im Zweifel kann eine statische Codeanalyse zusätzliche, aber keine absolute Sicherheit bringen.
- Bei der Erstellung der Testfälle sollten wir uns zunächst auf das von außen sichtbare Verhalten einer Komponente konzentrieren. Hierbei können existierende aktuelle Designdokumente hilfreich sein, aber auch in die falsche Richtung zeigen, falls sie veraltet sind.
- Die Implementierung feingranularer White-Box-Unit-Tests für existierenden Code lohnt sich nur, wenn dieser bereits von hoher Qualität und in stabilem Zustand ist; meist also erst nach einigem Refactoring-Aufwand.
- Refactoring ohne das Fangnetz von Unit Tests ist riskant; daher sollte man es nur im Paar durchführen. Einige Umstrukturierungsschritte sind jedoch relativ unproblematisch oder können gar von entsprechenden Werkzeugen durchgeführt werden: Extraktion einer Methode, Umbenennen einer Methode, Löschen falscher Kom-

---

1. Die folgende Zusammenstellung entspringt im Wesentlichen den Diskussionen in [URL:YahooXP] und [URL:WikiUTFLC].

mentare. Auch hier gilt, dass wir uns nur in sehr kleinen Schritten vorwärts bewegen sollten.

- Die Kapselung der alten Komponente in einer Fassade erleichtert das Unit Testing neuer Systemteile und ermöglicht das spätere Austauschen dieser Unit durch eine (testgetriebene) Neuentwicklung.
- Am einfachsten lassen sich Unit Tests für die Low-Level-Funktionen der alten Codebasis schreiben. Manchmal kann man die Erbschaft von unten erobern.
- Es kann vorkommen, dass der existierende Code in so schlechtem Zustand ist, dass nur ein komplettes Neuschreiben dauerhaften Erfolg verspricht. In diesem Fall sollte man ausreichend Zeit und Energie in die Erstellung von Akzeptanztests und die Kapselung in einer Fassade investieren.

Das Erstellen nachträglicher Unit Tests weist erhebliche Tücken auf, von denen der Großteil darauf zurückzuführen ist, dass Testbarkeit kein Kriterium beim Entwurf des Codes war. Dies erfordert manchmal gewaltige Anstrengungen, um existierende Software in einen dauerhaft wartbaren Zustand zu versetzen[2]. Im schlimmsten Fall führt der »Frust des späten Testens« zum Zusammenbruch des ganzen Testansatzes. Diese Risiken und Investitionen sollten gegen die Kosten einer vollständigen oder teilweisen Neuentwicklung abgewogen werden. Häufiger als man zunächst vermutet, ist die Neuentwicklung die günstigere Variante.

Fazit

Ein Team, das dennoch mit der Wartung »testloser« Software betraut ist, sollte vor allem eines nicht tun: Einfach drauf los ändern, ohne vorher ein beruhigendes Netz an Testfällen aufzubauen. Bleibt der Kunde stur und besteht auf »schnellen Änderungen«, dann existiert immer noch die Option, ihm nichts von den unverzichtbaren Qualitätsmaßnahmen zu erzählen.

Keine testlosen Änderungen!

16.2 Einführung von Unit Tests ins Entwicklungsteam

Bekanntermaßen ist ein Buch nur eingeschränkt dazu geeignet, anwendbares Wissen zu vermitteln, und noch weniger dazu, das Verhalten von Menschen zu ändern. Eine Organisation oder ein Projektleiter, die sich zur Einführung des Test-First-Ansatzes entschlossen haben, stehen vor der Frage, wie die Einführung von Unit Testing in den Arbeitsprozess des Entwicklungsteams tatsächlich funktionieren

---

2. Michael Feathers hat ein ganzes Buch zu diesem Thema geschrieben: »Working Effectively with Legacy Code« [Feathers04].

kann? Das geschickteste Vorgehen hängt dabei stark vom generellen Entwicklungsansatz einer Organisation ab. Wir wollen hier zwischen dem *handwerklichen* und dem *organisatorischen* Ansatz unterscheiden.

Der handwerkliche Ansatz

In seinem Buch »Software Craftsmanship« propagiert Pete McBreen den Übergang von der *Ingenieurwissenschaft Softwareentwicklung* (Software Engineering) hin zu *Softwareentwicklung als Handwerk* [McBreen01]. Im traditionellen Handwerk spielen die Fähigkeiten und der Ruf des einzelnen »Meisters« die entscheidende Rolle für die Vergabe von Aufträgen. Qualität und Dauerhaftigkeit eines Produkts stehen im Mittelpunkt, die Ausbildung neuer Handwerker funktioniert nach dem bewährten Prinzip von Lehrling, Geselle und Handwerksmeister. Extreme Programming und die anderen agilen Prozesse (siehe Kapitel 15.2, Seite 327) können als typische handwerkliche Entwicklungsansätze betrachtet werden.

Meister, Geselle und Lehrling

Im Fall des handwerklichen Entwicklungsansatzes wird es in einem Entwicklungsteam überschaubarer Größe einen erfahrenen Entwickler, Meister oder Geselle, geben, der die anderen Teammitglieder anlernt, indem er sie bei ihren Gehversuchen mit testgetriebener Entwicklung unterstützt und auf Basis seiner Autorität sicherstellt, dass alle Entwickler Unit Tests korrekt anwenden. Wenn das Team zusätzlich Programmierung im Paar anwendet, werden sich die Entwickler beim Erlernen und kontinuierlichen Anwenden von Unit Tests gegenseitig unterstützen. Das wichtigste Ziel ist das In-Gang-Bringen eines Selbstregelungsmechanismus: kurze Iterationen → durchgeschlüpfte Fehler in Tests erfassen → Anpassung und Verbesserung der Testpraxis.

Lehren durch gutes Beispiel

Eine Möglichkeit, einen solchen handwerklichen Ansatz über Projektgrenzen hinweg zu koordinieren, bieten die so genannten *Communities of Practice* [Cohen01]. Hier bilden die Meisterprogrammierer eine Community, die sich regelmäßig trifft, um Erfahrungen und Probleme auszutauschen. Dadurch wird die Umsetzung des Test-First-Ansatzes in den unterschiedlichen Teams einheitlicher und auch effizienter, da ein Meisterprogrammierer sich Unterstützung von seinen »Peers« bei der Lösung von Problemen holen kann.

Wo lernen die Meister?

Der organisatorische Ansatz

In vielen größeren Entwicklungsorganisationen wird man allerdings nicht ausschließlich auf motivierte Teams treffen, die von einem charismatischen Meisterprogrammierer in neue Technologien eingewiesen werden. Hier bestimmen häufig hierarchische Managementstrukturen und formalisierte Prozesse das Geschehen. Diese starren Strukturen haben fast immer einen negativen Einfluss auf das Engagement und die Lernbereitschaft der Mitarbeiter.

In diesem Fall ist ein organisatorischer Ansatz zur Einführung der testgetriebenen Entwicklung nötig, um einen sinnvollen Einsatz der Technik sicherzustellen. Ein solches Vorgehen ist aufwändiger und deutlich unsympathischer als der handwerkliche Ansatz, manchmal jedoch der einzig mögliche Weg, um sowohl Management als auch Entwickler ins Boot zu holen. Ein organisatorischer Ablauf zur Einführung von Unit Tests könnte nach [Kaltio00] folgendermaßen aussehen:

1. **Machbarkeitsstudie mit Kosten-Nutzen-Rechnung:** Vor der Entscheidung zur Einführung von Unit Tests sollte anhand des aktuellen Entwicklungsprozesses festgestellt werden, ob und wie sie sich in den Prozess integrieren lassen. Wenn eine Integration prinzipiell möglich ist, sollten Kosten und Nutzen von Unit Tests – ähnlich unserer Bewertung in Kapitel 15.5 – gegenübergestellt werden. Zu den Kosten gehören dabei auch die Aufwendungen für die nachfolgenden Schritte der Prozesseinführung.

    6-Schritte-Programm zur Einführung neuer Prozesspraktiken

2. **Managemententscheidung und -unterstützung:** Auf Basis der Studie fällt der für die Entwicklungsorganisation zuständige Manager (z.B. der Abteilungsleiter der Entwicklungsabteilung) die Entscheidung zur Einführung von Unit Tests. Er setzt ein Projekt zur Einführung von Unit Tests ein, inklusive eines eigenen Budgets und eines Projektleiters. Im Rahmen dieses Projektes werden die nachfolgenden Schritte durchgeführt.

3. **Anpassung des Entwicklungsprozesses:** Die Durchführung der Unit Tests wird in die existierende Prozessbeschreibung eingebaut. Die Änderungen betreffen die Beschreibung der Aktivitäten, Einbau neuer Zwischenprodukte (Testfälle, Testergebnisse), geänderte Rollenbeschreibung sowie eine geänderte Werkzeugumgebung.

4. **Durchführung von Pilotprojekten:** Nun sollte der veränderte Prozess auf seine Praxistauglichkeit geprüft werden, bevor er zum neuen Standard wird. Das heißt, in einer repräsentativen Menge von Projekten sollten Erfahrungen mit dem geänderten Vorgehen gesammelt werden. Die Mitarbeiter der Pilotprojekte müssen dazu theoretisch und praktisch geschult werden. Dazu ist – nach einer allgemeinen Einführung – Coaching durch einen erfahrenen Test-First-Experten eine erfolgversprechende Methode. Regelmäßige Reviews sind nötig, um die Qualität der erstellten Testsuiten auf das nötige Niveau zu bringen.

Im abgeschlossenen Rahmen eines Pilotprojektes empfehlen wir den oben beschriebenen handwerklichen Ansatz – auch wenn auf Organisationsebene die beschriebenen formalen Schritte erforderlich sind.

5. **Anpassung des Prozesses auf Basis der Ergebnisse:** Auf Basis der Erfahrungen mit den Pilotprojekten wird die Prozessdokumentation erneut überarbeitet. Der resultierende Softwareprozess wird reviewt und verabschiedet. Damit sind Unit Tests offizieller Bestandteil des Entwicklungsprozesses.
6. **Ausrollen von Unit Tests in der Organisation:** Jetzt nehmen die restlichen Entwickler der Organisation an Trainingsmaßnahmen zu den Themen »Testgetriebene Entwicklung« und »Unit Testing« teil. Jedes neue Projekt verwendet von nun an Unit Tests. Entscheidend ist, dass es in jedem Projekt mindestens einen Mitarbeiter gibt, der bereits praktische Erfahrungen gesammelt hat und als Coach für das Projektteam fungieren kann.

Der vorgestellte 6-Punkte-Plan ist selbstverständlich auch auf andere Verbesserungen des Prozesses anwendbar. Wichtig ist auch hier, dass nur eine Änderung pro Durchlauf stattfindet, da größere Änderungen am Stück mit hoher Wahrscheinlichkeit fehlschlagen oder nicht dauerhaft sind. In jedem Fall sollte die Einführung von automatisierten Softwaretests in großen Organisationen aktiv und im Rahmen eines eigenen Projekts betrieben werden. Sonst landet die Test-First-Idee dort, wo viele gute Ideen vor ihr bereits verendet sind: in gammeligen Ordnern und abgelegenen Archivregalen.

16.3 Was fehlt?

Zu Beginn des Buchprojektes hatten wir die Hoffnung, alle wesentlichen Unit-Testing-Probleme in einem Buch dieser Länge abdecken zu können. Die Recherchen während des Schreibens und die zahlreichen Kommentare der Reviewer haben uns eines Besseren belehrt. Mit jedem Fachgebiet, das wir in einem eigenen Kapitel behandelt haben, hat sich ein neues Problem aufgetan, das ein weiteres Kapitel wert gewesen wäre.

Vergessene Themen

Themen, die durch das Selektionssieb fielen oder nur am Rande behandelt wurden, sind z.B. XML und XSLT, Web-Services, SOAP, asynchrones Messaging, JDO und zahlreiche andere akronymgeschmückte Technologien. Dass die Zahl der unbehandelten Testproblematiken eher zu- als abnimmt, verdanken wir überwiegend dem von SUN dominierten Java Community Process, durch den Java mit immer neuen APIs und Komponenten ausstaffiert wird. Obwohl jede neue

Programmierschnittstelle und jede neue Technologie unbekannte Testherausforderungen mit sich bringt, haben die letzten Jahre doch gezeigt, dass sich mit Hilfe der in diesem Buch dargestellten Techniken und Konzepte auch unbekanntes Terrain schnell erobern lässt. Zudem reagiert die Unit-Testing-Gemeinde rasch, wenn es um die Erstellung spezialisierter Frameworks für spezialisierte Testaufgaben geht.

Die Zukunft

Einige wenige Themen haben jedoch das Potenzial, größere Veränderungen in der Praxis der testgetriebenen Entwicklung – vielleicht sogar der Softwareentwicklung im Allgemeinen – auszulösen:

- **Aspektorientierte Programmierung (AOP):** Die Idee, bestimmte Aspekte eines Programms völlig unabhängig von anderen Aspekten desselben Programms zu entwickeln, ist schon alt. Doch erst seit wenigen Jahren sind die Werkzeuge auf einem praxistauglichen Stand, allen voran AspectJ [URL:AspectJ].

    AOP bringt für den testenden Entwickler einige Probleme, da die zu testenden Units ohne sichtbare Einwirkung von außen ihr Verhalten ändern können; wie teste ich eine solche Einheit in Isolation? Aspekte bringen jedoch auch Chancen, z.B. bei der Testisolation von Legacy-Komponenten, in die wir mit AspectJ ohne äußeren Eingriff Dummy- und Mock-Objekte einschleusen können[3].

- **Modellgetriebene Softwareentwicklung**, von der OMG als Model-Driven Architecture (MDA) vermarktet[4]: Falls tatsächlich ein wesentlicher Teil des Codeschreibens durch Programmierung in Modellierungssprachen abgelöst wird, dann werden auch Testfälle in anderer Form formuliert und automatisiert werden müssen.

- **Testgetriebene Entwicklung im Großen:** Was vor einigen Jahren noch bloße Vision war, ist mittlerweile machbar und wird praktiziert. Akzeptanztests werden vor der eigentlichen Entwicklung geschrieben und lenken dadurch gröbere Design- und Architekturentscheidungen. Frank Westpahl beschreibt in [Westphal05] diesen Ansatz und auch das Werkzeug, das dabei immer häufiger zum Einsatz kommt: FIT (Framework for Integrated Tests) [URL:Fit].

    Die Besonderheit an FIT ist, dass es Testsprache und Testerstellung von der Automatisierungsschicht trennt. Dadurch können Testfälle in der Sprache der Kunden erstellt werden und sind gegenüber Änderungen der GUI oder der API robust.

---

3. Zwei Ansätze hierzu werden in [Monk02] und [Lesiecki02] vorgestellt.
4. Eine gute Einführung ins Thema ist »MDA Distilled« [Mellor04].

Ob diese Ansätze die Erwartungen erfüllen und ihre Versprechen halten können, wird sich erst in einigen Jahren herausstellen; wir Entwickler entscheiden dabei mit. Sicher ist, dass die testgetriebene Entwicklung auch am Ende des Buches kein vollständig erkundetes Terrain darstellt. Jetzt müsste man nur noch ein passendes Zitat für diese gewaltige Erkenntnis zur Hand haben ...

Teil III

Anhang

A JUnit-Erweiterungen

Die Anzahl der Erweiterungen und Ergänzungen, die für JUnit entwickelt und gepflegt werden, wächst stetig. Einigen davon konnten Sie bereits im Hauptteil dieses Buches begegnen. Eine umfangreiche und regelmäßig aktualisierte Liste dieser Zusatztools wird auf der JUnit-Website gepflegt[1]. Die folgende Aufzählung ist daher nicht vollständig, enthält jedoch die aus Sicht der Autoren wichtigsten Werkzeuge. Wer sich für Open-Source-Testing-Tools im Allgemeinen interessiert, sollte bei

    http://www.opensourcetesting.org

reinschauen.

A.1 Mock-Objekte

Mock Objects

Diese Bibliothek stellt sowohl eine umfangreiche Basis an generischen Mock-Objekten zur Verfügung als auch einige spezialisierte Packages, z.B. für das Testen von JDBC-Anbindungen und Servlets. Das Konzept der Mock-Objekte wird in Kapitel 6 ausführlich behandelt.

URL: http://www.mockobjects.com

MockMaker

Das Tool *MockMaker* dient zum Erzeugen von Quellcode für Mock-Objekte und baut auf der Mock-Objects-Bibliothek auf. Das Werkzeug geht von einem Interface aus und generiert Klassen, die sowohl die Spezifikation des erwarteten Verhaltens erlauben als auch die Rückgabe vorbestimmter Funktionswerte. *Mock-Generierung*

URL: http://mockmaker.sourceforge.net

---

1. http://www.junit.org/news/extension/index.htm

EasyMock

Dynamische Mock-Objekte

Dieses Paket erlaubt die Definition einfacher Mock-Objekte direkt im Testcode, ohne dass man eigene Mock-Klassen schreiben müsste. Der zugrunde liegende *Java-Proxy-Mechanismus* ist erst ab JDK 1.3 verfügbar.

URL: http://www.easymock.org

jMock

Auch *JMock* hat sich der Idee dynamischer Mock-Objekte mit Hilfe von dynamischen Proxy-Objekten verschrieben; das Framework bietet jedoch eine völlig andere Spezifikationssprache als EasyMock.

URL: http://jmock.codehaus.org

A.2 Web-Entwicklung

HttpUnit

HttpUnit ist ein Framework zur Ansteuerung externer Websites in einem Java-Programm. Eine Einsatzmöglichkeit in Kombination mit JUnit ist die Durchführung automatisierter funktionaler Web-Tests. Mitgeliefert wird jedoch auch ServletUnit, ein Dummy-Web-Container zur testgetriebenen Entwicklung von Servlets. In Kapitel 13 kommen beide Tools zum Einsatz.

URL: http://httpunit.sourceforge.net

jWebUnit

jWebUnit setzt auf HttpUnit auf, bietet jedoch eine API auf höherem Abstraktionsniveau, um durch Webseiten zu navigieren und Zusicherungen zu testen.

URL: http://jwebunit.sourceforge.net

HtmlUnit

HtmlUnit verfolgt das gleiche Konzept wie HttpUnit ist jedoch völlig anders implementiert und bietet dementsprechend eine ganz andere Programmierschnittstelle.

URL: http://htmlunit.sourceforge.net

XHTMLUnit

XHTMLUnit ist ein Aufsatz auf XMLUnit und erlaubt die Validierung und Verifikation von generiertem XHTML-Code. Dabei können sowohl vollständige Seiten als auch XHTML-Fragmente getestet werden.

URL: http://sourceforge.net/projects/xhtmlunit

Canoo WebTest

Das Framework basiert auf Ant und erlaubt es, Testfälle für eine Web-Applikation in XML zu erstellen – und natürlich auch auszuführen.

URL: http://webtest.canoo.com

A.3 J2EE

MockEJB

MockEJB stellt einen kleinen Dummy-EJB-Container zur Verfügung, der das Testen von Teilen der EJB-API ohne Deployment der Beans erlaubt. Ein Beispiel für seine Verwendung findet sich in Kapitel 12.6.

URL: http://www.mockejb.org

Cactus

Auch *Cactus* ermöglicht die Ausführung serverseitiger Tests. Im Gegensatz zu JUnitEE kommen jedoch Proxy-Servlets zum Einsatz, welche die Verbindung zu den Clienttestfällen herstellen. Cactus wird sowohl in Kapitel 12 als auch in Kapitel 13 verwendet.

»In-Container«-Testen

URL: http://jakarta.apache.org/cactus/

JUnitEE

Dieses Paket liefert ein Test-Runner-Servlet zur Ausführung serverseitiger Testsuiten. Ein Einsatzgebiet ist das Testen von EJBs (siehe Kapitel 12).

Test-Runner-Servlet

URL: http://www.junitee.org

A.4 GUIs

Abbot

Abbot erlaubt sowohl die programmatische Steuerung von Swing- und SWT-GUIs als auch ein Capture&Replay in XML-Skripten.

URL: http://abbot.sourceforge.net

Jemmy

Jemmy ist eigentlich ein Modul der NetBeans IDE; die Entwickler waren jedoch weitsichtig genug, auch den Einsatz außerhalb von NetBeans vorzusehen. Jemmy dient zum »Fernsteuern« einer Swing-basierten Applikation und wurde in Kapitel 14.3 an einem Beispiel vorgestellt.

URL: http://jemmy.netbeans.org

jfcUnit

Diese Erweiterung ermöglicht das Testen von Swing-Benutzerschnittstellen ähnlich wie Jemmy, hat jedoch ein völlig anderes API.

URL: http://jfcunit.sourceforge.net

A.5 Sonstiges

XMLUnit

XMLUnit erlaubt das Validieren und Testen von XML-Dokumenten. Dabei kann mit und ohne DTDs gearbeitet werden; XSLT-Transformationen werden auch unterstützt. XMLUnit wird in Kapitel 12.4 an einem Beispiel vorgestellt.

URL: http://xmlunit.sourceforge.net

FIT

Das *Framework for Intergrated Tests* erlaubt die Trennung von Testerstellung in lesbarer Form und Testausführung. Dies ist für Akzeptanztests besser geeignet als ein reines Entwicklerwerkzeug wie JUnit.

URL: http://fit.c2.com

JUnitX und XPTest

JUnitX bietet die Möglichkeit, in Testfällen auf Variablen, Methoden und Klassen zuzugreifen, die private oder protected sind. Das Tool setzt auf der neuesten JUnit-Version auf und benutzt den Java-Reflection-Mechanismus.

Testen privater Eigenschaften

XPTest vereinigt JUnit und JUnitX und integriert es in das UML-Modellierungswerkzeug TogetherJ. Hiermit erlaubt es auch die automatische Erstellung von Testfällen mittels des Pattern-Mechanismus von Together.

URL: http://www.extreme-java.de

Daedalos JUnit Extensions

Die JUnit-Extensions der Firma Daedalos ermöglichen die Definition von Testressourcen, die nur ein einziges Mal initialisiert werden. Dies kann manche Testsuiten deutlich beschleunigen.

Testressourcen

URL: http://www.daedalos.com/DE/djux

JUnitPP

JUnitPP erweitert JUnit um ein Testdaten-Repository, einige Kommandozeilen-Argumente, einen eingebauten Wiederholungszähler und Multithreading von der Kommandozeile aus.

URL: http://junitpp.sourceforge.net

JXUnit

JXUnit ermöglicht die Trennung von Testdaten und Testlogik, indem es die Testdaten in XML-Dateien auslagert. Dies ist weniger für feingranulare Unit Tests als vielmehr für funktionale Testsuiten interessant.

Datenzentriertes Testen

URL: http://jxunit.sourceforge.net

Joshua

Ziel von *Joshua* ist die verteilte Ausführung von Regressionstests. Als Grundlage dienen dabei neben JUnit auch Jini und JavaSpaces.

Verteilte Testausführung

URL: http://cs.allegheny.edu/~gkapfham/research/joshua/

JDepend

Abhängigkeitsmetriken

JDepend hangelt sich durch eine Menge von Java-Class-Dateien und Java-Source-Verzeichnissen und ermittelt für jedes Package Metriken über die Abhängigkeiten zu und von anderen Packages. Richtig gelesen geben die Zahlen Hinweise zur Erweiterbarkeit, Wiederverwendbarkeit und Wartbarkeit eines Packages. In JUnit-Testfällen können erlaubte Toleranzen für bestimmte Messzahlen automatisch überprüft werden.

URL: http://www.clarkware.com/software/JDepend.html

Jester

Mutation Testing

Jester stellt mit dem Ansatz des *Mutation Testing* eine Ergänzung zur herkömmlichen Coverage-Analyse dar. Diese Art des Testens basiert auf gezielten Änderungen des Applikationscodes und der nachfolgenden Überprüfung, ob diese Änderungen von der ursprünglichen Testsuite auch als Fehler erkannt wurden. Dadurch können Codeteile identifiziert werden, die zwar im Zuge der Suite ausgeführt werden, aber deren Effekte nicht in den Tests überprüft werden. In Kapitel 8.3, Seite 163 ff. wird dieser Ansatz in die klassische Coverage-Analyse eingeordnet.

URL: http://jester.sourceforge.net

JUnitPerf

Performance Testing

JUnitPerf stellt eine Sammlung von »Test-Dekoratoren« (Ableitungen der Klasse `TestDecorator`) zur Verfügung, die zur Überprüfung von Performanz und Skalierbarkeit verwendet werden können.

URL: http://www.clarkware.com/software/JUnitPerf.html

J2MEUnit

Testen im Kleinformat

Die *Java 2 MicroEdition* ist auf Geräte mit wenig Speicher und Ressourcen ausgerichtet. Daher unterstützt die virtuelle Maschine u.a. keine Reflection, was eine Anpassung von JUnit nötig macht. *J2ME Unit* stellt eine Portierung für diese Plattform dar.

URL: http://j2meunit.sourceforge.net

B Unit Tests mit anderen Programmiersprachen

B.1 Smalltalk

Der Streit zwischen Java-Verfechtern und Smalltalk-Anhängern über Vor- und Nachteile statischer bzw. dynamischer Typisierung wird vermutlich nie ein Ende finden. Unbestritten kommen jedoch zahlreiche Ideen und Neuerungen ursprünglich aus dem Smalltalk-Umfeld. So auch XP und das xUnit-Testframework. Daher überrascht es nicht, dass die Test-First-Kultur in der Smalltalk-Welt stark verbreitet ist und dass auch *SUnit* – als Urvater von JUnit – eine breite Unterstützung erfährt.

SUnit ist mittlerweile ein *Camp-Smalltalk-Projekt*, d.h., es wird in regelmäßigen Abständen überarbeitet und erweitert. Die aktuelle Version 3.1 ist für die meisten Smalltalk-Umgebungen verfügbar. Fast ein Dutzend Varianten – u.a. für Dolphin, Gemstone, Squeak, VisualAge for Smalltalk und VisualWorks – können auf [URL:SUnit] heruntergeladen werden. Dabei basieren alle auf derselben Codebasis, nur die grafischen Test-Runner sind an den jeweiligen Dialekt angepasst.

Unterstützung zahlreicher Smalltalk-Dialekte

Testfallerstellung mit SUnit

Prinzipiell funktioniert das Erstellen von Testfällen genau so wie mit JUnit. Testfallklassen werden von `TestCase` abgeleitet, `setUp` und `tearDown` stehen zur Verfügung und alle mit »test« beginnenden parameterlosen Methoden werden automatisch zu einer Testsuite zusammengefasst. Betrachten wir einen einfachen Testfall, der das Hinzufügen zweier Elemente zu einer Liste (`OrderedCollection`) testet:

```
testTwoElements
   |list|
   list := OrderedCollection new.
   list add: 'first'.
   list add: 'second'.
```

```
self assert: list size = 2.
self assert: (list at: 1) = 'first'.
self assert: (list at: 2) = 'second'.
```

Der mitgeliefert Test-Runner (hier die Version für »VisualAge for Smalltalk«) ist spartanisch, aber funktional völlig ausreichend (siehe Abb. B–1). Es sind jedoch zahlreiche Test-Runner-Varianten im Netz verfügbar – sicherlich ist für jeden Geschmack etwas dabei.

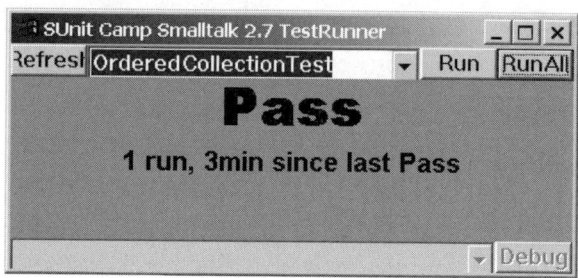

Abb. B–1
SUnit-Test-Runner

Unterschiede zu Java

Sehen Testfälle in SUnit nun genauso aus wie in JUnit? Zu einem großen Teil kann die Frage bejaht werden, da das prinzipielle Vorgehen beim Testen in beiden Sprachen gleich ist. Es existieren jedoch auch sprachbedingte Unterschiede:

Dynamische Typisierung
- Smalltalks fehlende statische Typisierung verkleinert die erforderliche Codemenge – auch in Testmethoden. Unter Umständen sind dafür jedoch Tests auf den korrekten Typ eines Objekts angebracht.

Mächtige Reflection
- Der mächtigere Reflection-Mechanismus und der einfache Zugriff auf die Klassen der Entwicklungsumgebung erschließen zusätzliche Automatisierungsmöglichkeiten. So bietet der Test-Runner bei einer Failure oder einem Error die Möglichkeit, direkt mit dem Debugger oder dem Klassenbrowser an die entsprechende Stelle im Code zu springen[1].

Dummy-Implementierungen
- Dummy- und Mock-Objekte können in Smalltalk mit weniger Aufwand realisiert werden, da nicht alle Methoden einer Schnittstelle, sondern nur die verwendeten implementiert werden müssen. Die einfachsten Dummy-Objekte in Smalltalk sind Blöcke!

Keine privaten Methoden
- Da in Smalltalk alle Methoden »public« sind, muss man nicht zu Tricks greifen, um sie zu testen.

---

1. Eine ähnlich enge JUnit-Integration bieten einige Java-IDEs, z.B. Eclipse und IntelliJ, mittlerweile auch.

- Da auch Klassen richtige Objekte sind und in einer zu den Objekten parallelen Vererbungshierarchie wohnen, lassen sich zahlreiche Features, wie z.B. *parametrisierte Testsuiten*, auf sehr einfache Weise implementieren.

Vererbung auf Klassenseite

- Das so genannte »Programmieren im Debugger« ist in Smalltalk weit verbreitet: Man setzt Haltepunkte in noch nicht implementierten Methoden, startet dann die Tests und ergänzt im Debugger die eigentliche Funktionalität. Dies ermöglicht gerade bei testgetriebener Entwicklung ein sehr bequemes Arbeiten.

Programmieren im Debugger

SmallMock

Obwohl man in Smalltalk seltener zu komplexen Attrappen greifen muss als in Java, ist auch hier zuweilen eine entsprechende Bibliothek hilfreich. Die von der Firma Adaption Software zum Download angebotene Open-Source-Bibliothek *SmallMock* ist ein an EasyMock angelehntes Framework zum Erzeugen von Mock-Objekten für die Smalltalk Dialekte VisualWorks 7.1, Squeak 3.4 und VisualAge 5.0. Die VisualAge-Version war allerdings auch unter Dolphin Smalltalk 5.1 ohne Änderung lauffähig [URL:SmallMock].

Smalltalk-Attrappen

Am Beispiel eines einfachen Loggers wollen wir die prinzipielle Idee hinter SmallMock demonstrieren. Im Test werden auf einem Logger mit einem Mock-Appender zwei Meldungen ausgegeben:

```
testLogging
   |mock logger|
   mock := MockObject on: ExampleAppender.
   mock
      log: 'Testfall' date: Date today;
      log: 'Testfall2' date: Date today;
      mockActivate.
   logger := ExampleLogger fromAppender: mock.
   logger log: 'Testfall2'.
   logger log: 'Testfall'.
   mock mockVerify
```

In der ersten Zeile nach der Deklaration der temporären Variablen wird das Mock-Objekt erzeugt, das alle Instanzmethoden der Klasse ExampleAppender versteht. Danach werden die erwarteten Methodenaufrufe mit ihren Argumenten an das Mock-Objekt gesendet und dort aufgezeichnet:

```
mock
   log: 'Testfall' date: Date today;
   log: 'Testfall2' date: Date today.
```

Bei Bedarf können auch Rückgabewerte mit #mockReturn: und Mehrfachaufrufe mit #mockRepeat: spezifiziert werden. Nach der Aufzeichnung der Erwartungswerte wird das Mock-Objekt aktiviert:

```
mock mockActivate.
```

Von nun an werden die gespeicherten mit den tatsächlichen Aufrufen verglichen und bei Abweichungen werden entsprechende Failures erzeugt. Im nachfolgenden Code wird ein Logger mit dem Mock-Objekt als Appender erzeugt:

```
logger := ExampleLogger fromAppender: mock.
```

Die nächsten beiden Aufrufe sollten dazu führen – das wollen wir ja verifizieren –, dass der Logger die Methode #log:date: mit den entsprechenden Meldungstrings am Appender aufruft:

```
logger log: 'Testfall2'.
logger log: 'Testfall'.
```

Da in unserem Testfall der Appender durch das Mock-Objekt ersetzt wurde, vergleicht dieses die tatsächlichen Aufrufe mit den Erwartungswerten. Mit der letzten Anweisung wird geprüft, ob tatsächlich *alle* erwarteten Aufrufe erfolgt sind:

```
mock mockVerify
```

Sollte das nicht der Fall sein, wird eine entsprechende Exception erzeugt und von SUnit als Failure registriert. Ähnlich wie EasyMock kann SmallMock unterschiedlich strenge Mock-Objekte erzeugen:

Konstruktormethode	Beschreibung
MockObject on: ExampleAppender	Die Reihenfolge, in der die Erwartungswerte gesetzt werden, ist unabhängig von der tatsächlichen Reihenfolge der Aufrufe. Für alle tatsächlichen Aufrufe muss ein Erwartungswert hinterlegt sein. Aufrufe, für die kein Erwartungswert vorliegt, führen zu einer Failure.
MockObject niceMockOn: ExampleAppender	Erwartungswerte können in beliebiger Reihenfolge angelegt werden. Aufrufe ohne Erwartungswert führen zu *keiner* Failure.
MockObject orderedMockOn: ExampleAppender	Die Reihenfolge der Erwartungswerte muss mit der tatsächlichen Reihenfolge übereinstimmen. Wird die Reihenfolge nicht eingehalten oder liegt kein Erwartungswert für einen Aufruf vor, wird eine Failure erzeugt.
MockObject niceOrderedMockOn: ExampleAppender	Wenn Erwartungswerte angelegt wurden, muss die Reihenfolge mit der Aufrufreihenfolge übereinstimmen. Aufrufe ohne Erwartungswert führen zu *keiner* Failure.

Bewertung

Es überrascht nicht, dass der Test-First-Ansatz zuerst in der Smalltalk-Welt seine Anhänger gefunden hat. Arbeitet man einige Zeit mit einer der mächtigen Smalltalk-Umgebungen, so fühlt man sich in Java »irgendwie gebremst«; die zahlreichen Umwege, die die Sprache verlangt, fallen erst dann richtig auf, auch wenn moderne Java-IDEs das teilweise geschickt verbergen. Schade nur, dass Smalltalk auch nach 25 Jahren noch nicht aus seiner Nische herausgefunden hat. Ein paar Wochen (oder mehr) Smalltalk-Erfahrung tun jedem Java-Entwickler gut, der sich von den üblichen Vorurteilen befreit. Warum nicht einfach mal das kostenlos verfügbare Squeak [URL:Squeak] herunterladen und loslegen?

Vorsicht subjektiv!

B.2   C++

Der Zustand des Unit-Testing-Frameworks für C++, *cppUnit* genannt, steht in einem Missverhältnis zur nach wie vor weiten Verbreitung der Sprache. Auf Sourceforge [URL:CppUnit] steht zum Zeitpunkt der Drucklegung dieses Buches die Version 1.10.2 zur Verfügung. Eine Ursache für den in den vergangenen Jahren relativ geringen Fortschritt des Testframeworks für C++ liegt in der mangelnden Standardisierung der Sprache, z.B. im Bereich von Benutzeroberflächen und Bibliotheksformaten. Insbesondere ist es offensichtlich schwierig, unterschiedliche Compiler mit einem gemeinsamen Framework zu unterstützen.

Während cppUnit nur rudimentären Support für C++-Compiler unter Unix und Borland C++ anbietet, konzentriert es sich stark auf die Unterstützung von Visual C++, dem De-facto-Standard-Compiler unter Windows. Nur für diesen Compiler gibt es Installations- und Benutzungsanleitungen sowie einen grafischen Test-Runner; unsere Beispiele beziehen sich daher auf Visual C++ 6.0.

Compiler-Support

Installation

CppUnit kommt mit einer detaillierten Installationsbeschreibung, die wir hier nicht wiederholen wollen. Wichtig ist, dass man bei der Einrichtung seiner eigenen Projekte von den mitgelieferten Bibliotheken die richtigen auswählt und einbindet; auch muss unbedingt die *Run-Time Type Information* (RTTI) eingeschaltet sein. [Vigenschow05] leistet hier zusätzliche Hilfestellung.

Erstellung von Testfällen

Nach den Tücken der Installation können nun Testfälle erstellt werden. cppUnit definiert im Wesentlichen die analogen Klassen wie JUnit. Es ist zu beachten, dass alle Klassen im Namensraum »CppUnit« definiert sind, d.h., dass den von JUnit bekannten Bezeichnern das Präfix »CppUnit::« vorangestellt werden muss. Basis für die Erstellung von Testfällen ist demnach die Klasse CppUnit::TestCase bzw. CppUnit::TestFixture, falls wir setUp() und tearDown() verwenden wollen. Das nachstehende Listing zeigt die Deklaration eines Testfalles AppendTest in einer C++-Header-Datei, der dem Java-Testfall StringBufferTest aus Kapitel 2.3 entspricht:

```cpp
class AppendTest : public CppUnit::TestFixture
{
   char *s;
public:
   AppendTest();
   virtual ~AppendTest();

   void setUp();
   void testAppendString();
   void testEmptyBuffer();
}
```

Wie in Kapitel 2.3 werden zwei Tests durchgeführt, von denen der eine (testEmptyBuffer) die korrekte Längenermittlung bei einem leeren String, der andere (testAppendString) die korrekte Anfügung an cinen leeren String testet. Die entsprechenden Methoden sehen folgendermaßen aus:

```cpp
AppendTest::AppendTest() : TestFixture()
{}

AppendTest::~AppendTest()
{}

void AppendTest::setUp() {
   s = new char[100];
   *s = '\0';
}

void AppendTest::testEmptyBuffer() {
   CPPUNIT_ASSERT(strlen(s) == 0);
}

void AppendTest::testAppendString() {
   strcat(s, "Ein String");
```

```
        CPPUNIT_ASSERT(strcmp(s, "Ein String") == 0);
        CPPUNIT_ASSERT(strlen(s) == 10);
    }
```

Testausführung

Zur Testausführung benötigt der Benutzer wie bei JUnit einen Test-Runner sowie eine Testsuite, die aus den auszuführenden Testfällen besteht. Leider fehlt in C++ ein Reflection-Mechanismus, so dass cppUnit nicht automatisch alle Methoden einsammeln kann, die mit »test« beginnen. Zwar verwendet cppUnit den C++-Mechanismus Run-Time Type Information, aber dieser ermöglicht lediglich die Ermittlung von Typ-IDs und Typnamen, nicht jedoch das Auffinden von Klassen und Methoden anhand ihres Namens. Somit ist auch die Syntax zum Aufbau einer Testsuite in cppUnit etwas komplizierter als in Java, denn cppUnit benötigt neben dem Namen der Testmethode auch einen Pointer auf die Methode selbst:

```
    static CppUnit::Test *suite() {
        CppUnit::TestSuite *ts = new CppUnit::TestSuite;
        ts->addTest(
            new CppUnit::TestCaller<AppendTest>("testAppendString",
            &AppendTest::testAppendString));
        ts->addTest(
            new CppUnit::TestCaller<AppendTest>("testEmptyBuffer",
            &AppendTest::testEmptyBuffer));
        return ts;
    }
```

Die Klasse `TestCaller` ermöglicht das Ausführen der einzelnen Testfälle. Über das Template-Argument `AppendTest` wird der Name der Testfallklasse angegeben, was das Ausführen der Fixture erlaubt. Anschließend wird der Test mittels des Pointers auf die Testmethode (z.B. `&AppendTest::testEmptyBuffer`) durchgeführt. Das umständliche Erstellen der Testsuite wird durch die Verwendung der mitgelieferten Helfer-Makros etwas einfacher:

```
    #include <cppunit/extensions/HelperMacros.h>
    class AppendTest...
        CPPUNIT_TEST_SUITE(AppendTest);
        CPPUNIT_TEST(testAppendString);
        CPPUNIT_TEST(testEmptyBuffer);
        CPPUNIT_TEST_SUITE_END();
```

Zum Ausführen der Testsuite wird schließlich ein Test-Runner benötigt. Ein textbasierter Test-Runner ist Teil des cppUnit-Projekts:

```
int main( int argc, char* argv[] )
{
  CppUnit::TextTestRunner runner;
  runner.addTest(AppendTest::suite());
  runner.run();
  return 0;
}
```

Dieser liefert für die obige Testsuite folgende Ausgabe:

```
..
OK (2 tests)
```

Ein Fehler wird folgendermaßen angezeigt:

```
.F.
!!!FAILURES!!!
Test Results:
Run:  2    Failures: 1    Errors: 0
There was 1 failure:
1) test: testAppendString line: 34 C:\cppunit-
1.8.0\src\demo\demo\AppendTest.cpp
  "strlen(s) == 9"
```

Schöner geht das Ganze mit dem grafischen Test-Runner (siehe Abb. B–2). Um diesen verwenden zu können, muss das Testprojekt als

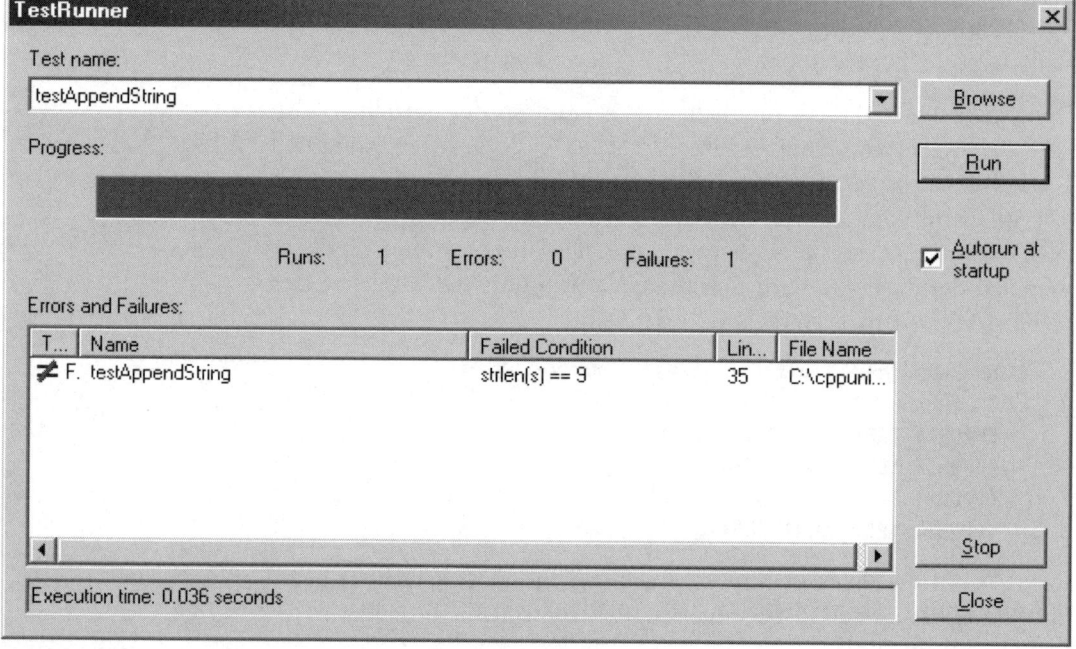

Abb. B–2
Grafischer Test-Runner von CppUnit

MFC-basierte Win32-Applikation aufgesetzt werden. Wie im Beispiel cppUnitTestApp gezeigt, sollte zusätzlich das Test-Runner-Projekt in den Workspace aufgenommen werden. Neben der Library cppunitd.lib müssen nun die Bibliotheken testrunnerd.lib sowie testrunnerd.dll eingebunden werden bzw. verfügbar sein.

Gesamteindruck

Durch die Einschränkungen der Sprache wie mangelnde Kompatibilität zwischen den Implementierungen, fehlende Reflection sowie das gute alte Jonglieren mit Pointern und Speicherverwaltung wird das Testen deutlich mühsamer als in Java oder gar Smalltalk. Aber wer nun mal auf C++ als Implementierungssprache festgelegt ist, der sollte auch hier nicht auf automatisierte Tests oder – besser noch – testgetriebene Entwicklung verzichten.

Möchte man Tests für andere Compiler als Visual C++ automatisieren, dann kann eventuell die Open-Source-Bibliothek Boost [URL:Boost] weiterhelfen, welche u.a. Bibliotheken zur Erstellung von Testmethoden und Testsuiten für verschiedene Plattformen zur Verfügung stellt. Vom Michael Feathers, dem Vater von CppUnit existiert auch noch eine leichtere Variante des Frameworks: CppUnitLite [URL:CppUnitLite].

B.3 .NET

Wer unter .NET arbeitet, hat die Wahl zwischen mehreren Unit-Testing-Frameworks. NUnit [URL:NUnit] ist das Framework mit der größten Verbreitung und mit der besten Unterstützung durch spezialisierte Erweiterungen wie z.B. NUnitAsp und NUnitForms. Allerdings gewinnen auch andere Frameworks wie csUnit [URL:CsUnit] und MbUnit [URL:MbUnit] zunehmend an Bedeutung.

Installation von NUnit

Die Installation von NUnit ist einfach: Die MSI-Datei kann direkt ausgeführt werden und installiert sowohl die Assemblies als auch den Quellcode. Außerdem werden die Assemblies im GAC (Global Assembly Cache) registriert. Nach der Installation steht unter dem Startmenü eine Gruppe NUnit X.X zur Verfügung. In dieser Gruppe gibt es unter anderem einen Eintrag *Documentation* und einen Eintrag *NUnit-GUI*. Letzterer startet die GUI-Variante des Test-Runners. Abbildung B–3 zeigt den NUnit-Test-Runner nach Ablauf einer erfolgreichen Testsuite.

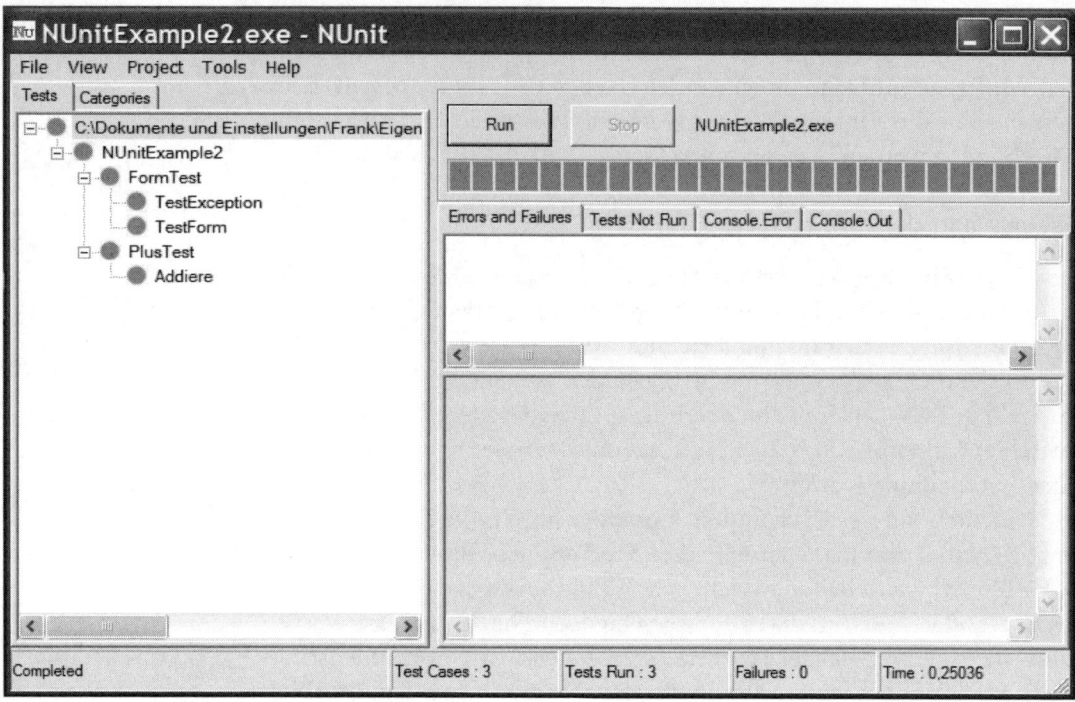

Abb. B–3
Der NUnit-Test-Runner

Erstellung von Testklassen und Testfällen

Der Aufbau und die Funktionsweise des Frameworks ist SUnit und JUnit sehr ähnlich. Die Besonderheit der .NET-Implementierungen liegt in der Verwendung von Attributen. Alle Klassen, Methoden, Eigenschaften und Felder können unter .NET mit Metatags, den so genannten *Attributes*, versehen werden. Diese Attribute stehen bei C# in eckigen Klammern und bei VB.NET in spitzen Klammern, unmittelbar vor dem Konstrukt, auf das sie sich beziehen, und können zur Laufzeit der Anwendung mit Hilfe der Reflection-API abgefragt werden.

Alle eingangs erwähnten Frameworks nutzen diese Metainformation zur Auswahl, welche Klasse eine Testklasse und welche Methode ein Test ist. Dadurch sind die Testklassen nicht in einer einzigen großen Hierarchie unter einer Klasse TestCase oder TestSuite abgeleitet, sondern können von einer beliebigen Klasse abgeleitet werden. Auch muss man sich auf keine Namenskonventionen für Testklassen – die in NUnit *Testfixtures* heißen –, Testmethoden und Set-up- bzw. Teardown-Methoden verlassen.

Am häufigsten werden die vier Attribute TestFixture, Test, SetUp und TearDown eingesetzt:

Attribut	Beschreibung
TestFixture	Das einzige Klassenattribut deklariert eine Klasse als Testklasse.
SetUp	Das Methodenattribut kennzeichnet eine Methode als Set-up- Methode, die *vor jedem* Testfall ausgeführt wird. Es kann nur eine Set-up-Methode pro Klasse geben.
TearDown	Das Methodenattribut kennzeichnet eine Methode als Tear-down-Methode, die *nach jedem* Testfall ausgeführt wird. Es kann nur eine Tear-down-Methode pro Klasse geben.
Test	Dieses Attribut markiert die eigentlichen Testmethoden; hiervon kann es beliebig viele pro Klasse geben.

Als einfaches Beispiel haben wir den SUnit-Test aus Kapitel in eine NUnit-Testfixture in C# übersetzt:

```
using System.Collections;
using NUnit.Framework;

namespace NUnitExample1 {
  [TestFixture]
  public class ListExample {
    private IList list;

    [SetUp]
    public void Init() {
        list = new ArrayList();
    }

    [TearDown]
    public void Destroy() {
        list = null;
    }

    [Test]
    public void Adding() {
        list.Add("first");
        list.Add("second");
        Assert.AreEqual(2, list.Count);
        Assert.AreEqual("first", list[0]);
        Assert.AreEqual("second", list[1]);
    }
  }
}
```

Durch die Binärkompatibilität aller .NET-Sprachen geht das Ganze auch mit Visual Basic .NET, ohne dass man ein spezielles Visual-Basic-Testframework bräuchte:

```
Imports NUnit.Framework

<TestFixture()> _
Public Class ListExample
   Private list As IList

   <SetUp()> _
   Public Sub Init()
      list = New ArrayList
   End Sub

   <TearDown()> _
   Public Sub Destroy()
      list = Nothing
   End Sub

   <Test()> _
   Public Sub Adding()
      list.Add("first")
      list.Add("second")
      Assert.AreEqual(2, list.Count)
      Assert.AreEqual("first", list(0))
      Assert.AreEqual("second", list(1))
   End Sub
End Class
```

Neben den vier Standardtypen gibt es noch eine Reihe weiterer nützlicher Attribute:

Attribut	Beschreibung
TestFixtureSetUp	Diese Set-up-Methode wird nur einmal pro Testklasse gestartet, nämlich vor Aufruf der ersten Testmethode. Pro Klasse kann es nur eine Methode mit diesem Attribut geben.
TestFixtureTearDown	Wenn alle Testmethoden einer Klasse ausgeführt wurden, wird diese Tear-down-Methode ausgeführt. Pro Klasse kann es nur eine Methode mit diesem Attribut geben.
ExpectedException	Dieses Methodenattribut erhält als Argument eine bei Ausführung des Testfalls erwartete Exception.
Ignore	Die Methode oder Klasse wird vom Test-Runner ignoriert. Ein Begründungstext kann als String-Argument übergeben werden.
Explicit	Der Test-Runner führt diese Methode oder Klasse nur aus, wenn sie ausgewählt ist oder zu einer ausgewählten Kategorie gehört.
Category	Jede Methode oder Klasse kann zu einer oder mehreren Kategorien gehören. Diese Kategorien können im Test-Runner ausgewählt werden. Der Name der Kategorie wird als String-Argument übergeben.

Wie in allen aus SUnit entstandenen Testframeworks sind die Assertions die eigentlichen Überprüfungsmethoden. In NUnit stellt die Klasse Assert einen umfangreichen Satz an statischen Methoden zum Prüfen der zu testenden Werte bereit.

Assertion	Beschreibung

AreEqual	Mit dieser mehrfach überladenen Methode können die verschiedenen Objekte auf Gleichheit getestet werden. Intern wird dabei die Equals-Methode angesprochen.
	
	`AreEqual(int, int)`
	`AreEqual(decimal, decimal)`
	`AreEqual(float, float, float)`
	`AreEqual(double, double, double)`
	`AreEqual(object, object)`
	
	Das erste Argument ist der Referenzwert und das zweite Argument ist der zu testende Wert. Bei float und double gibt es noch ein drittes Argument, die Toleranz.

AreSame	Diese Methode prüft, ob zwei Objekte identisch sind.
	
	`AreSame(object, object)`
	`AreSame(object, object, string)`
	`AreSame(object, object, string, object[])`

IsTrue/IsFalse	Für die Überprüfung von konditionalen Ausdrücken auf true bzw. false.
	
	`IsTrue(bool)`
	`IsTrue(bool, string)`
	`IsTrue(bool, string, object[])`
	`IsFalse(bool)`
	`IsFalse(bool, string)`
	`IsFalse(bool, string, object[])`

IsNull/IsNotNull	Diese Methoden prüfen auf Null oder nicht Null.
	
	`IsNull(object)`
	`IsNull(object, string)`
	`IsNull(object, string, object[])`
	`IsNotNull(object)`
	`IsNotNull(object, string)`
	`IsNotNull(object, string, object[])`

Fail	Wenn eine bestimmte Stelle im Code nicht erreicht werden soll – z.B. wegen einer erwarteten Exception –, dann kann dieser Fehler mit der Fail-Methode signalisiert werden.
	
	`Fail()`
	`Fail(string)`
	`Fail(string, object[])`

Für alle Assertions gibt es jeweils zwei weitere Überladungen, einmal mit einem zusätzlichen String und einmal mit einem String und einer Liste von Objekten. Der String wird im Fehlerfall vom Test-Runner angezeigt. Bei der zweiten Variante wird der anzuzeigende String mit dem übergebenen String und der Objektliste formatiert.

Hier ein Beispiel, das die Überprüfung einer erwarteten Exception vorführt:

Testen einer erwarteter Exception

```
namespace NUnitExample1 {
   [TestFixture]
   public class DivideByZero {
      [Test]
      [ExpectedException(typeof(DivideByZeroException))]
      public void Divide() {
         int y = 0;
         int x = 11/y;
         Assert.Fail("DivideByZeroException expected");
      }
   }
}
```

Unterschiede zu JUnit

Neben der Verwendung von Attributen gibt es auch noch andere erwähnenswerte Unterschiede zu JUnit:

- NUnit erzeugt von jeder Testklasse nur eine einzige Instanz, egal wie viele Testfälle sich darin verbergen. Dies kann zu Problemen bei der Unabhängigkeit der Testmethoden untereinander führen.
- NUnit ist im Gegensatz zu JUnit nicht auf eine Programmiersprache festgelegt, vielmehr können alle .NET-Sprachen, die Attribute unterstützen und Assemblies oder ausführbare Programme erzeugen, NUnit verwenden.

NUnitForms

NUnitForms [URL:NUnitForms] ist eine NUnit-Erweiterung zum Testen von WinForms-Anwendungen, dem .NET-Framework zur Erstellung grafischer Benutzerschnittstellen.

Für die wichtigsten Controls wie `ListBox`, `TextBox`, `TreeView`, `RadioButton`, `CheckBox` existiert eine entsprechende Testerklasse. Für alle anderen Controls kann die Klasse `ControlTester` verwendet werden. Diese Klasse hat den Nachteil, dass sie lediglich über ein generisches Protokoll verfügt und daher nicht so komfortabel zu handhaben ist wie die spezialisierten Testerklassen.

Aufzeichnen von Testfällen

Die Erstellung der Tests wird durch ein Recorder-Tool deutlich erleichtert. Mit diesem Werkzeug kann man eine *Assembly* starten und dann die zu testende *Form* auswählen. Die ausgewählte Form wird angezeigt und der gewünschte Testablauf kann durchgeführt werden. Nach dem Schließen der Form steht im Textfenster des Recorders der

Testcode – als NUnit-Quellcode – für den aufgezeichneten Testablauf. Dieser Code kann dann mit Copy und Paste in die gewünschte Testfixture kopiert und mit ein paar wenigen Hilfsmethoden und den Assertions versehen werden.

Für einen Testdialog mit drei Eingabefeldern und einem Button zur Ausführung einer Berechnung wurde folgender Testablauf aufgezeichnet:

```
[Test]
public void Test() {
   TextBoxTester tbWertEins = new TextBoxTester("tbWertEins");
   TextBoxTester tbWertZwei = new TextBoxTester("tbWertZwei");
   ButtonTester btnCalc = new ButtonTester("btnCalc");
   tbWertEins.Enter("1");
   tbWertZwei.Enter("2");
   btnCalc.Click();
}
```

Um einen ablauffähigen Testfall zu erhalten, müssen noch ein paar Ergänzungen hinzugefügt werden:

```
using System.Windows.Forms;
using NUnit.Extensions.Forms;
using NUnit.Framework;

namespace NUnitExample2 {
   [TestFixture]
   public class PlusTest : NUnitFormTest {
      public override Form ActivateForm() {
         return new PlusForm();
      }

      [Test]
      public void Addiere() {
         TextBoxTester tbWertEins =
                   new TextBoxTester("tbWertEins");
         TextBoxTester tbWertZwei =
                   new TextBoxTester("tbWertZwei");
         ButtonTester btnCalc = new ButtonTester("btnCalc");
         TextBoxTester tbErgebnis =
                   new TextBoxTester("tbErgebnis");
         tbWertEins.Enter("1");
         tbWertZwei.Enter("2");
         btnCalc.Click();
         Assert.AreEqual("3", tbErgebnis.Text);
      }
   }
}
```

NUnitAsp

NUnitAsp [URL:NUnitAsp] ist die entsprechende Erweiterung für ASP.NET-Anwendungen. Auch hier wird für jedes Web-Control ein entsprechender Tester zur Verfügung gestellt. Zurzeit werden folgende Controls unterstützt: Button, CheckBox, DataGrid, DropDownList, ImageButton, Label, LinkButton, ListBox, Panel, RadioButton, TextBox, UserControl, ValidationSummary, HtmlAnchor und HtmlInputCheckBox.

Ein Werkzeug zum Aufzeichnen von Testfällen steht noch nicht zur Verfügung, wir müssen unsere Testfälle daher von Hand schreiben:

```
using NUnit.Extensions.Asp;
using NUnit.Extensions.Asp.AspTester;
using NUnit.Framework;

namespace NUnitExample3 {
  [TestFixture]
  public class PlusTest : WebFormTestCase {
    [Test]
    public void TestForm() {
      TextBoxTester wertEins =
        new TextBoxTester("tbWertEins", CurrentWebForm);
      TextBoxTester wertZwei =
        new TextBoxTester("tbWertZwei", CurrentWebForm);
      LabelTester ergebnis =
        new LabelTester("lblErgebnisWert", CurrentWebForm);
      ButtonTester berechnen =
        new ButtonTester("btnBerechnen", CurrentWebForm);
      Browser.GetPage(
        "http://localhost/NUnitExample3/Default.aspx");
      wertEins.Text = "1";
      wertZwei.Text = "2";
      AssertEquals("", ergebnis.Text);
      berechnen.Click();
      AssertEquals("3", ergebnis.Text);
    }
  }
}
```

Zum Starten der Tests muss das Projekt nur kompiliert und der entsprechende Test oder die TestFixture ausgewählt werden.

Mocks

Bei den Mock-Frameworks für .NET ist die Tool-Auswahl schwieriger; hier existieren einige Kandidaten mit mehr oder weniger ähnlicher Funktionalität.

EasyMock.NET [URL:EasyMockNet] bietet ausschließlich dynamische Mocks für csUnit. NUnit wird in den neueren Versionen nicht mehr unterstützt. Hier ein Anwendungsbeispiel:

```
using System;
using EasyMockNET;
using NUnit.Framework;

namespace NUnitExample4 {
   [TestFixture]
   public class TestWithEasyMock {
      [Test]
      public void TestLogging() {
         IMockControl control =
                  EasyMock.ControlFor(typeof (IAppender));
         IAppender appender = (IAppender) control.GetMock();
         appender.Log(DateTime.Now.Date, "Testfall");
         control.SetVoidCallable(1);
         control.Activate();
         Logger logger = new Logger(appender, LogLevel.Info);
         logger.Info("Testfall");
         control.Verify();
      }
   }
}
```

NMock hingegen [URL:NMock] bietet sowohl dynamische als auch statische Mock-Objekte, unterstützt dafür aber nur NUnit. Die NMock-Übersetzung des vorigen Beispiels sieht so aus:

```
using System;
using NMock;
using NUnit.Framework;

namespace NUnitExample4 {
   [TestFixture]
   public class TestWithNMock {
      [Test]
      public void TestLogging() {
         Mock mock = new DynamicMock(typeof (IAppender));
         IAppender appender = (IAppender) mock.MockInstance;
         mock.Expect("Log",
               new object[] {DateTime.Now.Date, "Testfall"});
         Logger logger = new Logger(appender, LogLevel.Info);
         logger.Info("Testfall");
         mock.Verify();
      }
   }
}
```

DotNetMock [URL:DotNetMock] ist das umfangreichste der drei Frameworks; es unterstützt sowohl dynamische und statische Mocks als auch MbUnit, csUnit und NUnit. Hier die dritte Variante, die sich von der vorigen kaum unterscheidet:

```
using System;
using NUnit.Framework;
using DotNetMock.Dynamic;

namespace NUnitExample4 {
  [TestFixture]
  public class TestWithDotNetMock {
    [Test]
    public void TestLogging() {
      IDynamicMock mock =
                    new DynamicMock(typeof(IAppender));
      IAppender appender = (IAppender) mock.Object;
      mock.Expect("Log",
           new object[] {DateTime.Now.Date, "Testfall"});
      Logger logger = new Logger(appender, LogLevel.Info);
      logger.Info("Testfall");
      mock.Verify();
    }
  }
}
```

Testgetriebene Entwicklung unter .NET

Refactoring in VisualStudio.NET

Zur testgetriebenen Entwicklung gehört bekanntlich mehr als nur ein Testframework. Kontinuierliches Refactoring ist unumgänglich, daher stellt man mit Bestürzung fest, dass die aktuelle Version 2003 von Microsofts Visual Studio keinerlei automatisierte Refactorings bietet. Selbst die Umbenennung einer Klasse oder einer Methode wird so zum lästigen Suche-Finde-Ersetze-Spiel. Dass Microsoft dies als Mangel erkannt hat, sieht man jedoch an verfügbaren Betaversionen von Visual Studio, die bereits erste Refactoring-Funktionen bieten.

Außerdem gibt es eine Reihe kommerzieller Plug-ins für Visual Studio 2003, welche diese Entwicklungsumgebung um eine mehr oder weniger große Anzahl automatischer Refactorings erweitern.

Fortlaufende Integration

Beim Thema »fortlaufende Integration« sieht es schon besser aus. Es gibt zwei mit CruiseControl vergleichbare Werkzeuge:

- Draco.NET ist klein, leicht zu konfigurieren, kann als Windows-Dienst laufen und ist daher empfehlenswert für kleinere Entwicklungsteams. Die Benachrichtigung über Erfolg oder Misserfolg eines Builds wird als E-Mail versendet.
- CruiseControl.NET bietet sehr viele Konfigurationsmöglichkeiten, eine bessere NUnit-Integration und mehr Werkzeuge; nach erfolgter Aktion wird ein Statusbericht per E-Mail verschickt. Die detaillierten Informationen zum vorangegangenen Build können dann über einen Link vom Server abgerufen werden.

Integration in Visual Studio

Mit dem NUnit-AddIn können mit NUnit und seit neustem auch mit MbUnit erstellte Tests in Visual Studio .NET 2003 und 2005 ausgeführt werden. csUnit liefert ein eigenes AddIn für Visual Studio .NET.

Fazit

Auch unter .NET kann man mittlerweile testgetriebene Entwicklung effizient durchführen. Mit »Extreme Programming Adventures in C#« [Jeffries04] und »Test-Driven Development in Microsoft .NET« [Newkirk04] gibt es mittlerweile Literatur, die dabei mehr als nur Starthilfe leistet. Schade ist hingegen, dass sich der Entwickler für eins der drei genannten Testframeworks entscheiden muss – eine Entscheidung, die nicht zuletzt von den notwendigen Erweiterungen abhängig gemacht werden sollte.

B.4 Der Rest

Testgetriebene Entwicklung ist prinzipiell in jeder Programmiersprache anwendbar, die während der Entwicklung einen schnellen Wechsel zwischen Schreiben und Ausführen von Code ermöglicht. Es überrascht daher nicht, dass JUnit-ähnliche Werkzeuge in beinahe jeder erdenklichen Programmiersprache erhältlich sind.

Auf [URL:XPSoftware] sind unter anderem Unit-Testing-Frameworks für folgende Sprachen zu finden: ABAP Objects, Ada, Ant, Apple Script, C, C++, Common LISP, Curl, C#, Delphi, Dot-Net, Eiffel, Flash, Java, Java 2 Micro Edition, Jade, JavaScript, Haskel, K-Language, Objective C, Objective Caml, Oracle PL/SQL, Perl, PHP, PowerBuilder, Python, Rebol, Ruby, Scheme, Smalltalk, Suneido,

Auswahl unterstützter Sprachen

Tcl/Tk, Visual Objects, VBScript, Visual Basic und XSLT. Der Umfang und die Qualität der verfügbaren Tools sind jedoch völlig unterschiedlich. Häufig existieren auch konkurrierende Lösungen für dieselbe Sprache.

Aber auch für bislang nicht unterstützte Sprachen zählt die Ausrede »Es gibt kein Testframework!« nicht. Kapitel 5 hat ausreichend Einblick in die Innereien von JUnit gegeben, damit Sie in der Sprache Ihrer Wahl selbst zur Tat schreiten können[2].

---

2. Kent Beck führt in [Beck02] am Beispiel von Python vor, wie sich ein Testframework langsam an den eigenen Haaren ins Leben testen kann.

C Glossar

Abstrakte Klasse
: englisch: Abstract Class. Eine Klasse, die nicht instanziert werden kann, da Teile ihrer Implementierung an konkrete Unterklassen delegiert werden.

Akzeptanztest
: englisch: Acceptance Test. In *Extreme Programming* ein vom Kunden definierter automatisierter Test, der überprüft, in welchem Maß die Software die geforderte Funktionalität bzw. die geforderten Eigenschaften erfüllt (siehe auch *User Story*).

Anticomposition-Axiom
: Axiom über Softwaretesten, das besagt, dass die Summe adäquater Testsuiten für Segmente eines Moduls nicht notwendigerweise eine adäquate Testsuite für das Gesamtmodul ergibt.

Antidecomposition-Axiom
: Axiom über Softwaretesten, das besagt, dass Komponenten Fehler enthalten können, die nicht durch Testen des Gesamtsystems aufgedeckt werden können.

Antiextensionality-Axiom
: Axiom über Softwaretesten, das besagt, dass unterschiedliche Implementierungen einer Spezifikation möglicherweise unterschiedliche Testsuiten benötigen.

AOP
: Aspect-Oriented Programming. Die Trennung orthogonaler Aspekte einer Software, wie z.B. Logging und Transaktionsverhalten, von den Domänenklassen der Applikation. Die verbreitetste AOP-Erweiterung für Java ist AspectJ [URL:AspectJ].

Äquivalenzklasse

englisch: Equivalence Class. Eine Menge von Werten, die von einem Programmfragment gleich oder ähnlich behandelt werden, so dass Tests stellvertretend nur einen Wert aus der Menge verwenden müssen.

AWT Abstract Windowing Toolkit. Ursprüngliche Java-GUI-Bibliothek, deren Komponenten in Aussehen und Bedienverhalten vom verwendeten Betriebssystem abhängen.

Black-Box-Test

Spezifikationsbasierter Test, der ein System oder eine Unit ausschließlich von außen, d.h. über die öffentliche Schnittstelle, betrachtet.

Bottom-up Vorgehensweise, z.B. beim Testen oder Design, bei der ein hierarchisches Problem oder System zunächst auf der feinsten Zerlegungsstufe betrachtet wird, um sich von dort zum Allgemeinen hochzuarbeiten. Gegenteil: *Top-down*.

Cast Ein Hinweis an den Java-Compiler, ein Objekt als Instanz einer Unterklasse bzw. eines Interface zu betrachten. Ein Cast umgeht die statische Typisierung, ist aber wegen fehlender generischer Typen in Java oft nicht zu vermeiden.

Checked Exception

Eine Java-Exception, die nicht von `RuntimeException` abgeleitet ist. Eine solche Exception muss gefangen oder in der `throws`-Klausel aufgeführt werden.

Code Smell Der unangenehme Geruch, den man beim Anblick verbesserungswürdigen Codes in die Nase bekommt.

Continuous Integration

siehe *Fortlaufende Integration*.

CORBA Common Object Request Broker Architecture. Von der Object Management Group (OMG) entwickelte sprachunabhängige, offene Infrastruktur für verteilte Komponenten.

CUT Class under Test. Die zu testende Klasse.

DBC siehe *Design by Contract*.

DDL Data Definition Language. Sprache zur Beschreibung der in einer Datenbank abgelegten Datenstrukturen. Im Falle eines RDBMS handelt es sich um den Teil von SQL, der sich mit der Erzeugung von Tabellen, Indizes etc. beschäftigt.

Defensive Programmierung
englisch: Defensive Programming. Ein Programmierstil, der sicherstellen möchte, dass es durch Programmierfehler an einer Stelle nicht zu unvorhergesehenen Ergebnissen (z.B. Programmabbruch) an anderer Stelle kommt. Praktiken der defensiven Programmierung sind: Vermeidung problematischer Sprachkonstrukte, Festlegung von Kodierungsstandards, aber auch Überprüfung aller Eingabeparameter von Methoden.

Delegation Ein Objekt delegiert eine Aufgabe an ein anderes Objekt weiter – meist unter Beibehaltung der Nachrichtensignatur.

Dependency Inversion Principle
deutsch: Prinzip der umgekehrten Abhängigkeit [Martin02]. Abhängigkeiten allgemeiner und abstrakter Programmmodule sollten nur zu abstrakten Modulen (Interfaces) bestehen.

Deployment
Auslieferung und Installation einer Software.

Design by Contract
deutsch: Entwurf durch Vertrag. Paradigma, in dem jedes Softwareelement (z.B. Methode) durch einen Vertrag spezifiziert, welche Vorbedingungen es zu seiner Durchführung benötigt, welche Nachbedingungen es nach seiner Durchführung sicherstellt und welche Invariante erhalten bleibt. Siehe auch *Klasseninvariante*.

Design Pattern
siehe *Entwurfsmuster*.

DOM Document Object Model. Vom World Wide Web Consortium (W3C) standardisierte, plattform- und programmiersprachenunabhängige API zum Lesen und Verändern von HTML- und XML-Dokumenten.

EJB Enterprise JavaBeans. Von der Firma Sun entwickeltes Komponentenmodell für transaktionale, verteilte und persistente Komponenten (siehe Kapitel 12).

Entwurfsmuster
Eine vorgefertigte Lösung für ein häufiges Entwurfsproblem, ausgedrückt als Teilentwurf aus Klassen und Assoziationen. Jedes Entwurfmuster ist in einen Kontext aus Randbedingungen eingebettet.

Error JUnit-Jargon für eine nicht abgefangene Exception, die während eines Tests auftritt und vom getesteten Code ausgelöst wird, z.B. eine `NullPointerException` im Anwendungscode. Beachte den Unterschied zu *Failure*.

Ersetzbarkeitsprinzip
siehe *Liskov Substitution Principle*.

Extreme Programming
XP. Ein leichtgewichtiger, agiler Entwicklungsprozess, in dem u.a. Test-First-Entwicklung propagiert wird.

Factory-Methode
Eine Methode, die ein neu erzeugtes Objekt zurückliefert und dadurch den direkten Aufruf eines Konstruktors vermeiden hilft.

Failure JUnit-Jargon für die Verletzung einer Zusicherung (`assert...`) in einem Testfall. Beachte den Unterschied zu *Error*.

Fixture JUnit-Jargon für eine Menge von Objekten, die den gemeinsamen Ausgangszustand für die Testfälle einer Testklasse darstellt.

Fortlaufende Integration
Die mehrmals tägliche Integration neuen Codes in das Gesamtsystem. Entgegen der Vermutung vieler Entwickler nimmt der Integrationsaufwand ab, wenn man häufiger integriert.

Garbage Collection
deutsch: Müllabfuhr. Das automatische Aufsammeln und Löschen von nicht mehr verwendeten Objekten, wie es alle *JVMs* erfüllen müssen.

GUI	Graphical User Interface, deutsch: Grafische Benutzeroberfläche.
HTML	Hypertext Mark-Up Language.
IDE	Integrated Development Environment, deutsch: integrierte Entwicklungsumgebung. Meist grafisches Softwaretool, welches das Erstellen von Programmen und das Arbeiten mit einem Compiler und Debugger vereinfacht und koordiniert. Beispiele: Eclipse, JBuilder, Visual Studio.
Instanzvariable	englisch: Instance Variable. Variable, von der jede Instanz einer Klasse eine eigene Instanz enthält. Gegenteil: Klassenvariable oder statische Variable, bei der sich alle Instanzen einer Klasse eine einzige Variableninstanz teilen.
Integrationstest	Ein *Interaktionstest* in großem Stil. Der Begriff stammt aus den sequenziellen Softwareprozessmodellen, bei denen die Integration des Systems in einer einzelnen Phase nach der Kodierung durchgeführt wird.
Interaktionstest	Ein Test, der das Zusammenspiel zweier oder mehrerer Objekte testet.
Interface	Ein Java-Interface definiert eine öffentliche Schnittstelle, die von implementierenden Klassen angeboten werden muss. Es existieren jedoch auch rein kennzeichnende Interfaces, z.B. java.io.Serializable.
JavaSpaces	Eine in *Jini* integrierte Technologie zur transparenten Verteilung von Objekten mit Java.
JDBC	Java Database Connectivity. Eine an *ODBC* angelehnte Java-API für den Zugriff auf Datenbanken.
JDK	Das *Java Development Kit*. Es existieren die Hauptversionen JDK 1.0 bis JDK 1.4. Seit JDK 1.2 firmiert das Ganze unter dem Namen JAVA2 SDK (Software Development Kit); Version 1.5 wurde umbenannt zu J2SE 5.0.

Jini Java Intelligent Networking Infrastructure. Einfache Infrastruktur zum Aufbau virtueller Netzwerke aus verteilten Java-basierten Diensten.

JVM Java Virtual Machine. Abstrakte Maschine, die in Bytecode kompilierte Java-Programme durch Interpretation oder Just-in-Time-Kompilierung des Bytecodes ausführt.

JSP Java Server Pages. Technologie, die es erlaubt, Java-Code in HTML-Seiten einzubinden.

J2SE Java 2 Platform, Standard Edition.

J2EE Java 2 Platform, Enterprise Edition.

Klasseninvariante
Eine Bedingung, die für jede Instanz einer Klasse zu jeder Zeit, d.h. nach dem Ausführen einer beliebigen öffentlichen Methode, gelten muss. Siehe auch *Design by Contract*.

Law of Demeter
Ziel von »Demeters Gesetz« ist die Minimierung der Abhängigkeiten eines Objekts von der Implementierung eines »entfernten« Objekts. Um dies zu erreichen, sagt die Regel, dass bei der Implementierung einer Methode Nachrichten nur an bestimmte Objekte verschickt werden dürfen:

- an das Objekt selbst
- an Objekte, die als Parameter übergeben wurden
- an Instanzvariablen

Insbesondere werden dadurch Nachrichtenketten – z.B. `this.getName().getFirstName().equals(...)` – verhindert.

Liskov Substitution Principle
deutsch: Ersetzbarkeitsprinzip [Liskov93]. Dieses besagt, dass ein Objekt eines Untertyps – und damit auch eine Instanz einer Unterklasse – jederzeit das Objekt des Obertyps ersetzen können muss.

Mapping-Tool
genauer: objektrelationales Mapping-Tool. Bibliothek oder Framework, das bei der Abbildung von Objekten auf relationale Datenbanken hilft bzw. diese automatisch durchführt.

ODBC Open Database Connectivity. Standardschnittstelle zum Zugriff auf Datenbanken.

OODBMS Object-Oriented Database Management System, deutsch: objektorientiertes Datenbanksystem.

OUT Object under Test. Das zu testende Objekt.

Pair Programming
deutsch: Programmierung im Paar. XP-Praktik, die fordert, dass jedes Stück Quellcode, das in das Softwareprodukt einfließen soll, von zwei Programmierern gemeinsam an einem Computer erstellt wird.

Persistenz Die Eigenschaft, auch über einen Programmlauf hinaus bestehen zu können. Man spricht auch von *persistenten Objekten*, die in einer Datenbank oder anderswo für den späteren Zugriff gespeichert werden.

Polymorphismus
auch Polymorphie, englisch: Polymorphism. Grundprinzip der Objektorientierung, das es einer Objektreferenz ermöglicht, Instanzen unterschiedlicher (Unter-)Klassen aufzunehmen. Mit einem Methodenaufruf auf der Objektreferenz wird dynamisch die für die referenzierte Instanz definierte Methode ausgeführt.

Rational Unified Process
Kommerzieller Softwareprozess der Firma Rational.

RDBMS Relational Database Management System, deutsch: relationales Datenbanksystem. Programm zur Erzeugung, Bearbeitung und Administration von relationalen Datenbanken.

Refactoring deutsch: Refaktorisierung. Umbau und Umstrukturierung von Code in möglichst kleinen Schritten ohne Änderung des nach außen sichtbaren Verhaltens.

Reflection Java-Mechanismus, der den Zugriff auf Klassen- und Interface-Spezifikationen zur Laufzeit ermöglicht – definiert im Package `java.lang.reflect`.

RMI Remote Method Invocation, deutsch: Entfernter Methodenaufruf. Java-spezifischer Verteilungsmechanismus, der es Objekten in einer *JVM* erlaubt, Methoden von Objekten aufzurufen, die von einer anderen *JVM*, z.B. auf einem anderen Rechner, ausgeführt werden.

RTTI Run-Time Type Information. Standardisiertes C++-Konzept, das es erlaubt, zur Laufzeit den Typ eines Objektes zu ermitteln.

Runtime Exception
auch Unchecked Exception. Von `RuntimeException` abgeleitete Exception, z.B. `NullPointerException`. Eine solche Exception kann potenziell an jedem Statement auftreten und muss daher im Gegensatz zu einer *Checked Exception* nicht abgefangen oder in die throws-Klausel aufgenommen werden.

RUP siehe *Rational Unified Process*.

Servlet Java-Technologie zur dynamischen Generierung von Web-Inhalt.

Single Responsibility Principle
deutsch: Prinzip der einen und einzigen Verantwortung [Martin02]. Ein einzelnes Softwaremodul, z.B. eine Klasse, sollte nur eine einzige Aufgabe zu erfüllen haben.

Smoke Tests
deutsch: Rauchtests. Eine überschaubare Menge funktionaler Testfälle, die lediglich die Basisfunktionalität überprüfen. Der Begriff kommt von der Metapher: »Einschalten und warten, ob Rauch austritt.«

SOAP Ursprünglich *Simple Object Access Protocol*, mittlerweile jedoch ein Eigenname. Standardisiertes Protokoll zum Aufruf internetbasierter Dienste (Web-Services) durch Austausch von *XML*-Nachrichten.

SQL Structured Query Language. Sehr verbreitete Abfragesprache für relationale Datenbanken.

Swing Seit JDK 1.2 ein Teil der zentralen Java-Bibliotheken, der für die plattformunabhängige Darstellung von Benutzerschnittstellen zuständig ist und auf *AWT* aufbaut.

Systemtest Ein Test, der das komplette System als Testgegenstand betrachtet.

Task deutsch: Aufgabe. Beschreibt in XP ein Stück Funktionalität, das von einem Entwicklerpaar in einigen Stunden implementiert werden kann.

TDD	Test-Driven Development. Deutsch: *Testgetriebene Entwicklung*.
Test Case	siehe *Testfall*.
Testfall	Spezifikation eines auszuführenden Tests; beinhaltet das Zielobjekt, Eingaben und erwartete Ausgaben sowie Kontext und Nebenbedingungen der Testdurchführung.
Test-First	deutsch: »Zuerst Testen«, meist kombiniert zu *Test First Programming* und *Test First Design*; siehe *Testgetriebene Entwicklung*.
Testgetriebene Entwicklung	Eine Vorgehensweise in der Softwareentwicklung, bei der man vor der tatsächlichen Implementierung das Ergebnis eines beherrschbar kleinen Implementierungsschrittes durch einen automatisierten Test spezifiziert.
Testorakel	Funktion oder Algorithmus, der aus den Eingabedaten die erwarteten Ausgabedaten erzeugt, um die tatsächlichen Ausgabedaten eines Tests damit zu überprüfen.
Testsuite	Eine Menge von Testfällen, die gemeinsam ausgeführt und betrachtet werden.
Test-Treiber	englisch: Test Driver. Programm, das automatisch eine Serie von Tests durchführt.
Thread	auch: Execution Context und Lightweight Process, deutsch: leichtgewichtiger Prozess, wörtlich: Faden. Sequenzieller Kontrollfluss innerhalb eines Programms mit eigenem Stack und Programmzähler. Es können mehrere Threads parallel innerhalb eines Programms, d.h. innerhalb des gleichen Adressraums, laufen.
Top-down	Vorgehensweise, z.B. beim Testen oder Design, bei der ein hierarchisches Problem oder System zunächst auf der obersten Hierarchiestufe betrachtet und danach immer weiter zerlegt wird. Gegenteil: *Bottom-up*.
UML	Unified Modeling Language. Von der Object Management Group (OMG) standardisierte visuelle Modellierungssprache für objektorientierte Softwaremodelle.
Unit Test	deutsch: Komponententest, Modultest. Test, der sich auf eine einzelne Unit (Methode, Klasse, Komponente) eines Systems bezieht, statt wie ein *Systemtest* auf das Gesamtsystem.

Use Case deutsch: Anwendungsfall. Definition eines Verhaltens des Softwareproduktes auf Basis von schrittweise beschriebenen Interaktionen zwischen Benutzer und System.

User Story deutsch: Anwendergeschichte. Informelle Beschreibung einer funktionellen Anforderung oder Produkteigenschaft in *XP*. Basis für einen *Akzeptanztest*, der formal prüft, ob das Produkt die beschriebene Funktion oder Eigenschaft aufweist.

V-Modell eigentlich: Entwicklungsstandard für IT-Systeme des Bundes (EStdIT). Im öffentlichen Bereich vorgeschriebenes, aber auch in der Industrie verbreitetes Softwareprozessmodell, das in sequenzieller oder inkrementeller Ausprägung angewendet werden kann.

Wasserfallmodell
Einfachstes sequenzielles Softwareprozessmodell, in dem die Phasen Analyse, Design, Kodierung und Testen nacheinander für das ganze System vorgenommen werden.

Wertesemantik
Ein Objekt ist als Wert (value oder value object) zu betrachten, wenn seine Identität durch seinen unveränderlichen Zustand bestimmt ist.

White-Box-Test
Implementierungsbasierter Test im Gegensatz zu einem spezifikationsbasierten Test, s. *Black-Box-Test*.

XML Extensible Markup Language. Familie von Technologien, die es erlaubt, so genannte Markup Languages (Sprachen mit einer HTML-ähnlichen Struktur) zu definieren sowie entsprechende Dokumente zu erzeugen, auszutauschen und zu verarbeiten.

XP siehe *Extreme Programming*.

D Literatur- und Quellenverzeichnis

D.1 Literaturverzeichnis

[Allen01] Eric E. Allen: Diagnosing Java Code: The Liar View bug pattern. IBM Developers, April 2001. Verfügbar auf [URL:DevWorks].

[Alpert98] Sherman R. Alpert, Kyle Brown, Bobby Woolf: The Design Patterns Smalltalk Companion. Addison-Wesley, 1998.

[Astels03] Dave Astels: Test Driven Development: A Practical Guide. Prentice Hall, 2003.

[Bach99] James Bach: TestAutomation Snake Oil. *http://www.satisfice.com/articles/ test_automation_snake_oil.pdf*

[Basili87] Victor R. Basili, Richard W. Selby. Comparing the Effectiveness of Software Testing Strategies. IEEE Transactions on Software Engineering, Vol. 13, Ausgabe 12, December 1987.

[Beck94] Kent Beck: Simple Smalltalk Testing. Smalltalk Report, Oktober 1994.

[Beck98] Kent Beck, Erich Gamma: Test-Infected: Programmers Love Writing Tests. JavaReport, July 1998.

[Beck99] Kent Beck, Erich Gamma: JUnit: A Cook's Tour. JavaReport, May 1999.

[Beck00a] Kent Beck: Extreme Programming Explained: Embrace Change. Addison-Wesley, 2000.

[Beck00b]	Kent Beck, Martin Fowler: Planning Extreme Programming. Addison-Wesley, 2000.
[Beck02]	Kent Beck: Test-Driven Development By Example. Addison-Wesley, 2002.
[Binder99]	Robert Binder: Testing Object-Oriented Systems. Addison-Wesley, 1999.
[Boehm76]	B. W. Boehm: Software Engineering. IEEE Transactions on Computers, Vol. C-25, Nr. 12, Dezember 1976, pp. 1226-1241.
[Boehm88]	B. W. Boehm: A Spiral Model of Software Development and Enhancement, IEEE Computer, Mai 1988, pp. 61-72.
[Boger99]	Marko Boger: Java in verteilten Systemen. dpunkt.verlag, Heidelberg, 1999.
[Clements02]	Paul Clements, Linda Northrop. Software Product Lines: Practices and Patterns. Addison-Wesley, Boston 2002.
[CMU00]	Carnegie Mellon University, Software Engineering Institute: CMMI for Systems Engineering / Software Engineering, Version 1.02, CMU/SEI-2000-TR-019, Pittsburgh, PA, USA, November 2000.
[Cockburn97]	Alistair Cockburn: Structuring Use Cases with Goals. Journal of Object-Oriented Programming, Sep/Okt, 1997, pp. 35-40, and Nov/Dez, 1997, pp. 56-62.
[Cockburn00a]	Alistair Cockburn, Laurie Williams: The Costs and Benefits of Pair Programming. XP 2000. In [Succi01].
[Cockburn00b]	Alistair Cockburn: Writing Effective Use Cases. Addison-Wesley, 2000.
[Cockburn01]	Alistair Cockburn: Agile Software Development. Addison-Wesley, 2001.
[Cohen01]	Don Cohen, Laurence Prusak: In Good Company – How Social Capital Makes Organizations Work. Harvard Business School Press, Boston Massachusetts, 2001.

[Cohen04]	Frank Cohen: Java Testing and Design – From Unit Testing to Automated Web Tests. Prentice Hall, 2004.
[Cooper03]	Alan Cooper, Robert M. Reimann: About Face 2.0: The Essentials of Interaction Design. Wiley, 2003.
[Crispin01]	Lisa Crispin: Carefree Highway: How an XP Tester Can Drive Success. STQE Magazine, Jul/Aug 2001.
[Darwin04]	Ian Darwin: The Java Cookbook. O'Reilly Press, 2nd edition, 2004.
[DeMarco01]	Tom DeMarco: Slack: getting past burnout, busywork, and the myth of total efficiency. Broadway Books, 2001.
[DeMillo78]	R. A. DeMillo, R. J. Lipton, F. G. Sayward: Hint on test data selection: Help for the practicing programmer. IEEE Computer, 11(4) S. 34-41, 1978.
[Deursen00]	Arie van Deursen, Tobias Kuipers, Leon Moonen: Legacy to the Extreme. XP 2000. In [Succi01].
[Dustin99]	Elfriede Dustin, Jeff Rashka, John Paul: Automated Software Testing. Addison-Wesley, 1999.
[Evans03]	Eric Evans: Domain-Driven Design: Tackling Complexity in the Heart of Software. Addison-Wesley, 2003.
[Feathers00]	Michael Feathers: Test First Design – Growing an application one test at a time. 2000 – 2001. Verfügbar auf [URL:Xpmag].
[Feathers01]	Michael Feathers: The ›Self‹-Shunt Unit Testing Pattern. 2001. Verfügbar auf [URL:OM].
[Feathers02]	Michael Feathers: The Humble Dialog Box. 2002. Verfügbar auf [URL:OM].
[Feathers04]	Michael Feathers: Working Effectively with Legacy Code. Prentice Hall, 2004.
[Fowler99]	Martin Fowler: Refactoring : Improving the Design of Existing Code. Addison-Wesley, 1999.
[Fowler00]	Martin Fowler: Is Design Dead? XP 2000. In [Succi01]. Aktualisierte Fassung verfügbar auf [URL:FowlerArticles].

[Fowler01]   Martin Fowler, Jim Highsmith: The Agile Manifesto. Software Development Online, August 2001. Verfügbar auf [URL:SDMagazine].

[Fowler02]   Martin Fowler: Patterns of Enterprise Application Architecture. Addison-Wesley, 2002.

[Fowler04a]   Martin Fowler: Inversion of Control Containers and the Dependency Injection pattern. Verfügbar auf [URL:FowlerArticles].

[Fowler04b]   Martin Fowler: Mocks Aren't Stubs. Verfügbar auf [URL:FowlerArticles].

[Fraikin04]   Falk Fraikin et al.: Die trügerische Sicherheit des grünen Balkens. OBJEKTSpektrum 1/2004.

[Gamma95]   Erich Gamma, Richard Helm, Ralph Johnson, John Vlissides: Design Patterns. Addison-Wesley, 1995.

[Gamma03]   Erich Gamma, Kent Beck: Contributing to Eclipse: Principles, Patterns, and Plugins. Addison-Wesley, 2003.

[Gassmann00] Peter Gassmann: Unit Testing in a Java Project. XP 2000. In [Succi01].

[Gilb93]   Tom Gilb, Dorothy Graham, Suzannah Finzi (ed.): Software Inspection. Addison-Wesley, 1993.

[Gomaa93]   Hassan Gomaa: Software Design Methods for Concurrent and Real-Time Systems. Addison-Wesley, 1993.

[Highsmith99] James A. Highsmith: Adaptive Software Development: A Collaborative Approach to Managing Complex Systems. Dorset House Publishing Company, 1999.

[Hightower01] Richard Hightower, Nicholas Lesiecki: Java Tools for Extreme Programming. John Wiley & Sons, 2001.

[Humphrey95] Watts S. Humphrey: A Discipline for Software Engineering. Addison-Wesley, SEI Series, 1995.

[Hunter01]   Jason Hunter, William Crawford: Java Servlet Programming. 2nd edition, O'Reilly Press, 2001.

[Hyde99]   Paul Hyde: Java Thread Programming. 1999.

[IAB97]	Entwicklungsstandard für IT-Systeme des Bundes, IABG, Ottobrunn, 1997.
[Jacobson99]	Ivar Jacobson, Grady Booch, James Rumbaugh: The Unified Software Development Process. Object Technology Series, Addison-Wesley, 1999.
[Jeffries00]	Ronald E. Jeffries, Chet Hendrickson, Ann Anderson, Jennifer M. Kohnke: Extreme Programming Installed. Addison-Wesley, 2000.
[Jeffries04]	Ron Jeffries: Extreme Programming Adventures in C#. Microsoft Press, 2004.
[Kaltio00]	Timo Kaltio, Atte Kinnula: Deploying the Defined Software Process. Software Process: Improvement and Practice, Vol. 5, No. 1, John Wiley & Sons, March 2000.
[Kaner93]	Cem Kaner, Jack Falk, Hung Quoc Nguyen: Testing Computer Software. 2nd edition, Thomson Computer Press, 1993.
[Kaner01]	Cem Kaner, James Bach, Bret Pettichord: Lessons Learned in Software Testing, John Wiley & Sons, 2001.
[Kerievsky04]	Joshua Kerievsky: Refactoring to Patterns. Addison-Wesley, 2004
[Klein01]	Manuel Klein: Test-Tools für Java im Überblick. Java Magazin, Oktober 2001.
[Kruchten99]	Philippe Kruchten: The Rational Unified Process – An Introduction. Object Technology Series, Addison-Wesley, 1999.
[Kruglinski98]	David Kruglinski, Scot Wingo, George Shepherd: Inside Visual C++ 6.0. Microsoft Press, München, 1998.
[Laddad03]	Ramnivas Laddad: AspectJ in Action: Practical Aspect-Oriented Programming. Manning Publications, 2003.
[Langr01]	Jeff Langr: Evolution of Test and Code Via Test-First Design. March 2001. Verfügbar auf [URL:OM].

[Larman00]	Craig Larman, Rhett Guthrie: Java 2 Performance and Idiom Guide. Prentice Hall PTR, 2000.
[Lea00]	Doug Lea: Concurrent Programming in Java. 2nd edition, Addison-Wesley, 2000.
[Lesiecki02]	Nicholas Lesiecki: Enhance unit testing with test-only behavior. Verfügbar auf [URL:DevWorks].
[Lewis95]	Ted Lewis: The Art and Science of Smalltalk. Prentice Hall, 1995.
[Lippert02]	Martin Lippert, Stefan Roock, Henning Wolf: Software entwickeln mit eXtreme Programming. dpunkt.verlag, Heidelberg, 2002.
[Liskov93]	Barbara H. Liskov, J. M. Wing: A new definition of the subtype relation. Proc. of ECOOP '93, LNCS 707, Springer-Verlag, 1993.
[Little01]	Jim Little: Up-Front Design Versus Evolutionary Design in Denali's Persistence Layer. XP Universe, 2001. Verfügbar auf [URL:XPU2001].
[Mackinnon00]	Tim Mackinnon, Steve Freeman, Philip Craig: Endo-Testing: Unit Testing with Mock Objects. XP 2000. In [Succi01].
[Maier01]	Peter Maier: It's GREAT, isn't it? Net Object Days, Erfurt, 2001.
[Marick00]	Brian Marick: Testing for Programmers. Verfügbar auf [URL:Testing].
[Martin96a]	Robert C. Martin: The Liskov Substitution Principle. C++ Report, März 1996. Verfügbar auf [URL:OM].
[Martin96b]	Robert C. Martin: The Dependency Inversion Principle. C++ Report, Mai 1996. Verfügbar auf [URL:OM].
[Martin02]	Robert C. Martin: Agile Software Development. Principles, Patterns, and Practices. Prentice Hall, 2002.
[Martin02-04]	Robert C. Martin: The Craftsman. Verfügbar auf [URL:OM].
[Massol03]	Vincent Massol: JUnit in Action. Manning Publications, 2003.

[McBreen01]   Pete McBreen: Software Craftsmanship. Addison-Wesley, 2001.

[McGregor01]   John D. McGregor, David A. Sykes: A Practical Guide to Testing Object-Oriented Software. Addison-Wesley, 2001.

[Meade00]   Erik Meade: Design Principles in Test First Programming. Verfügbar auf [URL:OM].

[Meier00]   Andreas Meier, Thomas Wüst: Objektorientierte und objektrelationale Datenbanken. 2. Auflage, dpunkt.verlag, Heidelberg, 2000.

[Mellor04]   Stephen J. Mellor, Kendall Scott, Axel Uhl, Dirk Weise: MDA Distilled. Addison-Wesley, 2004.

[Metsker01]   Steven John Metsker: Building Parsers With Java. Addison-Wesley, 2001.

[Meyer97]   Betrand Meyer: Object-Oriented Software Construction. 2nd edition, Prentice Hall PTR, 1997.

[Monk02]   Simon Monk, Stephen Hall: Virtual Mock Objects using AspectJ with JUnit. Verfügbar auf [URL:Xpmag].

[Monson04]   Richard Monson-Haefel: Enterprise JavaBeans. O'Reilly Press, 4th edition, 2004.

[Musson02]   Robert Musson: How the TSP Impacts the Top Line. CrossTalk, September 2002.

[Neumann00]   Rainer Neumann: Vermeidung spezialisierungsbedingter Probleme in objektorientierten Systemen. Doktorarbeit, Universität Karlsruhe, 2000.

[Neward04]   Tedt Neward: Effective Enterprise Java. Addison-Wesley, 2004.

[Newkirk01]   James Newkirk, Robert C. Martin: Extreme Programming in Practice. Addison-Wesley, 2001.

[Newkirk04]   James Newkirk, Alexei A. Vorontsov: Test-Driven Development in Microsoft .NET. Microsoft Press, 2004.

[Nygard00] Michael T. Nygard, Tracie Karsjens: Test infect your Enterprise JavaBeans. JavaWorld, May 2000. Verfügbar auf [URL:JavaWorld].

[OMG-UML] Object Management Group: OMG Unified Modeling Language Specification Version 1.3, Object Management Group Inc., 2000.

[Peeters01] Vera Peeters: Simple Design and Unit Testing with Enterprise JavaBeans. XP 2001.

[Pol00] Martin Pol, Tim Koomen, Andreas Spillner: Management und Optimierung des Testprozesses. dpunkt.verlag, Heidelberg, 2000.

[Puscher01] Frank Puscher: Das Usability-Prinzip – Wege zur benutzerfreundlichen Website. dpunkt.verlag, Heidelberg, 2001.

[Rainsberger01] J. B. Rainsberger: Use your singletons wisely. IBM developerWorks, 2001. Verfügbar unter [URL:CoSingle].

[Rainsberger04] J. B. Rainsberger: JUnit Recipes: Practical Methods for Programmer Testing. Manning Publications, 2004.

[Riel96] Arthur J. Riel: Object-Oriented Design Heuristics. Addison-Wesley, 1996.

[Royce70] W. W. Royce: Managing the Development of Large Software Systems: Concepts and Techniques. Proceedings IEEE Wescon, August 1970.

[Royce90] W. E. Royce: TRW's Ada process model for incremental development of large software systems. In Proceedings of the 12th International Conference on Software Engineering (ICSE), 1990.

[Rutherford00] Kevin Rutherford: Retrofitting Unit Tests with JUnit. XP 2000. In [Succi01].

[Sadalage03] Pramod Sadalage, Martin Fowler: Evolutionary Database Design. Verfügbar auf [URL:FowlerArticles].

[Schildt98] Herbert Schildt: C++ : The Complete Reference, 3rd Edition. Osborne McGraw-Hill, 1998.

[Schmid01]   Alexander Schmid: Automatisierte Unit-Tests von EJBs. JavaSpektrum, 3/2001.

[Schneider00]   Andy Schneider: JUnit best practices. JavaWorld, Dezember 2000. Verfügbar auf [URL:JavaWorld].

[Schuh01]   Peter Schuh, Stephanie Punke: ObjectMother – Easing Test Object Creation in XP. XP Universe 2001.

[Schwaber01]   Ken Schwaber, Mike Beedle: Agile Software Development with SCRUM. Prentice Hall, 2001.

[Seacord01]   Robert C. Seacord et al.: Legacy System Modernization Strategies. Technical Report, CMU/SEI-2001-TR-025. Verfügbar auf [URL:SEIPublications].

[Stapleton97]   Jennifer Stapleton: The Dynamic System Development Method. Addison-Wesley Longman. 1997.

[Stobie00]   Keith Stobie: Testing for Exceptions. STQE, Juli/August 2000.

[Subramaniam99]
                  Bala Subramaniam: Effective Software Defect Tracking. Crosstalk, April 1999. Verfügbar auf [URL:Crosstalk].

[Succi01]   Giancarlo Succi, Michele Marchesi: Extreme Programming Examined. Addison-Wesley, 2001.

[Tate03]   Bruce Tate et al.: Bitter EJB. Manning Publications, 2003.

[Turau03]   Volker Turau, Krister Saleck, Christopher Lenz: Webbasierte Anwendungen entwickeln mit JSP 2. dpunkt.verlag, Heidelberg, 2003.

[Vigenschow05]
                  Uwe Vigenschow: Objektorientiertes Testen und Testautomatisierung in der Praxis. dpunkt.verlag, Heidelberg, 2005.

[Wake01]   William Wake: Extreme Programming Explored. Addison-Wesley, 2001.

[Weinberg98]   Gerald M. Weinberg: The Psychology of Computer Programming. Silver anniversary edition. Dorset House Publishing, 1998.

[Westphal05] Frank Westphal: Testgetriebene Entwicklung mit JUnit und FIT. dpunkt.verlag, Heidelberg, 2005.

[Weyuker88] Elaine J. Weyuker: The evaluation of program-based software test data adequacy criteria. Communications of the ACM 31(6):668-675, June 1988.

[Wirdemann01] Ralf Wirdemann: Automatisches Testen von mehrschichtigen Web-Applikationen. JavaSpektrum, 2/2001.

D.2 URLs

[URL:Abbot]	http://abbot.sourceforge.net
[URL:AbstractTest]	http://placebosoft.com/abstract-test.html
[URL:AgileAlliance]	http://www.AgileAlliance.org
[URL:Ant]	http://ant.apache.org
[URL:Apache]	http://www.apache.org/
[URL:AspectJ]	http://www.eclipse.org/aspectj/
[URL:Axis]	http://ws.apache.org/axis/
[URL:Boost]	http://www.boost.org
[URL:Cactus]	http://jakarta.apache.org/cactus/
[URL:Cloudscape]	http://www-306.ibm.com/software/data/cloudscape/
[URL:Clover]	http://www.cenqua.com/clover/
[URL:CommonsIO]	http://jakarta.apache.org/commons/io/
[URL:ConTest]	http://www.haifa.ibm.com/projects/verification/contest/
[URL:ContIntegration]	http://www.martinfowler.com/articles/continuousIntegration.html
[URL:CoSingle]	http://www.ibm.com/developerworks/library/co-single.html
[URL:CppUnit]	http://cppunit.sourceforge.net
[URL:CppUnitLite]	http://www.objectmentor.com/resources/downloads/bin/CppUnitLite.zip

[URL:Crosstalk]	http://www.stsc.hill.af.mil/CrossTalk/
[URL:CruiseControl]	http://cruisecontrol.sourceforge.net
[URL:CsUnit]	http://www.csunit.org
[URL:DBTesting]	http://www.dallaway.com/acad/dbunit.html
[URL:DbUnit]	http://dbunit.sourceforge.net
[URL:DevWorks]	http://www.ibm.com/developerworks/
[URL:DotNetMock]	http://sourceforge.net/projects/dotnetmock
[URL:EasyMock]	http://www.easymock.org
[URL:EasyMockNet]	http://sourceforge.net/projects/easymocknet/
[URL:Eclipse]	http://www.eclipse.org
[URL:EJB]	http://java.sun.com/products/ejb/docs.html
[URL:ExtremeJava]	http://www.extreme-java.de
[URL:Fit]	http://fit.c2.com
[URL:FitNesse]	http://fitnesse.org
[URL:FowlerArticles]	http://www.martinfowler.com/articles/
[URL:Grinder]	http://grinder.sourceforge.net
[URL:Hibernate]	http://www.hibernate.org
[URL:Hsqldb]	http://hsqldb.sourceforge.net
[URL:HtmlUnit]	http://htmlunit.sourceforge.net
[URL:HttpUnit]	http://www.httpunit.org
[URL:Jakarta]	http://jakarta.apache.org
[URL:JavaDbc]	http://www.geocities.com/eliassonaand/project-home.html
[URL:JavaWorld]	http://www.javaworld.com
[URL:Jcontract]	http://www.parasoft.com/jsp/products/home.jsp?product=Jcontract
[URL:JDemo]	http://www.jdemo.de
[URL:Jemmy]	http://jemmy.netbeans.org
[URL:Jester]	http://jester.sourceforge.net

[URL:Jetty]	http://jetty.mortbay.org
[URL:JFactor]	http://www.instantiations.com/jfactor
[URL:JfcUnit]	http://jfcunit.sourceforge.net
[URL:Jini]	http://wwws.sun.com/software/jini
[URL:JMeter]	http://jakarta.apache.org/jmeter/
[URL:JMock]	http://jmock.codehaus.org
[URL:JMSAssert]	http://www.mmsindia.com/JMSAssert.html
[URL:JProbe]	http://www.quest.com/jprobe/
[URL:JSF]	http://java.sun.com/j2ee/javaserverfaces/
[URL:JSTL]	http://java.sun.com/products/jsp/jstl/
[URL:JsUnit]	http://jsunit.berlios.de/
[URL:JUnit]	http://www.junit.org/
[URL:JUnitAddons]	http://sourceforge.net/projects/junit-addons
[URL:JUnitEE]	http://www.junitee.org
[URL:JUnitExt]	http://www.junit.org/extensions.htm
[URL:JUnitFAQ]	http://junit.sourceforge.net/doc/faq/faq.htm
[URL:JWebUnit]	http://jwebunit.sf.net/
[URL:J2SE15]	http://java.sun.com/j2se/1.5.0/
[URL:Maven]	http://maven.apache.org
[URL:Marathon]	http://marathonman.sourceforge.net/
[URL:MbUnit]	http://mbunit.tigris.org/
[URL:MockCreator]	http://www.abstrakt.de/mockcreator.html
[URL:MockEJB]	http://www.mockejb.org
[URL:MockJDBC]	http://www.mockobjects.com/papers/jdbc_testfirst.html
[URL:MockMaker]	http://mockmaker.sourceforge.net
[URL:MockObjects]	http://www.mockobjects.com
[URL:NMock]	http://www.nmock.org

[URL:NUnit]	http://www.nunit.org
[URL:NUnitAsp]	http://nunitasp.sourceforge.net
[URL:NUnitForms]	http://nunitforms.sourceforge.net
[URL:OM]	http://www.objectmentor.com
[URL:PicoContainer]	http://www.picocontainer.org
[URL:Refactoring]	http://www.refactoring.com
[URL:RMI]	http://java.sun.com/docs/books/tutorial/rmi/
[URL:RMIPlugin]	http://www.genady.net/rmi/
[URL:SDMagazine]	http://www.sdmagazine.com
[URL:SEIPublications]	http://www.sei.cmu.edu/publications/
[URL:SemanticWeb]	http://www.w3.org/2001/sw/
[URL:Simulators]	http://today.java.net/pub/a/today/2004/06/23/simulators.html
[URL:SmallMock]	http://www.adaptionsoft.com/smallmock.html
[URL:Soxabo]	http://www.soxabo.de
[URL:Spin]	http://spin.sourceforge.net
[URL:Spring]	http://www.springframework.org
[URL:Squeak]	http://www.squeak.org
[URL:Struts]	http://struts.apache.org
[URL:StrutsTestCase]	http://strutstestcase.sourceforge.net
[URL:SUnit]	http://sunit.sourceforge.net
[URL:SWT]	http://www.eclipse.org/swt
[URL:TagUnit]	http://www.tagunit.org
[URL:Testing]	http://www.testing.com
[URL:TestingAgile]	http://www.testing.com/agile/
[URL:TestingCat]	http://www.testing.com/writings/short-catalog.pdf

[URL:TestingCoverage]	http://www.testing.com/writings/coverage.pdf
[URL:TestMaker]	http://www.pushtotest.com/testmaker/
[URL:TestNG]	http://www.beust.com/testng/
[URL:Threadalyzer]	http://www.quest.com/jprobe/threadalyzer.asp
[URL:Tomcat]	http://jakarta.apache.org/tomcat/
[URL:TopLink]	http://www.oracle.com/technology/products/ias/toplink
[URL:Torque]	http://db.apache.org/torque/
[URL:Turbine]	http://jakarta.apache.org/turbine/
[URL:UtilConcurrent]	http://gee.cs.oswego.edu/dl/classes/EDU/oswego/cs/dl/util/concurrent/intro.html
[URL:WakeGUI]	http://users.vnet.net/wwake/xp/xp0001/
[URL:WebServices]	http://www.w3.org/2002/ws/
[URL:Webtest]	http://webtest.canoo.com
[URL:Westphal]	http://www.frankwestphal.de
[URL:WikiJWI]	http://c2.com/cgi/wiki?JunitWithIdes
[URL:WikiMSBP]	http://c2.com/cgi/wiki?MethodsShouldBePublic
[URL:WikiRJOMO]	http://c2.com/cgi/wiki?RonJeffriesOnMockObjects
[URL:WikiSAE]	http://c2.com/cgi/wiki?SingletonsAreEvil
[URL:WikiUT]	http://c2.com/cgi/wiki?UnitTests
[URL:WikiUTATP]	http://c2.com/cgi/wiki?UnitTestingAroundThirdParties
[URL:WikiUTFLC]	http://c2.com/cgi/wiki?UnitTestsForLegacyCode
[URL:WikiUTNPMF]	http://c2.com/cgi/wiki?UnitTestingNonPublicMemberFunctions

[URL:XDoclet]	http://xdoclet.sourceforge.net
[URL:XHTML]	http://www.w3.org/TR/xhtml1/
[URL:XhtmlUnit]	http://xhtmlunit.sourceforge.net
[URL:XMLUnit]	http://xmlunit.sourceforge.net
[URL:XPath]	http://www.w3.org/TR/xpath
[URL:XPathTut1]	http://www.w3schools.com/xpath/
[URL:XPathTut2]	http://www.zvon.org/xxl/XPathTutorial/
[URL:Xpmag]	http://www.xprogramming.com/xpmag/
[URL:XProgramming]	http://www.xprogramming.com
[URL:XPSoftware]	http://www.xprogramming.com/software.htm
[URL:XPU2001]	http://www.agileuniverse.com/2001/xpuPapers.htm
[URL:YahooJUnit]	http://groups.yahoo.com/group/junit
[URL:YahooTDD]	http://groups.yahoo.com/group/testdrivendevelopment
[URL:YahooXP]	http://groups.yahoo.com/group/extremeprogramming
[URL:YahooXPForum]	http://groups.yahoo.com/group/xp-forum

D.3 Weiterführende Lesehinweise

Das Schwierigste beim Geben von Leseratschlägen ist sicherlich das Weglassen. Unsere erste Empfehlung lautet daher: Lesen Sie alle im Verzeichnis aufgeführten Bücher und Artikel und verfolgen Sie alle genannten Web-Links!

Doch weil das dem einen oder anderen Leser aus zeitlichen Gründen schwer fallen mag, versuchen die folgenden Hinweise sich auf wenige Highlights der neueren Literatur zu beschränken.

Extreme Programming

Die Wiege des Test-First-Ansatzes stellt unbestreitbar Extreme Programming dar. Bücher zu XP gibt es mittlerweile im knappen Dutzend. Immer noch ist Kent Becks »Extreme Programming Explained« [Beck00a] das Referenzwerk und auch in deutscher Sprache erhältlich. Aus Programmierersicht ist »Extreme Programming Installed« [Jeffries00] die richtige Ergänzung, während in »Planning Extreme Programming« [Beck00b] der frisch gebackene XP-Anhänger Details zum Thema Planen erfährt. Mit den praktischen Problemen der Umsetzung beschäftigt sich »Software entwickeln mit eXtreme Programming« [Lippert02].

Wer jedoch den aktuellsten Stand der Diskussion um und zu XP erfahren möchte, der kommt an der Yahoo-Gruppe »ExtremeProgramming« [URL:YahooXP] und Ron Jeffries Website [URL:XProgramming] nicht vorbei. Für deutschsprachige XP-Diskussionen existiert die Gruppe »XP-Forum« [URL:YahooXPForum].

Testgetriebene Entwicklung und JUnit

Test-First-Pabst Kent Beck hat mit »Test-Driven Development By Example« [Beck02] mittlerweile – etwa ein Jahr nach der ersten Auflage dieses Buches hier – die streitbare Grundlage für testgetriebene Entwicklung zu Papier gebracht.

Es mangelt jedoch nicht an anderen Büchern zum Thema: Während »Test Driven Development: A Practical Guide« [Astels03] sich auf ein Swing-Beispiel konzentriert und »JUnit in Action« [Massol03] die ganze J2EE-Palette ins Visier nimmt, wagt »JUnit Recipes« [Rainsberger04] einen Rundumschlag zu den meisten Fragestellungen rund um unser Lieblingstestframework und die testgetriebene Entwicklung. Wer gleichzeitig etwas über Eclipse-Plug-ins und testgetriebene Entwicklung erfahren möchte, sollte »Contributing to Eclipse: Principles, Patterns, and Plugins« [Gamma03] lesen.

Frisch erschienen ist »Testgetriebene Entwicklung mit JUnit und FIT« [Westphal05]. In diesem Buch beschreibt Frank Westphal nicht nur das Vorgehen und die Hintergründe der testgetriebenen Entwicklung en détail, sondern spannt den Bogen weiter hin zu automatisierten Akzeptanztests mit FIT, fortlaufende Integration und Refactoring.

An Online-Einführungen zu JUnit gibt es keinen Mangel; in deutscher Sprache tut sich hier Frank Westphals Website [URL:Westphal] als kompetente Quelle hervor. Den englischsprachigen Einstieg in JUnit und alles, was dazu gehört, bietet jedoch [URL:JUnit]; dort findet sich sowohl die neueste Version zum Download als auch ein Tutorial, zahlreiche Artikel und eine Aufstellung aller JUnit-Erweiterungen.

Umfangreiches – wenn auch unstrukturiertes – Material findet sich auf Ward Cunninghams Wiki-Website. Als Einstieg bietet sich dabei die Seite »UnitTests« [URL:WikiUT] an. Für Diskussionen und Erfahrungsaustausch sind wieder zwei Yahoo-Gruppen [URL:YahooJUnit] und [URL:YahooTDD] die erste Wahl.

Testen objektorientierter Software

Das Standardwerk des OO-Testens ist »Testing Object-Oriented Systems« von Rober Binder [Binder99]. Das Buch bietet in seinen 1200 Seiten eine so gewaltige Stoffmenge, dass es dem Leser schwer fällt, einen pragmatischen Einstieg zu finden. Sagen wir es mit Kent Beck: »The biggest problem is that it doesn't balance the cost and benefits of tests.«

Mit einem deutlich bescheideneren Umfang gibt sich »A Practical Guide to Testing Object-Oriented Software« [McGregor01] zufrieden. Das Buch ist praktisch orientiert, gut lesbar und geht auch auf die Entwicklersicht des Testens ein. Dass auch langjährige Testexperten dem Gedanken der agilen Softwareentwicklung zusprechen können, beweist das erfrischende und voller Weisheiten steckende »Lessons Learned in Software Testing« [Kaner01].

Natürlich finden sich im Web zahlreiche Ressourcen zum Thema Testen. Einen guten Einstieg bietet hierbei [URL:Testing]. Diese von Brian Marick gepflegte Website bezieht auch den Test-First-Ansatz mit ein und kann als Ausgangspunkt für umfangreiche Studien dienen. Von hier aus ist man auch schnell beim Zuhause des »Agile Testing« [URL:TestingAgile] angelangt, einer Website, die sich ganz dem pragmatischen Testen verschrieben hat, wie man es typischerweise in einem agilen Projektumfeld benötigt.

Sonstiges

Ebenso wichtig wie das tiefgehende Erlernen eines Spezialgebietes der Softwareentwicklung ist für jeden Entwickler auch der Gesamtzusammenhang und die Frage: Wie kann man Softwareprojekte erfolgreich durchführen?

In relativ reifem Alter und dennoch für jedes Entwicklerbücherbrett unverzichtbar ist Fowlers Grundlagenwerk »Refactoring: Improving the Design of Existing Code« [Fowler99]; die einzelnen Refactorings sind auch unter [URL:Refactoring] einsehbar. Ebenso empfehlenswert, wenn auch vermutlich mit geringerer Halbwertszeit, ist sein »Patterns of Enterprise Application Architecture« [Fowler02].

Wer bislang glaubt, dass Domänenmodellierung in agiler Softwareentwicklung keinen Platz mehr hat, der sollte sich Eric Evans' »Domain-Driven Design: Tackling Complexity in the Heart of Software« [Evans03] zulegen und immer wieder darin schmökern.

Da jedes Projekt anders und kein Team identisch ist, bedarf es auch eines auf das einzelne Projekt angepassten Vorgehens. Alistair Cockburn hat das in seinem neuesten Buch »Agile Software Development« [Cockburn01] vorzüglich herausgearbeitet. Es gelingt ihm, sowohl die theoretischen Fundamente darzustellen als auch jedem Praktiker zu zeigen, was er am nächsten Tag an seinem Projekt verändern kann. Pete McBreen beleuchtet in »Software Craftsmanship« [McBreen01] das gleiche Problem und ergänzt Cockburns Überlegungen um den Aspekt der Wissensweitergabe vom Meister über Geselle zum Lehrling.

Stichwortverzeichnis

A

Abbot 312, 358
Abhängigkeit
    zwischen Klassen 97
Abstract Test 146
Abstrakte Klasse 150
Acceptance Test, siehe Akzeptanztest
Adaptive Software Development 327
addTest() 202
Aggregat 180
Agile Software Development 407
Akzeptanztest 6, 358, 381, 406
    in XP 9, 335
AllTests 31, 59
    Hierarchie von 60
Anforderungsanalyse 318
Annotations 95, 261
ANT
    Laden von SQL-Skripten 198
Ant 283
Anticomposition-Axiom 144, 381
Antidecomposition-Axiom 4, 144, 381
Antiextensionality-Axiom 144, 381
Anwendergeschichte 335
Anwendungsfall 334
AOP, siehe Aspektorientierte Programmierung
Apache 253, 265
Application Server 243
Äquivalenzklasse 72, 382
AspectJ 121, 351, 381
Aspektorientierte Programmierung 81, 121, 351, 381
ASP.NET 376
Assert
    mit Kommentarparameter 43
    mit Timeout 210
assert 81, 90
    Übersicht der Methoden 28
assertEquals() 27

AssertionFailedError 90
assertNull() 42, 45, 46
assertTrue() 26
Asynchroner Dienst 205
Ausbaustufe 325
Auto Boxing 95
AWT 289, 382
    Event Handling Thread 309
    Event-Thread 309
    Robot 309, 312
Axis 242

B

Bean Managed Persistence, siehe BMP
Benchmark Test 318
Bibliothek 135
Big-Bang-Integration 325
Black-Box-Test 67, 382
BMP 259
Boost 369
Bottom-up 54, 97, 382
Branch Coverage 164
Business Modeling 333
ByteArrayInputStream 129
ByteArrayOutputStream 129

C

Cactus 253, 285, 357
    Vor- und Nachteile 287
Canoo WebTest 357
Cast 382
    auf null 103
Checked Exception 73, 182, 382
Checkliste 69
Checkpoints 217
Class-Loader 122
Cloudscape 178
Clover 164

CMP 169, 249, 250, 259
Code Coverage, siehe Testabdeckung
Code Smell 9, 382
Codebibliothek 135
Collaborating Classes 80
Collection Classes 79
Communities of Practice 348
Concurrency, siehe Nebenläufigkeit
ConcurrentTestCase 216
Connection 183
Construction 333
constructor injection 124
Container Managed Persistence, siehe CMP
Container Managed Relationships 249, 250, 260
ConTest 223
Continuous Integration, siehe Fortlaufende Integration
CORBA 226, 382
Core Workflow 333
cppUnit 365
CppUnitLite 369
CruiseControl 199, 329, 378
CruiseControl.NET 379
Crystal 327
csUnit 369, 377
    AddIn für Visual Studio 379
CUT 5, 382
C# 370
C++ 365–??

D

DataSource 183
Datei
    Abhängigkeit von 48
    für Objektpersistenz 169
    Mock-Objekte für 128–131
Datenbank
    abstrakte Schnittstelle 176
    Gestaltung der Schnittstelle 179
    objektorientierte 169
    relationale 169
Datenfluss 164
Datenschema 170
DBC, siehe Design By Contract
Deadlock 204

Defensive Programmierung 82, 383
Delegation 383
    Testen von 131
Dependency Injection Pattern 124
Dependency Inversion Principle 105, 171, 176, 383
Deployment 383
    EJB 245
    RMI 234
Deployment-Deskriptor 243
Deployment-Tests 241
Design
    evolutionäres 11, 343
Design by Contract 81–83, 383
Doclets 81
DOM 383
Domain-Driven Design 179
Domänenmodellierung 407
DotNet 95, 369–379
DotNetMock 378
Draco.NET 379
DTD 250
Dummy-Objekt 54, 98
    Definition 100
    für Persistenz 176
    Heuristiken 138
    Nachteile 137
    Vorteile 135

E

EasyMock 115, 127, 128, 258, 300, 356, 363
EasyMock.NET 377
Eclipse 58
Eiffel 379
EJB 93, 226, 357, 384
    bipolare 248
    Einführung 243
    Testprobleme 245
EJB 3.0 261
EJBQL 250
Elaboration 332
Emergent Behavior 328
EncodePathServlet 267
Enterprise JavaBeans, siehe EJB
Entität 179

Entity Beans 243, 259
Entwurfsmuster 89, 384
    Builder 280
    Composite 31
    Decorator 91
    Facade 134, 246
    Factory 120, 134, 248
    Observer 171
    Singleton 121
    Template Method 132
Error 27, 384
    Unterschied zu Failure 28
Ersetzbarkeitsprinzip 142
Events 132
    AWT 308
Exception
    in Threads 211
    mit Mock-Objekten 117
    Testmuster 74
ExceptionAssert 212
excluded.properties 93
Expectation Classes 112
Extreme Programming 6, 335–336
    Lesehinweise 405

F

Facade 347
Factory 134
Factory-Methode 384
Failure 26, 27, 384
    nicht deterministische 207
    Unterschied zu Error 28
Fassade 134
Fehlerniveau 158
File 128
FileInputStream 129
FileOutputStream 129
Finite State Machines 223
FIT 10, 282, 351, 358, 406
FitNesse 282
Fixture 28, 384
Fortlaufende Integration 9, 11, 328, 335, 340, 384, 406
    unter .NET 378
Frequently Asked Questions 32
Future 211

G

Garbage Collection 226, 384
Generics 95
Grenzwerte 70, 115–117
Grinder 223
GUI 385
GUI-Tests 289–297

H

Handwerklicher Ansatz 348
HSQLDB 178, 199
HTML 265, 276, 385
    Generierung von 280
HtmlUnit 282, 356
HttpUnit 282, 356
Humble Dialog Box 291, 313

I

IDE 385
Identity Map 181
Inception 332
Inkrement 325
Inspektion 6, 150, 319
Installationstest 319
Instanzvariable 385
Integrationstest 5, 79, 137, 385
Interaktionsdiagramm 334
Interaktionstest 5, 79, 385
    Abgrenzung zu Integrationstest 161
    Arten von 79
    persistenter Objekte 200
    polymorpher Objekte 154
Interface 385
    Testen von 149–150

J

Jakarta 253, 265
Jasper 281
Java Community Process 350
Java Data Objects, siehe JDO
Java Message Service 260
Java Server Faces 275
Java Server Pages, siehe JSP
JavaSpaces 227, 359, 385

java.util.concurrent 223
Java2D 289
Jcontract 81
JDBC 170, 173, 197, 355, 385
JDemo 304
JDepend 360
JDK 385
JDK 1.5 94, 223
JDO 169, 350
Jemmy 309, 358
    Vor- und Nachteile 312
Jester 166, 360
Jetty 283
jfcUnit 309, 311, 358
Jini 227, 359, 386
JMeter 223
jMock 114, 115, 356
JMS 256
JMSAssert 81
JNDI 256
Joshua 359
JProbe 164
JSP 265, 281, 287, 386
    Custom Tags 281, 287
JSP Standard Tag Library 281
JUnit 14, 21
    dynamischer Class-Loader 93
    Erweiterungen 355–360
    Exceptionbehandlung 49
    FAQ 32, 94
    Innenleben 89–95
    Installation 21
    Lesehinweise 406
    projektspezifische Anpassung 94
    Testausführung 22
    Website 355
JUnit-addons 91, 292
JUnitEE 357
JUnitPerf 360
JUnitPP 359
JUnitX 359
JVM 386
jWebUnit 282, 286, 356
JXUnit 359
J2ME 379
J2MEUnit 360

K

Klasse
    abstrakte 150, 381
    anonyme 127
    innere 127
Klasseninvariante 82, 386
Komponententest, siehe Unit Test
Kontrollfluss 72, 164
Kosten
    der Fehlerbeseitigung 324, 338
    der Testautomatisierung 340
    der Testüberarbeitung 340
Kosten-Nutzen-Analyse 315

L

Lasttest 318
Law of Demeter 386
Lebendigkeit 204
Legacy Code 121, 345
Lesbarkeit
    von Testcode 51
Line Coverage 164
Liskov Substitution Principle 142, 386
Listener 132
Liveness 204
Load Test 318
Locking
    optimistisches 184
    pessimistisches 184
Logging 100
LSP, siehe Liskov Substitution Principle

M

Mapping-Tool 200, 386
Marathon 312
Maven 254
MbUnit 369, 379
MDA, siehe Model-Driven Architecture
Message-Driven Beans 243, 260
Mini-Wasserfall 326
MockEJB 256, 357
Mock-Factory 120
MockMaker 355
Mock-Objects-Bibliothek 355

Mock-Objekt 108–111
    Definition 100
    für JDBC 197
    Heuristiken 138
    Nachteile 137
    nachträglicher Einbau 119–121
    Verwendungsmuster 110
    Vorteile 136
Mock-Objekte
    Smalltalk 363
    .NET 376
Model-Driven Architecture 351
Modellgetriebene Softwareentwicklung, siehe MDA
Model-View-Controller 280
Modultest, siehe Unit Test
Mutation Testing 166, 360
MVC 280

N

Nachbedingung 82, 143
Nebenläufigkeit 203
    Fehlervermeidung 222
NetBeans 309, 358
NMock 377
notifyAll() 220
notify() 203
NUnit 95, 369
    AddIn für Visual Studio 379
    Installation 369
NUnitAsp 369, 376
NUnitForms 369, 374

O

Objective C 379
Objekte
    Identität 182
ODBC 387
OODBMS 200, 387
OUT 5, 387

P

Pair Programming 8, 11, 158, 348, 387
    als Review 319
Path Coverage 164

Perl 379
Persistente Objekte 169–202
    Probleme beim Testen 170
Persistenz 387
Persistenzmechanismus
    Auswahl 199
    Varianten 169
Petrinetze 223
Pfadabdeckung 164
PHP 379
Pilotprojekt 349
Polymorphie, siehe Polymorphismus
Polymorphismus 72, 141, 151–155, 387
    Probleme 152
PrintWriter 102
Programmierung in Paaren, siehe Pair Programming
Programmierzyklus
    testgetriebener 12, 46
Projektleiter 320, 347
Prototyp 320
Proxy
    dynamisch 81
Prozess
    im Betriebssystem 203
Prozesse, siehe Softwareprozess 315
Pseudodeterminismus 208
Python 312, 379

Q

Qualitätskontrolle 320
Qualitätssicherung 320–322
Query 182
    Ad-hoc 186
    Optimierung 186
Query-Language 187

R

Rational Unified Process, siehe RUP 315
RDBMS 387
Refactoring 8, 11, 50, 327, 335, 387, 406, 407
    der Tests 42
    von Code und Tests 85–87
    Vorgehen 86
Refaktorisierung, siehe Refactoring

Reflection 387
Regressionstest 6
`RepeatedTest` 208
Repository 181
Requirements 318
`RetriedAssert` 210, 214
Review 317, 319
RMI 226, 234–241, 387
Robot 309, 312
Robustheitstest 319
RTTI 388
Ruby 379
Runtime Exception 73, 388
`run()` 92
RUP 315, 317, 332–335, 388

S

Schichten
    Abgrenzung gegenüber Tiers 171
Schichtenarchitektur 171
Schnittstelle
    öffentliche 47
SCRUM 327
Self-Shunt 128
Serialisierung 169
Service Locator 256
Servlet 265, 355, 388
Servlet-API 272
ServletUnit 266, 280, 356
    JSPs 281
Session Beans 243, 258
setter injection 124
`setUp()` 29, 92
Single Responsibility Principle 50
Singleton 121
    Alternativen 123
    im Test 122–123
    Nachteile 122
`sleep()` 216
SmallMock 363
Smalltalk 21, 361–365
Smoke Test 341
SOAP 227, 242, 350, 388
Sockets 226, 227–234

Software Craftsmanship 348
Software-Engineering 315
Softwareprozess
    agiler 6, 327
    Aktivitäten 316
    Anpassung 349
    definierter 328
    empirischer 328
    evolutionärer 326–328
    inkrementeller 325–326
    Qualität 317
    sequenzieller 324
    Typen 323
    Zwischenprodukte 316
Spiralmodell 327
SQL 388
`SQLExec` 198
Squeak 361, 365
Stresstest 318
`StringAssert` 91
Struts 275
Stub-Objekt
    Definition 100
`suite()` 30, 59, 201
Suite, siehe Testsuite 30
SUnit 21, 361
Swing 289, 358, 388
    Thread-Problematik 308
Synchronisation 205
Systemtest 388

T

TagUnit 282
Tailoring 336
Task 388
`tearDown()` 30, 92
Temporale Logik 223
Test
    dynamischer 6
    funktionaler 6, 318
    Interaction-Based 111
    Laufzeiten 61
    State-Based 97, 111
    statischer 6

Test Case 20, 389
    Erstellung 26
    im RUP 334
    mit cppUnit 365
    mit SUnit 361
    offener 50, 53
Test Coverage, siehe Testabdeckung
Testabdeckung 6, 163–166
    codebasierte 164
    spezifikationsbasierte 163
    Tools 164
Testarten 5, 318
Testaufwand
    Integrations- und Systemtests 338
    iterative Anpassung 159
    Optimierung 157
Testausführung 61
    Gelegenheiten zur 63
Testautomatisierung 10
    Automatisierungsarten 18
    in XP 335
    Kosten und Nutzen 17
Testaxiome 144
Testbarkeit 56, 121, 124
    fremder Klassen 132
TestCase 24
TestCaseClassLoader 93
Testdaten 65
TestDecorator 89, 91
Test-Driven Development 11
Testebene 19
Testen
    asynchrone Dienste 206–213
    externer Bibliotheken 135
    Getter und Setter 160
    im RUP 333
    Lesehinweise 407
    nichtöffentliche Methoden 160
    Synchronisation 214–222
    von Tests 163
Testfälle
    orthogonale 43, 68
Testfall, siehe Test Case 20
Test-First, siehe Testgetriebene Entwicklung
Testfixture, siehe Fixture 29

Testframework 89
    Anforderungen an 19–21
Testgetriebene Entwicklung 343, 389
    Definition 11
    Lesehinweise 406
    mit anderen Sprachen 379
    Vorteile 12
Testkatalog 84
Testklasse 24
    Konstruktor 25, 93
    leere 37
    übermäßige Vermehrung 127
TestListener 90
Testmethode 25
    Exceptions 66
    Länge 64
    Name 64
TestNG 95
Testorakel 65, 389
Testprozedur 334
TestResult 90
Test-Runner
    grafischer 23
    Reload-Option 93
    Servlet 357
    textueller 22
TestSetup 201
Testskript 334
TestSuite 30
Testsuite 20, 389
    Erstellung 30
    Lebenszyklus 92
    nichtdeterministische 220
    Wiederverwendung 146
Test-Treiber 19, 389
Thread 203, 389
    Analysewerkzeuge 223
    Probleme 204
    Scheduling 205
    Starvation 204
ThreadLocal 186
Thread-Sicherheit 204, 214
Tiers
    Abgrenzung gegenüber Schichten 171
Top-down 54, 389

TopLink 169
Transaktion 182
    abstraktes Interface 183
    in Datenbanken 183–186
    zur Testbeschleunigung 196
Transition 333
Turbine 275

U

UML 333, 389
Unified Modeling Language, siehe UML
Unit Test 5, 389
    Anpassungsaufwand 87
    Einführung ins Team 347
    im evolutionären Prozess 327
    im inkrementellen Prozess 326
    im V-Modell 331
    im Wasserfallmodell 324
    in XP 9
    Kosten und Nutzen 339
    mit anderen Sprachen 379
    nachträglich 344–347
    Wegwerfen 86
Usability 289
USDP 332
Use Case 334, 390
User Story 335, 390

V

Validierung 319
Value Object 390
VB, siehe Visual Basic
Vererbung 141–151
    Nachteile 141
Vererbungshierarchie
    wohlgeformte 143
Verifikation 318
verify() 109
Verklemmung 204

Verteilung
    Definition 225
    Probleme 225
    Transparenz 226
Vertrag 81
Verzweigungsabdeckung 164
Visual Basic 380
Visual Basic .NET 370, 371
Visual Studio 378
V-Modell 315, 329–332, 390
    inkrementell 331
Vorbedingung 82, 143

W

wait() 203
Wasserfallmodell 323–324, 390
Web-Applikation 265–288
Web-Services 227, 242, 388
Wertesemantik 390
Wertobjekt 179
White-Box-Test 67, 390
WinForms 374

X

XDoclet 248
XHTMLTester 91
XHTMLUnit 252, 276, 280, 357
XML 276, 350, 390
    Testen mit XMLUnit 250
XML-Schema 250
XMLUnit 250, 276, 358
XPath 251, 278
XPTest 359
XP, siehe Extreme Programming
XSLT 350
    Testen mit XMLUnit 251

Z

Zeilenabdeckung 164